L'encadrement juridique de l'exploitation minière au Cameroun

Urbain Noël EBANG MVE

L'encadrement juridique de l'exploitation minière au Cameroun

Préface de Magloire Ondoa

L'Harmattan

5-7, rue de l'Ecole-Polytechnique, 75005 Paris

http://www.harmattan.fr
diffusion.harmattan@wanadoo.fr
harmattan1@wanadoo.fr

ISBN : 978-2-343-07368-2
EAN : 9782343073682

LISTE DES ABRÉVIATIONS

A.J.	Actualité juridique
AJDA.	Actualité juridique du droit administratif
Art.	Article
AUA.	Acte uniforme sur l'arbitrage
BRGM.	Bureau de recherches géologiques et minières
CA.	Chambre administrative
CAPAM.	Cadre d'appui et de promotion de l'artisanat minier
CCA.	Conseil du contentieux administratif
CCJA.	Cour commune de justice et d'arbitrage
CE.	Conseil d'État
CEMAC.	Communauté économique et monétaire de l'Afrique centrale
CESMAT.	Centre d'études supérieures des matières premières
CFSG.	Cahiers de la faculté des sciences géologiques
CIJ.	Cour internationale de justice
CIRDI.	Centre international pour le règlement des différends relatifs aux investissements
CMB.	Convention de Montego Bay.
COPEM.	Commission permanente de l'énergie et des mines
COTCO.	Cameroon oil transportation company
CPJI.	Cour pénale de justice internationale
CS.	Cour suprême
DF.	Décret fédéral
DMG.	Direction des mines et de la géologie
DS.C.E.	Document de stratégie pour la croissance et l'emploi
Ex.	Exemple
FIDH.	Fédération internationale des droits de l'homme
IRGM.	Institut de Recherches géologiques et minières
ITIE.	Initiative pour la transparence des industries extractives
LF.	Loi fédérale
LGDJ.	Librairie générale de droit et de la jurisprudence
LPA.	Les petites affiches
MINDCAF.	Ministère des domaines, du cadastre et des affaires foncières
MINEPDED.	Ministère de l'environnement, de la protection de la nature et du développement durable
MINFI.	Ministère des finances
MINFOF.	Ministère des forêts et de la faune
MINIMIDT.	Ministère des mines, de l'industrie et du développement technologique
ONU.	Organisation des nations unies

O.U.A.	Organisation de l'unité africaine
OHADA.	Organisation pour l'harmonisation en Afrique du droit des affaires
ONG.	Organisation non gouvernementale
OPEP.	Organisation des pays exportateurs de pétrole
PM.	Premier ministre
PRECASEM.	Projet de renforcement des capacités du secteur minier
PUF.	Presses universitaires de France
RASJ.	Revue africaine des sciences juridiques
RDP.	Revue de droit public et de la science politique
REC.	Recueil
Réf.	Référence
S.	Suivant
S.D.	Sans date
S. dir.	Sous la direction
SCDP.	Société camerounaise des dépôts pétroliers
SG.	Secrétariat général
SNH.	Société nationale des hydrocarbures
SONARA.	Société nationale de raffinage
SPM.	Services du premier ministre
T.C.	Tribunal des conflits
TOTCO.	Tchad oil transportation company
UA.	Union africaine
UDEAC.	Union douanière des États de l'Afrique centrale
UEAC.	Union économique de l'Afrique centrale
V.	Voir
ZEE.	Zone économique exclusive

PRÉFACE

Les études des questions juridiques ont longtemps été fixées dans un classicisme attaché à la présentation et à la mise en exergue des principales matières du droit. L'approche est alors de faire des ouvrages pour le droit public, en droit administratif, en droit constitutionnel, en droit international public et en finances publiques.

L'ouvrage de M. Urbain Noël EBANG MVE Urbain s'inscrit dans le renouvellement des matières juridiques. Ce dernier, décidant de traiter de : « *L'encadrement juridique de l'exploitation minière au Cameroun* », porte un regard objectif sur un pan du droit minier, champ disciplinaire encore au stade de la découverte au Cameroun. L'auteur commet donc un ouvrage pionnier dans ce domaine au Cameroun. Cette étude est une contribution scientifique de grande envergure, qui aborde les différents aspects de la réglementation de l'exploitation minière.

L'exploitation des mines fait l'objet d'un encadrement juridique spécifique, de sorte d'en faire, par agrégation de ces règles, une discipline à part entière, depuis récemment.

Le droit se renouvelle et donc, la consécration de droits subjectifs, c'est-à-dire de prérogatives individuelles attribuées par le droit, mais aussi l'érection de droits objectifs, c'est-à-dire d'un ensemble de règles juridiques régissant la vie en société, permettent aujourd'hui de constituer des chapitres nouveaux de l'étude du droit, et si plus accentuées, de matières nouvelles dans la science juridique : c'est l'effet de champ.

L'étude de M. Urbain Noël EBANG MVE se trouve donc dans un champ disciplinaire par ailleurs récent, le droit minier, qui pourtant est l'aboutissement de questions plutôt anciennes.

L'auteur, sans faire une étude sur le droit minier de manière générale, choisit de mettre en évidence le traitement juridique des différentes interventions dans l'exploitation minière du Cameroun. Il s'avère que la mine qui est de diverses natures parce qu'elle est, soit liquide, soit solide, est l'objet d'attentions politiques, marquées par une codification juridique afin de réellement en faire une ressource pour le développement de l'État. La mine est dès lors fortement encadrée, le législateur ayant même choisi de donner des spécificités à chaque activité minière de sorte que, l'exploitation pétrolière relève d'un code distinct de celui du gaz ou encore celui des ressources en eau, et il en est de même de l'existence d'un code minier qui en réalité traite de la mine solide.

Pour autant, l'ensemble de ces ressources est régi par des sources internationales communes et par des principes juridiques communs. C'est dans ce dernier aspect que l'encadrement juridique de l'activité minière donne à entrevoir une transversalité du droit minier, qui tire ses principes d'autres disciplines juridiques mieux assises. Au droit civil et certainement au droit administratif des biens plus encore, le droit minier emprunte le principe de l'appartenance des substances minières à l'État, qui est sous-jacent au droit de propriété du sous-sol de l'État. Les principes environnementaux à l'exemple du principe de précaution ou du principe de réparation (pollueur-payeur) sont aussi utilisés. L'unité de gisement est même érigée en principe dit technique, en ce sens qu'il rassemble les règles d'exploitation d'une mine qui appartient à plus d'un État.

En effet, si les États ont des territoires, les ressources naturelles très souvent n'en ont pas. Aussi, à l'image d'un cours d'eau qui puise sa source dans un État et se déverse dans un État voisin, les mines défient-elles les frontières et obligent les autorités nationales d'un État à en faire l'exploitation après entente avec les autorités de l'autre État, qui a également propriété sur la même mine. Ainsi, ce principe d'unité de gisement ne fait pas que traduire l'état naturel d'extension géographique d'une mine, mais surtout la réciprocité des intérêts de plusieurs États dans l'exploitation d'une mine « indivise ».

L'encadrement juridique de l'exploitation obéit par ailleurs à la règle de titrisation, dont le mécanisme qui est de ne pouvoir exploiter qu'à la condition d'être bénéficiaire d'un titre minier, a pour vocation de permettre une maîtrise minière par l'État.

Le droit de l'exploitation minière tel que présenté par M. Urbain Noël EBANG MVE amène à constater que l'exercice de cette activité peut donner lieu à des contestations. La mine est en effet une source de tension, ce qui fait qu'en réalité, des normes et cadres de l'exploitation de la mine sont constitués. Le processus de Kimberley en est un exemple, car un certain nombre de conflits proviennent et sont alimentés par l'exploitation clandestine des mines ; ici du diamant. Il s'agit donc de certifier le circuit d'extraction, de transport et de commercialisation du diamant, d'abord pour que les États producteurs bénéficient économiquement de cette mine, mais ensuite pour qu'à travers cette traçabilité, les conflits armés, dont les mines constitueraient des sources, soient peut-être résorbés.

Au demeurant, si de tels processus anticipent sur les inconvénients et mobilisent l'exploitation minière, il reste que dans l'exploitation normale des ressources minières, des conflits opposent populations, exploitants et État ; les uns contre les autres. La particularité alors est que les enjeux énormes ont pour conséquence la défiance vis-à-vis du juge institutionnel, et la préférence pour les modes alternatifs de résolution des différends, qui s'avèrent être plus protecteurs des investissements.

L'ouvrage de M. Urbain Noel EBANG MVE Urbain, plus que didactique, donne des informations, met en commun des règles juridiques encore éparpillées et permet de lire à travers ses analyses pointues que les ressources minières, qui sont des ressources naturelles, sont des viviers des stratégies de développement et que le renouvellement des questions juridiques est au cœur même de cette extension des champs du droit.

Le développement, objet de l'encadrement de l'exploitation minière, en est alors le facteur qui fait faire et refaire le droit. Cette autre leçon à tirer de l'ouvrage amène à susciter l'intérêt qu'il y a à effectuer une lecture raisonnée d'un ouvrage à la présentation modeste, mais à l'envergure impressionnante par la richesse de l'information et le caractère particulièrement relevé des analyses.

Magloire ONDOA
Professeur Titulaire
Agrégé des Facultés de droit
Doyen de la Faculté des Sciences Juridiques et Politiques
Université de Yaoundé II-Cameroun

INTRODUCTION

Plus d'un demi-siècle après l'indépendance du Cameroun, il serait prétentieux d'affirmer que le secteur minier est entièrement connu, exploré et maîtrisé.

Cette position qui concerne le champ de l'investigation scientifique est accentuée dans le secteur du droit. En effet, les rares études menées sur les mines ont été effectuées par des géologues, des économistes et des littéraires[1]. Elles ont ouvert le lent processus de déblaiement de ce terrain utile, intéressant, mais encore en friche, principalement en ce qui concerne l'étude et la maîtrise de ses règles juridiques. À l'illustration, le professeur Touna Mama fait en la matière un état des lieux. Il présente l'abondante richesse du sous-sol camerounais qui contient des roches et minerais industriels[2]. La démonstration est mise à l'avantage de l'économie tel que le profil de l'auteur, professeur agrégé en sciences économiques, l'y prédisposait.

Également intéressant, l'ouvrage conçu sous la direction du professeur Eboussi Boulaga intitulé *L'État du Cameroun 2008*, bénéficie de sa transdisciplinarité. Cet avantage tient des profils différents des 36 contributeurs. Cet ouvrage qui est un assemblage thématique de contributions d'enseignants d'université et d'experts aborde les différents aspects industriels, économiques et sociaux du Cameroun, afin de mieux en mesurer l'évolution. Seulement, ledit ouvrage qui met en relief et dans le temps les secteurs de développement porteurs du Cameroun ne consacre que quelques pages au Cameroun « pétrolier »[3]. De surcroît, aucun de ces contributeurs n'a abordé les questions juridiques liées aux mines. Il en est de même de l'ouvrage de Vianney Ombe Ndzana qui, dans une approche industrielle et anthropologique, analyse l'emprise de l'agriculture et du pétrole dans la crise de l'économie camerounaise[4]. Par ailleurs, les nombreux mémoires et thèses soutenus en faculté des sciences ont essentiellement traité des aspects liés à la maîtrise des sols, des minerais, de leurs propriétés et des évolutions de la matière minérale.

---

[1] Il s'agit essentiellement des études menées par M. NTEP GWETH, les professeurs TOUNA MAMA et EBOUSSI BOULAGA.
NTEP GWETH (P), *Ressources Minérales du Cameroun*, SOPECAM, Yaoundé, 2001, 375p. Dans cet ouvrage, il présente la variété des richesses minières du Cameroun. On y distingue 52 substances minérales de nature diverse (or, diamant, saphir, bauxite, zinc, uranium, pétrole, cobalt, fer, étain, nickel, manganèse, kaolin…). L'inventaire que fait cet auteur est celui des ressources minérales connues à ce jour au Cameroun, cf. pp.49-115.

[2] TOUNA MAMA, *L'économie Camerounaise pour un nouveau départ*, Afredit, 2008, p.69s.

[3] EBOUSSI BOULAGA (F) (s. dir), *L'État du Cameroun 2008*, Éditions terroirs, Prescriptor, Yaoundé 2009, pp.179-295.

[4] OMBE NDZANA (V), *Agriculture, pétrole et politique au Cameroun : sortir de la crise,* L'Harmattan, 1987, 167p.

L'examen des règles juridiques de la ressource minière constitue donc un chantier important et nouveau pour la doctrine camerounaise. Longtemps faite sous la forme artisanale, l'exploitation minière est désormais engagée dans la voie de l'industrialisation et de la modernité. Il apparaît de ce fait indiqué de maîtriser et de vulgariser la législation sur les mines[5]. Par ailleurs, il s'avère qu'une bonne maîtrise de la société ou de l'État ne peut être effective que si elle tient compte de toutes les activités qui y sont menées telles que celles sur les mines qui peuvent changer positivement ou négativement son destin économique et social. Sur ce point, on ne parlera jamais assez du paradoxe des ressources minières dont la présence et l'abondance sont souvent source d'anathème dans certains pays en ce sens qu'elles sont plutôt à l'origine de l'aggravation du sous-développement, de la ruine, de l'insécurité, de la guerre[6] et de l'instabilité politique.

Au Cameroun, les pouvoirs publics ont identifié le secteur minier comme une source de richesse et l'ont placé parmi les secteurs porteurs pouvant générer des recettes substantielles au budget de l'État, créer des emplois et favoriser la croissance[7]. Est-ce que l'armature juridique en présence va véritablement dans ce sens ? Autrement dit, il s'avère nécessaire de s'appesantir sur la législation minière non seulement pour sa « révélation », mais également pour y repérer sa logique et ses facettes favorables ou non à l'atteinte de ces objectifs que le politique s'est assignés[8]. D'ailleurs, l'opacité juridique et technique du secteur minier a toujours été décriée et cette nécessaire présentation juridique devrait pour le moins contribuer à en sortir.

Pour sa description :

Le secteur minier connaît une activité (exploration, exploitation...) très ancienne au Cameroun. L'activité minière qui remonte à la période antécoloniale a toujours été encadrée par un certain nombre d'instruments[9] à caractère législatif et réglementaire qui ont marqué son évolution et sa configuration actuelles de façon indélébile.

---

[5] Lors de la cérémonie de dédicace de son ouvrage : *Droits constitutionnels et institutions politiques du monde contemporain*, le 22 décembre 2010, le professeur Joseph OWONA a insisté sur la nécessité d'étudier les régimes politiques en tenant compte de l'environnement et des richesses des États dont le sous-sol (les mines) tient une place particulière.

[6] En 1998, lors de la longue guerre civile en Angola, le mouvement UNITA se finançait grâce au commerce des ressources minières en général et du diamant en particulier. La RDC, le Liberia et la Sierra Leone sont autant d'exemples qui montrent, s'il en était encore besoin, que les ressources minières sont les meilleures amies des rebelles.

[7] V. D.S.C.E :1.3. Appréciation des bénéficiaires :
3.4. Modernisation de l'appareil de production ;
3.2.2. Exploitation minière.

[8] *Ibid.*

[9] NTEP GWETH, *Ressources minérales du Cameroun*, *op.cit.*, pp. IVs.

Il s'agit d'un secteur dont l'architecture normative est marquée par la forte emprise de l'État qui détient la quasi-exclusivité de l'appropriation des mines, car l'option choisie est celle de l'étatisation de la mine.

On observe dans le secteur minier plusieurs dysfonctionnements et fléaux : trafic de minerai, pillage, gaspillage, exploitation illégale, déficit de traçabilité, corruption, dissimulation d'information, gestion controversée des recettes minières…

À côté des quelques rares opérateurs étrangers et nationaux exerçant cette activité dans la légalité[10], l'activité minière est animée par des opérateurs informels et par des particuliers qui aujourd'hui sont les acteurs les plus nombreux, et qui exercent dans l'illégalité. Cela donne une allure rudimentaire au secteur minier qui découle aussi des faiblesses de la législation.

Des éléments en comparaison des droits miniers étrangers sont alors également pris en compte pour constater les insuffisances et formuler des propositions d'amélioration des défaillances observées dans la législation.

Au-delà de la connaissance des règles juridiques nationales sur les mines, l'étude et la maîtrise desdites règles en zone frontalière[11] sont aussi d'une impérieuse nécessité, car comme l'affirme M. Bouvet, « *Les gisements minéraux que les frontières ne répartissent pas complètement entre les territoires respectifs, plateaux continentaux compris, sont un sujet qui ne doit pas être enfermé dans une théorie juridique ni dans un régime de droit particulier*[12] ». Il y a de toute évidence, au vu des enjeux économiques, des rapports de force et des capacités financières des territoires limitrophes unis par la mine souterraine, une visible difficulté du droit de les accorder en cas de différends.

Néanmoins, les esquisses de solutions proposées par cet auteur ne sont pas sans fondement et tendent, tout en affirmant la difficulté, à baliser la voie à des résolutions de conflits pour lesquels le droit n'est pas totalement neutre. D'une formulation générale ou sur la base d'ententes positivement posées, les oppositions n'échappent pas au solutionnement juridique. De plus, l'indifférence suggérée ne peut aucunement être la posture du droit dans les querelles liées à l'unité de gisement.

---

[10] Rapport du B.R.G.M (Bureau de recherches géologiques et minières) du 21 juillet 2011 ; audit artisanat minier Cameroun, p.130.

[11] C'est le cas de la distribution des ressources minières du bassin du Congo qui chevauchent les frontières. La nature transfrontalière desdites ressources est d'autant plus accentuée que le cours d'eau qui sert de frontière possède des alluvions minéralisées, laissant interrogatif sur la situation juridique des alluvions retirées du milieu du lit d'un tel cours d'eau.

[12] BOUVET (J.P.), *L'unité de gisement, hydrocarbures et autres matières minérales, logiques juridiques*, L'Harmattan, 2004, p.6.

Pour autant, l'évolution de notre législation minière n'a pas tenu compte des difficultés que pourrait générer une absence d'encadrement de cette activité en zone frontalière. Or, le Cameroun a la particularité de disposer d'importantes ressources minières en zone frontalière[13]. Ainsi le champ d'application de notre législation actuelle est à élargir. La dimension internationale du droit minier mérite donc d'être affirmée.

L'étude du secteur minier fait, en outre, joindre divers impératifs d'intérêt public. En présence, il y a le souci du développement dont le pendant qui est l'effet sur l'environnement ne doit pas être ignoré. Le législateur, au regard des effets de l'exploitation minière sur la ressource et l'environnement, l'a assortie d'un nombre de prescriptions dont l'objectif est la durabilité et la protection. Un autre impératif est celui de l'industrialisation.

L'exploitation minière camerounaise est fortement artisanale. La raison tient à l'extrême modicité des moyens des opérateurs miniers camerounais. Les pays développés disposent d'importantes ressources financières et humaines, mais ne disposent pas de ressources minérales suffisantes pour alimenter leurs industries, ou pour une conservation de ces ressources. Ces pays privilégient surtout l'exploitation des ressources étrangères. Ce qui précède justifie aisément la présence des capitaux étrangers par cette interdépendance entremêlée d'enjeux et d'intérêts multiformes[14]. Ainsi, à l'observation, au Cameroun, comme dans la plupart des pays africains, l'industrialisation observée dans l'exploitation minière est le fait de sociétés occidentales qui détiennent les ressources techniques et financières nécessaires[15].

En fait, les ressources minières du Cameroun en particulier, et de l'Afrique en général, font depuis longtemps l'objet de vifs intérêts au double plan national et international. La présence et l'exploitation de ces ressources minières ont contribué à l'exacerbation d'ambitions impérialistes des puissances étrangères.

L'exploitation desdites ressources par les structures étrangères est demeurée une donnée constante du commerce du continent, affectant non seulement le processus de développement économique, mais aussi les dynamiques de politique de gouvernance de durabilité environnementale de l'Afrique.

---

[13] Par exemple, le gisement de fer de Mbalam se trouve entre 4 pays (Cameroun, Congo, Gabon, Centrafrique). Il en est de même des gisements pétroliers qui se trouvent dans la frontière Cameroun-Nigeria ; Cameroun-Tchad, et des gisements de diamants entre le Cameroun et la République centrafricaine ; le Cameroun et le Congo.

[14] Les questions de transfert de technologie, de marginalisation en termes de qualité de travail et de redistribution des revenus y sont greffées. Notre étude qui est essentiellement juridique n'a pas vocation à s'étendre sur ces différentes problématiques.

[15] BISSAÏ (B), « *Essai d'analyse critique de la fiscalité minière camerounaise : le cas des substances minérales solides* », mémoire de Master II en fiscalité, Université de Douala, 2008-2009, p.1.

Les principales structures minières internationales actives en Afrique viennent d'Europe, d'Amérique du Nord et d'Asie. Leur présence affecte le processus de décomposition et de recomposition des communautés politiques, et leur posture en fait des acteurs politiques informels, mais actifs[16].

L'étroite interconnexion entre les ressources minières, les opérateurs miniers et les acteurs politiques génère une effervescence et une activité complexes. La propriété, le contrôle et l'exploitation des ressources minières sont au cœur d'une bataille de taille sur le continent pour l'enrichissement facile des uns, et le développement soutenu et durable des autres. Cette lutte implique un éventail d'acteurs : les Etats, les sociétés minières, les pays d'accueil ou d'origine de conglomérats miniers, les investisseurs nationaux, les gouvernements étrangers, les collectivités territoriales décentralisées, les petits opérateurs miniers locaux, les communautés villageoises[17]...

La question minière soulève aussi des problèmes de gouvernance, de lisibilité, de traçabilité et de transparence. Les opérations réalisées s'effectuent souvent dans l'informel et l'opacité, tant et si bien que les pertes et les dissimulations de recettes du Trésor public des États africains sont presque toujours décriées.

Cette situation a nourri et exacerbé les critiques faites à l'encontre des gouvernements et constitue l'un des justificatifs de l'instabilité politique, ainsi que le fondement des contestations de politiques dans lesquelles sont empêtrés certains de nos pays regorgeant de ressources minières.

L'exploitation des richesses minières du continent pose également les délicats problèmes de :

- l'exercice de la souveraineté des États africains ;
- la capacité à s'autogouverner face aux conglomérats miniers et aux firmes minières multinationales ;
- processus de politiques publiques ;
- la reddition des comptes dans le domaine ;
- la maîtrise, l'utilisation et l'absorption par les gouvernements des revenus issus des exportations minières ;
- droits des peuples et des communautés au développement ;
- la protection de l'environnement ;
- transfert de technologie.

Parmi les nombreuses questions soulevées par les activités minières contemporaines au Cameroun et en Afrique, la plus persistante reste celle de la

[16] V. *Politique minière et négociations contractuelles*, IDEP- Dakar, 2012.
[17] *Ibid.*

stratégie de rentabilisation de leurs revenus, de manière à faire progresser et à accélérer la marche vers le développement et le bien-être des citoyens.

L'état des lieux posé est constitué de l'absence de travaux juridiques en la matière, de la multiplicité d'intérêts souvent contradictoires, de la forte présence d'opérateurs étrangers, des impératifs d'intérêt général diversifiés, et de la forte exploitation artisanale...

Au regard de ces caractéristiques, et sous l'angle du droit, il s'agit de s'interroger sur les fondements, le contenu et les réserves (à formuler) du droit minier camerounais. L'accent est dès lors mis sur le cadre juridique et institutionnel de l'activité minière, ainsi que sur le contentieux s'y rattachant.

De façon explicite, il est question :

1. De présenter les droits miniers[18] ;
2. De présenter et restituer l'état du droit sur les mines ;
3. D'analyser la législation minière du Cameroun ;
4. De présenter le cadre institutionnel de la gestion des mines ;
5. D'indiquer les règles de procédures en matière d'élaboration, d'attribution, de renouvellement, d'annulation et de retrait des titres miniers ;
6. De présenter les étapes de la procédure d'obtention des titres miniers ;
7. D'édifier les uns et les autres sur les droits que confèrent ces titres, ainsi que les modalités de protection desdits droits ;
8. De présenter et d'analyser la politique minière du Cameroun.

L'entreprise consiste ainsi en une systématisation devant présenter les acteurs miniers formels et informels, mais aussi les services chargés des questions minières. Les aspects contentieux sont également édifiants parce qu'ils font état d'une pléthore de procédures parmi lesquelles celle juridictionnelle qui y occupe une place de choix. Les enjeux transfrontaliers relevés[19] sont alors importants parce qu'ils font intervenir un juge autre que celui national.

In fine, il s'agit, dans le cadre de cette entreprise de présentation et d'analyse de l'encadrement juridique de la mine, de dépasser l'interprétation mécanique de la législation et de la jurisprudence pour effectuer une lecture dynamique et critique de ces dernières dans le secteur minier.

Pour la détermination du contenu de « droit minier », il faut dire que cette notion se réfère à l'assemblage des dispositions normatives régissant l'activité de l'administration et des opérateurs miniers, sans oublier la place accordée aux

---

[18] De l'État et des particuliers.
[19] Supra.

populations en la matière ; c'est la sphère objective de ce droit liée à la combinaison des règles pour formuler un bloc de prescriptions applicables dans ledit domaine. Pour autant, la pluralité des dispositions et la spécificité des destinataires sont également à considérer par le terme droits miniers qui, par moments, sera employé. Relativement à cette seconde approche, il est question de déborder le singulier de l'expression, à savoir, la législation dans un cadre objectif. Ainsi, autant l'intérêt est bien porté sur « l'ensemble des règles régissant … »[20] le domaine, autant l'expression des droits générés dans le détail est prise en compte.

Au-delà du droit objectif, il s'agit donc également des aspects subjectifs[21] qui sont ici ceux attribués aux différents acteurs du secteur minier. Parmi ces droits subjectifs, le cas particulier des titres miniers dont la variété fait diverger le champ de leur application attire l'attention. Ainsi, la part des droits et obligations des acteurs miniers, selon leurs situations, fait état dans le « droit » minier, des « droits miniers » et cela doit être relevé ; c'est d'ailleurs dans ce cadre qu'il faut peut-être distinguer les droits miniers des particuliers et opérateurs privés de ceux de l'État.

L'étude porte spécifiquement sur l'encadrement juridique de l'exploitation minière. Elle s'intéresse ainsi à la législation minière, aux droits et obligations subjectifs qui en découlent et aux acteurs y intervenant. Ce droit est également en rapport avec son objet, à savoir les substances minières reconnues comme telles et sujettes à réglementation, et en rapport avec le conditionnement du site minier quant à la propriété et aux exigences d'exploitation.

Minier est l'adjectif relatif aux mines. Au féminin, demeurant adjectif, il est aussi un nom féminin qui renvoie à la terre ou roche d'où l'on tire les métaux, les minéraux, les substances combustibles…[22]. En fait, par minier, il faut entendre mine. Autant c'est le lieu, d'où l'on extrait les mines (solides), autant il s'agit des ressources minérales composées de substances solides ou non, en surface comme en profondeur. Proche de la mine, il est aussi nécessaire de définir minerai. Du latin « minera » qui signifie mine, ce mot désigne une roche ou un minéral contenant des éléments utiles en proportion suffisamment intéressante pour justifier l'exploitation et nécessitant une transformation pour être utilisé[23]. Le législateur camerounais préfère une définition par la nature des éléments parce qu'il y voit : « *toute substance minérale sous forme solide,*

---

[20] GUILLIEN (R), VINCENT (J), et autres, *Lexique des termes juridiques*, 13e éd, Dalloz 2001, v° Droit, p.214.

[21] *Ibid.*

[22] Dictionnaire de français « Littré », V° minière.

[23] Cf., « Minerai », in GEOWIKI, *Encyclopédie de géologie, minéralogie, paléontologie et autres géosciences*, consulté le 23/08/11.

liquide ou gazeuse qui survient de manière naturelle sur ou sous la terre, mais ne comprenant ni l'eau ni le gaz »[24].

Les enjeux de l'encadrement juridique de l'exploitation minière sont par leur nature attractifs de matériaux normatifs d'origines diverses. Par le sort de la propriété minière et surtout du sous-sol, le droit des biens est fondé. Relativement aux exploitants, le droit du travail ne peut être ignoré. L'exploitation des ressources minérales peut être rentable, car elle peut apporter des bénéfices multiformes aux communautés ou aux États, mais elle peut s'avérer désastreuse pour les écosystèmes fragiles, car l'extraction et la transformation des minerais et métaux peuvent entraîner des conséquences dramatiques, notamment avec l'utilisation de substances dangereuses telles que le plutonium, le cyanure et la dynamite. Ainsi, un cas particulier est celui du droit de l'environnement qui met en avant la mise en compatibilité des exigences de préservation du milieu avec la quête de développement économique que représente l'exploitation minière[25]. L'impact sur l'environnement, les méthodes extractives, le lieu de l'activité, le bilan à dresser sont autant d'éléments que le législateur a institués directement dans le droit minier, ou dans le droit de l'environnement s'agissant des exploitations minières. Le droit international public en général n'est pas non plus neutre. Non seulement le cas des mines en partage entre États le justifie, mais aussi le droit de la mer est à explorer, car la présence ou l'exploitation des ressources minières dans le plateau continental imposant des accords entre États donne droit à l'application du droit international spécial.

L'étude de l'encadrement juridique de l'exploitation minière est de nature fortement publiciste. Elle est aussi en relation avec d'autres disciplines du droit, mais aussi en rapport avec des spécialités scientifiques hors droit. C'est le cas par exemple de la géologie et de l'économie, de la sociologie ou de l'anthropologie[26] ; la première en tant que « *science des matériaux qui constituent le globe terrestre…* »[27] et donc des mines ; la deuxième parce qu'elle reflète le positionnement de l'enjeu minier dans le développement économique, ce qui fait que des lois de finances, et les programmes de développement en tiennent compte. Les deux dernières parce qu'elles mettent en évidence la dimension de la dynamique des sociétés dans lesquelles s'effectuent ou s'exercent les activités minières[28] ainsi que l'influence des acteurs (États, opérateurs, ONG…) sur la législation minière.

---

[24] Art 2(nouveau) de la loi n°2010/011 du 29 juillet 2010 modifiant et complétant certaines dispositions de la loi n°2001-1 du 16 avril 2001 portant code minier.

[25] Infra.

[26] La géographie et la topographie rentrent également en ligne de compte, respectivement parce qu'elles étudient l'organisation et la description de la surface terrestre pour l'une, et la représentation sur plan des formes du terrain pour l'autre.

[27] LAROUSSE, *Le petit Larousse*, Paris, 2007, p.507.

[28] BALANDIER(G), *Anthropo- logiques*, Paris, PUF, 1974, p.221.

L'encadrement juridique de l'exploitation minière fait apparaître une réglementation assise sur des principes juridiques qui régissent l'ensemble des opérations liées aux mines (première partie). La richesse des enjeux n'est pas des moindres et fait forcément surgir des conflits d'intérêts, ce qui conduit inéluctablement au contentieux minier (deuxième partie) que la législation a également peaufiné avec de surcroît des apports jurisprudentiels qui, en rajout aux sources normatives, permettent à l'entour et au fond de constituer le droit minier camerounais.

PREMIÈRE PARTIE

LES FONDEMENTS ET PRINCIPES ENCADRANT L'EXPLOITATION MINIÈRE AU CAMEROUN

La présentation de l'encadrement juridique de l'exploitation minière interpelle le juriste à plus d'un titre. De manière évidente, au centre de cette discipline se trouve un objet : la mine. Celle-ci est le lieu d'extraction, voire d'exploitation de la substance minérale[29]. Cependant, il faut davantage retenir la mine comme la substance ou le gîte de la substance minérale ou fossile se trouvant dans le sous-sol ou en surface[30]. Par rapport à cet objet, la prise en compte de la qualification géologique est inévitable. En effet, au-delà du caractère historique de la genèse des constituants de la terre, la géologie pratique est la science des matériaux qui constituent le globe terrestre. Par elle, les mines sont connues. Des sous-ensembles tels que la géodésie, la géophysique et la géochimie[31] y contribuent également.

Il existe un ensemble de prescriptions positives autour de la mine ; et c'est par elle que l'on peut parler de « droits miniers ». Ces prescriptions formulent l'élément objet de la préhension juridique[32] et déterminent le cadre de l'action humaine en la matière. L'État et les autres intervenants sont alors dotés de droits et sujétions dans l'appropriation et l'exploitation des substances minérales. Pour ce faire, le droit est employé. Il s'agit de la mise en avant des principes du droit régissant l'appropriation et l'exploitation des mines. Dans ces deux grandes phases, le droit régule, émet des règles de conduite et fonde les droits et obligations des uns et des autres. Ce procédé s'effectue par la consécration des principes juridiques (chapitre II) au caractère impératif incontesté. Au préalable, le moyen de la consécration est à relever. Il concerne les fondements desdits principes (chapitre I).

Par les fondements juridiques, les principes tirent leur ancrage au droit et surtout, l'importance de la matière est révélée[33]. C'est dans ce cadre qu'il faut identifier le niveau des actes qui consacrent et organisent l'exploitation minière. Réglementaires, ils conduiraient à constater le caractère secondaire de l'intérêt porté à la substance minérale. Législative ou constitutionnelle, la perception serait autre. C'est d'ailleurs le cas, et l'implication en est que l'exploitation minière révèle l'intérêt que l'État accorde aux substances naturelles.

---

[29] LAROUSSE, *op.cit.*, p.692.

[30] *Ibid.*

[31] HAGNERELLE (M) (dir.), *L'espace mondial*, Géographie-Magnard, Paris, 1998, p.90.

[32] À savoir les substances minérales.

[33] Sur les enjeux de l'exploitation minière, V. RADVANYI (J), *La nouvelle Russie*, Masson-Colin, 1996.

CHAPITRE I

LES FONDEMENTS JURIDIQUES RÉGISSANT L'EXPLOITATION MINIÈRE AU CAMEROUN

La fondation de la prescription juridique tenant lieu de règle de conduite[34] est l'œuvre de l'autorité qui en a qualité. À ce stade, l'édiction du droit est réputée relever de l'autorité législative[35]. Pourtant, autant le droit dans l'État n'est plus seulement le fait de l'État, mais en plus, le droit de l'État n'est pas uniquement une œuvre codifiée.

Pour le premier point, il est à constater la multiplication des sources du droit et cela transparaît dans l'étude des fondements juridiques qui est envisagée.

Sur le second point, il s'observe que « les règles de conduite » positives que sont les règles de droit n'appartiennent pas exclusivement au législateur. Si le législateur demeure l'organe recouvert de la prérogative d'édicter la loi formelle[36], des lois matérielles existent. C'est notamment le cas du droit émanant de l'exécutif dont le bras séculier est l'administration. Agissant en vertu de la Constitution ou en application de la loi[37], le pouvoir exécutif émet un droit qui n'est différent de l'acte législatif que de par sa hiérarchie[38].

Le regard est également tourné vers le droit par le juge. Ce dernier a été initialement promis à un avenir de « mise en application du droit » qui préexistait. Le seuil à ne pas franchir était celui de l'édiction, mais, le déni proscrit, le droit n'étant que relativement clair et le déchaînement de la légalité étant, le juge s'est octroyé le pouvoir jurisprudentiel. Ce fait soulevant la surprise dans un système à vocation codifiée est une banalité dans les systèmes de la Common Law[39]. Par la prise en compte de cette source du droit, il devient évident que là où elle se présente, il doit y avoir combinaison des forces créatrices du droit. En clair, il s'agit d'un droit législatif et d'un droit jurisprudentiel reposant donc sur les procédés combinés de création du droit.

En droit minier, il est à reconnaître le caractère frileux de l'office contentieux du juge. Des mécanismes non juridictionnels privilégiés par les parties en cas de litige amenuisent les occasions qu'a le juge, par sa compétence contentieuse, de connaître de contentieux miniers. Étant donc réduit à un rôle

---

34 « *Il n'est guère contesté que toute règle juridique a pour objet une conduite, par là même imposée, interdite ou permise* ». Cf. JEAMMAUD (A), « *La règle de droit comme modèle* », Recueil Dalloz 1990, chron., p.199.

35 LEBEN (C), *Charles Eisenmann, Ecrits de théorie du droit, de droit constitutionnel et d'idées politiques*, Éditions panthéon-Assas, Paris, 2002, p.190s.

36 *Ibid.*

37 Cf. art 26, 27, 28 de la loi constitutionnelle n°96-6 du 18 janvier 1996 portant révision de la Constitution.

38 LASERRE-KIESOW (V), « *L'ordre des sources ou le renouvellement des sources du droit* », Recueil Dalloz 2006, chron., p.2279.

39 SEROUSSI (R), *Introduction aux droits anglais et américain, op.cit.*

résiduel[40], le juge est plus que jamais supplanté par la législation. En effet, si quelques principes de l'exploitation minière sont rattachables au juge, il demeure que les fondements juridiques de cette activité sont normatifs. Il s'agit des sources internationales (section I) qui ont des effets juridiques au Cameroun, et de la législation nationale (section II) plutôt composite.

SECTION I : LES SOURCES INTERNATIONALES

La « transfrontalité » du droit fait face à la doctrine de l'autodétermination de l'État. Au départ, il est théorisé que l'État est une association de volontés humaines dépendantes les unes des autres. Leur agrégation produit leurs options politiques et juridiques qui ne sont susceptibles de n'être influencées d'aucune manière par des éléments de quelque nature que ce soit, externes à l'État. Sa manifestation est la souveraineté[41]. Ainsi, l'État détient l'autorité absolue et suprême de disposer de lui-même. Pourtant le souverainisme est dépassé par les enjeux et les intérêts internationaux qui poussent l'État à délaisser une partie de son autodétermination au profit d'instances internationales.

La législation en vigueur dans l'État devient ainsi le produit d'une multipolarité de sources dans laquelle, en droit minier, les sources internationales occupent une place importante et privilégiée. Il faut distinguer trois sources de cet ordre à savoir : celles supra régionales (Paragraphe I), celles régionales et les dernières qui sont sous régionales (paragraphe II).

Paragraphe I : Les sources supra régionales

L'exploitation minière vise l'identification des ressources minérales, leurs statuts juridiques, les modes d'appropriation, d'exploitation et les garanties juridiques accordées par la législation en vigueur. Les enjeux sont tels qu'il est difficile pour l'État, surtout en phase d'industrialisation, de développer son secteur minier en vase clos, ou encore que des implications de l'exploitation laissent indifférents les partenaires internationaux. En effet, le minerai est une source de richesse, mais aussi de conflits à petite[42] ou à grande échelle[43]. Son sort et celui des effets engendrés par son exploitation ne peuvent être abandonnés au seul vouloir de l'État ; d'où l'existence de sources supra régionales aux caractères particuliers (A) et à la variété relevant de l'impact immédiat ou non sur la gestion opérationnelle et théorique de la mine et de ses répercussions (B).

---

[40] Infra.

[41] CHANTEBOUT (B), *Droit Constitutionnel*, 21e éd, Armand Colin, Paris, 2004, p.6.

[42] Le cas au Cameroun est celui des velléités sécessionnistes dans l'ancien Cameroun occidental avec à part la marginalisation, le prétexte que l'État usurpateur exploite « leur » pétrole. V. OMBE NDZANA (V), *Agriculture, Pétrole et politique au Cameroun : sortir de la Crise ? op cit.*, p.89.

[43] Illustration prise du long conflit armé qu'a connu la RDC ; ou encore du conflit frontalier entre le Cameroun et le Nigeria, infra.

A. Les caractères des sources supra régionales

Des spécificités des sources supra régionales de l'exploitation minière, il est mis en avant la nature de ces sources et leur opérationnalité au Cameroun. Les aspects formels ainsi que la qualification juridique sont donc requis.

1. La nature des sources supra régionales

Analogie est faite aux catégorisations des normes jurisprudentielles, et particulièrement des principes généraux du droit. Le professeur René Chapus fait dans ce sens référence à leur valeur infra législative et supra décrétale[44]. L'identification procède alors de la position d'une norme par rapport aux autres.

Dans les sources internationales de l'exploitation minière, il est à prendre en compte que suivant leurs origines, certaines sont d'application directe ou non. La seconde catégorie est davantage constituée de normes supra régionales. Elles sont ainsi désignées parce qu'elles ne relèvent pas de la communauté des États. Il apparaît qu'il y a une stratification dans l'ouverture politique, économique et juridique de l'État vers l'extérieur. Le premier niveau est celui de la communauté des États[45] : le lien géographique est le facteur le plus porteur. Le second est l'intégration régionale dont la vocation est de surtout faire la liaison entre les États du même continent. Le dernier niveau est celui mondial par lequel il est mis en association plusieurs États venant d'hémisphères différents.

Par l'envergure, le dernier palier déborde le lien régional et peut donc être qualifié de supra régional. Il procède, dans le fondement juridique, par l'édiction de règles internationales s'imposant à l'État. Deux modalités s'y déploient : l'une est celle par laquelle une instance, un organisme international édicte un acte opposable aux États. C'est le cas des décisions de l'Organisation des Nations unies (ONU)[46] et de la cour internationale de justice. L'autre est celle de l'engagement de l'État vis-à-vis d'un autre État ou de plusieurs autres par le moyen d'une convention, toujours sous l'égide de l'ONU[47].

L'exploitation minière subit l'influence des actes pris dans ce cadre « supra régional ». Ces derniers, quand ils n'ont pas pour objet direct la réglementation minière, contiennent des dispositions qui ont un rapport avec le droit minier. Au

---

[44] CHAPUS (R), *Droit administratif général*, Tome 1, 15e édition, Montchrestien, Paris, 2001, p.111.

[45] Qualifié de communautarisme dont le sens diffère de celui lié au regroupement de personnes sur la base de la race, de la religion…
Lire. JOUANNET (E), « *L'idée de communauté humaine à la croisée de la communauté des États et de la communauté mondiale* », in *La mondialisation entre illusion et l'utopie*, Archives de philosophie du droit, 2003, tome 47, pp.191-232.

[46] Notamment art 48 de la Charte des Nations unies.

[47] Cf. Convention de Vienne du 23 mai 1969 sur le droit des traités. Il est également à considérer les actes unilatéraux internationaux.

demeurant, ils ne sont source de l'activité minière camerounaise que s'ils sont opérationnels.

2. Leur opérationnalité

Le droit international n'est source du droit national que s'il est opérationnel dans l'État. Pour cela, il est requis qu'il rentre en vigueur. À la différence du droit communautaire revêtu de l'immédiateté[48], le droit international ne rentre que rarement directement dans un ordre juridique. Hormis les actes tels ceux portant sur les droits de l'Homme qui sont d'application directe[49], il est nécessaire que le droit international soit reçu dans l'État pour devenir une source du droit.

« Le formalisme accru »[50] est alors de mise, car le Cameroun doit approuver l'acte quand il s'agit d'un traité. S'il ressort que c'est le domaine réservé au Parlement qui est concerné, ce dernier doit donner son approbation en la forme législative[51]. Par la suite, l'acte doit être ratifié et publié. La Constitution prévoit également comme condition à la réception la réciprocité. Elle est l'application par l'autre partie de l'acte international.

Ces procédures visent à faire rentrer l'acte concerné dans l'ordre juridique étatique. Cette entrée en vigueur oblige le juge, les administrations et les administrés. L'autre partie du droit international est celle du droit institutionnel (différent de celui conventionnel). Émis par exemple par les instances administratives de l'ONU ou par son instance juridictionnelle, l'acte pris est parfois directement exécutoire.

Les éléments présentés s'illustrent en droits miniers. Les actes juridiques pris en dehors de l'État et qui le concernent, devant être ou non préalablement réceptionnés, deviennent des sources pour le législateur étatique, l'administration et le juge dans l'encadrement de l'activité minière. Au-delà de la discussion doctrinale sur l'issue pour l'État dans cette mise à mort de sa souveraineté juridique[52], il faut à l'observation réaliser la présence d'une variété de règles juridiques du droit international dans la composition des droits régissant l'exploitation minière au Cameroun.

---

48 LA GAZETTE des communes des départements et des régions, fonction publique territoriale, 2004, p.2.

49 FOUDA (G.J), « *L'application des normes dans les ordres juridiques étatiques africains* », thèse de doctorat en droit public, Université Montesquieu-Bordeaux-IV, 1999, pp.64-65.

50 V. ABANE ENGOLO (P.E), « *L'application de la légalité par l'administration au Cameroun* », thèse de doctorat/Ph.D en droit public, Université de Yaoundé II, p.116s.

51 Art 19, 43, 45 de la loi constitutionnelle de 1996.

52 TCHAKALOFF (M-FC) et GOHIN (O), « *La constitution est-elle encore la norme fondamentale de la République* », Recueil Dalloz 1999, chron., p.120.

B. La variété des sources supranationales

À la différence de plusieurs autres segments du droit, **le droit de l'exploitation minière** au Cameroun connaît une variété de sources internationales. Le fait est qu'il n'existe pas de conventions internationales sur le droit minier en général. Le même constat est fait lorsqu'on recense les conventions sectorielles, celles-ci sont très rares. Pour autant, le droit minier demeure tributaire de sources internationales dont les plus nombreuses ont en réalité un effet indirect sur la matière, à côté des quelques sources directes à vocation sectorielle.

1. Les sources indirectes

Dans l'exploitation minière, le principal élément est la ressource minérale. Mais, tout autour, il est à prendre en compte l'ensemble des facteurs concourant à son exploitation et à sa conservation.

Les segments dont il s'agit sont ceux du milieu d'exploitation, des acteurs de l'exploitation, de la préservation des ressources et du sort des populations. À ce niveau, la réglementation internationale est d'origines diverses et a des pans de codification influant sur le droit minier.

Il est à considérer la Charte des Nations unies qui comporte quelques dispositions relatives aux droits miniers. Il y est notamment consacré le droit des peuples à disposer d'eux-mêmes[53], tout comme ladite charte aménage des modalités de règlement des différends[54] dont l'extension à l'exploitation minière est admise. Plus importante est l'emprise de la déclaration universelle des droits de l'Homme dans ce domaine. Quand un droit fondamental tel celui de la propriété est menacé par l'enjeu minier, la personne lésée a le droit de demander le respect et la protection de ses droits en vertu de ce texte[55]. Conformément à cette déclaration, a été prise la convention internationale des droits de l'enfant[56]. Le fait est que dans les pays africains et donc au Cameroun, l'exploitation minière est fortement artisanale[57]. Mal ou peu encadré, ce mode d'exploitation laisse entrevoir l'emploi de la main-d'œuvre locale sans égard pour l'âge des chercheurs d'emploi.

Plus encore, les aspects environnementaux des droits miniers font recours à la réglementation internationale sur l'environnement et celle sur le droit de la mer. Concernant l'environnement, les droits miniers ne peuvent être pris en compte que dans la mesure où ils sont codifiés ou exercés en conformité avec la

---

[53] Art.1. (2) de la Charte des Nations unies.

[54] Art 33.

[55] Art 10 et 17 de la déclaration universelle des droits de l'homme du 10 décembre 1948.

[56] Convention internationale des droits de l'enfant du 20 novembre 1989 ; notamment art 18 et 32.

[57] KUMWIMBA MUSAO (J), « *La problématique de l'exploitation minière artisanale dans la province du Katanga (cas du district de Kolwezi)* », mémoire, Institut supérieur d'études sociales, 2009, mémoire online, p.44.

réglementation internationale y relative. En effet, le Cameroun est partie à la convention sur la diversité écologique dont les objectifs sont l'utilisation durable des richesses biologiques, et la conservation des habitats naturels. D'autres conventions sont à citer, telle la convention pour la protection du patrimoine mondial culturel et naturel de 1972.

Relativement au droit de la mer, les droits miniers sont sujets à cette codification parce que la mer regorge de nombreuses ressources minières et que leur transport est en général assuré par la voie maritime. Le préambule de la convention des Nations unies sur le droit de la mer énonce que « *les problèmes des espaces marins sont étroitement liés entre eux et doivent être envisagés dans leur ensemble* » ; d'où le caractère plurisectoriel du droit de la mer et son envergure internationale. Par cette convention[58], il est mis à l'échelle mondiale un ensemble de normes sur la détermination des zones d'exploitation avec d'une part la zone internationale[59], d'autre part la zone sous juridiction nationale[60]. Le régime de la pollution maritime, ou encore des installations en mer[61], est également régi par cette réglementation internationale.

2. Les sources directes

Diverses, elles ne réglementent pas par répercussion, mais à titre principal, le secteur minier. Elles ont donc plutôt vocation à avoir directement pour objet l'activité minière. Pour autant, il s'agit d'une source qui n'est pas une, mais éparse. Effectivement, il n'existe pas pour le cas de l'exploitation minière au Cameroun une source unique directe les encadrant, mais il est à observer des actes internationaux dont l'objet n'est dirigé que vers l'encadrement d'un secteur particulier du droit minier.

À titre de précision, cette législation est le fait d'actes bilatéraux ou multilatéraux dont les cadres sont des conférences ou des organisations internationales. Le cas des organisations internationales est celui de l'OPEP[62] même si sa vocation est davantage commerciale. Le Cameroun n'en est pas membre.

Les sources directes sont celles qui, d'origine internationale, vont réglementer un secteur minier avec leur opposabilité à l'État camerounais. L'élément d'actualité est celui du processus de Kimberley. En termes de cadre, ce processus est une initiative internationale regroupant les gouvernements, le conseil mondial du diamant et des ONG. Ce processus connaît la participation

[58] Encore appelée convention de Montego Bay.
[59] Partie XI de la convention.
[60] V. Convention de Genève de 1958.
[61] REMOND-GOUILLOUD (M), « *Quelques remarques sur le statut des installations pétrolières en mer* », DMF 77, 675.
[62] Organisation des pays exportateurs de pétrole créée le 14 septembre 1960 lors de la conférence de Bagdad.

de plusieurs pays (à ce jour 77) et son objectif est la lutte contre les « diamants de la guerre » ou les diamants de sang. Le moyen « du combat » adopté est le système de certification que le Cameroun[63] a d'ailleurs déjà créé et organisé par un décret de 2011[64].

De manière plus détaillée, ce processus est par définition un observatoire international mis en place sous la houlette de l'ONU en 2003, par les pays producteurs de diamants et les ONG, dans le but d'empêcher le financement des conflits par les revenus issus de la commercialisation des diamants.

Il a pour objectif d'endiguer l'infiltration des diamants dits de conflits dans le circuit officiel de commercialisation des diamants et mettre un terme aux liens entre le commerce des diamants bruts et les conflits armés. En tant que tel, le processus de Kimberley est devenu un véritable réseau mondial de prévention des conflits et de lutte contre les rébellions par l'exfiltration des diamants de sang du circuit de commercialisation. Ainsi, le processus de Kimberley favorise l'exploitation et le commerce surveillés et légaux des diamants à travers le renforcement des contrôles internes de la production de diamants bruts.

Relativement à ces sources internationales, il doit tout de même être reconnu leur caractère partiel, des segments entiers des droits miniers étant peu ou pas encadrés. Une légère compensation est faite par les sources régionales et sous régionales du droit minier camerounais.

Paragraphe II : Les sources régionales et sous régionales

La multipolarité observée dans les sources internationales encadrant l'exploitation minière au Cameroun caractérise aussi les sources régionales et sous régionales. Cette superposition de législateurs extérieurs démontre l'intérêt attaché à la mine et à son exploitation. En ce qui concerne ces sources, il est à rappeler que la production jurisprudentielle est plutôt maigre. Le fait est que les communautés d'État préfèrent elles-mêmes édicter des sources qui par ailleurs privilégient en premier la solution non juridictionnelle en cas de contentieux[65]. Pour autant, les normes dont il est question tendent à instituer la plausible intervention juridique des structures régionales sans trop aller dans le détail. Elles sont alors complétées par des accords bilatéraux ou multilatéraux dont l'engagement de l'État tient lieu de facteur obligatoire. Ce constat tient autant pour les sources régionales (A) que pour celles extérieures, mais directement applicables à savoir la source sous régionale (B).

---

[63] Depuis le 20 juillet 2012, la présidente du processus de Kimberley a initié l'approbation par « procédure écrite » de l'admission de la République du Cameroun au dit processus à titre de participant. La date limite de réception de cette confirmation écrite a été fixée au 03 août 2012.

[64] Décret n° 2011/3666/PM du 02 novembre 2011 portant création, organisation et fonctionnement du système de certification du processus de Kimberley en République du Cameroun.

[65] Infra.

A. Les sources régionales

Un ensemble de textes juridiques est pris sous l'égide de l'Union africaine. Ils sont applicables au Cameroun parce que ce pays est membre de l'Union africaine et qu'il les a ratifiés. À ce niveau, il est à identifier la source primaire qui est l'acte constitutif de l'Union africaine des sources procédant de cet acte.

1. L'acte constitutif de l'Union africaine

Au regard du mécanisme d'intégration régionale relativement efficace de l'O.U.A[66], il y a eu une réforme qui a donné naissance à l'Union africaine. Ainsi les chefs d'État membres de l'O.U.A ont signé à Lomé le 11 juillet 2000 l'Acte constitutif de l'Union africaine. Faisant leur l'héritage de l'O.U.A, les chefs d'État africains ont tenu à mettre sur pied un organisme régional plus solide et coordonnant les politiques de solidarité et de développement dans le continent. Les États pris en commun, et l'État individuellement considéré, ont alors convenu de l'autorité institutionnelle de l'Union africaine.

Cet acte constitutif établit un ensemble d'organismes en charge des questions régionales, émet un ensemble de règles juridiques et cible les secteurs susceptibles (quand ce n'est pas encore le cas) d'être encadrés par l'Union. Il est notamment créé un conseil exécutif de l'Union[67]. Relativement aux droits miniers : « *Le conseil exécutif assure la coordination et décide des politiques dans les domaines d'intérêt commun pour les États membres, notamment les domaines suivants :*

a. Commerce extérieur ;

b. Énergie, industrie et ressources minérales ...

c. *Protection de l'environnement...* »[68].

Il revient donc à ce conseil de coordonner et de décider des politiques en matière de ressources minérales. Cette action se traduit par l'émission de centres de réflexion, la jonction des options stratégiques des États membres dans le domaine, voire l'élaboration de normes de conduite ; cela constitue donc pour le Cameroun une source de droit applicable à l'exploitation minière.

Le même texte pose des principes et règles relatifs au secteur minier. En termes de principes, ce sont ceux de l'égalité souveraine des États, du respect des frontières[69] et du règlement pacifique des différends[70]. En fait, le règlement pacifique des différends est une règle chère à l'Union africaine que la Charte prescrit. Il est applicable aux droits miniers en cas de litige entre États membres.

---

[66] Organisation de l'unité africaine.
[67] Acte constitutif de l'Union africaine, art 5(1) et 10.
[68] Art 13.
[69] Ce dernier fait face au principe de l'unité de gisement.
[70] Art 4.

2. Les sources secondaires

Leur caractère secondaire ne déteint pas sur leur importance, car certaines concernent directement l'exploitation minière. C'est uniquement par rapport à l'Acte constitutif de l'Union africaine qu'elles sont qualifiées de secondaires parce qu'elles procèdent de cet acte ou de sa devancière, qui est le traité OUA. Certaines sont générales, tandis que d'autres touchent directement aux mines.

Des générales, il faut citer la Charte africaine des droits de l'homme et des peuples[71]. Cette charte protège à la fois l'individu et les peuples africains ; elle garantit l'égalité de traitement[72], la protection des minorités et des droits fondamentaux de l'être humain. Son préambule et ses nombreux articles contiennent des propositions juridiques applicables au droit minier. C'est le cas du respect de la dignité humaine[73] qui est ici la dignité des travailleurs « miniers », de la protection de la propriété avec le droit de saisir le juge compétent[74], mais aussi du droit des peuples à librement disposer de leurs richesses et de leurs ressources naturelles, lié à leur droit au développement[75]. Tous ces aspects sont pris en compte dans le droit minier camerounais parce que ce pays a ratifié la convention le 20 juin 1989.

Deux autres textes moins généraux sont aussi dignes d'intérêt. Le premier est la convention de Maputo et le second est la convention sur l'énergie.

La convention de Maputo est un texte engageant les États africains sur la gestion des ressources naturelles[76]. Cette convention réglemente les processus et activités ayant une incidence sur l'environnement et les ressources naturelles[77]. Elle enjoint aux États de veiller à ce que l'extraction minière et l'élimination des déchets ne favorisent par l'érosion, la pollution ou toute autre forme de dégradation des terres[78]. Le cas des modalités de règlement des différends peut également être cité[79].

La convention de la commission africaine de l'énergie[80] est également l'œuvre des États membres de l'Organisation de l'unité africaine que l'Union africaine a reçue. Elle énonce l'intérêt de la réglementation de l'utilisation des ressources minérales. De fait, elle porte codification de l'exploitation des

---

[71] Adoptée à Nairobi le 27 juin 1981 lors de la 18e conférence de l'O.U.A, elle est entrée en vigueur le 21 octobre 1986.
[72] Art. 2.
[73] Art 9.
[74] Art 7 et 14.
[75] Art 21 et 22.
[76] Signé le 12 juillet 2003.
[77] Art XIII.
[78] Art VI-3(C).
[79] La convention prévoit le préalable règlement à l'amiable et le recours à la cour de l'Union africaine.
[80] Lusaka le 11 juillet 2001.

ressources énergétiques avec des effets sur les mines qui sont généralement induits surtout pour les substances liquides tel le pétrole. Ce texte est applicable au Cameroun par la ratification dont il a été l'objet[81]. Des sources sous régionales encadrent également l'exploitation minière au Cameroun.

B. Les sources sous régionales

Au plan sous régional, le droit de l'exploitation minière a une forte connotation communautaire, et est aussi intimement lié à l'harmonisation. S'agissant de ce dernier aspect, le Cameroun est notamment partie au traité OHADA. Ce cadre d'uniformisation du droit n'a pas de volet minier, mais sa codification du transport des biens et marchandises fait partie de ces quelques domaines non indifférents aux droits miniers, même si la réglementation communautaire est plus importante.

1. La réglementation communautaire

Les fondements des droits miniers sont également communautaires. Le cadre institutionnel est celui de la CEMAC[82]. Le traité constitutif de la CEMAC est une convention qui lie six États, dont le Cameroun. Créant une communauté, l'effet juridique est le principe de l'application directe de la législation CEMAC dans ses États membres ; le Cameroun n'y échappe donc pas.

Le traité constitutif institue un droit communautaire qui concerne notamment les droits miniers. En effet, de nombreux actes juridiques CEMAC touchent au secteur minier. Indirectement, il faut citer la convention de l'U.E.A.C[83] qui affirme l'harmonisation de la législation économique des États membres[84], ou encore la prise de recommandations d'orientation des États dans le développement des ressources énergétiques[85], ce qui a de l'influence sur les mines. À cet effet, dans cette politique d'harmonisation, il est mis sur pied un programme économique régional (2010-2015)[86]. Ce programme vise à faire de la CEMAC une puissance métallurgique par une optimisation de la production du minerai de fer réduit à l'acier et aux alliages de fer[87], à encadrer l'exploitation du pétrole et de l'or et viabiliser les investissements dans les mines[88].

[81] Loi n°2007/002 du 19 avril 2007 autorisant le président de la République à ratifier la convention de la commission africaine de l'énergie adoptée le 11 juillet 2001 à Lusaka.
[82] V. traité du 16 mars 1994 instituant la Communauté économique et monétaire de l'Afrique centrale (CEMAC).
[83] Cf. Convention régissant l'Union économique de l'Afrique centrale (U.E.A.C).
[84] Préambule.
[85] Art 36(b).
[86] CEMAC, *CEMAC 2025 : vers une économie régionale intégrée et émergente* – programme économique régional 2010-2015, vol2 : volume de référence, octobre 2009, 289p.
[87] *Ibid.*, p.16.
[88] *Ibid.*, p.72.

Directement, et en se démarquant de simples objectifs politiques, une enceinte juridique est mise sur pied. À part les structures de la CEMAC en charge de la production normative et de leur application, des actes juridiques sont pris pour permettre le déploiement desdits objectifs. Le lien entre l'énergie et les mines suggéré[89] est établi par la création de la COPEM[90]. Cette commission est chargée de concevoir et de proposer des avis, recommandations et projets de réglementation au secrétariat exécutif qui à son tour les présente aux autres instances communautaires[91]. Le sort de ces différents actes est de s'appliquer comme source des droits miniers.

À titre de réglementation, il faut également citer le droit douanier et fiscal de la CEMAC. Relativement à la fiscalité communautaire[92], elle réglemente les impositions imputables à l'activité minière. Ainsi, le lieu d'imposition[93] ou encore la nature de l'imposition (redevance)[94] y sont codifiés. D'autres sources sous régionales spécifiques sont à considérer.

2. Les sources sous régionales spécifiques

L'encadrement juridique de l'exploitation minière au Cameroun prend également son assise à partir de sources juridiques sous régionales. Les moins détachées de la réglementation CEMAC sont les sources conventionnelles qui sont établies au sein de la communauté. En effet, la communautarisation étant en cours et les États restant encore souverainistes, d'autant plus que certaines affaires ne concernent qu'une frange et non tous les États de la CEMAC, il leur reste possible de passer des accords partiellement détachés de la communauté.

Dans le secteur minier, il existe ainsi certains accords liant le Cameroun à un ou à plusieurs autres États de la communauté. C'est le cas du projet d'accord bilatéral entre le gouvernement de la République du Congo et le gouvernement de la République du Cameroun, relatif au système de transport transfrontalier de minerai par voie ferrée. Ce projet d'accord révèle qu'il demeure conforme au droit CEMAC qui oblige les deux États parties à l'accord[95]. Exemple peut également être pris de la convention Tchad-Cameroun par l'intermédiaire des sociétés COTCO et TOTCO en rapport avec la construction et l'exploitation d'un pipeline[96].

---

89 Supra.
90 Règlement n°12/06-UEAC-171-CM-14 portant création de la Commission permanente de l'énergie et des mines (COPEM).
91 *Ibid.*, art.4 et 5.
92 Acte n°5/66 UDEAC-49 du 13 décembre 1966 portant convention fiscale.
93 Art. 2(2).
94 Art 20(1).
V. aussi acte n°3/72-153-UDEAC du 22 décembre 1972 instituant l'impôt sur les sociétés.
95 V. préambule et art.13 du projet d'accord.
96 DIKOUME (A.L), *La fiscalité pétrolière des États membres de la CEMAC*, collection Finances publiques, L'Harmattan, 2008, p.175s.

Hors de la communauté, l'État du Cameroun a passé plusieurs accords avec d'autres États. Les plus illustratifs sont ceux relatifs au golfe de Guinée. Cette zone riche en minerais et notamment en hydrocarbures[97] fait l'objet d'accords d'exploitation. Ces accords portent réglementation de l'exploitation, du transport et de la préservation de l'environnement dans le golfe de Guinée[98] surtout en ce qui concerne les droits pétroliers[99]. Ces conventions sont opposables au Cameroun et constituent dès lors des bases juridiques de l'exploitation minière nationale à partir du fait que les sources non nationales vont irriguer les sources nationales du droit minier.

SECTION II : LES SOURCES NATIONALES

L'exploitation minière au Cameroun fait l'objet d'une réglementation très poussée. À cause de la diversité de la substance minière, et de l'importance de ce secteur, le législateur a dû formuler un ensemble de normes y relatives.

Au départ, il faut considérer la liste des substances minérales. Elle laisse constater la constitution des ressources minérales tant par des éléments solides que par ceux liquides et gazeux[100]. Ces différents éléments sont importants pour les populations et l'État, ce qui en fait un secteur des interventions pour l'intérêt général. Mais les droits miniers au Cameroun, à la différence des autres droits, tel le droit administratif, ne sont pas fortement jurisprudentiels. Ils ne le sont d'ailleurs presque pas du tout. Le fait en est que non seulement c'est un droit largement légiféré : mais qu'en plus, le juge n'est quasiment pas interpellé pour se prononcer dans le cadre des contentieux ; ceci est justifié par la primauté accordée au règlement amiable[101].

En tant que droit largement légiféré, l'encadrement juridique de l'exploitation minière au Cameroun tire ses fondements juridiques de sources de niveaux différents dans la hiérarchie des normes. Les unes sont supra décrétales (paragraphe I), et les autres, justes compléments des premiers, sont infra législatives (paragraphe II).

Paragraphe I : Les sources nationales supra décrétales

Dans l'ossature des sources supra décrétales, il s'avère que les nombreux textes recensés permettent de ressortir suivant l'impact direct sur l'exploitation

[97] OGOULAT (A.D), « *La commission du golfe de Guinée, instrument du renouveau Maritime sous-régional ?* », p.4. in www.stratisc.org-2005.

[98] Cf. convention d'Abidjan du 23 mars 1981. « E*lle s'applique à la pollution par les navires, pollution due aux opérations d'immersion, la pollution résultant d'activités liées à l'exploration et à l'exploitation des fonds de mer* ».

[99] ATANGANA (S), « *Extraction pétrolière et protection de l'environnement dans le golfe de Guinée* », mémoire de Master II en droit international de l'environnement, Université de Limoges 2008, 78p.

[100] NTEP GWETH (P), *Ressources minérales du Cameroun*, SOPECAM, Yaoundé, 2001, pp.i-ii.

[101] Infra.

minière, les sources du cadrage général (A) de celles qui, par leur objet même, sont formellement comme matériellement consacrées au secteur minier (B).

A. Les sources du cadrage général

La législation minière se singularise par les segments qu'occupent le statut de la mine, son exploitation et sa consécration. À ce niveau, il est à constater l'encadrement juridique du travail dans le secteur minier, l'imposition de considération telle la préservation de la nature…tant de facteurs interpellant le droit social, le droit de l'environnement comme d'autres segments du droit. Il demeure néanmoins possible dans ces interactions sur le droit minier de dégager dans ce cadrage général un ensemble de lois minérales « par assimilation », avec au préalable l'assise constitutionnelle en la matière.

1. La Constitution

Dans la hiérarchie des normes, celle dont toutes les autres procèdent est la Constitution. Cette loi fondamentale pose les bases des interventions d'intérêt général de l'État. À ce titre, la Constitution est la source de toutes les activités de l'administration, directement ou indirectement[102] ; c'est le cas des actes juridiques émis pour l'exploitation minière.

La première source constitutionnelle des droits miniers relève de la consécration de principes démocratiques propres au caractère républicain de l'État du Cameroun par le préambule. Le texte constitutionnel[103], dès le troisième paragraphe du préambule, affirme le droit au développement du peuple camerounais. Ce droit se décline en l'amélioration des conditions de vie des populations et l'obligation est ainsi faite à l'État d'y pourvoir. Le moyen immédiatement présenté est la résolution « *à exploiter ses richesses naturelles* » « *afin d'assurer le bien-être de tous en relevant le niveau de vie des populations* ».

Il est donc fait obligation à l'État de mettre en valeur ses richesses naturelles, et de l'effectuer dans le but de satisfaction « de tous ». C'est dans ce cadre que l'exploitation minière est fondée, car les ressources minérales sont des ressources naturelles ayant de la valeur, ce qui en fait très exactement des richesses naturelles[104]. Le préambule consacre également le droit de propriété qui, dans sa description, va mériter une spécification quant à l'appropriation des sols et des sous-sols. Ces différents aspects instituent un cadre général qui est impératif dans la mesure où « *le préambule fait partie intégrante de la constitution* »[105].

---

102 FAVOREU (L), « *Légalité et constitutionnalité* », Cahiers Cons. Constit. 1997, n°3, p.73.

103 Loi n°96-06 du 18 janvier 1996 portant révision de la Constitution du 02 juin 1972.

104 RAMADE (F), « *Ressources naturelles* », Encyclopaedia Universalis, p.2.

105 Loi n°96/06 du 18 janvier 1996, *op.cit.*, art.65.

Plus encore, le corpus du texte constitutionnel porte des dispositions relatives aux mines. Elles ressortent principalement de la dévolution des compétences législatives du parlement dans l'indication du domaine de la loi. Ainsi, la création des impôts et taxes, la programmation des objectifs de l'action domaniale, foncière et minière sont du domaine de la loi[106]. La Constitution est donc une source qui fonde l'activité minière, en donne les objectifs et attribue la compétence pour la réglementer. D'autres lois non spécifiquement minérales interviennent également dans ce cadrage général.

2. Les lois minières par assimilation

L'exploitation minière met en évidence de nombreux enjeux et s'imbrique à de nombreux pans du droit. À ce titre, il y a transversalité et multipolarité normative.

Les textes les plus liés à l'exploitation minière par leur nature sont ceux relevant des ressources naturelles. Deux lois sont à indiquer : la loi relative à l'environnement[107] et la loi relative à la forêt, à la faune et à la pêche[108]. Ces textes portent prescriptions de règles de conduite pour protéger la nature et l'activité minière doit être effectuée conformément aux dites règles[109]. D'autres segments interviennent, à l'exemple de la législation domaniale et foncière avec, notamment, la procédure d'expropriation pour réaliser une exploitation minière[110].

L'attrait pécuniaire du secteur minier justifie également une codification dans les textes financiers de l'État. L'obligation constitutionnelle d'exploiter les richesses naturelles pour assurer le bien-être de tous autorise les interventions de l'État au titre de la promotion de l'activité minière, mais aussi de la levée des fonds. Celles-ci s'opèrent aux niveaux étatiques et infra étatiques. Dans le premier cas, il faut se référer au régime financier de l'État[111] qui indique que la loi de finances présente l'ensemble des ressources et charges de l'État[112]. Ainsi, les opérateurs du secteur minier sont imposables en vertu des dispositions de la loi de finances[113]. Dans le régime financier opère aussi la loi portant sur la fiscalité locale[114]. Elle crée des impositions sur l'exploitation d'eau potable et

[106] Art 26(1)-d.
[107] Loi n°96/12 du 5 août 1996 portant loi-cadre relative à la gestion de l'environnement.
[108] Loi n°94/01 du 20 janvier 1994 portant régime des forêts, de la faune et de la pêche.
[109] Infra.
[110] Art 1er de la loi n°85-09 du 04 juillet 1985 relative à l'expropriation pour cause d'utilité publique.
[111] Loi n°2007/006 du 26 décembre 2007 portant régime financier de l'État.
[112] *Ibid.*, art3, 5, 12…
[113] C'est ainsi que des centimes additionnels sont prélevés sur les entreprises concernées et reversés à la chambre de commerce, d'industrie, des mines et de l'élevage. Art 56 (bis) de la loi n°2010/015 du 21 décembre 2010 portant loi de finances de la République du Cameroun pour l'exercice 2011.
[114] Loi n°2009/019 du 15 décembre 2009 portant fiscalité locale.

les produits de carrières[115]. La Commune bénéficie du produit de la taxe sur le transport des produits de carrières et les régions des redevances sur les ressources minières et les redevances sur les ressources du secteur gazier[116].

Des lois non minières ont donc de l'impact dans le secteur minier. Elles sont le complément de lois spécifiquement destinées à régir l'activité minière.

B. Les sources supra décrétales spécifiquement minières

De nature législative, ces sources juridiques de l'exploitation minière ont la particularité d'être directement intégrées dans la législation minière. En effet, ces lois ne sont pas uniquement pourvues de dispositions qui, par interprétation, ont pour objet la réglementation minière. Leurs objets comme leurs dispositions sont formellement orientés vers l'encadrement du secteur minier. À l'examen de la législation, il apparaît que le droit minier est fortement codifié, car une quinzaine de lois formelles dont la majeure est le code minier, et les mineures sont les lois sectorielles, en sont les supports.

1. Le code minier

L'attention qui est portée sur le secteur des mines a conduit les autorités publiques à légiférer en édictant un code minier. C'est ce que la Côte d'Ivoire vise dans ses objectifs de développement. Ce pays de l'Afrique de l'Ouest a fixé, à l'exemple du Cameroun, des objectifs ambitieux pour l'exploitation minière en 2015. Ainsi, pour les charges du budget de la République du Cameroun pour l'exercice 2015, l'exploitation minière en couvre une quantité importante. Pour cela, la loi de finances 2015 incite les investissements de par la particularité de sa fiscalité. Ce domaine du droit public est d'ailleurs l'un des rares qui non seulement est excessivement réglementé, mais en plus est pourvu d'un code. À la vérité, au-delà de l'attention qui est portée sur ce secteur par le biais de ce code, il est à indiquer que l'activité minière est codifiée parce que l'État n'est pas seul à y intervenir. La pléthore d'intérêts, d'opérations et d'acteurs fonde la prévisibilité induite par le code. Également, l'effet est l'amenuisement du pouvoir jurisprudentiel qui se déploie plus fortement quand les règles formelles sont de consistance relative, comme en droit administratif[117].

Ce n'est que tardivement que le Cameroun a mis sur pied un code minier, alors que plusieurs États avaient déjà adopté les leurs[118]. Le Cameroun n'en a adopté un qu'en 2001.

---

115 *Idem*, annexe II, n°63, p.14 et art 108s.

116 *Ibid.*, respectivement art 115 et 118.

117 DUPEYROUX (O), « *La jurisprudence, source abusive du droit* », Mélanges Maury, 1960, p.349.

118 C'est le cas de la France. Depuis la loi impériale du 21 avril 1910, le secteur minier y est réglementé. Le premier code minier date de 1956. Il était un décret, cf. décret n°56-838 du 16 août 1956 portant code minier. Il devient une loi 6 ans plus tard (loi n°62/15 du 2 juin 1962).

Auparavant, la question était réglée par la loi de 1964 portant régime des substances minérales[119]. Cette loi indique d'entrée de jeu que la prospection, la recherche, l'exploitation, le commerce des substances minérales sont soumis à ce texte. L'économie de cette loi montre qu'elle vise à régir la totalité des droits miniers. Cependant, ce texte ne légiférait que dans la généralité, car excluant par exemple les secteurs pétrolier et gazier ou encore faisant fi de la normalisation des exploitations artisanales. D'ailleurs, il ne comportait que 48 articles comme pour mieux limiter son ambition, son champ et son envergure.

Le renouveau de la législation minière intervient avec une loi de 2001 portant code minier[120]. Plus détaillée, cette loi comporte 116 articles. Tout en abrogeant celle de 1964, elle légifère sur des aspects importants qui étaient ignorés ou, à l'exagération, effleurés dans l'ancienne loi. Y figurent : la convention minière, l'environnement, l'artisan minier, les incitations à la mobilisation des fonds étrangers, le statut d'artisan minier… Le code minier a été modifié et complété par une loi de 2010[121]. Ce texte assez riche intègre des éléments nouveaux. Il est par lui désormais indiqué ce qu'il faut entendre par activité minière. Le permis de reconnaissance est introduit[122], de même que celui d'exploitation de la petite mine[123] pour ne citer que ces quelques innovations.

2. Les lois sectorielles

La loi de 2010 définit l'activité minière comme étant « *les opérations d'exploration, de développement, d'exploitation, de traitement, d'enrichissement, de transport, de stockage, de changement avant l'exportation et de réhabilitation des sites d'exploitation des substances minérales ou fossiles, liquides ou gazeuses* »[124].

En fait, le code minier ne définit pas la mine et n'en donne pas les variantes[125]. Néanmoins, par la précision sur « l'activité minière », il apparaît qu'il s'agit d'opérations pratiquées sur certaines substances qui sont des mines. L'attention est attirée par les substances liquides, fossiles et gazeuses.

Le Sénégal jouit également d'un code minier depuis 1988 (loi n°88/06 du 26 août 1988), et la Côte d'Ivoire depuis 1995.

[119] Loi n°64/LF/3 du 6 avril 1964 portant régime des substances minérales.

[120] Loi n°1 du 16 avril 2001 portant code minier de la République du Cameroun.

[121] Loi n°2010/011 du 29 juillet 2010 modifiant et complétant certaines dispositions de la loi n°2001-1 du 16 avril 2001 portant code minier.

[122] *Ibid.*, art.2.

[123] Art.8.

[124] *Ibid.*, art.2.

[125] L'article 2 du code minier Sénégal fait l'effort de définir « substances » et l'article 2 du code minier français va plus loin en énumérant les substances minérales.

Pour ces substances, le législateur de 1964 a tenu à ce qu'elles fassent l'objet de textes particuliers[126], même s'il semble les délaisser à la compétence décrétale. Le code minier de 2001 devait confirmer le traitement spécifique de ces substances en formulant qu'elles sont régies par des lois particulières[127]. Ce texte se distingue de l'ancien parce qu'il reconnaît la compétence de l'autorité législative, se conformant d'une part à la disposition constitutionnelle suivant laquelle le régime minier (dans son ensemble) relève du domaine de la loi[128]. Et d'autre part, qu'il entérine un fait, celui de l'existence de lois sectorielles en la matière, qui l'ont précédé.

- Dans le secteur des substances liquides, il existe une loi portant régime de l'eau[129]. Elle fixe les conditions d'exploitation de l'eau et le régime contentieux en cas de litige.
- S'agissant des substances fossiles, le pétrole qui en fait partie est régi par un code[130] qui institue notamment des contrats et des titres miniers sur le pétrole.
- Le secteur gazier est également concerné. Il a fait l'objet d'une loi entrée en vigueur en 2002 et dont l'abrogation s'est faite par une loi de 2012[131]. Cette loi encadre le secteur gazier et vise à en promouvoir le développement.

L'encadrement juridique de l'exploitation minière au Cameroun connaît donc une forte dimension législative. Elle est complétée par quelques actes infra législatifs.

Paragraphe II : Les sources infra législatives

Dans l'identification des actes juridiques infra législatifs, il est à considérer principalement les actes juridiques relevant du pouvoir réglementaire et les décisions de justice constitutives de la jurisprudence. Pour les normes jurisprudentielles, suivant la place du juge dans la hiérarchie des organes par rapport au législateur, il apparaît qu'il lui est subordonné, ce qui fait que la valeur de la jurisprudence est inférieure à celle de la loi formelle[132]. Cette source du droit est réduite en peau de chagrin dans le droit minier camerounais à cause de son caractère fortement légiféré et de la formulation de modes alternatifs de règlement des litiges[133]. Les sources décrétales sont, par contre,

[126] Art 21 de la loi n°64/LF/3, *op.cit.*
[127] Art premier (3) de la loi n°001 du 16 avril 201, *op.cit.*
[128] Supra.
[129] Loi n°98-005 du 14 avril 1998 portant régime de l'eau.
[130] Loi n°99/013 du 22 décembre 1999 portant code pétrolier.
[131] Loi n°2002/013 du 30 décembre 2002 portant code gazier, abrogée par la loi n°2012/006 du 19 avril 2012 portant code gazier.
[132] Cf. CHAPUS (R), *Droit administratif général*, *op.cit.*, p.111.
[133] Infra.

bien présentes avec les unes qui sont constitutives (A) et les autres qui sont des textes d'application des lois minières (B).

A. Les sources décrétales constitutives

Ces sources réglementaires sont constitutives dans la mesure où il s'agit d'actes qui portent essentiellement sur l'édiction et non sur la précision des règles de conduite. Ces actes portent également création d'institutions dans le secteur minier par répercussion ou par réglementation spécifiquement minière.

1. Les décrets généraux

Ils sont généraux parce que sur la base de leurs titres, ainsi qu'à leur présentation, ces décrets ont des objets qui n'établissent pas et ne désignent pas leur lien immédiat avec « l'activité minière ». C'est par rapprochement et sur la base de leur étude fine et attentive que se dégagent des liens étroits et des éléments de cohérence avec la mine. En effet, ils apparaissent comme n'étant ni proches[134] des droits miniers ni indifférents à ceux-ci.

Ils sont nombreux, nous nous limiterons à quelques-uns, notamment à l'ordonnance portant code des investissements, et surtout aux décrets relatifs à la titrisation foncière et enfin aux études d'impact. En ce qui concerne le décret relatif au titre foncier, la procédure de titrisation est utilisée par l'exploitant minier qui doit faire borner la superficie du terrain objet de l'exploitation[135]. Dans cette rubrique, un cas très illustratif est celui de la concession fortement employée en matière minière qui, elle, est également encadrée par un acte réglementaire[136]. En application de la loi-cadre relative à la gestion de l'environnement, un décret vient régir la réalisation des études d'impact[137]. Il s'applique à l'activité minière parce qu'elle doit être menée en considération de ses effets et de ses impacts sur l'environnement. Sans plus être concerné par l'effet induit, des décrets miniers sont également des sources constitutives de l'encadrement juridique de l'exploitation minière.

2. Les décrets miniers

À la différence des sources décrétales générales, celles-ci ont pour particularité par leur objet tenant à leurs intitulés, et par leurs contenus d'être vouées à réglementer directement l'activité minière. Cependant, ces décrets sont constitutifs parce que loin d'être de pâles mises en œuvre des lois minières, ils sont institutifs simultanément de règles, de structures ou d'organes administratifs.

---

[134] Ordonnance n°90/007 du 8 novembre 1990 portant code des investissements du Cameroun, modifiée par l'ordonnance n° 94/003 du 24 janvier 1994.

[135] Décret n°76-165 du 27 avril 1976 fixant les conditions d'obtention du titre foncier.

[136] Décret n°76-166 du 27 avril 1976 fixant les modalités de gestion du domaine national.

[137] Décret n°2005/0577/PM du 23 février 2005 fixant les modalités de réalisation des études d'impact environnemental.

Dans la catégorie des apports normatifs, il est à prendre en compte le décret réglementant l'exploitation des carrières[138]. Au titre de la création d'institutions, on peut citer la mise sur pied du comité national de l'eau[139], ou encore du programme de sécurisation des recettes des mines, de l'eau et de l'énergie[140]. Ce programme est chargé de recouvrer les taxes créées dans ces matières. Pour ce faire, un fichier national des entreprises opérant sur l'ensemble du territoire a été constitué. Il permet à ce programme de maîtriser l'assiette et le recouvrement des droits fixes, redevances et taxes relatifs aux ressources des secteurs des mines, de l'eau et de l'énergie. La lutte contre l'évasion fiscale lui incombe également. L'importance de ce programme est telle qu'il recouvre bien plus de 75 millions de FCFA par mois, et les secteurs des mines et de l'énergie étant les plus rentables[141]. Ces décrets sont complétés par ceux portant application des lois minières.

B. Les sources décrétales d'application

De nombreux textes d'application sont pris en vertu des lois dans le domaine minier. Le plus porteur par sa spécificité est le décret d'application du code minier auquel sont joints d'autres textes ayant une vocation similaire d'application de la loi.

1. Le décret d'application du code minier

Comme il a été relevé, le code des mines camerounais s'est substitué à la loi de 1964 portant régime des substances minérales[142]. Cet ancien texte était accompagné d'un décret d'application[143] qui a été abrogé du fait même du déclassement de la loi de laquelle il tenait sa raison d'être. D'ailleurs, un décret d'application du code minier de 2001 a été signé en 2002[144]. Ce texte comporte de nombreux détails sur des éléments qui étaient traités de manière générale par le code minier. Les 167 articles de ce décret d'application formulent des précisions sur les dispositions édictées dans le code.

Il précise les modalités de la notification des documents, de confection du dossier de demande d'attribution d'un titre minier, du bornage…

---

138 Décret n°90/1477 du 9 décembre 1990 portant réglementation de l'exploitation des carrières.

139 Décret n°85/768 du 30 mai 1985 portant création du comité national de l'eau.

140 Décret n°2002/1722/PM du 08 octobre 2002 instituant le programme de sécurisation des recettes des mines, de l'eau et de l'énergie.

141 TCHAMI (B), « *Sécurisation des recettes : les ministères des mines et de l'eau unissent leurs forces* », ODIGG, 5 juillet 2011.

142 Supra.

143 Décret n°64/DF/163 du 26 mai 1964 portant application de la loi n°64/LF/3 du 6 avril 1964 portant régime des substances minérales.

144 Décret n°2002/648/PM du 26 mars 2002 fixant les modalités d'application de la loi n°001 du 16 avril 2001 portant code minier.

À la lecture, ce texte réglemente davantage l'ensemble des opérations matérielles relatives au secteur minier. Les opérateurs du secteur minier sont édifiés grâce à ce texte sur les modalités d'obtention de titres miniers, les obligations et les droits que leur confèrent ces titres, ainsi que la sortie de vigueur d'un titre minier. L'administration est également édifiée sur les modalités de mise en œuvre de l'ensemble des dispositions prescrites par le code minier. Ce qui est à souligner est que le code minier de 2001 a été modifié en 2010 dans certaines de ses dispositions. De ce fait, l'antériorité du décret d'application peut poser quelques problèmes à l'instar de l'introduction de la petite mine dans la modification de 2010[145] en raison de ce que ses modalités d'exploitation ne font pas l'objet de ce décret d'application. Il est aussi à considérer les autres textes d'application de nature plus sectorielle.

2. Les règlements d'application sectoriels

La diversité de l'activité minière implique la pluralité de textes et ceux portant application des lois minières n'y dérogent pas. À titre institutif, il existe deux décrets réglementant l'exploitation artisanale et semi-industrielle des substances précieuses[146] dans l'exploitation des carrières, il est également à recenser une dizaine de textes dont plusieurs décrets d'application. Dans l'ensemble, ils réglementent les activités de carrières et les règlements d'application viennent préciser ou formaliser les modalités d'application[147].

La législation institue un traitement différencié entre le gaz, le pétrole, l'eau et les autres secteurs miniers. Ainsi, exclus du code minier, ces secteurs le sont aussi du décret d'application par voie de conséquence.

La loi portant régime de l'eau, la loi portant code gazier et celle portant code pétrolier font l'objet de textes d'application distincts de celui sur le code minier. Il en est ainsi de la loi de 2002 se rapportant à l'activité gazière qui a son texte d'application[148]. Il en est de même pour le secteur pétrolier[149]. Pour le secteur gazier, avec la promulgation d'une nouvelle loi portant code gazier en 2012, le texte d'application de la loi de 2002 est resté en vigueur seulement pour les dispositions qui ont été reconduites. Toutes les dispositions nouvelles, de même que la reconduction des anciennes dispositions eu décret d'application, devraient faire l'objet d'un nouveau texte. En l'absence du nouveau décret d'application, seules les dispositions anciennes reconduites, et celles nouvelles

---

145 Art 8 de la loi n°2010/011, *op.cit.*

146 Décret n°74/411 du 24 avril 1974 réglementant l'exploitation artisanale de l'or ; décret n°96/337/PM du 30 mai 1996 réglementant l'exploitation artisanale et semi-industrielle, la collecte et la commercialisation des substances précieuses.

147 NTEP GWETH (P), *Ressources minérales du Cameroun*, *op.cit.*, pp.23-24.

148 Décret n°2000/0234/PM du 04 septembre 2003 fixant les modalités d'application de la loi n°2002/013 du 30 décembre 2002 portant code gazier.

149 Décret n°2000/465 du 30 juin 2000 fixant les modalités d'application de la loi n°99/013 du 22 décembre 1999 portant code pétrolier.

ne nécessitant pas de précision réglementaire, sont d'application immédiate. Dans le secteur de l'eau, il existe deux décrets, l'un précisant les conditions de prélèvement des eaux de surface ou des eaux souterraines à des fins industrielles ou commerciales[150] et l'autre réglementant les périmètres de protection autour des points de captage, de traitement et de stockage des eaux « potabilisables »[151]. Il est à noter que le cadrage sectoriel est de mise avec la multiplication des textes d'application puisqu'auparavant, il n'existait qu'un texte d'application regroupant tous ces domaines[152] et que l'abrogation des anciens textes a laissé la place à un traitement plus sectoriel des textes d'application. Il faut observer que ce regroupement a été à l'origine de la complexité d'une part des interventions, et d'autre part de la gestion des divers secteurs concernés.

L'encadrement juridique de l'exploitation minière au Cameroun fait ainsi l'objet d'une réglementation foisonnante avec une superposition de textes, de nature et de valeurs diverses. C'est à la lecture de ces différents textes que ressort l'ensemble des principes consacrés dans cette activité.

---

[150] Décret n°2001/164/PM du 08 mai 2001.

[151] Décret n°2001/163/PM du 08 mai 2001.

[152] Décret n°64/DF/162 du 26 mai 1964 fixant les modalités de recherche, d'exploitation et de transport des hydrocarbures liquides ou gazeux.

CHAPITRE II

LES PRINCIPES RÉGISSANT L'EXPLOITATION MINIÈRE AU CAMEROUN

Le regard porté sur l'encadrement juridique de l'exploitation minière au Cameroun donne lieu au constat d'une multipolarité de ses sources. Leur systématisation conduit à déterminer l'existence de deux grands blocs à savoir : les sources internationales et les sources nationales. Ces sources tiennent lieu de fondement juridique parce qu'elles contiennent un ensemble de normes qui encadrent l'activité minière.

L'envergure de ces fondements se mesure à celle de l'activité minière. Elle concerne « *des opérations d'exploitation, de développement, d'exploitation, de traitement, d'enrichissement, de transport, de stockage, de chargement avant l'exportation et de réhabilitation des sites d'exploitation des substances minérales ou fossiles, solides, liquides ou gazeuses* »[153].

Les normes issues des sources du droit minier font ressortir des exigences qui, par leur logique juridique, apparaissent comme étant des principes de l'exploitation minière au Cameroun.

L'appréhension de « principe » donne droit à une diversité d'approches. C'est ainsi qu'on parle de principe physique pour une loi physique admise sans avoir jamais été démontrée par la théorie ; en chimie et en pharmacologie, le principe est un élément de réaction chimique[154], mais il faut dire que le principe est à la base une notion de philosophie. Il est alors la cause première, ou « la proposition admise comme base d'un raisonnement »[155].

Dans la perception juridique, « *le principe est une vérité générale et fondamentale, l'hypothèse étendue et fondamentale sur laquelle d'autres reposent ou dont elles sont dérivées* ». « *À la différence d'une loi qui est précise et provisoire, un principe a une portée plus large, voire intemporelle* »[156]. En fait, le principe juridique est d'interprétation « plus large », mais est dans son application balisé pour l'interprète du droit. Il est juridique parce qu'il est opposable aux sujets de droit et aussi dans la mesure où il émane des organes de création du droit[157]. Dans ce cadre, il faut distinguer les principes législatifs de ceux jurisprudentiels. Les premiers émanent de la loi formelle et les seconds du juge.

Les principes issus de l'activité de la juridiction s'incarnent par les principes généraux du droit[158]. Relativement au droit minier, il apparaît que la rareté de la

---

153 Art 2 de la loi n°2010/011 du 29 juillet 2010 modifiant et complétant certaines dispositions de la loi n°2001-1 du 16 avril 2001 portant code minier.

154 Cf. Wikipedia, Dictionnaire universel libre en ligne, Wikipedia.org, V. principe.

155 LAROUSSE, *Le petit Larousse illustré*, 2007, p.865.

156 Wikipedia, *op.cit.*

157 ARNAUD (A-J) et autres (dir.), *Dictionnaire encyclopédique de théorie et de sociologie du droit*, LGDJ, Paris, 1993, p.474.

158 MORVAN (P), « *Les principes généraux du droit et la technique des visas dans les arrêts de la cour de cassation* », IMG/file, Cour de cassation, 59p.

saisine du juge national et des juges internationaux rajoutée à la complexe et foisonnante réglementation ont fait de ce champ un droit fortement légiféré.

Par contre, du fait même de son caractère légiféré, il est à recenser bon nombre de principes issus des textes. Bien évidemment, la législation peut proclamer des principes. Ils ressortiraient alors de façon évidente sous cette dénomination dans le texte national ou d'origine extérieure. Mais le principe est généralement déduit, c'est l'esprit des normes, du texte, ou de la compilation des prescriptions positives[159]. C'est dans ce cadre que se situent les principes de l'exploitation minière au Cameroun. Du fait de l'attrait empirique de cette matière, il est constitué de principes techniques (section II) aux côtés d'autres dont le caractère conduit à les considérer comme étant plutôt non techniques (section I).

SECTION I : LES PRINCIPES NON TECHNIQUES

Le caractère de ces principes est qu'ils ne concernent pas spécialement les opérations décrites comme relevant de l'activité minière[160]. Ils sont préalables à l' « *effectuation* » même de ladite activité. Leur vocation est de répondre aux préoccupations sur la destination de l'activité minière, mais également sur ses répercussions. À cet effet, les principes non techniques traitent de la faisabilité de l'activité minière au travers du droit du site minier, de la posture de l'administration et de la prise en compte des effets de cette activité sur le milieu.

Les principes non techniques ne sont pas énoncés comme tels par les textes. Mais ceux-ci regorgent d'un ensemble d'impératifs majeurs qui en sont les représentations. Le premier principe touche à l'appropriation de la substance minérale et formule le principe de l'appartenance à l'État des substances minières (paragraphe I). Le second a un double volet et s'étend aux prescriptions des textes de secteurs différents touchant pourtant aux mines. Il s'agit de la prééminence des considérations environnementales et de développement social (paragraphe II) qui ressortent également de l'ensemble des fondements positifs de l'exploitation minière au Cameroun.

Paragraphe I : Le principe de l'appartenance des substances minières à l'État

L'activité minière a été déterminée. Mais au préalable, pour qu'elle s'effectue, il faut que sa mise en place soit réalisée, et cela fait intervenir sa localisation qui est liée à celle de la mine. Les substances sont principalement situées au niveau de la surface terrestre et de celle maritime. Leur mise en valeur légale entraîne des droits pour leurs propriétaires et au regard de leur consistance, il a paru nécessaire de donner la propriété des mines à l'État. Les

---

[159] VEDEL (G), DELVOLVE (P), *Droit Administratif*, PUF, TI, 12e éd, p.474.
[160] Supra.

différentes législations étudiées convergent sur ce point. C'est le cas en France, ou encore au Sénégal qui s'est inspiré du régime minier français pour reconnaître à partir de 1988 à l'État la propriété exclusive des substances minérales[161]. Cette posture rompt avec l'ancienne pratique fortement marquée dans la période de construction des États-Unis d'Amérique, pratique selon laquelle la mine appartenait au propriétaire du site où il se trouvait[162]. Les choses devaient changer et aujourd'hui il est presque unanimement conféré la propriété légale des mines aux États, c'est le cas au Cameroun (A) avec comme fondement majeur qui tient lieu de principe minier, la primauté de l'intérêt général (B).

A. L'État, propriétaire légal des mines

Les droits miniers sont l'objet de plusieurs sujets de droit. Le coût exorbitant introduit les entreprises ; la localisation et le lieu d'extraction interpellent l'État, le propriétaire de l'espace concerné, les populations riveraines ou les collectivités territoriales décentralisées. De tous, qui est propriétaire des substances minérales ? Le droit camerounais a choisi de reconnaître ou d'attribuer la propriété légale des mines à l'État. Il y a convergence du contenu de cette règle avec quelques petites variations ou nuances selon que la mine est située en zone terrestre ou en zone maritime.

1. Le contenu du principe pour les mines situées en zone terrestre

Dans la détermination du territoire de l'État, les espaces recensés sont ceux aérien, terrestre et maritime. Leurs caractéristiques les distinguent et les substances minérales ne sont liées qu'au sol, ce qui exclut l'espace aérien et qualifie ceux terrestre et maritime ; ces derniers ayant un fond solide.

Relativement à la zone terrestre, les mines sont octroyées à l'État. Cela pose problème à première vue. En effet, la législation foncière et domaniale autorise l'appropriation privée des sols. Aussi l'État garantit-il à toute personne propriétaire le droit d'en jouir et d'en disposer librement[163]. Cela fait recours au droit sur « les fonds de terre ». Ce droit accorde la propriété immobilière avec un droit sur les biens mobiliers qui en permettent l'exploitation[164], et au sous-sol[165]. De ce fait, le propriétaire du sol jouit du sous-sol, ce qui correspond d'ailleurs à « la libre disposition » telle que déterminée dans l'ordonnance sur le régime foncier. Cette liberté lui permet de faire des fondations pour ses constructions, d'implanter des immeubles, ou encore de recueillir artisanalement de l'eau…

---

[161] Art 3 de la loi n°88-06 du 26 août 1988 portant code minier de la République du Sénégal.
[162] Lire WINGERT (J-L), *La vie après le pétrole*, Éd. Autrement, 2005.
[163] Art 1er de l'ordonnance n°74/1 du 6 juillet 1974 fixant le régime foncier.
[164] Immeuble par destination.
[165] Art 516s C.Civ.

Seulement, dès que ledit sous-sol regorge d'un gisement minier, la libre disposition fait place à l'appropriation étatique. En réalité, le particulier peut disposer du sous-sol, mais sa propriété ne lui appartient pas[166]. De droit, le sous-sol fait partie du domaine public terrestre[167], ce qui explique qu'il ne soit pas susceptible d'appropriation privée[168].

La consécration de l'appartenance des mines à l'État est formelle. Le code minier dispose que « *les mines sont et demeurent propriété de l'État* »[169] ; et puisqu'il ne traite pas des autres substances minérales déjà présentées, il fallait également rechercher du côté de ces lois sectorielles.

Sans surprise, le code pétrolier va dans le même sens : « *les gisements ou accumulations naturelles d'hydrocarbures que recèle le sous-sol du territoire camerounais, découverts ou non, sont et demeurent la propriété exclusive de l'État* »[170]. Il en est de même pour le code gazier[171] ou pour la loi sur l'eau qui la classe comme étant « *un bien du patrimoine commun de la nation...* »[172]. Identiquement à la propriété privée, le propriétaire légal des mines jouit de la liberté de disposition, ce qui est chose originale et est en rupture avec la nature domaniale, il est assorti d'un droit à cession[173]. Aussi l'usage et la jouissance des substances minérales sont-ils pour l'État son libre droit qui, du fait de la Constitution, est même un devoir.

Aucune activité minière n'est alors possible sans que le propriétaire qui est l'État ne se soit prononcé. Dans la pratique, malgré un effort d'encadrement, il est à observer que l'exploitation artisanale primaire, c'est-à-dire non autorisée, connaît une forte prolifération[174] faisant de ces exploitants informels des

---

166 TERRE (F) et SIMLER (P), *Droit civil. Les biens*, 6e éd, précis Dalloz, 2002, p.34.

167 Art 3(d) de l'ordonnance n°74/2 du 6 juillet 1974 fixant le régime domanial.

168 Les biens du domaine public sont inaliénables, imprescriptibles et insaisissables. Art 2 de l'ordonnance n°74-2, *ibid.*

Cette inaliénabilité des biens de ce domaine pose le problème de la mise en valeur des mines qui, par la Constitution, doivent permettre le développement économique, mais par la loi, seraient inaliénables. Cette équivoque est levée par le recours à la hiérarchie des normes.

169 Art.6(2) du code minier.

170 Art 3(1) du code pétrolier.

171 Art 38s du code gazier de 2002 modifié par le code gazier de 2012, article 10, 41s. Dans ce texte, il n'est pas expressément fait état de l'appartenance des substances gazeuses à l'État, mais les dispositions évoquées fondent le raisonnement à dire que ces substances appartiennent bien à l'État. En effet, il n'est pas logique de conclure un contrat d'exploration et d'exploitation avec une personne autre que le propriétaire ou son représentant. C'est le cas ici où l'État est partie « aux contrats gaziers ».

172 Art 2(1) de la loi portant régime de l'eau.

173 Ministère de l'Énergie et des Mines marocain, *Orientations stratégiques en matière de développement minier*, journées nationales de l'industrie minérale, Marrakech, 23-25 novembre 2005, p.34.

174 BISSAÏ (B), « *Essai d'analyse critique de la fiscalité minière camerounaise : le cas des substances minérales solides* » *op cit.*, p.70s.

propriétaires miniers de fait. Dans le champ du droit en octroyant la propriété du sous-sol à l'État, il y a des implications sur le sol.

Conformément à la législation foncière, la législation minière sépare la propriété des mines de celle du sol[175]. L'opération est difficile : comment séparer le vase de l'eau qu'il contient ? Pour le cas des carrières, le sort est d'office scellé, car « *les carrières sont réputées liées à la propriété du sol* »[176] et la carrière peut appartenir à un propriétaire autre que l'État. Pour le reste, il faut imaginer la superposition des biens de propriétaires différents. Quand le problème se pose, à l'observation, le propriétaire du sol est exproprié[177] et l'implication en est donc que la propriété de la mine souterraine conduit à la mise en œuvre de l'appropriation du sol (de la surface).

2. Le contenu du principe pour les mines situées en zone maritime

En zone terrestre, les mines sont, soit en surface, soit dans le sol. En zone maritime, les substances minérales se trouvent plutôt en profondeur et non en surface. Il y a pour ce cas un lien entre la profondeur et sa surface déterminées par des limites horizontales parce que l'étendue maritime se divise en « territoires » dont les propriétaires sont à indiquer pour s'édifier sur les possibilités offertes à l'État dans ce milieu.

Les substances minérales fortement concernées sont essentiellement fossiles. À cet égard, il est disposé que l'État camerounais exerce ses droits souverains sur son territoire[178], encore faut-il que le lieu d'extraction s'y trouve. La question est réglée par des sources internationales, à savoir des conventions que le droit camerounais a reçues par ratification. Il s'agit de la conférence de Genève de 1958[179] et de la convention de Montego Bay de 1982 devant réceptionner et réformer les principes des textes de Genève.

Suivant ces textes ratifiés par l'État camerounais, les eaux se divisent en plusieurs espaces :

- les eaux intérieures qui servent de ligne de base à la largeur de la mer territoriale. La souveraineté de l'État y est totale et les activités minières incombent librement à l'État[180] ;

[175] Art 6(1) code minier.

[176] *Ibid.*, Art 7.

[177] Art 1er de l'ordonnance n°74/3 du 6 juillet 1974 relative à la procédure d'expropriation pour cause d'utilité publique et aux modalités d'indemnisation.

[178] Art 3(1) du code pétrolier.

[179] Elle comporte quatre conventions dont celle sur le plateau continental du 29 mars 1958 qui a pour objet de délimiter et de définir les droits des États à explorer et à exploiter les ressources naturelles dudit plateau.

[180] Lire DUVIC-PAOLI (L-A), *La convention des Nations unies sur le droit de la mer, instrument de régulation des relations internationales par le droit*, L'Harmattan, octobre 2011.

- la mer territoriale s'étend des lignes de base jusqu'à 12 miles au maximum. L'activité minière ressort de la compétence de l'État, sa souveraineté n'est diminuée que par rapport à son impossibilité d'interdire la circulation navale, sauf si ce droit de passage porte « *atteinte à la paix, au bon ordre et à la sécurité de l'État côtier* » ;

- les détroits internationaux ont été introduits par la convention de Montego Bay. Le droit de passage libre est reconnu, celui de l'exploitation relève de conventions *ad hoc ;*

- les eaux archipélagiques relevant de la souveraineté des États côtiers avec un droit de passage libre et inoffensif reconnu aux tiers ;

- la zone contigüe qui s'étend de la limite extérieure de la mer territoriale jusqu'à 24 miles des lignes de base. L'exclusivité des droits miniers est réduite, l'État n'ayant que des compétences pour réprimer les infractions aux lois nationales dans des domaines tels que la douane, la fiscalité… ;

- le plateau continental[181] institue un régime juridique sous-marin au profit de l'État côtier. Les eaux 'surjacentes' lui échappent, mais le fond et le sous-sol au-delà de la mer territoriale sont souverainement explorés et exploités par cet État[182] ;

- la zone économique exclusive[183] est plus large que le plateau continental parce que les droits souverains aux fins d'exploration et d'exploitation concernent l'espace sous-marin et les eaux 'surjacentes'[184] ;

- la haute mer (au-delà de la ZEE) où le principe est celui de la liberté. L'État, ou la compagnie qui peut, exploite sous réserve des conventions internationales ;

- la zone internationale des fonds marins concerne les fonds marins. Elle commence là où sombrent les plateaux continentaux. Elle est incorporée au patrimoine commun de l'humanité[185], l'appropriation nationale des ressources de cette zone est interdite.

Ainsi, sur l'espace maritime, plus on s'éloigne de l'État, moins il a compétence et les substances minérales passent de la propriété étatique à la « propriété internationale »[186]. Toutefois, et particulièrement quand la mine est située sur l'espace territorial étatique, ce dernier jouit du droit de surveillance.

---

[181] Il y a le plateau continental juridique (s'étend à partir des lignes de base sur 200 miles marins au minimum), le plateau continental naturel (excède les 200 miles marins).

[182] PANCRACIO (J-P), *Droit de la mer*, Dalloz, 2010.

[183] D'une largeur maximale de 200 miles au-delà des lignes de base.

[184] CECCALDI (M), « *Aspects juridiques de l'exploitation du pétrole en mer* », in *Le pétrole-Aspects juridiques*, RJN, Law Review, p.5.

[185] Art 175 CMB.

[186] Sur l'ensemble de ces développements, V. WIKIPEDIA, *Droit de la mer*, doc électro et l'art 1er (2) du code minier.

3. Le droit de surveillance par l'État

L'une des manifestations de l'appartenance des mines à l'État réside dans le droit de surveillance des activités liées à l'exploration et à l'exploitation qui incombent à la personne publique.

- Les fondements de la surveillance administrative

Le droit de surveillance étatique trouve son assise dans des fondements juridiques et techniques. Les fondements juridiques se retrouvent dans la plupart des textes touchant au secteur minier. Ils procèdent à l'attribution et à l'administration du pouvoir de veille et de sanction dans le domaine. Sur le plan organique, le code minier en ses articles 20 et 28 et le décret de 2005 portant organisation du MINIMIDT reconnaissent de droit la compétence dudit ministère comme premier gendarme des activités minières.

Le fondement technique de la surveillance administrative est une finalité, car il s'agit de s'assurer du bon déroulement des opérations de recherche ou d'exploitation, de leur conformité aux normes et cahiers des charges, aux programmes et aux prescriptions environnementales en s'assurant de l'absence de risques. Cette surveillance est minutieusement organisée.

- L'organisation de la surveillance administrative

L'équipe d'inspection doit être dûment autorisée à effectuer cette opération par le ministre chargé des mines. Elle doit être munie d'un document d'identification officiel attestant de l'identité et du mandat ; cette équipe se présente au chef de l'établissement ou bénéficiaire du permis. Pour la surveillance :

- l'équipe doit se procurer le plan des mesures et normes réglementaires, et suivre les modalités de contrôle de ces mesures pour en garantir la conformité ;
- au terme de la surveillance, les dysfonctionnements, les défauts de conformité relevés doivent être notifiés à l'opérateur, au propriétaire de l'établissement ou au responsable technique ;
- l'équipe peut programmer de commun accord avec l'établissement une séance de travail pour s'assurer de la mise en œuvre des mesures correctives ;
- en cas de persistance du refus de mise en œuvre des mesures correctives, l'équipe propose des sanctions au ministère (déchéance, retrait de titre, non-renouvellement).

Les sanctions qui peuvent être prononcées à l'encontre de l'opérateur interviennent après mise en demeure restée sans suite. En plus des sanctions administratives, l'administration des mines a la possibilité de transférer le dossier à la justice, surtout pour des cas graves (tel le bris des scellés) qui peuvent déboucher sur des peines d'amendes et d'emprisonnement. De même, des sanctions administratives peuvent être cumulées, émanant d'administrations compétentes dans le domaine de l'environnement, de l'eau, du travail et des domaines.

Par ailleurs, quand la mine appartient à l'État, elle est sous le coup de la primauté de l'intérêt général.

A. La primauté de l'intérêt général

Les montages juridiques sur le traitement du secteur minier révèlent le lien fort existant entre l'État et les matières minérales. Historiquement, en France, du XIVe au début du XIXe siècle, l'État s'accapare les ressources minérales progressivement en s'appuyant sur les théories de la domanialité. Les contestations des exploitants et des propriétaires des sols seront sans grand effet parce que la loi du 21 avril 1810, tout en écartant la domanialité des mines, va concrétiser le pouvoir de l'État sur ces dernières[187]. La version actuelle du code minier semble reconnaître des droits de propriété aux personnes autres que l'État[188], mais aussi à l'État qui dispose de gisements[189]. Cela étant, au Cameroun, le principe demeure que les mines appartiennent à l'État. Cette posture est fondée sur des questions d'intérêt général liées aux facteurs de l'activité minière.

1. Les facteurs de l'intérêt général dans l'activité minière

Au Cameroun, l'activité minière est tournée vers l'intérêt général. Des facteurs y relatifs, il est à relever les exigences de l'activité minière, et la présence de la personne morale de droit public.

L'exploitation minière n'est possible qu'après autorisation. À ce niveau, il apparaît que l'autorisation accordée met en présence l'autorité publique et manifeste, d'une part, son lien de propriétaire avec ces substances minières et d'autre part sa mission qui ici est celle de l'intéressement dans l'activité[190]. En outre, il est à remarquer une surveillance administrative permanente, car l'activité minière est formalisée par un contrat ou un cahier des charges dont la particularité est la prérogative de veille accordée à l'administration. Elle doit à ce titre s'assurer que les obligations du cocontractant et les clauses de l'accord sont respectées.

---

[187] GAUCHE (S), « Qui est propriétaire du sous-sol ? », in *Mines, domaine public et propriété sous l'ancien régime et la révolution*, p.1.
[188] Art 69 du code minier français, version du 01 mars 2011.
[189] *Ibid.*, art 64.
[190] Infra.

En France, l'exploitation est le fait d'un permis ou d'une concession[191]. Ces techniques établissent la vocation de l'activité minière à satisfaire l'intérêt général. Le procédé de la concession est l'action de la collectivité publique par personne interposée. Il révèle l'appartenance de l'élément concédé à la personne concédante[192] à savoir l'État, et relève l'intérêt public à ce que la concession soit faite, à savoir que l'activité minière soit mise en œuvre.

Le second facteur est la présence de la personne morale de droit public. Il est un truisme que l'intervention de l'État dans une activité induit une étroite parenté avec l'intérêt général. L'autorité publique est fondée par la finalité de l'action à mener et ses moyens d'intervention sont exorbitants parce que l'activité minière est subordonnée à l'existence d'un motif d'intérêt général[193]. Aussi, l'octroi, le retrait et la surveillance de l'activité minière font ressortir les prérogatives exorbitantes de l'État[194]. La finalité de l'activité minière est encore plus interpellatrice.

2. La finalité de l'activité minière

L'activité minière a trois étapes principales : l'exploration, l'exploitation et la remise en état des sites. Ces différentes étapes sont conduites sous le prisme de l'intérêt général. En effet, l'un des principes du droit minier est la primauté de l'intérêt général parce que la finalité de l'activité minière est la satisfaction des besoins d'intérêt général. Dans ce cadre, il existe un fondement constitutionnel contenu dans l'énonciation suivant laquelle, l'État camerounais est résolu à valoriser les richesses naturelles « *afin d'assurer le bien-être de tous...* »[195]. Il en ressort que les mines sont une richesse et qu'elles rentrent dans les matériaux à utiliser dans la politique de développement. En réalité, cet énoncé introduit pour l'État le « devoir » de mettre en valeur les ressources minérales, car elles permettent d'assurer le bien-être des Camerounais.

Le code minier, dans sa première disposition qui tient lieu de préambule, évoque la nécessité de l'activité minière pour favoriser le développement et lutter contre la pauvreté[196]. Les lois minières sectorielles comportent des dispositions semblables. Les enjeux financiers de l'exploitation minière[197] sont la base de l'attrait de l'intérêt général par la possibilité que ce secteur offre en termes de ressources financières et d'emplois.

---

[191] Art 57 du code minier français.
[192] ROQUES (F), « *La fondation d'utilité publique au croisement du droit public et du droit privé* », RDP 1990, p.1755.
[193] CORNU (G), *Vocabulaire juridique*, QUADRIGE-PUF, p.496.
[194] V. notamment art 8(2), art 16s du code minier camerounais.
[195] Cf. préambule de la loi constitutionnelle de 1996.
[196] Art 1er (1) du code minier.
[197] KUBOKOSO (N), « *Les activités minières et fiscalité cas de la RDC* », thèse de doctorat en droit, université Paris I Sorbonne, 2008, mémoire online, p.1.

L'intérêt général est manifesté par l'appartenance des mines à l'État, par leur vocation, et par la répercussion de la présence de mines sur le terrain d'un tiers. Il est de mise que le droit de propriété est garanti et qu'il ne peut y être porté atteinte que lorsque la cause est d'utilité publique[198]. Aux fins d'activité minière, recours est fait si nécessaire à la procédure d'expropriation[199]. Étant donné que cette procédure a une finalité d'utilité publique et que le seul motif avancé est l'activité minière, il en ressort que cette dernière est donc par elle seule d'utilité publique, ce qui explique mieux son imbrication aux impératifs d'intérêt général. D'ailleurs, par extension, cet intérêt général touche aux considérations environnementales et sociales.

Paragraphe II : La prééminence des considérations environnementales et de développement social

Les principes juridiques du droit minier camerounais ont tous pour véritable socle l'intérêt général. Aussi l'intérêt général est-il la finalité de l'activité minière, ce qui en fait un principe. Mais c'est également le fil conducteur des activités minières, ce qui en fait un contenant. À l'intérieur se trouvent les principes fortement consacrés. La prééminence des considérations environnementales (A) et les aspects sociaux dont celui du développement des populations locales (B) sont concernés. À ce titre, l'activité minière est circonscrite à ce champ qui non seulement se présente comme un préalable à la possibilité de mener ladite activité, mais aussi comme des impératifs à respecter dans la phase d'exécution de l'exploitation.

A. Le respect des prescriptions environnementales

Le monde vit actuellement sous le primat de l'environnement qui est devenu le nouvel enjeu majeur de la société pour faire face à l'expansion croissante du développement économique aux effets néfastes comme la pollution, la détérioration de la couche d'ozone, les gaz à effet de serre et les conséquences sur la banquise. Ainsi, toutes les activités importantes sont désormais alignées sur les impératifs environnementaux ; c'est le cas des activités minières dont les implications peuvent même justifier leur non-réalisation dans certaines zones au nom de la préservation de l'environnement.

1. La formulation du respect des prescriptions environnementales

L'observation des prescriptions environnementales est impérative en droit minier. Elle ressort de différents textes et révèle le souci de l'État de garantir la protection de l'environnement.

---

[198] Art 1er de l'ordonnance n°74/3 du 6 juillet 1974 relative à la procédure d'expropriation pour cause d'utilité publique et aux modalités d'indemnisation, repris dans l'article 1er (2) de la loi n°85-09 du 04 juillet 1985 relative à l'expropriation pour cause d'utilité publique et aux modalités d'indemnisation.

[199] Art 66 du code minier.

Les textes dont il est question sont de nature diverse, car ces prescriptions tiennent leur source de textes tant internationaux que nationaux.

Relativement aux textes internationaux, les conventions minières et les textes et conventions sur l'environnement portent garantie des considérations environnementales dans l'activité minière. Le traité constitutif de l'Union africaine érige ainsi la protection de l'environnement parmi les domaines d'intérêts communs pour les États membres[200] avec la nécessité d'accommoder tous les secteurs de développement à cette exigence ; c'est le cas des mines. Toujours au niveau continental et régional, il faut indiquer les dispositions de la convention de Maputo. Ce texte dans son préambule[201] prescrit l'impératif pour les États d'agir dans le sens de la conservation de l'environnement. Les activités ayant une incidence sur l'environnement sont ainsi conditionnées[202]. Ce traité, comme bien d'autres textes internationaux, a été reçu par la législation nationale.

L'État camerounais a inscrit la protection de l'environnement dans le registre des objectifs catégoriques pour tous les secteurs d'activités. Pour ce faire, il a été édicté une législation propre à l'environnement, tout comme cette exigence a été introduite dans les textes sectoriels de la législation minière.

Le droit national de l'environnement est principalement constitué de trois textes :

- la loi-cadre de l'environnement[203]. Cette loi introduit le principe de responsabilité[204] qui sanctionne toute personne qui porte atteinte à l'environnement. En plus, « *l'administration chargée de l'environnement veille à l'intégration des considérations environnementales dans tous les plans et programmes économiques, énergétiques, fonciers et autres* »[205]. Les titulaires des titres miniers sont d'ailleurs tenus à l'obligation de remise en état des sites exploités[206] ;
- la loi sur les forêts, la faune et la pêche[207] est le deuxième texte majeur sur l'environnement, car elle porte protection des forêts et de la faune en encadrant les activités menaçantes. Il est notamment interdit de déverser dans le domaine forestier national les produits toxiques ou industriels dangereux[208] ;

[200] Art 13-1(e) de l'acte constitutif de l'Union africaine.
[201] À sept reprises, le vocable « environnement » est cité, accompagné du souci de sa protection.
[202] Art XIII de la convention de Maputo.
[203] Loi n°96/12 du 5 août 1996, portant loi-cadre relative à la gestion de l'environnement.
[204] Art 9.
[205] Art 14.
[206] Art 37.
[207] Loi n°94/01 du 20 janvier 1994 portant régime des forêts, de la faune et de la pêche.
[208] Art 18.

- le décret de 2005 sur la réalisation des études d'impact environnemental[209] fait suite à la loi-cadre relative à l'environnement. Il formule l'obligation d'en effectuer pour la réalisation de projets miniers.

De nombreux autres textes font des considérations environnementales un principe incontournable de l'exploration et de l'exploitation minières. La réglementation sur les produits explosifs[210] et l'action de l'État en mer[211] en font partie.

S'agissant de la législation minière elle-même, elle a réceptionné intégralement, l'obligation environnementale. Ainsi, l'exploitation minière doit se conformer à la protection de l'environnement[212]. Cette obligation concerne également les secteurs gazier, pétrolier et de l'eau[213]. La prééminence des considérations environnementales est justifiée par l'impact négatif de l'activité minière sur le milieu ; ce qui peut d'ailleurs donner lieu à restrictions.

2. Les restrictions environnementales relatives à l'activité minière

L'activité minière, sous toutes ses formes, est porteuse de danger sur l'environnement. L'exploration toute seule est déjà à contrôler. Cette phase s'effectue parfois par l'usage ou l'utilisation de substances explosives dont les effets et les impacts sont mal venus pour l'environnement. Le risque est aussi élevé dans l'exploitation. Un exemple : la Guyane a créé en joint-venture, la Omai Gold Mines. La rupture d'un barrage dans cette mine a provoqué le rejet de 3 millions de mètres cubes de déchets contaminés au cyanure dans un affluent du fleuve de Guyane. Les riverains ont perdu leur source d'eau et d'alimentation courantes, la vie aquatique a été détruite et de nombreux empoisonnements au cyanure recensés[214].

À titre d'inconvénient, il existe des modes d'exploitation interdits ou à tout le moins rarement tolérés à cause de leurs impacts négatifs sur l'environnement. C'est le cas de la technique du « Mountain top Removal » qui consiste à dynamiter le haut des collines pour accéder aux filons. Au cours de l'extraction, l'eau utilisée en grande quantité pose problème là où il en manque. L'activité peut même produire ou y avoir des résidus radioactifs, d'où les restrictions environnementales.

---

[209] Décret n°2005/0577/PM du 23 février 2005 fixant les modalités de réalisation des études d'impact environnemental.

[210] Pour la législation sur les substances explosives, cf. NTEP GWETH (P), *Ressources minérales du Cameroun, op.cit.*, pp.24-25.

[211] Décret n°2007/290 du 1er novembre 2007 portant organisation et conduite de l'action de l'État en mer et sur les voies navigables.

[212] Art 29(2), 46(1) du code minier.

[213] Respectivement, art 2 du code gazier, art 2, 12, 49 et 82 du code pétrolier, art 1 et 6 de la loi portant régime de l'eau.

[214] JODAH et KISSOON (D), *Courting Disaster in Guyana, The multinational Monitor*, 1995.

La législation camerounaise impose des études d'impact environnemental et la réhabilitation ou la remise en état des sites après ou même pendant l'activité[215]. Le régime de l'exploitation du pétrole en mer est concerné[216], autant que celui des activités minières en zone terrestre. D'ailleurs, pour les opérations minières, il est requis une étude d'impact environnemental. Le problème qui se pose vient du fait que le résultat de cette étude doit donner lieu à motivation de la décision à prendre par l'administration compétente. Or, l'enjeu financier est tel qu'il l'emporte sur les considérations environnementales, avec juste l'obligation d'observer autant que possible la protection de l'environnement.

La restriction la plus forte est celle relative à l'exploitation dans certaines zones. Elle est sous le régime de l'interdiction portée par le législateur et donc non extinctive ou aménuisable par l'administration. Ces zones sont :

- la zone à écologie fragile ;
- la forêt domaniale (de protection) ;
- la réserve écologique intégrale ;
- le sanctuaire ;
- la réserve de faune ;
- les forêts sous conventions internationales[217].

Ces zones sont mises en défense, ce qui entraîne l'interdiction de porter atteinte à leur intégrité. La forêt domaniale est plus encore protégée, car toute possibilité de défrichement ou d'exploitation est interdite[218]. Les déversements toxiques sont formellement interdits dans ces zones[219].

Il reste que dans la pratique, l'administration minière et celle des forêts ne s'accordent pas toujours sur « l'exploitabilité » des mines dans les forêts domaniales[220]. À la lecture des textes, il apparaît pourtant que plus que conditionnée, l'activité minière y est interdite, contrairement à la position du ministère chargé des mines[221] qui envisage que l'interdiction ne concerne que

[215] Supra.
[216] CECCALDI (M), *Aspects juridiques de l'exploitation du pétrole en mer*, *op.cit.*, p.8.
[217] Art 62 du code minier.
[218] Art 17 de la loi n°94/01 du 20 janvier 1994 portant régime des forêts, de la faune et de la pêche.
[219] *Ibid.*, art 18.
[220] Car il n'y a pas opposition, mais entente sur l'impossibilité de l'activité minière dans les forêts sous conventions internationales.
[221] CF. Notification de fermeture de chantier n°01/NFC/MINFOF/DRNO/DDMR et correspondance n°000229/MINIMIDT/SG/DMG/SDG ayant pour objet l'arbitrage sur l'arrêt des travaux d'exploration minière par l'administration chargée des forêts et faune dans la région du Nord.

les forêts sous conventions internationales, ou encore qu'il y admette l'exploitation quoique soumise à autorisation[222].

C'est, par ailleurs, en tenant compte de ces impératifs que le gouvernement camerounais vient de rendre public un décret dont l'objet porte sur la protection des sols et des sous-sols[223]. Ce texte soumet notamment à autorisation l'utilisation de produits chimiques dont (ici, à l'occasion de la prospection, l'exploration, l'extraction ou la remise en état du site) le danger serait avéré quant à la préservation du milieu.

Albert Einstein affirmait « *quand les abeilles disparaîtront, les jours de l'Homme seront comptés* »[224]. Dans la même veine, le professeur Michel Prieur précise que : « détruire la nature ou épuiser ses ressources prive l'Homme d'un développement durable »[225]. Ces deux points de vue évoquent étrangement le Rapport Brundland, quintessence conclusive de l'Agenda 21. Il en ressort que le monde doit satisfaire ses besoins actuels en exploitant les ressources naturelles sans compromettre la capacité des générations futures à satisfaire les leurs.

C'est sur la base de cette logique inter générationnelle et intra générationnelle[226] que sont prises les orientations et dispositions législatives et réglementaires encadrant l'activité minière. Ainsi, les sociétés minières doivent désormais fournir, préalablement à toute intervention, outre une étude d'impact environnemental, un plan de gestion de l'environnement allant même jusqu'à la transformation verte des minéraux, en vue d'un suivi de la protection de l'environnement par l'État.

La remise en état des sites après opération est aussi une des obligations qui incombent à la société minière, car les sites exploités doivent être réhabilités et donc rendus aussi naturels que possible à défaut d'être remis au même et semblable état initial. Il faut noter que de nombreux opérateurs se soustraient souvent à cette formalité destinée à protéger l'environnement. À ce sujet, le Canada qui est un pays de vieille tradition minière vient d'instituer dans certaines communes, un fonds destiné à financer la remise en état des sites. Ce fonds est alimenté par les opérateurs miniers avant le lancement de leurs activités. Ce mécanisme pourtant prévu par le code minier camerounais n'est

[222] Art 3 de l'arrêté n°005550/MINMIDT/CAB/CJ du 12 novembre 2012 portant interdiction des activités clandestines d'orpaillage dans les parcs fauniques et aires protégées du territoire national.

[223] Décret n°2011/2584/PM du 23 août 2011 fixant les modalités de protection des sols et du sous-sol.

[224] Cf. Citations célèbres de Einstein in, www.einsteincitations.com, consulté le 12/08/12.

[225] PRIEUR (M), « *Vers un droit de l'environnement renouvelé* », Cah. Cons. Constit. n°15, p.1. V. aussi MORAND-DEVILLER(J), *Le droit de l'environnement,* PUF, QSJ ? 2006, 7e édition.

[226] Les exploitations doivent être socialement, équitablement, économiquement et écologiquement acceptables.

pas mis en œuvre, car le compte séquestre[227] prévu par ce texte n'est pas encore opérationnel.

Des principes miniers, il est également à relever celui de développement social.

B. Les impératifs de développement social

Le caractère financier de l'activité minière est celui qui est souvent primordial. Et pourtant, l'armature juridique impose que des objectifs sociaux soient intégrés dans l'activité minière. Ce développement social recherché dans le secteur concerne autant toutes les populations en général que les populations locales en particulier.

1. Le développement social national

Suivant le préambule de la Constitution, l'État est résolu à exploiter les richesses naturelles pour assurer le bien-être de tous, des populations sans discrimination. Cet énoncé pose la base fondatrice du développement social général par l'activité minière : le bien-être et l'avantage des populations.

Le bien-être ici est multipolaire, il vise en réalité l'amélioration du niveau de vie[228]. Aussi cette amélioration passe-t-il par celle des secteurs de vie : la santé, l'éducation, les infrastructures routières, l'environnement, l'accès à l'eau potable, l'alimentation, l'emploi… L'activité minière se situe donc dans le développement social parce qu'elle comble ces différents besoins. En réalité, à côté de la possibilité d'offre d'emploi, il y a l'avantage pécuniaire perçu des activités minières. En effet, la fiscalité minière est considérable, car l'exploitation minière, et en particulier celle du pétrole, constitue une source de rentrées fiscales des plus importantes pour le Cameroun[229], en omettant même les ressources pour les industries de transformation et le revenu douanier qui en proviennent.

C'est au niveau de cette ressource financière pour l'État que le bien-être se retrouve, parce que grâce à ces fonds, les objectifs d'intérêt général peuvent être atteints. Le développement social est dès lors accompli et ici pour toutes les populations dans la mesure où l'utilisation des ressources fiscales est diffuse et profite à tous les secteurs et donc à toutes les populations. Le code minier conforte cette analyse en indiquant que les activités minières « *visent à favoriser et à encourager la recherche et l'exploitation des ressources minérales nécessaires au développement économique et social du pays ainsi qu'à la lutte contre la pauvreté* »[230]. L'instauration dans ce code minier d'un

[227] Art 79(2) de la loi de 2001 portant code minier.
[228] Préambule de la loi constitutionnelle de 1996, *op.cit.*
[229] DIKOUME (A.L.), *La fiscalité pétrolière des États membres de la CEMAC*, *op.cit.*, pp.34-48.
[230] Art 1er et 20 du code minier.

bonus progressif, à prélever sur les transactions portant sur les titres miniers va dans le sens du développement social national. Le développement social local est aussi visé.

2. Le développement social local

Tout en assurant le développement de toutes les populations sans discrimination, le constituant exprime le souci de protéger les minorités et les droits des populations locales. C'est dans ce cadre que se fonde la législation sur la garantie des populations locales ou autochtones à laquelle le cadre normatif minier n'est pas indifférent.

« Les communautés affectées » par l'activité minière sont dès lors prises en compte[231]. Elles ont des droits à compensation[232] du fait même des inconvénients provoqués par ladite activité. Il faut citer, entre autres, comme risques et inconvénients, le déplacement des populations, la contamination des sols et des eaux, la pollution de l'air, les maladies, l'inflation[233]...

Hormis ce droit pécuniaire, le développement social local se manifeste par l'introduction de clauses de cette nature dans les conventions minières et dans divers cahiers des charges. L'exploitant a alors mandat de construire certaines infrastructures de base. Il devient alors un acteur devant appuyer le développement local de la zone où sont implantées la société et la mine[234]. En plus, les us et les coutumes locaux sont à observer par l'exploitant[235]. Au-delà de la communauté villageoise, l'activité minière contribue au développement de la collectivité territoriale décentralisée par le versement d'impôts locaux. Ce sont des centimes additionnels, taxes et redevances imputables aux opérateurs du secteur minier qui rentrent dans le budget de la collectivité territoriale décentralisée[236] et servent au développement local.

L'exploitation minière au Cameroun est ainsi encadrée par des principes juridiques déterminant l'appropriation des mines, la primauté de l'intérêt général et la prééminence de considérations environnementales et sociales. D'autres principes dits techniques les complètent.

---

[231] Idem, art 16(1).

[232] Le montant de la compensation est prélevé sur la taxe *ad valorem* et sur la taxe d'extraction. Cf. art 89(1) code minier.

[233] NODEM (V), BAMENJO (J.N), SCHWARTZ (B), *Gestion des recettes tirées des ressources naturelles au niveau des collectivités locales au Cameroun, redevances forestières et minières à Yokadouma*, Est du Cameroun, RELUFA, mai 2012, p.9.

[234] FIDH, « *L'exploitation minière de l'or et les droits de l'Homme au Mali* », p.2.

[235] Art 24 de la loi portant sur l'eau. V. aussi CESMAT, *Bulletin de liaison des anciens stagiaires du centre d'études supérieures des matières premières*, n°64, février 2004.

[236] Pour les centimes additionnels, v. art C56s de la loi n°2010/015 du 21 décembre 2010 portant loi de finances de la République du Cameroun pour l'exercice 2011, et notamment l'art 62 de la loi n°2009/019 du 15 décembre 2009 portant fiscalité locale.

SECTION II : LES PRINCIPES TECHNIQUES

L'activité minière est menée en trois principales phases que sont l'exploration, l'exploitation et la remise en état des sites. Dans le découpage de ces phases, elle est dans le détail décrite comme intégrant un ensemble d'opérations à savoir l'exploration : le développement, l'exploitation, le traitement, l'enrichissement, le transport, le stockage, le chargement avant l'exportation, et même la réhabilitation des sites d'exploitation des substances minérales ou fossiles, solides, liquides ou gazeuses[237]. Par cette présentation, le législateur a schématisé le circuit opérationnel de l'activité en question. La fin est la réhabilitation ou la remise en état du site pour se conformer à la loi sur l'environnement[238] ; au milieu se trouvent l'exploitation et la commercialisation, et au tout début est indiquée l'exploration.

Il est ainsi fondé le principe des études préliminaires (paragraphe I). À côté de ce dernier existe le principe de l'unité de gisement (paragraphe II) dont la formulation est quelque peu laborieuse, mais dont la reconnaissance est un truisme dans la mise en valeur des substances minérales.

Paragraphe I : Le principe des études préliminaires

Le fondement du principe des études préliminaires est législatif. Il ressort principalement du code minier dans sa modification de 2010[239]. En définissant l'activité minière, ce texte de loi met à la première marche « les opérations d'exploration » qui constituent donc le commencement de toute activité minière. C'est une disposition transversale parce que si le code minier ne légifère pas sur les secteurs de l'eau, du gaz ou du pétrole, cet article énonce que cette exploration touche aux secteurs « *des substances minérales ou fossiles, solides, liquides ou gazeuses...* »[240]. Il est dès lors entendu que l'opération d'exploration s'applique à toutes formes de mine susceptibles d'être mises en valeur. Il revient de présenter la nature des études préliminaires (A) et les contours qui sont les leurs (B) pour en avoir toute la mesure.

A. La nature des études préliminaires

Le terme exploration renvoie en langage médical à l'établissement du diagnostic[241]. En droit minier, c'est l'ensemble des opérations effectuées dans le but de déterminer la présence, le volume et la densité des substances minérales, ainsi que de s'édifier sur leur exploitation. C'est donc la mise en jeu d'études

---

237 Art 1er de la loi n°2010/011 du 29 juillet 2010, *op.cit.*

238 Art 9 de la loi n°96/12, *op.cit.* Il s'agit de la prescription du pollueur/payeur comportant la prise de mesure pour limiter les attentes du milieu et en la remise en état des sites.

239 Art 1er de la loi n°2010/011, *op.cit.*

240 *Idem.*

241 LAROUSSE, *Le petit Larousse illustré*, 2007, p.444.

qui non seulement s'effectuent avant toute mise en valeur[242], mais également dont le résultat conditionne la mise en exploitation de la substance minérale. Ces deux volets sont la reconnaissance et la faisabilité.

1. L'Étude de reconnaissance

La reconnaissance précède l'exploitation minière. Celle-ci est l'examen détaillé permettant d'établir l'existence d'une substance minérale en un lieu donné, de sa nature, voire de son estimation.

Les études de reconnaissance sont prescrites, qu'il s'agisse d'une exploitation artisanale ou industrielle. Pour les opérations minières artisanales, la reconnaissance s'effectue par la prospection[243], le titulaire de la carte individuelle de prospecteur devant effectuer des recherches sur l'existence du minerai et sur leur exploitation artisanale. Pour les opérations industrielles, la reconnaissance est autorisée par le permis de reconnaissance pour les investigations de surface, et le permis de recherche pour les investigations souterraines[244].

L'ensemble de ces études relève de considérations techniques, car autorisées par le droit, elles s'effectuent par le moyen de méthodes scientifiques poussées de recherche de minerai alliant la géologie à la géophysique. La reconnaissance vise à déceler des indices et les concentrations de matières minérales. Les méthodes varient suivant le gisement[245]. Pour un gisement alluvionnaire (tel le minerai aurifère), la reconnaissance s'effectue par un test de broyage et panage sur les éléments rocheux des éluvions. Ainsi, une grande quantité de terres d'éluvions est prélevée, broyée ou concassée, puis tamisée pour obtenir plusieurs échantillons qui seront analysés[246]. Le gisement éluvionnaire (métallifère) est recherché par la prospection aéroportée et grâce à la magnétotellurique. Quand les indicateurs sont anormalement positifs, les formations décelées sont broyées en poudre très fine et un panage soyeux est pratiqué pour déterminer les pourcentages des métaux découverts. La recherche d'un film de quartz s'effectue par contre par examen minéralogique[247].

Les opérations de reconnaissance des substances fossiles se font par prospection. À ce stade, les méthodes employées sont les procédés géologiques et géophysiques. Elles visent à ressortir les indices de présence et de richesse du

[242] D'où leur caractère préliminaire.
[243] Art 24(1) du code minier.
[244] *Ibid.*, art 32(1) et 37(1).
[245] Il peut s'agir d'un gisement éluvionnaire, alluvionnaire, ou massif pour les mines solides.
[246] Quand il s'agit de l'or, les méthodes industrielles d'analyse sont la méthode chimique rhodamine, la méthode chimique sulfate ferreux, et la méthode plombeuse.
[247] Le test sera positif si l'on observe de façon constante des couleurs fortes sur un certain nombre de prélèvements.

périmètre de recherche[248]. La sismique-réflexion et l'exploration par forage sont privilégiées. L'étude de reconnaissance se poursuit par celle de faisabilité.

2. L'étude de faisabilité

C'est la phase ultime des études préliminaires. Elle est montée sur la base de la complexité, de la technicité, des délais et des considérations financières du projet. À la base, le minerai doit exister, il doit avoir été découvert par les études de reconnaissance. Consécutive à la reconnaissance, l'étude de faisabilité est imposée au candidat à l'exploration. Elle prévoit :

- le développement des gisements miniers découverts suivant les règles de l'art ;
- la protection de l'environnement et un plan de gestion ;
- l'impact socio-économique[249].

En réalité, l'exploitation d'une mine ne dépend pas seulement de sa découverte et donc de son existence ; elle est également liée à la faisabilité, c'est-à-dire à la rentabilité en cas d'exploitation. C'est pour cela que le code pétrolier insiste sur la nature « *commercialement exploitable* » du gisement découvert[250]. À ce sujet, l'évaluation d'un gisement d'hydrocarbures commercialement exploitable est le fait d'un test de production dont les facteurs sont l'écoulement de l'hydrocarbure, le calcul de débit et des quantités. Pour les substances solides, c'est leur teneur dans les échantillons qui est étudiée.

L'impact sur l'environnement, tout comme la rentabilité du projet notamment établi par le caractère consistant de la quantité de la substance minérale reconnue, rend le minerai exploitable. La phase préalable à l'exploitation est donc celle des études préliminaires et ses contours sont juridiquement donnés.

B. Les contours des études préliminaires

L'exécution d'études préliminaires est un principe dans le droit minier parce qu'aucune autre activité minière n'est possible si ces préalables ne sont pas remplis. Dans l'optique de l'exploitation artisanale ou de celle industrielle, le législateur, indifféremment, a prescrit le préalable des études préliminaires dont la réalisation incombe aux personnes autorisées et dont le champ d'action est délimité.

---

[248] Le procédé géophysique le plus utilisé dans la prospection est la sismique-réflexion (2D ou 3D) qui utilise la propagation des ondes acoustiques dans le sous-sol et leurs propriétés à changer de vitesse suivant la nature du terrain.

[249] Art 46(1) du code minier.

[250] Art 1er du code pétrolier.

1. L'étendue des études préliminaires

La reconnaissance tout comme la recherche sont des opérations d'investigation. Elles visent à déceler les indices tant de l'existence que de la concentration de substances minérales[251]. Le prolongement est donc l'évaluation sur le caractère commercialisable et rentable du gisement concerné.

De l'analyse des textes sur la question, il apparaît que les personnes qui effectuent les études préliminaires devraient nécessairement être munies de titres. Ces titres ne concernent pas la mise en valeur dont l'autorisation relève d'un titre spécifique (cette rigidité est assouplie quand il s'agit du pétrole et du gaz). Leur champ d'action se limite à l'exploration. Tout de même, l'accord d'effectuer des études préliminaires apparaît à la lecture des textes comme étant le commencement de l'autorisation de mise en valeur, car au bénéfice de l'opérateur ou de l'exploitant, il est établi que la personne ayant exploré bénéficie d'un « droit de préemption » pour exploitation ; ce qui est constitutif d'une récompense parce que la recherche est effectuée à ses risques et périls et toutes les charges financières et le coût de l'opération d'exploration lui incombent. La preuve en est que la faisabilité des opérations d'exploitation est faite par le titulaire du permis de recherche[252].

Le titulaire de la carte individuelle de prospecteur pour la mine artisanale doit demander une autorisation d'exploitation[253] ; il en est de même pour le titulaire du permis de recherche. Seul le permis de reconnaissance est intermédiaire et n'aboutit pas à l'ouverture du droit de demander à exploiter au regard du mutisme des textes, surtout que le permis de reconnaissance est préalable au permis de recherche. Pour autant, quand la reconnaissance a été ouverte par l'État, le candidat rémunéré aux frais du Trésor public ne bénéficie pas du privilège du « droit de préférence » à l'octroi de l'autorisation. Ainsi, les études préliminaires le demeurent et ceux qui en ont la charge ne jouissent pas du droit automatique de mettre en valeur le minerai ayant fait l'objet de l'exploration.

2. Le supplément des études préliminaires

Au sens strict, les études préliminaires sont confinées à la recherche. La loi de 2010 parle d'opérations d'exploration pour lui donner un contenu[254]. À ce titre, de manière restrictive, l'exploitation n'est à envisager que si le minerai est découvert et étudié comme susceptible d'être mis en valeur dans les conditions du moment[255]. Des autorisations sont alors accordées à cette fin, mais il existe

---

251 Art 1er du code minier.
252 *Idem*, Art 44(2).
253 *Ibid.*, art 25(2).
254 Art 2 de la loi n°2010/011, *op.cit.*
255 *Ibid.*, y voir définition du « Gisement » : tout gîte naturel de substances minérales exploitables dans les conditions économiques du moment.

des suppléments impératifs à l'opération de recherche devant être intégrés aux études préliminaires.

Le premier supplément demeure technique. Il va au-delà de la simple connaissance de l'existence de la substance minérale pour s'intéresser à ses caractéristiques commercialisables. À ce sujet, le code pétrolier est particulièrement explicite parce qu'il parle de gisements commercialement exploitables. Ainsi, toute entreprise de recherche doit s'étendre sur la rentabilité du gisement[256]. C'est pour cela qu'une étude de faisabilité est requise et l'opération n'est envisagée que si les conditions telles que la qualité du minerai et les apports financiers sont favorables.

Plus contiguë est l'étude d'impact. L'activité minière est très dommageable pour l'environnement[257], ce qui fait qu'elle est en permanence assortie de l'obligation de préserver l'environnement. Cette exigence de durabilité est présente tant dans la phase d'exploitation que dans celle des études préliminaires. Elle ne peut être contournée et est même une obligation impérative telle que posée par les textes.

Au stade de la reconnaissance et de la recherche, la technique de l'observation est jointe au forage et aux techniques d'exploration complexe. Les protocoles de recherche sont prédéfinis de même que les aspects des investigations pour notamment uniformiser les méthodes d'études et préserver l'environnement[258]. Certaines méthodes sont très peu admises pour ne pas dire qu'elles sont proscrites. L'exemple le plus éloquent est la technique du « mountain top removal »[259] qui est des plus destructrices pour le milieu. Le législateur camerounais a dans ce cadre réglementé l'usage des substances explosives, des détonateurs et des radioéléments[260] pour éviter l'exploration et l'exploitation sauvages.

Il est prescrit une étude d'impact environnemental pour les projets miniers. Elle permet d'évaluer les incidences directes ou indirectes sur l'équilibre écologique de la zone d'implantation, le cadre et la qualité de vie des populations et des incidences sur l'environnement en général[261]. L'étude d'impact présente les mesures proposées pour résorber ou atténuer les dommages et l'administration chargée de l'environnement y joint son avis

---

[256] Art 14(1) du code pétrolier.

[257] Project UNDERGROUND, *Investing in Guyana does not bring riches for all*, drillbits and taillings, November 1997.

[258] Supra.

[259] Elle consiste à dynamiter le haut des collines pour accéder directement aux filons.

[260] Loi n°77/15 du 6 décembre 1977 portant réglementation des substances explosives et des détonateurs au Cameroun ; décret n°83/410 du 29 août 1983 fixant les conditions de préparation, de détention, d'importation, d'exportation, de vente ou d'utilisation de radioéléments ; art 85s du code minier.

[261] Art 17 de la loi, cadre relative à la gestion de l'environnement, *op.cit.*

motivé. Après la recherche, mais avant l'exploitation, le code minier exige qu'une étude d'impact ait lieu, elle fait partie de la faisabilité. Les codes sectoriels disposent de la même façon. Néanmoins, pour l'exploitation minière artisanale, il n'est requis aucune étude d'impact, probablement à cause de l'envergure peu considérable du projet. Tout de même, l'exploitant artisanal apporte des garanties et s'engage à préserver l'environnement et la santé des populations[262]. La durabilité est donc au cœur de l'activité minière. Il existe un autre facteur formulé en principe, celui de l'unité de gisement.

Paragraphe II : Le principe de l'unité de gisement

Le gisement est un gîte de substances minérales exploitables dans les conditions économiques du moment. De cette formulation, il faut retenir que le gisement est lié au gîte qui est lui-même « *toute concentration de substances minérales dans une zone déterminée de l'écorce terrestre* »[263]. Ainsi, ce qui est concerné c'est la concentration de substances minérales qui ne peut être détachée de son site. C'est à ce niveau qu'intervient, comme pour l'environnement, le constat de l'existence de concentrations minérales débordant le seul cadre du territoire de l'État. Cette « transfrontalité » déteint sur la souveraineté de l'État en matière minière. Il est formulé sous le prisme du principe de l'unité de gisement (A) dont les implications quant à la gestion des mines concernées font des différences avec la réglementation nationale classique (B).

A. La formulation au Cameroun

Les hommes font les frontières et il apparaît que les séparations naturelles, tels les cours d'eau sont des bases de délimitations frontalières[264]. Un fait est que, seule la nature visible, celle de la surface, est considérée, car en général, les tracés relèvent d'une époque où les séparations souterraines n'avaient pas encore l'importance actuelle, surtout que la technologie de la prospection n'était que rudimentaire. D'ailleurs, informés de leurs richesses, les États auraient probablement récusé toute démarcation « faisant passer de l'autre côté la richesse naturelle ».

L'essor du secteur minier conduit aujourd'hui à la mise en valeur des ressources utiles, et il apparaît que les gisements souvent ne coïncident pas avec les frontières des États ; ce qui fonde l'unité de gisement qui est un principe minier dont les formulations sont à la fois extra normatives et normatives.

---

[262] Art 40s du code minier.

[263] Art 2 de la loi n°2010/011, *op.cit*.

[264] Voir à ce sujet KAMTO (M), *Pouvoir et droit en Afrique*, LGDJ, 1987, p.325. « *L'État africain nouveau est, on le sait, un produit de la colonisation, artificiel dans sa délimitation et dans sa construction* ».

1. L'imposition extra normative

Les principes juridiques sont ceux qui sont formulés par les instruments du droit. Il est recherché qu'ils émanent du texte ou alors du juge. À cette condition, ils s'intègrent dans le droit positif. Cela n'empêche que la doctrine, parfois avant-gardiste, émette un principe dont l'emprise sur les faits est irrésistible et que le juge ou le législateur sont en principe logiquement appelés à entériner. Le principe de l'unité de gisement fait partie de cette catégorie de prescriptions techniques à la formulation positive encore flexible, mais qui, indubitablement, dans l'accomplissement de l'exploitation minière, ne saurait être ignorée. Davantage son imposition extra normative est incontestable. Elle fait intervenir les faits, la doctrine et le juge.

L'imposition factuelle s'inscrit dans le constat de l'existence de ressources partagées. Le problème est beaucoup plus lié au minerai souterrain. Il arrive que ce dernier, au lieu de ne s'étendre que dans le sous-sol national, se déploie jusque dans les territoires de pays voisins. Le tracé de la frontière n'est donc pas opposable parce que dans le principe, le minerai concerné est un. Pour les substances liquides et gazeuses, le problème se pose avec plus d'acuité parce que pompées par un État, inévitablement la partie présente dans l'Etat voisin sera affectée, lesdites substances étant non cloisonnables. Dans les faits, le Cameroun regorge de gisements copartagés et transfrontaliers. C'est le cas du gisement de fer de Mbalam[265] situé sous la frontière entre le Cameroun et le Congo, le Gabon et la Centrafrique. Ces faits amènent à reconnaître que techniquement, il y a unité de gisement.

La doctrine a fortement propagé le principe de l'unité de gisement. Le porte-flambeau de cette position est Monsieur Bouvet. Cet auteur a conduit de nombreux projets de recherche[266] qui l'ont amené à formuler le principe de l'unité de gisement pour lequel il a consacré tout un ouvrage[267]. Il en ressort que, quel que soit le type d'exploitation choisi, l'unité de gisement ne se conteste pas et s'impose tel un principe général, c'est-à-dire que même en l'absence d'un texte, car il est irrecevable de renier les faits qui portent constatation de l'existence d'un gisement débordant le territoire d'un seul État.

Dans la jurisprudence internationale, en vertu de la coutume internationale et des principes généraux du droit, le juge a eu à reconnaître et à faire application de l'unité de gisement. S'agissant des décisions de justice, la plus illustrative est l'arrêt de la mer du Nord[268] où la CIJ a estimé que la répartition des produits tirés de l'exploitation d'un gisement était à effectuer en cas de partage

[265] Mining-Technology.com/news, Mbalam Iron Project, Cameroon.

[266] Sur l'unitisation, les hydrocarbures et les mines, la théorie du territoire et des frontières…

[267] BOUVET (J-P), *L'unité de gisement-Hydrocarbures et autres matières minérales, logiques juridiques*, L'Harmattan, 2004, 507p.

[268] CIJ, Affaire du plateau continental de la mer du Nord, rec., 1969, pp.51-52.

(territorial). Il demeure que la décision de la cour internationale de justice n'est obligatoire que pour les parties en litige[269]. Néanmoins, en reconnaissant que ses décisions puisent aux sources de l'équité, de la coutume et des principes généraux[270], le droit minier camerounais ne peut y échapper parce que « l'équité commande selon les faits »[271].

2. La formulation normative

Les textes communautaires, déjà avares en dispositions sur le droit minier, sont complètement muets en ce qui concerne l'unité de gisement. À la limite, c'est à travers des accords bilatéraux qu'est formalisée la gestion des gisements transfrontaliers[272]. Pour les textes nationaux, ils tendent à éluder ce principe. La disposition forte est celle du code minier qui pose que « *les mines sont et demeurent propriété de l'État, aux fins des activités minières, l'État exerce sur l'ensemble du territoire camerounais des droits souverains* »[273]. Il n'y aurait donc pas partage ou encore copropriété.

En réalité, cette démarche législative est le principe et elle s'adresse plus aux particuliers qu'aux États voisins. Des dispositions introduisent implicitement le principe de l'unité de gisement. Cette posture qui est l'exception se fonde sur « l'unitisation » réglementée par le code pétrolier[274]. Elle concerne le gisement d'hydrocarbures qui s'étend sur une grande surface et pour cela, les titulaires de différents titres d'exploitation sont tenus de s'accorder. Ce moyen est utilisé tant à l'intérieur du territoire national quand des entreprises différentes exploitent le même gisement que pour des États différents[275]. Au surplus, le principe d'unité de gisement a une source internationale extirpée de la résolution 34/186 du 18 décembre 1979 des Nations unies[276]. Certes, elle est principalement axée sur la préservation de l'environnement, mais elle conduit à admettre qu'il y a des ressources partagées ou copartagées et que ces ressources sont naturelles. De nombreuses implications découlent de ce principe.

B. Les implications de l'unité de gisement

Le principe de l'unité de gisement s'impose aux États limitrophes qui jouissent d'un gisement qui s'étend de part et d'autre de leurs frontières. Il s'impose tant dans l'appropriation que dans la mise en valeur du gîte naturel

---

[269] Art 59 du statut de la CIJ.
[270] BOUVET (J.P), *L'unité de gisement*, *op. cit.*, pp.96-122.
[271] *Ibid.*, p.121.
[272] BABISSAKANA (PMP), « *Cameroun : Métriques de réussite du projet de minerai de fer de Mbalam* » in *Camerpress*, 17 novembre 2011, n°2.
[273] Art 6 du code minier.
[274] Art 80 du code pétrolier.
[275] BOUVET (J.P), *L'unité de gisement*, *op.cit.*, p.248.
[276] Cette résolution est intitulée : coopération dans le domaine de l'environnement en matière de ressources naturelles partagées par deux ou plusieurs États.

partagé. Ces deux facteurs ont dans leur conséquence la limitation de principe de la souveraineté minière des États, même si une sortie de l'indivision est toutefois envisageable.

1. La limitation de la souveraineté minière

La souveraineté de l'État est le pouvoir suprême de l'État sur lui-même. Par elle, l'État s'autodétermine, et jouit de l'existence de ses biens. Le droit de propriété de l'État concerne des biens de diverses natures telle la mine. Certaines législations sont équivoques : c'est le cas de celle qui accorde le sous-sol au propriétaire du sol[277], tout en indiquant que l'État est propriétaire de la mine[278]. Dans le droit américain, le propriétaire du sol use librement du sous-sol[279]. Que le sous-sol appartienne à un tiers ou à l'État, il est largement consacré l'exclusivité de l'appropriation et de l'usage.

L'option de la majorité des ordres juridiques est de consacrer la domanialité des produits de mines[280], c'est le cas pour les États de l'Afrique centrale et donc du Cameroun. Il est consacré que les mines sont et demeurent la propriété de l'État. De surcroît, l'État exerce sur l'ensemble du territoire camerounais des droits souverains sur les activités minières[281]. Ainsi, le juge de l'opportunité, le propriétaire, le bénéficiaire de l'activité minière est l'État camerounais qui jouit de ce bien souverainement.

Cette posture n'est envisageable que lorsque la substance minérale est entièrement localisée sur la seule étendue du territoire national. Dès qu'il y a unité de gisement, la souveraineté sur l'activité minière en prend un coup.

L'unité de gisement introduit la règle de la coopération, car un gisement s'étend sur au moins deux États. Dès lors, il y a limitation de la souveraineté étatique sur le minerai, car la propriété commune sur le gisement est avérée. L'issue de l'unité de gisement est en principe l'indivision minière, et ce davantage pour les mines liquides et gazeuses. L'exploration ne peut produire des résultats acceptables que par la prise en compte de la richesse du gisement de part et d'autre de la frontière[282]. De même, l'extraction minière doit pouvoir se faire par l'unitisation[283]. Sans oublier que si privilège est même donné à l'exploitation séparée, chaque État est responsable des dégradations

[277] Art 552 c.civ.

[278] Art 21 du code minier français.

[279] KUBOKOSO (N), « *Les activités minières et fiscalité, cas de la RDC* », *op cit.*, p.3.

[280] Ministère de l'Énergie et des Mines, *Orientations Stratégiques en matière de développement minier*, *op.cit.*, p.34.

[281] Art 6 du code minier.

[282] Lire *Jeune Afrique*, « *Découverte d'un nouveau gisement d'or noir dans le golfe de Guinée* », 14/12/2011.

[283] Sur l'accord d'unitisation, cf. BOUVET (JP), *L'unité de gisement*, *op. cit.*, p.312.

environnementales que l'autre État subirait de son fait. Il semble néanmoins possible de sortir de l'indivision.

2. La sortie de l'indivision

Pour les mines solides, la copropriété est moins problématique, car il est toujours possible de faire une séparation en surface comme en profondeur sur de simples bases géographiques. Pour les mines liquides et gazeuses, l'opération est plus complexe, car l'extraction ici puisera forcément ce qui se trouve chez l'autre : c'est la dynamique des fluides, et le principe des vases communicants.

En fait, les États peuvent décider de ne pas s'entendre et exploiter chacun la partie du gisement qui se trouve dans son territoire. Cela est facilité quand la géologie a elle-même cloisonné hermétiquement les parcelles du gisement. La forme la mieux achevée de ce type de gisement est représentée par celui de Schoonebeek-Emlichheim[284]. Il demeure rare qu'un gisement soit divisé naturellement de lui-même et que cette situation coïncide avec le tracé de la frontière. La formule la plus envisagée est la décision d'exploiter sans se référer à l'autre partie. Dans ce cadre, il est nécessaire que les parties intéressées passent un accord sur l'exécution de la production[285], mais l'optimisation s'en trouve compromise. En plus, en dehors de toute entente, les litiges peuvent en naître et on n'est pas loin de l'obligation de répartition (même *a posteriori* en tenant compte des investissements) consacrée par la cour internationale de justice[286]. Le droit minier camerounais fait ainsi l'objet de principes gouvernant la puissance publique dans le secteur minier pour lequel l'intérêt général justifie sa mise en valeur. Ces approches ont une incidence dans l'organisation de la titrisation et de l'exploitation minières.

---

[284] Situé entre la Hollande et l'Allemagne, le cloisonnement permettant une gestion séparée.
[285] La technique des forages limitrophes utilisée est l'offseting.
[286] CIJ, 20 février 1969, Affaire du plateau continental de la mer du Nord, *op. cit.*

CHAPITRE III

L'ORGANISATION DE LA TITRISATION ET DE L'EXPLOITATION MINIÈRES AU CAMEROUN

Le secteur minier regorge d'un ensemble de ressources naturelles qui sont des atouts et des richesses pour l'État. Leur mise en valeur permet de créer des emplois, d'augmenter les recettes de l'État, de développer les communautés[287] et constitue donc une source de richesse pour l'État[288]. Le constituant de 1996 n'a d'ailleurs pas manqué de donner devoir à l'État d'exploiter les richesses naturelles et de les destiner à la satisfaction des besoins de tous sans discrimination[289]. Ce qui est visé est l'amélioration du niveau de vie des populations, son droit au développement[290]. De ce fait, il y a consécration de l'intérêt général de la valorisation des ressources minières.

L'intérêt porté au secteur minier est tel que l'État se devait non seulement de l'organiser, mais en plus de se structurer de sorte qu'il y ait en son sein des services chargés de gérer ce secteur devant être considéré comme étant un service public[291]. Aussi existe-t-il une abondante législation qui encadre les activités minières à tous ses stades, l'exploitation minière au Cameroun est ainsi l'objet d'une organisation juridique précise (Section II). De surcroît, l'office de la puissance publique est fortement présent dans l'activité minière avec en termes de technique d'intervention majeure, l'organisation de la titrisation minière (Section I). Par ailleurs, il est important de relever l'intervention de la certification minière (section III) qui caractérise également la mise en valeur des substances minières.

SECTION I : L'ORGANISATION DE LA TITRISATION MINIÈRE

Par la Constitution, l'État se trouve obligé de contribuer au développement de toutes les régions en mettant notamment en valeur les richesses naturelles. La législation minière renforce le lien entre l'État et les mines en disposant que « *les mines sont et demeurent propriété de l'État* »[292], et que l'État exerce sur l'ensemble du territoire des droits souverains aux fins des activités minières. La combinaison des textes relève donc la place stratégique que l'État occupe dans le secteur minier.

En tant que propriétaire des mines, l'État est au début et à la fin de l'activité minière. Tel le propriétaire personne physique, son droit de propriété s'entend

---

[287] Supra.

[288] MAZALTO (M), « *La réforme des législations minières en Afrique et le rôle des institutions financières internationales : la République démocratique du Congo* », in *L'Afrique des Grands Lacs*, annuaire 2004-2005, p.10.

[289] Préambule de la loi n°96-06 du 18 janvier 1996 portant révision de la Constitution du 02 juin 1972.

[290] *Ibid.*

[291] NIZARD (L), « *A propos de la notion de service public : mythes étatiques et représentations sociales* », *Mélanges Eisenmann*, 1975, p.91.

[292] Art 6(2) de la loi n°0001 du 16 avril 2001 portant code minier en République du Cameroun.

des droits d'usage, de jouissance, et de disposition[293]. Cela revient à reconnaître que malgré la possession d'un titre de la surface et d'un titre sur le sous-sol, la primeur de l'État en matière de gestion des ressources minières reste indéniable[294]. Même pour les carrières dont le propriétaire du sol en est propriétaire, la mise en valeur n'est pas libre, mais plutôt sous contrôle étatique[295]. Il en ressort que l'autorisation d'ouverture de l'activité minière est de la compétence de l'État. Elle est formulée par l'octroi de titres miniers (paragraphe II) dont l'encadrement incombe à des services spécifiques de l'État (paragraphe I). Voilà qui réconforte à suffisance l'idée de Mme Kouo Nzoko Aissatou à propos d'une étude menée sur le propriétaire du sous-sol en droit camerounais[296].

Paragraphe I : Les services chargés de la titrisation minière au Cameroun

L'encadrement du secteur minier relève de la puissance publique. Elle veille à ce que les exploitations ne lèsent pas les intérêts publics et que, pour des raisons d'intérêt général, leurs exécutions soient conformes au cadre légal défini par l'autorisation donnée. Surtout, il est question pour l'État d'accorder des titres miniers pour que l'activité minière puisse être menée dans la légalité.

Au niveau de l'intervention de la puissance publique dans la titrisation minière en particulier et dans la gestion minière en général, il est à constater la constance de la gestion centralisée. Constitutionnalisée en 1996, la décentralisation devait être légalement déclinée dans sa nouvelle forme en 2004 par trois textes de loi[297]. À leur examen, les transferts de compétences de l'État aux collectivités territoriales décentralisées n'ont pas été étendus à la gestion minière. C'est à peine si la commune reçoit compétence pour protéger les eaux souterraines[298], et c'est très timidement que la fiscalité minière locale profite à ces collectivités par l'entremise de l'administration d'État.

L'essentiel de la compétence dans la gestion minière, et la totalité de l'organisation de la titrisation relèvent de l'administration d'État, d'une part aux services centraux (A), et d'autre part aux services déconcentrés et d'appui de l'administration centrale (B).

---

[293] TIENTCHEU (N), *Le titre foncier au Cameroun*, Arika, Yaoundé 2009, p.64s.

[294] EBANG MVE Urbain Noel, *Le titre foncier au Cameroun. Recherche sur la spécificité d'un acte administratif unilatéral*, L'Harmattan, Paris, 2011, p. 36.

[295] Art 4 du décret n°90/1477 du 09 novembre 1990 portant réglementation de l'exploitation des carrières.

[296] KOUO NZOKO Aissatou, « *Le propriétaire du sous-sol en droit camerounais* », Mémoire de licence professionnelle en droit, Université de Yaoundé II, Année 2014.

[297] Loi n°2004-17 du 22 juillet 2004 d'orientation de la décentralisation ; loi n°2004-18 du 22 juillet 2004 fixant les règles applicables aux communes ; loi n°2004-19 du 22 juillet 2004 fixant les règles applicables aux régions.

[298] Art 16 de la loi n°2004-18, *op.cit*.

A. Les services centraux

L'administration d'État est formée d'administrations sectorielles en charge de gérer des services publics. Le secteur minier n'y déroge pas, car il est créé une administration spécialement en charge des activités minières. Représentée par un ministère, c'est à elle qu'au premier chef revient l'organisation de la titrisation minière. Cependant, elle n'exerce pas cette compétence seule parce que, suivant la nature du titre à octroyer, le président de la République peut être joint à la procédure d'autorisation d'exploitation de substances minérales.

1. La présidence de la République

L'organisation de l'administration d'État est surplombée par la présidence de la République. Il s'agit d'une structure tentaculaire faite de services dont l'administration courante revient à un secrétaire général sous l'autorité du président de la République. Ce dernier est compétent en matière de gestion du secteur minier.

Dans la généralité, le président de la République « *veille au respect de la constitution* »[299]. À ce titre, l'obligation constitutionnelle de mettre en valeur au bénéfice de toutes les populations les richesses naturelles lui incombe au premier chef. De même, en tant que chef de l'administration, et étant donné que l'administration a la charge d'appliquer la loi[300], dont celle minière, il lui revient de faire appliquer la législation minière.

Au-delà de son pouvoir de création et d'organisation des services publics de l'État[301] et donc du secteur minier, il dispose de pouvoirs d'intervention directe se manifestant par sa compétence dans la titrisation minière.

Il existe de nombreux titres miniers au Cameroun. Seuls les plus engageants sont accordés par le président de la République par voie de décret. Le principal titre concerné est le permis d'exploitation minier dont le dossier est monté par le ministère chargé des mines et soumis à la sanction du président de la République[302]. Ce permis est attribué par la même autorité indifféremment pour l'extraction des substances minérales solides ou liquides par n'importe quel procédé[303] et est exigible pour les exploitations industrielles.

2. Le ministère chargé des mines

Par son pouvoir d'organisation et de création des services publics, le président de la République a mis sur pied une administration spécialement

---

299 Art 5(2) de la loi constitutionnelle n°96-06, *op.cit.*

300 V. ABANE ENGOLO (P.E), « *L'application de la légalité par l'administration au Cameroun* », *op cit.*, 525p.

301 Art 8(9) de la loi constitutionnelle de 1996, *op.cit.*

302 Art 45 (1) de la loi n°001 du 16 avril 2001 portant code minier en République du Cameroun.

303 *Ibid.*

chargée des questions touchant aux substances minérales : c'est le ministère chargé des mines. Il est vrai que cette gestion est transversale parce qu'elle requiert les interventions des autres ministères intéressés.

À ce titre, les départements ministériels chargés de l'eau et de l'énergie sont mis à contribution. Plus encore, il faut citer parmi les autres, ceux chargés des domaines et de l'environnement. Le ministère des Domaines est le seul habilité à effectuer ou à piloter les expropriations pour cause d'utilité publique, et la découverte, puis l'exploitation d'une mine peut conduire à cette solution de dépossession ou d'acquisition foncière. À cette fin, le ministre chargé des mines saisit son collègue chargé des domaines d'un dossier de demande de déclaration d'utilité publique pour procéder selon les cas à l'indemnisation, l'incorporation, l'expropriation ou au déclassement des parcelles sollicitées[304]. Le ministère de l'Environnement intervient, pour sa part, dans l'étude d'impact environnemental imposée, c'est lui qui donne la décision motivée[305] pour que le dossier soit recevable au regard des répercussions du projet sur le milieu.

Mais l'administration spécialement chargée des mines et de la titrisation minière est le ministère des Mines. En 2011 est intervenue une réorganisation du gouvernement[306] et sous sa forme ancienne, le ministère des Mines, de l'Industrie et du Développement technologique[307] a été maintenu tout en changeant partiellement de dénomination en ce sens qu'on est passé du ministère de l'Industrie, des Mines et du Développement technologique au Ministère des Mines, de l'Industrie et du Développement technologique.

Cette dénomination nouvelle fait désormais des Mines l'activité primordiale du Ministère. En outre, un rajout significatif y est porté relativement aux attributions de transformations locales des produits forestiers, agricoles et miniers. Il a été rajouté expressément que ce ministère est chargé du suivi du secteur pétrolier en amont, ce qu'il faisait déjà auparavant. Ainsi, s'agissant du secteur minier, le MINMIDT est responsable de la valorisation des ressources naturelles[308]. Son organisation et sa compétence en matière de titrisation minière vont dans ce sens. Dans la gestion technique des mines, ce ministère est au niveau central constitué de services spécifiques greffés pour la plupart autour de la direction des mines et de la géologie[309].

---

[304] Art 66 et 67 du code minier.

[305] Art 20(1) de la loi n°96/12 du 5 août 1996 portant loi-cadre relative à la gestion de l'environnement.

[306] Décret n°2001/408 du 09 décembre 2011 portant organisation du gouvernement.

[307] MINIMIDT.

[308] Art 1er (2) du décret n°2005 du 15 juillet 2005 portant organisation du ministère de l'Industrie des Mines et du Développement technologique.

[309] Le secrétariat général joue un rôle de coordination générale par ses cellules de suivi et juridiques et suivant l'instruction des affaires du département reçue du ministre.

Une réflexion actuelle vise à créer une direction des mines et à côté une direction de la géologie[310] dans un contexte où les autorités camerounaises pensent que l'avenir de ce pays se joue aussi par l'organisation efficiente de l'administration des mines. Pour autant, à ce jour, la direction des mines et de la géologie est composée de quatre sous-directions[311]. Pour les plus importantes : la sous-direction de la géologie est chargée de la reconnaissance et de l'établissement de la cartographie[312] ; celle des hydrocarbures s'occupe de l'exploration et de l'élaboration des titres miniers relatifs aux hydrocarbures[313] ; la sous-direction des activités minières jouit des mêmes compétences, mais pour les autres catégories de mines[314]. De manière générale, deux autorités techniques sont des plus importantes en matière de titrisation minière au Cameroun :

- le ministre chargé des mines. Il attribue le permis de reconnaissance, mais aussi le permis de recherche. C'est lui qui prépare le dossier d'attribution du permis d'exploitation soumis au président de la République. Le renouvellement du permis d'exploitation est de sa compétence[315]. L'autorisation d'exploitation de carrières ainsi que le permis d'exploitation sont délivrés par le même ministre. Il dispose donc de nombreux pouvoirs dans la gestion minière et sa compétence dans la titrisation est autant importante ;

- le conservateur minier. À la différence du conservateur foncier qui est une autorité départementale chargée d'établir les titres fonciers[316], le conservateur minier est une autorité unique dont la compétence en conservation se déploie pour toutes les activités minières sur l'ensemble du territoire national. Il s'agit d'un cadre de l'administration centrale[317] chargée des mines et de la géologie dont la responsabilité est d'établir, et de tenir un registre dénommé registre des titres miniers[318]. Dans la pratique administrative actuelle, ces dossiers sont reçus au courrier central du ministère, ce qui est en contradiction avec la loi. Il reçoit les demandes d'attribution et de renouvellement des titres miniers qu'il

[310] Source : MINMIDT.

[311] Dont l'un porte le nom de centre de documentation géologique et minière.

[312] Art 3 du décret n°2005/260, *op.cit.*

[313] *Idem*, art 34s.

[314] *Ibid.*, art 29s.

[315] Art 48(2) du code minier.

[316] Art 102 du décret n°2005/178 du 21 mai 2005 portant organisation du ministère des Domaines et des Affaires foncières.
Voir aussi EBANG MVE (U.N), « *Le Titre foncier au Cameroun. Recherche sur la spécificité d'un acte administratif unilatéral* », thèse de doctorat/Ph.D en droit, Université de Yaoundé II, 2010, 546p.

[317] En l'occurrence, le sous-directeur des activités minières exerçant également les fonctions de conservation. Cf. art 29(1) du décret n°2005/260, *op.cit.*

[318] Art 2 du code minier.

instruit[319]. Au Cameroun, le conservateur minier gère en outre le cadastre minier dont la création est imminente. À ce titre, il détient cet instrument technique, graphique et cartographique qui est le cadastre minier. Ledit instrument contient des informations précises sur les zones de permis miniers attribués ou en cours d'attribution.

La mise sur pied du cadastre minier sur la base du registre des titres miniers a pour but de garantir la bonne gestion des données minières et de s'assurer de la transparence et la fiabilité des procédures d'attribution en évitant tout chevauchement entre les différents permis miniers et les zones interdites à l'exploitation minière (zones et aires protégées), ainsi que les autres utilisations du sol.

Le cadastre minier permet également la tenue, l'actualisation du fichier des permis que sont les actes d'attribution, de renouvellement, de modification des superficies et périmètres, de mutation et d'annulation[320].

Le cadastre minier établit les plans et les cartes qui couvrent les permis miniers[321]. Il permet aussi d'identifier sur la carte toutes les parcelles susceptibles d'être mises à la disposition des opérateurs chargés d'effectuer l'exploration minière. La gestion de ce cadastre relève donc des autorités centrales. La problématique du cadastre national reste cependant préoccupante, car il est indiqué d'aboutir à un cadastre national complet et polyvalent pouvant être utilisé en matière foncière, administrative, frontalière, fiscale, minière et forestière. Les systèmes cadastraux spécialisés et isolés sont source de désordre et de cacophonie. Ils méritent toujours d'être mis en cohérence ou ensemble pour constituer un seul outil.

Les autorités centrales exercent leurs attributions en matière de titrisation minière aux côtés des autorités des administrations déconcentrées et de celles d'appui.

B. Les services déconcentrés et d'appui

La législation minière ne fait pas de place à la gestion décentralisée du secteur minier. Loin d'être une matière non transférable, le domaine minier présente dans les politiques publiques un enjeu tel que l'option a été de maintenir cette activité dans le champ de compétence de la seule administration d'État. À part l'administration centrale, des attributions dans la gestion et la titrisation minière sont également confiées aux services déconcentrés et à des structures d'appui de l'administration centrale.

---

[319] *Ibid.*, art 18.
[320] Source : PRECASEM.
[321] Infra.

1. Les services déconcentrés

L'organisation de la titrisation minière fait ressortir l'intervention de services déconcentrés qui jouissent de pouvoirs considérables dans la gestion générale de l'activité minière. Le principal service déconcentré concerné est la délégation régionale du ministère des Mines, de l'Industrie et du Développement technologique.

Dans ce cadre général, placée sous l'autorité d'un délégué régional, la délégation régionale coordonne et contrôle les activités du ministère dans la région[322]. À cet effet, elle dispose d'un service des mines et de la géologie qui, au niveau local, remplit des fonctions similaires à celles de la direction des mines au niveau national[323]. Ainsi, ce service est chargé de suivre et de contrôler les projets miniers, d'encadrer les artisans miniers, et surtout de préparer les titres miniers devant être délivrés au niveau local ou central.

L'autorité devant agir est le délégué régional. Il s'assure du paiement de la taxe *ad valorem* sur la base de la déclaration de volumes des matériaux extraits que l'exploitant a adressée au délégué départemental des mines compétent[324]. Il veille à ce que l'exploitant se conforme à la législation et aux autorisations qui lui sont données.

Davantage, dans la titrisation, le délégué régional est compétent pour délivrer les titres miniers ayant pour objet les opérations minières artisanales. C'est le cas de la carte individuelle de prospecteur et de l'autorisation d'exploitation artisanale[325]. Ces titres sont conférés pour la mine solide. D'autres services appuient l'administration dans l'organisation de la titrisation minière.

2. Les services d'appui

Le ministère des Mines, de l'Industrie et du Développement technologique bénéficie de l'apport de plusieurs services rattachés à l'administration centrale dans la gestion de l'activité minière, et en particulier dans la titrisation.

Le service le plus visible est le CAPAM[326]. Créé sous forme de cellule d'appui, il est devenu un cadre d'appui. Ce service est rattaché au MINMIDT qui assure sa tutelle. Son intervention vise à rationaliser l'exploitation artisanale pour aider tant les petits exploitants mal et peu outillés que l'État qui veut mieux contrôler ce secteur. Relativement à la titrisation, le CAPAM assure la

---

322 Art 71(2) du décret n°2005/260, *op.cit.*

323 *Ibid.*, art 73(1).

324 Art 143 du décret n°2002/648/PM du 26 mars 2002, fixant les modalités d'application de la loi n°001 du 16 avril 2001 portant code minier.

325 Art 24 et 25 du code minier.

326 Le cadre d'appui et de promotion de l'artisanat minier créé par décision ministérielle n°228/MINMEE/CAB du 1er avril 2003.

facilitation de l'agrément progressif de tous les GICAMINES[327] comme exploitants artisanaux par l'obtention d'autorisations d'exploitation artisanale[328]. Le CAPAM s'emploie à élargir son champ d'action à l'ensemble des activités minières au travers du « programme d'appui au développement des activités minières 2010-2015 », programme renforcé par la création des autres services d'appui. Le CAPAM veille en outre à ce que les produits issus de l'exploitation artisanale soient canalisés dans les circuits formels.

Il mène actuellement ses activités dans la plupart des arrondissements du Cameroun. Un aspect visible de son action est relatif à *l'opération Gold* par laquelle il entend sortir l'or du « Maquis », du secteur informel pour canaliser et renforcer les réserves d'or du Cameroun à la BEAC, avec l'appui du ministère des Finances.

Le secteur minier connaît le foisonnement de services d'appui à l'administration centrale qui sont des outils de suivi, de facilitation et d'aide à la décision. Elles sont vouées à la mise en valeur de gisements particuliers, et non pas de l'ensemble des ressources minérales de l'État. C'est le cas de « la cellule de suivi du projet d'exploitation du gisement de fer de Mbalam », ou encore du « comité de coordination et de suivi du projet de développement des gisements de bauxite de MINI MARTAP et NGAOUNDAL »[329]. Ces structures interviennent dans la titrisation parce qu'elles contribuent aux négociations en vue de la conclusion des conventions minières. La titrisation minière est ainsi organisée par plusieurs administrations de l'État, mais le champ d'intervention varie selon le titre minier dont il s'agit.

Paragraphe II : Les titres miniers

La gestion de la mine se fait sur la base de l'octroi des titres miniers. À ce niveau, le conservateur[330] minier joue un rôle essentiel. Il a été précisé que cette autorité, à la différence du conservateur foncier, autorité départementale, est l'autorité nationale unique de conservation des titres miniers. Il s'agit en l'occurrence du sous-directeur des activités minières qui est conservateur parce qu'il tient un registre des titres miniers.

En réalité, il est prévu de mettre sur pied un cadastre minier au Cameroun.

---

[327] Il faut bien noter que les GICAMINES (GIC d'artisans miniers) sont des regroupements d'artisans miniers mis en place par le CAPAM, ce qui n'exclut pas que ces regroupements puissent être indépendants du CAPAM parce qu'initiés par des artisans eux-mêmes.
[328] *Idem*, p.30.
[329] Art 1er de l'arrêté n°076/CAB/PM du 04 avril 2011 portant création, organisation et fonctionnement d'un comité de coordination et de suivi du projet de développement des gisements de bauxite de Mini Martap et Ngaoundal.
[330] Supra.

Dans son appréhension large, le terme cadastre s'applique au document dressant l'état de la propriété foncière d'un territoire[331]. En réalité, le cadastre fait ressortir les bornes, les parcelles et la localisation, ce qui fait que sa représentation majeure est la carte et les plans parcellaires ou globaux.

Pour les prérogatives du cadastre minier, il est confié à une autorité qui reçoit les demandes de titres, en fait chronologiquement l'enregistrement, et produit la carte minière qu'il conserve[332]. La législation minière de certains États a clairement opté pour la gestion par cadastre. C'est le cas de la République démocratique du Congo[333]. Dans cet État, le cadastre minier intervient dans la procédure d'octroi des titres miniers et surtout, tient la carte minière nationale.

La gestion des titres miniers est appelée à aller dans ce sens au Cameroun. D'abord, la législation minière en pose les bases en énonçant l'existence d'un domaine minier national[334], ce qui, comme en matière foncière, augure d'une gestion par l'outil cadastral et topographique. Ensuite, les fonctions actuelles du conservateur[335] font déjà état d'une gestion rationalisée avec l'usage par le conservateur minier de cartes[336]. Et enfin, cette approche est à compléter par un décret en préparation portant organisation et fonctionnement du MINMIDT dont l'une des avancées est la formalisation d'un cadastre minier au Cameroun. Sous l'autorité du ministre, il est prévu de créer dans ce ministère une sous-direction du cadastre minier dirigé par le conservateur[337] qui réceptionnera les demandes de titres miniers, tiendra le registre et effectuera la mise à jour de la carte cadastrale. Cette option a pour objectif de mieux rationaliser la titrisation minière avec plus de visibilité sur l'octroi de titres, l'état de l'exploitation minière nationale et une meilleure sécurisation physique et juridique des droits des bénéficiaires de titres miniers[338].

Les richesses naturelles revêtent une importance économique et sociale, ce qui fait que leur mise en valeur est fortement encadrée. Il est par exemple nécessaire d'établir une traçabilité de leurs origines pour éviter les extractions sauvages, l'appauvrissement de l'État par les exploitants clandestins et illégaux,

---

[331] Wikipedia.org v° cadastre.

[332] ORTEGA GIRONES (E), PUGACHEVSKY (A), WALSER (G), *Mineral Rights Cadastre, Promoting Transparent-Access to mineral resources*, The World Bank, extractive industries for development series # 4, june 2009, p.13.

[333] Loi n°007/2002 du 11 juillet 2002 portant code minier et décret n° 068/2003 du 03 avril 2003. La structure qui a la charge du cadastre minier s'appelle le CAMI.

[334] Art. 10 du code gazier de 2012.

[335] Art 1, 17 et 101 (3) du code minier.

[336] *Ibid.*, art 109.

[337] Qui ne sera donc plus le sous-directeur des activités minières, mais plutôt le sous-directeur du cadastre minier.

[338] Pour éviter les travers observés dans la titrisation foncière.

les évasions fiscales, ou des cas tels la prolifération des diamants du sang[339]. En amont, pour maîtriser et mener les activités minières, il faut procéder à l'octroi d'autorisation. Pour ce faire, l'éligibilité est requise.

Suivant le code minier camerounais, les permis miniers sont accordés sans discrimination. Aussi toute personne morale de droit camerounais est-elle éligible[340]. Cependant, celui qui fait la demande doit justifier d'un domicile au Cameroun ou y être représenté[341] et justifier de sa capacité technique et financière. Quand ces conditions sont remplies, le demandeur est éligible, même s'il existe certaines spécificités suivant les variétés de titres miniers (A) énonçant par cela une diversité de régimes juridiques (B).

A. La variété de titres miniers

La législation camerounaise admet moins de titres miniers que celles de certains pays voisins, à l'exemple du code minier du Congo démocratique qui compte six variétés de titres miniers :

- l'autorisation de recherche des produits de carrières ;
- l'autorisation d'exploitation permanente des carrières ;
- l'autorisation d'exploitation temporaire des carrières ;
- les permis d'exploitation des rejets ;
- le permis d'exploitation de la petite mine ;
- le permis de recherche[342].

Dans son article 2, le code minier camerounais donne un ensemble de définitions et les références générales des emplois génériques[343]. C'est dans ce cadre qu'il traite du « titre minier ». Sans en donner une définition, il procède à

339 Expression donnée aux diamants exploités clandestinement et visant à nourrir les conflits armés, illustration du conflit armé de la RDC. Par la certification, le processus de Kimberley vise justement à déterminer les origines des diamants commercialisés.

340 L'art 8(1) du code minier permettait même aux personnes de droit étranger d'acquérir les titres miniers. La loi de 2010 a opté pour l'octroi unique aux personnes morales de droit camerounais.

341 Art 2 du code minier.

342 Cf. loi n°007/2002 du 22 juillet 2002 portant code minier au Congo démocratique, et le décret n° 38/2003 du 26 mars 2003 portant règlement minier.
Le Congo voisin, dans la loi n° 04/2005 du 11 avril 2005 portant code minier, distingue dans son article 15, six titres miniers :

- l'autorisation de prospection ;
- le permis de recherche ;
- l'autorisation d'exploitation artisanale ;
- l'autorisation d'exploitation industrielle ;
- le permis d'exploitation ;
- les autorisations de détention, de circulation et de transformation des substances minérales précieuses.

343 Ex : Ministre chargé des mines et de la géologie.

l'énumération des titres miniers. Le code de 2001 en recense trois : autorisation d'exploitation artisanale, permis de recherche et permis d'exploitation. La loi de 2010 rajoute le permis d'exploitation de la petite mine[344]. Cette énumération est réductrice parce qu'elle omet l'autorisation d'exploitation des carrières et le permis de reconnaissance qui ont des champs d'application particuliers et différents. En réalité, il s'agit d'une négligence du législateur dans cet article 2 qui est rattrapée dans les dispositions.

Il est à distinguer les titres d'exploration des titres de mise en valeur.

1. Les titres miniers d'exploration

Leurs caractères secondaires sont tirés non pas seulement de leur absence dans l'énumération des titres miniers, mais surtout de l'enjeu qu'ils représentent. Le fait est qu'ils ne donnent pas encore lieu à mise en valeur proprement dite et n'en sont que des préalables.

a. Le permis de reconnaissance

Plusieurs formes d'opération sont considérées comme étant des activités minières. Les principales sont les opérations d'exploration, de développement, d'exploitation, de traitement et d'enrichissement[345]. Toutes ces opérations sont soumises à autorisation spéciale suivant leur nature. C'est ainsi que l'exploration, prise à part, est autorisée par l'octroi du permis de reconnaissance et par l'obtention du permis de recherche.

Le permis de reconnaissance est « *l'acte juridique qui confère à son titulaire :*

- *Le droit non exclusif et non transmissible de mener des opérations de reconnaissance à l'intérieur du périmètre de reconnaissance*
- *Le droit d'entrer dans le périmètre de reconnaissance et d'ériger sous réserve du respect de la législation foncière et domaniale en vigueur, des installations appropriées »*[346].

Le ministre des Mines est l'autorité qui délivre le permis de reconnaissance. Ce permis crée un droit non exclusif et non transmissible d'investiguer. Ainsi, de nombreux permis de reconnaissance peuvent être accordés à plusieurs personnes avec un même objet sur des superficies identiques, car son titulaire ne jouit pas de l'exclusivité de la reconnaissance. Seules les investigations de surfaces sont autorisées par ce permis[347]. Sa validité est d'un an renouvelable et

[344] Art 2 de la loi n°2010/011 du 29 juillet 2010 modifiant et complétant certaines dispositions de la loi n°2001-1 du 16 avril 2001 portant code minier.
[345] *Idem.*
[346] *Ibid.*
[347] Art 32(1) du code minier.

il est attribué pour une superficie totale de terrain ne pouvant excéder dix mille kilomètres carrés en un seul bloc en forme polygonale[348].

Tout de même, l'incorporation du permis de reconnaissance dans les titres miniers est quelque peu problématique parce que ne figurant pas dans l'énumération des titres miniers. Le législateur en prenant cette position a voulu éviter de conférer un droit exclusif au détenteur du permis de reconnaissance. Il est disposé que pour mener une activité minière, il faut au préalable obtenir un permis de reconnaissance ou un titre minier[349], comme pour détacher l'un de l'autre. Il demeure que ce « permis » tel qu'il est désigné est un titre qui permet d'entamer des investigations (c'est-à-dire une activité minière) comme pour le permis de recherche.

b. Le permis de recherche

Dans l'enchaînement des opérations d'exploration, la recherche intervient après qu'il y a connaissance de l'existence de gîte. Il est question que ce gîte devienne un « gisement connu »[350] et le moyen est la recherche. Elle s'appréhende comme tout procédé ou méthode d'investigation visant à localiser et à évaluer les gisements minéraux. Ces procédés sont les opérations de prospection, l'échantillonnage en vrac et les essais en laboratoire.

Le permis de recherche est délivré par arrêté du ministre chargé des mines. Le code minier lui donnait toute la liberté et sa modification de 2010 soumet cet acte ministériel à l'approbation préalable du président de la République[351]. À la différence du permis de reconnaissance, le permis de recherche inclut les recherches en profondeur. Il est délivré pour une période de trois ans renouvelable deux fois au plus[352]. La superficie du terrain pour effectuer la recherche ne peut excéder cinq cents kilomètres carrés. Le périmètre de recherche doit être formé en un seul bloc de forme polygonale[353].

Le titulaire du permis de recherche conclut une convention minière avec l'État[354]. Cette convention est une amorce vers l'exploitation, car il y a en principe enchaînement entre la recherche et l'exploitation[355]. C'est d'ailleurs cette raison qui fait que le Président doit désormais donner son approbation pour que le Ministre délivre le permis de recherche et qu'à la différence de la reconnaissance, ce dernier crée un droit exclusif[356]. Avec l'étude de faisabilité,

348 *Ibid.*, Art 34.
349 *Ibid.*, art 8(2).
350 Art 2 de la loi n°2010/011, *op.cit.*
351 Art 37 des deux textes.
352 V. par exemple : arrêté n°001088/MINIMIDT/SG/DMG/SDAM portant deuxième renouvellement du permis de recherche n°118.
353 *Ibid.*, art 39.
354 *Ibid*, art 16(1).
355 Art. 44 de la loi n°2010/011, *op.cit.*
356 *Ibid*, art 8(4).

la titrisation peut passer de l'étape de l'exploration à celle de la mise en valeur[357].

2. Les titres miniers de mise en valeur

L'activité minière est principalement tournée vers la mise en valeur des ressources minérales. Elle est effectuée par des personnes ayant bénéficié d'autorisations par l'obtention de titres miniers de mise en valeur. Le code minier énumère trois titres de mise en valeur, à savoir le permis d'exploitation, l'autorisation d'exploitation artisanale et le permis d'exploitation de la petite mine[358]. Il faut y rajouter l'autorisation d'exploitation des carrières.

a. L'autorisation d'exploitation de carrières

Le régime juridique des carrières est quelque peu différent de celui des autres ressources minérales. La raison en est que la substance de carrière est « une mine par assimilation » considérée comme sources de matériaux de construction et de substances chimiques[359]. Pour les carrières, le propriétaire du sol a la propriété des carrières[360]. Mais, même le propriétaire privé des carrières doit obtenir une autorisation pour l'exploiter ; c'est l'autorisation d'exploitation des carrières.

En réalité cette autorisation est différente suivant qu'elle est permanente ou temporaire. Permanente, il s'agit d'un permis d'exploitation des carrières ; temporaire, il s'agit d'une autorisation d'exploitation des carrières. Ces titres sont délivrés par le ministre des Mines après avis de l'autorité administrative chargée des mines territorialement compétente. Les bénéficiaires sont des Camerounais ou des sociétés de droit camerounais propriétaires justifiant d'un contrat de bail ou d'un titre de propriété. Le titre minier d'exploitation des substances de carrières confère à son titulaire un droit exclusif d'exploitation[361] ; la situation est semblable pour l'autorisation d'exploitation artisanale.

b. L'autorisation d'exploitation artisanale

La spécificité de l'exploitation artisanale réside dans le fait qu'elle procède à l'extraction des substances minérales en utilisant des méthodes et moyens manuels et peu mécanisés. Ce sont donc des exploitations de petite taille qui produisent à échelle réduite, du fait de l'étendue de la zone et des moyens mis en jeu.

---

[357] Le code minier congolais confère les mêmes droits et possibilités aux bénéficiaires des permis de recherche. Cf. art.27 de la loi du 11 avril 2005 portant code minier.
[358] Infra.
[359] TIENTCHEU NJIAKO (A), *Le titre foncier au Cameroun*, *op.cit.*, p.62.
[360] Art 4 du décret n°90/1477 du 09 novembre 1990 portant réglementation de l'exploitation des carrières.
[361] Art 57(1) du code minier.

L'autorisation d'exploitation artisanale est uniquement délivrée aux personnes physiques majeures de nationalité camerounaise[362] qui vont exploiter par les moyens artisanaux et peu mécanisés. Cette autorisation est la seule délivrée par une autorité déconcentrée, en l'occurrence le délégué régional chargé des mines. La superficie de l'exploitation ne peut excéder deux cents mètres carrés. Il ne peut accorder qu'au maximum quatre autorisations à la même personne et ceci uniquement pour des terrains contigus. Le bénéficiaire a alors le droit d'exploiter sur une profondeur maximum de trente mètres[363]. L'autorisation d'exploitation artisanale doit mentionner son bénéficiaire, les substances à exploiter, la zone couverte, la durée d'exploitation et les obligations du bénéficiaire[364]. Il apparaît que ce titre nécessaire pour combattre les exploitations illégales par la validation des méthodes rudimentaires tend à admettre une exploitation minière de subsistance et même dangereuse pour les travailleurs. La notion de petite mine est probablement intervenue pour pallier ce risque. Il s'agit d'une transposition de l'appellation anglo-saxonne de « Small scale mining » qui désigne une exploitation qui n'est pas industrielle.

c. Le permis d'exploitation de la petite mine

Les inconvénients relatifs au caractère rudimentaire de l'exploitation artisanale sont fortement présentés comme ayant entraîné la création du permis d'exploitation de la petite mine qui pourrait être l'avenir de l'autorisation d'exploitation artisanale.

Introduite dans le code minier par sa réforme de 2010, l'exploitation de la petite mine est à mi-chemin entre l'exploitation artisanale et celle industrielle. Elle est définie comme l'exploitation minière de petite taille, permanente, utilisant les règles de l'art, des procédés semi-industriels ou industriels et dont la production annuelle ne dépasse pas un certain tonnage de la matière commercialisable fixé pour chaque substance par voie réglementaire[365]. Hormis la convergence des procédés, l'exploitation de la petite mine s'identifie donc de l'exploitation industrielle par sa modestie. En effet, elle est de petite taille et sa production est limitée à un seuil. Il demeure que le permis d'exploitation de petite mine est accordé dans les mêmes formes et conditions que le permis d'exploitation[366].

---

[362] Combinaison des art 24 et 25 du code minier.

[363] Art 25s du code minier.

[364] Autorisation n°437/AEA/GRE/DRIMIDT/SRMGE du 31 octobre 2011 pour l'exploitation artisanale des substances minérales précieuses et/ou connexes par Mr EKAME Marcel (sceptre Inc.) ; Autorisation 437/AEA/GRE/DRIMIDT/SRMGE du 31 oct. 2011 pour l'exploitation artisanale des substances minérales précieuses et/ou connexes par Mr NTSAMA TANGA Harry Arnaud (sceptre Inc.)

[365] Art 2 de la loi n°2010/011, *op.cit.*

[366] *Ibid.*, Art 50(1).

d. Le permis d'exploitation

La délivrance du permis d'exploitation relève de la compétence du président de la République. Le dossier est confectionné et instruit par les services du ministère chargé des mines ; le chef de département ministériel y émet son avis motivé et le dossier est transmis à la présidence de la République par l'entremise des services du Premier ministre. Le permis d'exploitation est accordé par décret présidentiel[367]. Il autorise son titulaire à extraire les substances minérales solides, liquides ou gazeuses et les opérations qui s'y rapportent.

Une convention minière est établie avec le titulaire du dossier jugé acceptable. Elle prend effet à la date d'attribution du permis. En matière gazière et pétrolière, il s'agit d'une concession d'exploitation[368] qui est conclue entre l'État et l'exploitant. Par la convention minière, il est résolu l'attribution d'une participation de l'État au plus égale à 10% des parts ou actions d'apports de la société d'exploitation[369] (pour l'exploitation de la petite mine, elle doit être constituée d'au moins quarante pour cent d'intérêts nationaux suivant l'article 50 de la loi de 2010). Par la concession pour le permis d'exploitation, ce sont l'autorisation d'exploiter, ses modalités et implications qui sont déterminées.

Le permis d'exploitation indique les substances à exploiter, les coordonnées géographiques du lieu d'exploitation, la durée de validité et les droits et obligations tant de l'État que du titulaire du permis dont il est question[370]. Il constitue donc une base du régime juridique applicable.

B. Les régimes juridiques des titres miniers

La titrisation minière est un élément important dans la régulation de l'activité minière parce qu'elle permet de maîtriser les flux, la production nationale, de constituer une source de richesse traçable pour l'État et de réduire la prolifération des mines informelles[371], d'exploitations illégales et frauduleuses. Pour adapter à la réalité certaines spécificités, il existe une diversité de régimes juridiques pour proposer plusieurs formules aux exploitants. Aussi le régime varie-t-il quelque peu d'un titre minier à l'autre

---

[367] Art 45 du code minier.

[368] Art 4 et 8 de la loi n°2002/013 du 30 décembre 2002 portant code gazier abrogé par les art. 3 et 10 du code gazier de 2012, et loi n°99/013 du 22 décembre 1999 portant code pétrolier en ses articles 26 et 36.

[369] Art 11 du code minier.

[370] V. par exemple décret n°2003/077 du 11 avril 2003 portant institution d'un permis d'exploitation valable pour cobalt, nickel et substances connexes.

[371] RAKOTONOMENJANAHARY (V), « *De la mine artisanale à une gestion publique des mines informelles* », CESAM 1996, pp.1-13. Au Cameroun, V. arrêté n°2102/MINIMIDT/CAB du 14/06/12 fixant les modalités d'exportation, d'importation et de commercialisation des diamants bruts.

suivant qu'il s'agisse de l'établissement et de la déchéance du titre minier, ou des droits et obligations attachés aux titres miniers.

1. L'établissement et la déchéance des titres miniers

Aucun titre minier ne s'obtient par simple déclaration, tous sont soumis à l'autorisation expresse du délégué régional, du ministre chargé des mines ou du président de la République selon les cas. Le principe est que l'octroi du titre minier se fasse par le moyen d'un acte administratif express. La seule exception concerne l'autorisation d'exploitation artisanale que, suivant les textes, le demandeur peut considérer qu'elle lui a été implicitement accordée lorsque l'autorité compétente[372], passé quinze jours, n'a pas réagi à la demande d'autorisation alors même que le requérant bénéficiait déjà d'une carte individuelle de prospecteur[373].

Toutes les demandes de titres miniers sont introduites auprès du conservateur[374], la personne qui en fait la demande doit au préalable s'acquitter de ses obligations fiscales. Pour la petite mine et l'exploitation industrielle, le demandeur est astreint au versement d'une caution qui constitue une garantie de bonne exécution de ses obligations[375]. Alors que l'autorisation d'exploitation artisanale est accordée par le délégué régional, le permis de reconnaissance l'est par le Ministre, de même que l'autorisation d'exploitation des carrières. Le permis de recherche est, pour sa part, délivré par le Ministre après approbation du président de la République. Les permis d'exploitation de la petite mine et le permis d'exploitation sont accordés par le président de la République sur avis du ministre chargé des mines.

Du reste, le titulaire d'un permis minier l'est, pour une durée et dans la mesure où il respecte les obligations de l'autorisation. Le non-respect de ses obligations entraîne le retrait du permis par l'autorité qui l'a attribué pour respecter le parallélisme des formes. Quant à la durée, l'autorisation d'exploitation est donnée pour une durée maximum de 4 ans, le permis de recherche pour une durée initiale de trois ans et le permis d'exploitation n'excède pas vingt-cinq ans. À l'issue de cette période, le titre peut ne pas être renouvelé, ce qui est une déchéance des droits miniers[376]. Ces durées de vie des titres miniers sont les mêmes dans le code minier comme dans tous les codes sectoriels. En fait, la validité d'un titre minier prend fin par renonciation, retrait ou expiration du délai de validité[377]. Le titre minier valide confère un ensemble de droits et d'obligations à son attributaire.

---

[372] Le délégué régional des mines.
[373] Art 26(3) du code minier.
[374] Supra.
[375] Art 19 du code minier.
[376] Lire KUEDIASALA (F), « *Congo-Kinshasa : Déchéance des droits miniers, rude épreuve pour le code de 2002* », le potentiel, allafrica.com.
[377] Art 23 de la loi n°2010/011, *op. cit.*

2. Les droits et obligations des titulaires de titres miniers

Comme tout titre juridique, le titre minier crée à l'égard de son bénéficiaire des droits et obligations.

Au titre de ses droits, hormis le permis de recherche, le titulaire du titre minier dispose d'un droit exclusif pour lui permettre de mener sereinement son activité et de rentrer dans ses frais. Il dispose d'une liberté d'organisation et de fonctionnement tout en se conformant à la réglementation en vigueur. Aussi lui est-il reconnu le droit de disposer librement de ses biens et d'organiser son entreprise, la liberté d'embauche et de licenciement, le libre choix de ses fournisseurs et de ses prestataires de services, l'accès libre aux matières premières et aux intrants, la libre circulation de ses produits semi-finis et finis[378]. Il peut réaliser tout ouvrage ou opération approprié pour la jouissance de son titre et peut même solliciter de l'État que des expropriations soient effectuées.

Il dispose du droit de transaction sur les titres miniers, notamment la cession, la transmission, le nantissement et le gage[379]. Plus encore, il jouit du droit au renouvellement de son titre minier. En effet, tant que la possibilité de renouvellement est offerte par la législation et qu'il s'est régulièrement conformé à ses obligations, il est en droit d'obtenir le renouvellement de son titre minier sauf cas de refus abusif. Ce qui signifie que la combinaison des dispositions donne une compétence liée aux autorités de renouveler le titre dès lors que les textes l'autorisent et que l'attributaire utilise son titre en observant la réglementation

Un paramètre important de la législation minière nationale est le traitement de la cessibilité. Il fait état du point de la cessibilité pour l'exploitant et du point de la cessibilité pour le propriétaire. Relativement au propriétaire, la question de la cessibilité ne se pose que lorsqu'il s'agit des carrières[380]. La solution vient du droit des personnes qui reconnaît la transmissibilité des droits de propriété aux ayants droit sans garantie pour les exploitants[381] (car les exploitants peuvent voir leur titre d'exploitation des carrières remis en question par les héritiers).

Pour la cessibilité de droits par l'exploitant, certaines dispositions de la législation interdisent expressément la cessibilité et la transmissibilité des autorisations d'exploitation de carrières[382]. En réalité, comme pour les autres titres miniers, la transmissibilité est acceptée, mais sous réserve de

---

[378] Art 15 du code minier.

[379] *Ibid.* Art 20(1).

[380] Car, seules les carrières peuvent faire l'objet d'appropriation privative.

[381] V. Recours gracieux préalable du 25 avril 2012 adressé au MINMIDT par TOUKAM FODJO James et consorts pour mettre fin à une exploitation de carrières sur un terrain qu'ils ont hérité de leur père.

[382] Art 59(1) du code minier.

l'approbation préalable de l'administration[383]. En effet, si le permis de recherche est non exclusif et non transmissible[384], les titres liés à l'exploitation sont toujours cessibles et transmissibles[385] en totalité ou en partie, à la condition impérative que l'approbation préalable de l'administration soit obtenue. Ce choix qui ne limite pas le pouvoir de l'administration de choisir le bénéficiaire d'un titre minier peut être critiqué du point de vue du droit de la concurrence et du principe d'égalité entre prétendants aux titres miniers ; mais il a l'avantage de la flexibilité, car les droits de l'exploitant sont affermis et cette disposition incitative peut lui permettre d'intenter un recours au cas où, devant laisser l'exploitation en cours, il veut récupérer les sommes déjà investies[386].

Au chapitre de ses obligations, les principes miniers ressurgissent avec notamment la protection de l'environnement et les considérations sociales[387]. Effectivement, il lui revient d'effectuer son exploitation en préservant le milieu et en ayant égard aux intérêts des populations locales[388]. Vis-à-vis de l'État, il est question de s'acquitter de ses obligations fiscales[389] et de se conformer aux instructions et à la surveillance administrative. Ainsi, un rapport mensuel sur la production doit être transmis à l'administration chargée des mines à la fin de l'année ; un rapport présentant les détails de tous les travaux entrepris relatifs au titre doit également être dressé. La non-conformité à ces obligations peut conduire à la condamnation à des pénalités, à la suspension du titre, voire à sa déchéance d'office ou au non-renouvèlement de ce dernier ; comme pour confirmer l'affirmation selon laquelle « *le fait juridique se définit par la nature et l'effectivité de la sanction applicable à la transgression* »[390].

L'État assure donc la surveillance dans le secteur, et l'organisation de l'exploitation minière le prouve également.

SECTION II : L'ORGANISATION DE L'EXPLOITATION MINIÈRE

Les activités minières se déroulent sous l'étroite maîtrise de l'État. Le principe de l'appartenance des mines à l'État, leur mise en valeur d'intérêt général et les ressources qu'il faut en tirer le dictent. Cependant, il est à observer que le secteur minier, en tant que service public est certes administré par l'État, mais que celui-ci n'effectue pas à proprement parler d'activité

[383] *Ibid.*, art 59(2) et art 20.
[384] Art 35, et art 23(2) du code pétrolier.
[385] Voir dans le code pétrolier les art 17(1) et 37(2).
[386] Plusieurs autres justifications peuvent être apportées à l'exemple du rachat de l'exploitant par une autre société ; la nouvelle pouvant bénéficier du droit de transmission ou de cession de la société incorporée.
[387] Supra.
[388] Cas du droit à compensation des riverains.
[389] Art 90s du code minier.
[390] POIRIER (J), *Introduction à l'ethnologie de l'appareil juridique*, Coll. La Pléiade, Gallimard, Paris 1968, XXII, p.1092.

minière lui-même[391]. Il est vrai qu'il peut arriver que l'exploitant ne puisse pas réhabiliter le site, ce qui interpelle l'État, mais en réalité il est difficilement envisageable d'entrevoir l'administration effectuer en personne une activité minière. La législation ne prévoit d'ailleurs expressément aucune éventualité dans ce sens.

L'organisation de l'exploitation minière laisse donc entrevoir des modes d'exploitation expurgés de la possibilité de la régie[392]. La gestion en régie signifie que l'administration assure avec ses propres moyens, c'est-à-dire ses ressources humaines et financières, l'exécution du service[393]. Ce n'est pas le cas pour le secteur minier dans lequel l'administration en fait ne se charge que de l'organisation et de l'encadrement. Cette posture se révèle dans les particularités de l'organisation de l'exploitation minière (paragraphe I) et surtout par la technique employée pour l'exploitation dont la représentation est l'action bilatérale (paragraphe II).

Paragraphe I : Les particularités dans l'organisation de l'exploitation minière

Des points particuliers apparaissent dans le cadre normatif d'organisation de l'exploitation minière. Il n'est pas singulier que le niveau de l'encadrement soit législatif, car le secteur est d'un tel intérêt pour la nation à la lecture du préambule de la Constitution qu'il serait plutôt illogique de le laisser à la seule compétence de l'administration. Le droit minier relève donc de la compétence du législateur[394]. Les particularités dans l'organisation de l'exploitation minière s'inscrivent dans le cadre des options positives stratégiques consistant justement à faire des choix sur l'exploitation à effectuer. Ces options apparaissent au niveau de la nature des substances minérales exploitables (A), et au niveau de la segmentation de l'exploitation minière suivant qu'il s'agit des éléments relevant du code minier, ou de ceux dont le traitement incombe aux codes sectoriels (B).

A. La nature des substances exploitables

Dans la loi de 1964, tout comme dans le code minier actuel, l'énumération des substances minérales n'est pas faite. Il faut rentrer dans les travaux spécialisés pour avoir une idée de l'inventaire des ressources minérales connues à ce jour au Cameroun[395]. La synthèse de l'inventaire fait état d'au moins 52

---

[391] À titre de rappel, l'activité minière est l'opération d'exploration, de développement, d'exploitation, de traitement, d'enrichissement, de transport, de stockage, de chargement avant l'exportation et de réhabilitation des sites d'exploitation des substances minérales ou fossiles, solides, liquides ou gazeuses, art 2 de la loi n°2010/011, *op.cit.*

[392] Cf. VIGUIER (J), « *Recherches sur la notion de régie en droit public français* », thèse de doctorat, Toulouse, 1989.

[393] *Ibid.*

[394] Art 26 (2-d) de la loi n°96-06, *op.cit.*

[395] NTEP GWETH(P), *Ressources minérales du Cameroun*, SOPECAM, Yaoundé, 2001, pp.49-120.

types de ressources minérales[396] dont certaines sont susceptibles d'être exclues de l'exploitation aux côtés de celles qui y sont incluses.

1. L'exclusion

La seule exclusion qui était possible en vertu de la loi de 1964 était celle selon laquelle l'État pouvait, « *en tant que de besoin, limiter ou interdire l'exportation vers des pays étrangers déterminés ou vers tous les pays étrangers des substances classées matières premières stratégiques par décret* »[397]. À ce titre, ce n'est pas l'exploitation qui est exclue, mais la liberté d'exploiter. Intervenant dans un contexte de guerre froide et de belligérance internationale, il n'est pas question pour l'État de nourrir des efforts de guerre de pays dangereux à son égard ou à celui de ses alliés. Le président de l'État fédéral a donc le pouvoir discrétionnaire de recenser les substances stratégiques (qui notamment servent directement à l'armement) et à les exclure de l'exportation vers certaines destinations.

Le contexte actuel ne se prête plus véritablement à ce genre de considération, car les intérêts économiques prévalent plus, les échanges sont mieux structurés et la stabilité internationale prédomine de plus en plus. Aussi, le code minier de 2001 a abrogé cette disposition. Cette évolution de la législation ne permet pas de préciser les substances exclues et celles qui sont admises à l'exploitation. Pour autant, et à la place de l'ancien dispositif, une autre forme d'exclusion est consacrée. Elle touche à la fois la matière exploitable et le site de l'exploitation. Ainsi, « *Dans l'intérêt de l'État, le Ministre chargé des mines peut exclure tout terrain ou toute substance minérale des recherches, de l'exploitation industrielle ou de l'exploitation artisanale* »[398].

Pour l'intérêt de l'État, il s'agit de planifier les exploitations en pensant aux générations futures, mais aussi d'évaluer le danger pour l'environnement et les populations d'une activité de cette nature. D'autres aspects peuvent s'intégrer à ce motif fortement discrétionnaire : le respect d'une convention internationale, la spéculation sur la probable augmentation de la valeur de la substance minérale…Il est également à observer que le pouvoir d'exclure jadis conféré au président de la République est désormais dévolu au ministre chargé des mines, assurément parce qu'il n'engage plus la politique extérieure de l'État comme cela était le cas.

L'exclusion concerne le site de l'exploitation et est déjà même imposée pour le cas des sites sur les forêts classées et surtout faisant l'objet de conventions internationales[399]. L'exclusion ne peut porter sur un terrain objet d'un titre minier en cours de validité[400].

---

[396] *Ibid.*

[397] Art 20 de la loi n°64/LF/3 du 6 avril 1964 portant régime des substances minérales.

[398] Ar 5(1) du code minier.

[399] Supra.

[400] Art 5(3) du code minier.

L'exclusion concerne également la substance minérale, quel que soit le mécanisme d'exploitation. Quand une substance est déterminée comme exclue, elle ne peut faire l'objet d'aucune activité minière, à la différence des substances minérales non indexées dans cette catégorie et donc logiquement exploitables.

2. L'organisation de l'inclusion

À ce jour, l'organisation de l'exploitation minière ne fait pas encore état de l'exclusion d'une substance minérale du champ de l'activité minière. Aussi les 52 substances recensées sont-elles toutes susceptibles d'exploitation. Seulement, le cadre de l'exploitation est organisé en deux branches que sont celles des substances concessibles et des substances non concessibles.

La loi de 1964 a constitué ces deux grands blocs en identifiant les substances concessibles comme étant toutes substances minérales non classées dans les carrières[401]. Négativement alors, les substances non concessibles sont celles classées dans les carrières. Le code minier est resté muet sur cette notion, mais il conserve un traitement juridique différent entre les substances minérales de carrières et celles qui n'en ressortent pas. Ce qui précède permet d'affirmer que la distinction opérée dès 1964 reste toujours admise.

À ce niveau, c'est l'esprit du droit minier français qui a été reçu. La loi française de 1810 a introduit la notion de matériaux concessibles et de matériaux non concessibles. Les matériaux concessibles sont les métaux[402], les hydrocarbures solides[403], liquides (pétrole) et gazeux, les phosphates, sel, potasse…alors que les substances de carrières sont les substances non concessibles. Cette distinction a été reprise par plusieurs États africains dont le Maroc et le Sénégal[404]. Le Cameroun n'y fait pas exception au regard des implications de la distinction.

Il est à observer que cette distinction basée sur la nature du matériau extrait induit une différence dans le régime de l'exploitation[405]. L'État contrôle complètement les activités sur les substances concessibles pour lesquelles il accorde des « concessions » à des entreprises tout en assurant le suivi des exploitations[406]. Les carrières quant à elles sont exploitées sur autorisation de l'administration chargée des mines après entente entre le propriétaire du sol et l'exploitant ; l'État n'y a donc pas une totale maîtrise, c'est pour cela qu'elles

---

401 Art 2 de la loi n°64/LF/3, *op.cit.*

402 Uranium, fer, or, diamant.

403 Lignite, charbon.

404 V. par ex. exposé des motifs, art 5, 6, 31s de la loi n°88/06/ du 26 avril 1988 portant code minier en République du Sénégal.

405 Et non dans la méthode d'exploitation.

406 INERIS, *Extrait du guide méthodologique d'élaboration des plans de prévention des risques miniers*, rapport d'étude, DRS 06-51198-R01.

ne sont pas sujettes à concession. Ainsi, les substances de carrières[407] sont exploitées sur autorisation, alors que les substances concessibles sont exploitées par concession ou permis d'exploitation.

La première particularité de l'organisation de l'exploitation minière est donc la distinction qu'opère le législateur sur la nature des substances exploitables. La seconde est la segmentation dans le traitement juridique desdites substances.

B. La segmentation dans l'organisation de l'exploitation minière

L'organisation de l'exploitation minière révèle du point de vue normatif le choix de segmenter les différents instruments d'encadrement juridique. En plus, il y a une formulation des règles par niveau d'exploitation, faisant ressortir un souci d'adapter les règles à la matière exploitable et aux réalités, ce qui, de fait, influence l'exécution de l'exploitation.

1. L'approche sectorielle

À ce niveau, les options législatives quant à l'exploitation minière varient suivant les États. En France, les hydrocarbures sont régis par des textes particuliers, mais le code minier regorge de quelques dispositions qui traitent de cette matière[408]. En République démocratique du Congo, dès l'origine, les mines et les hydrocarbures, de régimes dissociables, étaient néanmoins l'objet de législation commune[409], et bien que le nouveau code minier renvoie les hydrocarbures à une législation particulière[410], on observe que non seulement ce code coexiste avec l'ordonnance-loi de 1981 sur les mines et les hydrocarbures[411], mais en plus, il contient des dispositions expressément applicables aux hydrocarbures[412].

Au Sénégal, il est clairement indiqué que le code minier s'applique à des matières autres que les hydrocarbures liquides ou gazeux et les eaux souterraines[413]. La même option est celle adoptée par le législateur camerounais où existent à la fois le code minier et des codes sectoriels.

L'organisation de l'exploitation minière est donc segmentée de sorte que des blocs soient érigés pour formuler des règles réellement adaptées à chaque

---

[407] « *Matériaux de construction ou minéraux industriels extraits par fouilles ou autrement, dans le but de fournir des matériaux destinés à la construction, au commerce ou à l'industrie* », art 2 de la loi n°2010/011.

[408] Art 60, 62, 104-2 du code minier français.

[409] Ordonnance loi n°67/231 du 3 mai 1967 portant législation générale sur les mines et les hydrocarbures, ordonnance loi n°81-013 du 02 avril 1981 portant législation générale sur les mines et les hydrocarbures.

[410] Art 2 du code minier de la RDC (loi n°007/2002 du 11 juillet 2002).

[411] Art 343 du code minier de la RDC.

[412] Art 220(a), 237 du code minier de la RDC.

[413] Art 1er de la loi n°88-06 du 26 août 1988 portant code minier de la République du Sénégal.

exploitation suivant la nature de la substance minérale. Le code minier apparaît comme la loi générale. Sa séparation d'avec les codes sectoriels n'est pas étanche, mais il indique que les mines qu'il régit ont vocation à être exploitées après autorisation ou permis et qu'elles sont des mines et carrières différentes des hydrocarbures liquides, gazeux et des schistes bitumeux[414]. Il existe des codes sectoriels contenant des dispositions particulières pour les substances dont le traitement n'est pas contenu dans le code minier. Dans leur exploitation, ces substances font toutes en principe l'objet de concessions[415]. Les textes y relatifs sont : le code gazier[416], le code pétrolier et la loi portant régime de l'eau. À cette segmentation s'ajoute celle relative à la nature de l'exploitation.

2. L'adaptation par la nature de l'exploitation

Les codes sectoriels ne font pas état de segmentation suivant la nature de l'exploitation, car ils n'admettent pas des méthodes d'exploitation rudimentaire, ce qui est d'ailleurs peu envisageable au vu de la complexité des projets de recherche et d'extraction.

A contrario, le code minier organise l'exploitation minière en faisant des distinctions suivant la nature de l'exploitation, qui est encore la capacité productive de l'exploitant. Cette organisation tourne alors autour de l'exploitation artisanale, de la petite mine et de celle industrielle.

- L'exploitation artisanale correspond, comme précédemment présenté, aux activités minérales effectuées par le moyen de méthodes et procédés manuels rudimentaires et peu mécanisés. Le régime de l'exploitation est ainsi tracé. Le titulaire de l'autorisation d'exploitation artisanale ne peut exercer son activité que sur une superficie de cent mètres sur cent mètres[417] ; il peut néanmoins obtenir au plus quatre permis sur des terrains contigus. La profondeur ne peut excéder 30 mètres et il ne peut utiliser de méthodes autres que celles artisanales, c'est-à-dire manuelles et peu mécanisées.
- L'exploitation de la petite mine est le niveau intermédiaire entre l'exploitation artisanale et celle industrielle. Elle est proche de l'artisanale parce qu'elle est également de petite taille, et qu'elle utilise des procédés semi-industriels, et donc dans une mesure peu mécanisés. Elle est proche de l'industrielle parce qu'elle est permanente[418], qu'elle utilise les règles de l'art et que les procédés d'exploitation industrielle

[414] Art 1er (3) du code minier.
[415] Infra.
[416] Auquel il faut rajouter la loi n°2011/025 du 14 décembre 2011 portant valorisation des gaz associés.
[417] Art 26 du code minier.
[418] L'exploitation artisanale est autorisée pour une durée de deux ans renouvelable, et celle industrielle pour une période de vingt-cinq ans renouvelable.

peuvent même être employés. Son caractère particulier réside dans ce qu'elle emprunte un peu de chaque type d'exploitation et que sa production annuelle sur décision administrative ne peut excéder un certain tonnage du produit commercialisable[419].

- L'exploitation industrielle et l'exploitation artisanale sont anciennes dans la mesure où elles sont reconnues et organisées au moins depuis 2001 alors que le régime de la petite mine ne devait apparaître qu'en 2010[420]. L'exploitation industrielle fait l'objet de titres miniers différents, sa durée est longue (25 ans) renouvelable et sa mise en œuvre est complexe. En effet, elle fait intervenir des opérations préalables telle l'étude d'impact environnemental. Le coût d'exploitation est lourd puisque l'exploitant procède par usine d'exploitation, il utilise en outre des procédés industriels pour mener ses activités minières.

L'organisation de l'exploitation minière fait donc apparaître une segmentation suivant la nature de l'exploitation avec des régimes variables par catégorie recensée. Il en est de même pour les substances de carrières, il est à observer qu'il y a dans leur exploitation une distinction entre carrière temporaire et carrière permanente[421]. Hormis les particularités, il est à observer une organisation de l'exploitation minière à partir du cadre juridique de l'exploitation minière.

Paragraphe II : Le cadre juridique de l'exploitation minière

L'organisation de l'exploitation minière est tributaire d'un cadre juridique dont la vocation est de légaliser et d'encadrer les actions entreprises par l'exploitant. Cette organisation ressort ici de la nature de la relation entre l'exploitant et l'État et de ses marges de manœuvre tirées de ce lien juridique. C'est d'ailleurs à l'intérieur de ce cadre juridique que les procédés techniques de l'exploitation sont encadrés, et les responsabilités déterminées. L'organisation la plus lourde de l'exploitation minière tient à la concession (A). D'autres formules par principe moins rigides existent, à savoir le permis (B).

A. La concession

Suivant la distinction substances concessibles / substances non concessibles, il est notamment apparu que les premières devraient être exploitées sur la base d'une concession[422]. Ce qui est à retenir dans la réalité est que les secondes sont exclues du champ de la concession et que les premières en offrent la possibilité,

---

[419] Art 2 de la loi n°2010/011, *op.cit.*

[420] Supra.

[421] Art 53(3) du code minier.

[422] INERIS, Extrait du guide méthodologique d'élaboration des plans de prévention des risques miniers, *op.cit.*

et pas l'obligation absolue[423]. Néanmoins, c'est dans l'énumération des substances concessibles que se trouvent celles devant être exploitées par voie de concession.

1. Les domaines de la concession

Par domaine, il faut se référer ici aux substances minérales qui sont exploitées dans le cadre d'une concession. D'emblée, les substances de carrières sont à exclure du champ de la concession[424]. Les substances exploitables par voie de concession sont essentiellement les hydrocarbures liquides ou gazeux et l'eau.

S'agissant des hydrocarbures liquides, l'exploitation consiste à extraire les hydrocarbures à des fins commerciales, ainsi qu'à exercer les activités connexes[425]. Elle est réglée dans le cadre d'une concession d'exploitation d'hydrocarbures. Cependant, au lieu de la concession (la convention minière concerne l'extraction, tandis que la concession est le régime des opérations post-extraction). L'exploitation peut se faire sur la base d'une autorisation exclusive d'exploitation[426], mais le lien contractuel reste de mise.

Dans le domaine des hydrocarbures gazeux, l'exploitation est également organisée autour de la concession. Ce contrat habilite l'exploitant à exercer l'activité minière dans une zone donnée et pour une durée déterminée sur la base de dispositions réglementaires et de stipulations contractuelles[427]. En réalité, le transport et la distribution relèvent du régime de la concession[428], tandis que la transformation, le stockage, l'importation et l'exportation sont régis par la licence[429]. La vente de gaz, l'importation et l'installation de matériel et matériaux destinés à la mise en réseaux de transport et de distribution de gaz, des centres de stockage de gaz et appareils de mesure et de sécurité, relèvent du régime de l'autorisation[430]. Elle est donnée par le Ministre ou par tout établissement public mandaté à cet effet. Il demeure que la licence et l'autorisation touchent aux aspects secondaires, alors que la concession concerne les éléments principaux et essentiels de l'exploitation du gaz.

---

423 Surtout que cette distinction est d'abord fonction de la nature du matériau.

424 Supra.

425 Telle l'organisation de l'abandon des puits et des gisements d'hydrocarbures.

426 Art 36 du code pétrolier.

427 Avec le code gazier de 2012, l'autorité de l'administration est renforcée, car il revient au ministre chargé du secteur gazier aval de fixer les clauses types que doit contenir le contrat de concession (notamment : révision, renouvellement, droits et obligations…). Le contrat de concession comporte également certaines stipulations relatives à la suspension, au retrait, et aux modalités de règlements des litiges. Avant, le code gazier de 2002 (art. 9) instituait plutôt un cahier des charges. Cette disposition est désormais abrogée. Pour les dispositions nouvelles, v. art 13 du code gazier de 2012.

428 *Idem*, art 8-12 de l'ancien code remplacé par les articles 12-17.

429 Acte unilatéral pris par le ministre chargé des hydrocarbures ; *ibid.*, art 19 (ancien art. 14).

430 *Ibid.*, art 25 (ancien art 21).

Le domaine de l'eau, comme celui du gaz, fait l'objet d'une exploitation susceptible de s'accommoder de divers régimes juridiques. L'article 2 de la loi portant régime de l'eau dispose qu'il s'agit d'un patrimoine commun de la nation dont l'État assure la protection et la gestion et facilite aussi l'accès à tous. Il s'en tire admission de la gestion en régie ou par celle de l'établissement public telle que cela a eu lieu pendant longtemps. Si cette disposition donne la possibilité de transférer cette gestion aux collectivités territoriales décentralisées, le champ choisi est celui de la concession et de l'affermage que le législateur a également prévu[431]. Il est ainsi établi un contrat de concession entre l'État du Cameroun et la CAMWATER et un contrat d'affermage avec la Camerounaise Des Eaux. Toutefois, à partir des modes d'exploitation des variétés d'eaux[432], la concession, mode principal, côtoie d'autres tel le régime de l'autorisation qui concerne l'embouteillage des eaux minérales[433].

2. Le régime de la concession

Par la concession de substances minérales, l'organisation de la gestion n'est que partiellement sous maîtrise étatique, les interventions opérationnelles et stratégiques relèvent du concessionnaire. Aussi ce dernier offre-t-il d'exploiter le gisement pendant une durée déterminée, sa rémunération étant liée aux résultats de l'exploitation[434] ; le régime patrimonial des substances minérales fait que cette concession s'apparente à la concession domaniale[435].

Le concessionnaire bénéficie d'un contrat auquel est annexé un cahier des charges. Ce contrat fixe au surplus de la législation ses conditions de suspension, de retrait, ainsi que les modalités de règlement des litiges. La concession est octroyée en fonction des capacités financières du demandeur[436]. En ce qui concerne le pétrole, le contrat peut être un contrat de concession ou un contrat de partage de production.

Le contrat de partage de production est celui par lequel le titulaire reçoit une rémunération en nature en disposant d'une part de la production[437]. Le contrat de concession est conclu préalablement à l'octroi du permis de recherche ; il fixe les droits et obligations des parties tant durant la recherche que pour l'exploitation en cas de découverte de gisement. Quelle que soit la nature du

---

[431] Art 2(3) de la loi portant régime de l'eau.

[432] On distingue les eaux de surface, les eaux souterraines, les eaux de source et les eaux minérales.

[433] V. par ex. : Autorisation n°0016/MINIMIDT/CAB du 24 février 2005 pour la marque Semme, ou encore, Autorisation par décret n°84/1110 du 27 août 1984 pour la marque Supermont.

[434] LIET-VEAUX (G), « *Identification de la concession de service public* », rev.adm, 1968, p.715.

[435] ABANE ENGOLO (P.E), « Le contentieux des contrats de concession des services publics », séminaire sur le contentieux des contrats administratifs, Kribi, 29 novembre 2011, PAJ, p.4.

[436] Art 14 du code gazier (il s'agit de l'ancien art. 10 qui a été intégralement repris).

[437] Art 2 (h) du code pétrolier.

lien, le titulaire de l'autorisation de recherche, tout comme l'exploitant, jouit d'un droit exclusif[438]. La durée initiale de l'autorisation d'exploitation ne peut excéder vingt-cinq ans pour les hydrocarbures liquides et trente-cinq ans pour les hydrocarbures gazeux[439]. L'exploitation en concession est renouvelable.

La question de la concession n'est pas nouvelle. Le dispositif législatif et réglementaire s'étant graduellement mis en place, l'exploration et l'exploitation des hydrocarbures engagées depuis les années 80 au Cameroun se sont d'abord effectuées dans un amateurisme et dans une situation de balbutiement et d'incertitude juridiques. Bien avant ces textes, les opérations liées à la valorisation de nos ressources pétrolières sont menées depuis l'origine par des firmes étrangères privées avec la participation de la SNH et le ministère chargé des mines. Seulement, depuis cette période, les Camerounais, certes intéressés, ne disposent pas de firmes pouvant opérer à la manière de Total, Addax, British Petrolium, Perenco, Esso, Elf. Ceci justifie la situation actuelle de la concession, largement accordée aux firmes étrangères.

Dans ces contrats de concession, l'État jouit d'importants bénéfices. D'ailleurs, la présence du pétrole au Cameroun, et des autres ressources minières a très tôt ouvert le débat du partage, de la rentabilisation et de la gestion des revenus miniers. S'agissant du pétrole, certaines critiques sont émises à l'endroit de l'État du Cameroun, probablement parce que leurs auteurs n'ont pas la parfaite maîtrise des opérations liées à l'exploration et à l'exploitation de cette mine liquide.

Il faut dire que, relativement aux bénéfices de l'exploitant (et en prenant en compte les coûts d'investissement) du pétrole, la part attribuée au Cameroun s'apprécie après un cycle complet d'opérations allant de l'exploration à la commercialisation dans un marché international aux incertitudes et aux aléas connus. Le processus est donc complexe. Une étude menée par des chercheurs sur la question des revenus miniers[440] montre la complexité du problème. Elle s'est appesantie sur le recensement des diverses taxes et redevances prélevées de l'activité minière (mine liquide-mine solide), et elle en a déterminé les avantages, les inconvénients, les diverses formes et les montants dans un échantillon représentatif de pays.

Il en résulte que :

- les ressources géologiques et minières diffèrent d'un pays à l'autre ;
- les circonstances géologiques, économiques, sociales et politiques de chaque État sont uniques ;

[438] *Ibid.*, art 27.
[439] *Ibid.*, art 38.
[440] V. JAMES OTTO et autres, *Mining royalties*, the World Bank, 2006, 296p.

- la réponse à la question principale sur le caractère bon ou mauvais de la redevance dépend de la situation dans laquelle chaque partie se trouve, des projets économiques, et du point de vue personnel ;
- la question de la transparence attire de plus en plus l'attention ;
- l'approche pour une solution unique applicable à tous les États en matière de redevance n'est pas possible, les systèmes fiscaux des États étant loin d'être identiques ou semblables.

La concession génératrice de fonds est donc au centre de la controverse économique. Cette technique juridique d'organisation de l'exploitation diffère sur plus d'un point du permis d'exploiter octroyé pour les substances minérales solides.

B. Le permis d'exploiter

L'organisation de l'exploitation minière est également faite autour du permis d'exploiter qui est désigné sous des appellations variantes suivant les cas. Il est préalable d'en donner le champ d'application.

1. Le champ d'application

Le régime de la concession tend à ne s'appliquer que pour les hydrocarbures liquides ou gazeux et l'exploitation des eaux. Il est alors admissible que pour les substances minérales l'exploitation soit conditionnée par une tout autre modalité l'autorisant, à savoir le permis d'exploiter.

Pour les substances non concessibles, l'exploitation se fait sur la base d'un permis d'exploiter. Il est en effet disposé que les substances de carrières[441] ne peuvent être exploitées par la seule volonté d'un particulier, même s'il est le propriétaire légal du sol. L'exploitation est assujettie à l'obtention d'un permis d'exploiter. Il prend deux formes :

- l'autorisation d'exploitation de carrières pour les carrières temporaires ;
- le permis d'exploitation de carrières pour les carrières permanentes.

Ce sont des actes administratifs unilatéraux délivrés par le ministre chargé des mines[442]. Toutefois, quand le propriétaire du sol veut effectuer une exploitation à des fins exclusivement domestiques, il adresse simplement une déclaration auprès du délégué régional[443] qui est l'autorité territorialement

---

[441] « *Matériaux de construction ou minéraux industriels extraits par fouilles ou autrement, dans le but de fournir des matériaux destinés à la construction, au commerce, à l'industrie ou à la fabrication* ». « *A l'exception des calcaires, des phosphates, des nitrates, des sels alcalins et autres sels associés dans les mêmes gisements* ».

[442] Art 54(1) du code minier.

[443] *Ibid.*, Art 54 (2).

compétente chargée des mines. L'autorisation et le permis sont respectivement accordés pour deux et cinq ans.

Hormis les hydrocarbures et les eaux, les substances minérales, pour la plupart solides, sont exploitées sur permis d'exploiter.

Pour l'exploitation artisanale, elle prend la forme de l'autorisation d'exploitation artisanale. Elle est accordée par le délégué régional des mines[444] tout comme les permis d'exploitation de carrières. L'autorisation d'exploitation artisanale est établie sans convention minière.

Les deux derniers permis d'exploiter sont le permis d'exploitation de la petite mine relatif aux exploitations de petite taille à la production limitée, et le permis d'exploitation pour les exploitations entièrement industrielles concernant les mines solides.

2. Les modalités de l'exploitation sur permis

Dans l'exploitation concédée, l'exploitant est dans une relation contractuelle dans laquelle certaines de ses obligations sont négociées et pour laquelle la durée de la relation est, pour la phase initiale, de vingt-cinq ans.

Par contre, sur permis d'exploiter, les délais sont plus fluctuants avec tout de même le permis d'exploitation qui peut être accordé pour une durée de vingt-cinq ans. Il en est de même pour le permis d'exploitation de la petite mine qui suit le même régime.

L'exploitation sur permis est proche de la concession parce qu'elle permet à son bénéficiaire d'exploiter de manière exclusive, et dans ce cadre, il doit toujours se conformer à la réglementation sur l'environnement. Il a le droit de procéder aux installations nécessaires pour l'extraction et le traitement. De même, il a le droit de mener toute autre action appropriée pour la réalisation des opérations d'exploitation.

Dans le cadre de l'exploitation artisanale et de l'exploitation des substances de carrières, il y a rigidité, car le permis d'exploiter est strictement accordé de manière unilatérale évoquant un contrat d'adhésion. Par contre, pour l'exploitation de la petite mine et l'exploitation industrielle, autant le permis est un acte unilatéral, autant il se greffe à un lien bilatéral préexistant. Négocié entre le bénéficiaire et l'État, ce lien est incarné par la convention minière. En effet, dès que le gisement est connu, le titulaire du permis de recherche conclut avec l'État, une convention minière[445]. Parmi ses stipulations se trouvent l'étude de faisabilité et la définition des phases de construction de la mine et de production commerciale. La loi de 2010 ajoute qu'elle doit inclure qu'au moins

[444] Supra.
[445] Art 16 de la loi n°2010/011, *op.cit.*

quinze pour cent de la production sera consacrée à la transformation locale[446]. La convention minière est conclue avant l'octroi du permis et prend effet à la date d'attribution du permis[447]. En sus de ces considérations, il est de plus en plus requis de recourir à la certification minière (Section III).

SECTION III : LA CERTIFICATION MINIÈRE

L'appréhension de la certification procède même de la signification de cette expression. Elle procède successivement du processus d'un titre d'une part, et du processus d'obtention dudit titre ou d'une certaine reconnaissance d'autre part. Au Cameroun, la matière minière est sujette à certification. Il s'agit de s'intéresser d'abord au cadre de cette certification (paragraphe I) et ensuite, à l'exemple précis de l'ITIE (paragraphe II).

Paragraphe I : Le cadre de la certification minière au Cameroun

De manière générale, la certification se déploie dans l'objectif (A) qui est recherché et par la méthode rentrant dans le processus et la finalisation de la certification (B).

A. L'objectif

À travers la certification, il est recherché la connaissance d'un processus, d'une opération, afin de la rendre viable. L'objectif est dual, car il s'agit, en ce qui concerne la mine, d'en maîtriser l'exploitation, et par-devers tout de lutter contre les finalités illicites.

1. La maîtrise de l'exploitation

Il est des opérateurs ou encore des actions dont la délicatesse, voire l'importance conduit à un surplus d'intérêt. C'est dans ces situations que la certification peut être requise.

Dans le panorama international, la certification a fait l'objet de vives contestations et controverses, mais également d'une brutale mise en avant à l'occasion de la crise ivoirienne. Dans cet état, il s'est posé le problème de l'opposition brutale entre les deux grandes fractions aspirant à la magistrature suprême. L'effet en a été que les institutions classiques en charge des opérations électorales souffraient de discrédit.

La défiance davantage exprimée pour l'opposition menée par Monsieur Ouattara a conduit à une option contestable aux yeux des souverainistes, mais valable au regard de l'adhésion des parties prenantes, et donc de l'État ivoirien à ce dernier. L'option a été de confier l'ultime niveau de la validation de

---

[446] *Ibid.*

[447] Art 47 du code minier.

l'élection présidentielle à un organisme relevant de l'ONU. Celui-ci avait pour mission de certifier les élections.

Il est dès lors visible que le recours à la certification peut concentrer plusieurs domaines. Il l'est aussi que ce recours n'est pas fait pour les actes, les opérations de moindre mesure. Il est enfin fait allusion à une intervention souvent extérieure à l'État dans la certification.

En fait, à travers la certification, ce qui tient lieu d'objectif central est la maîtrise d'un processus, quel qu'il soit.

Cela pourrait être résumé par : faire connaître, faire valoir, reconnaître. C'est dans ce schéma que se situe la certification minière. Il y est fait recours pour d'abord cercler l'ensemble des opérations qui rentrent dans l'exploitation minière. C'est ainsi que de la prospection, de la recherche de l'exploration à l'extraction jusqu'à la commercialisation, il est requis d'y avoir une certaine maîtrise.

Ensuite, le crédit est donné aux produits miniers en provenance d'un État dont l'exploitation minière connaît une certification. Enfin, et cela en est la suite logique, la certification permet la lutte contre les finalités illicites.

2. La lutte contre les finalités illicites

La substance minière est au centre de plusieurs enjeux. Le plus évident de ces enjeux est celui économique dans le sens strict[448]. L'enjeu social est pourtant plus que présent. En fait, même dans l'attrait économique, l'aboutissement devrait être l'amélioration des conditions de vie des populations. En sus de cela, l'eau, substance naturelle qui est incorporée aux matières minières, est indispensable pour les populations[449]. D'après la loi, l'eau est un bien du patrimoine commun de la nation[450]. Il est donc nécessaire que les populations aient accès à l'eau. La législation camerounaise a sur ce point identifié quatre grandes « catégories » d'eaux[451] à savoir :

- les eaux de surface ;
- les eaux souterraines ;
- les eaux de source ;
- les eaux minérales.

Les deux dernières catégories sont particulièrement intéressantes parce que ce sont elles qui connaissent souvent l'action commerciale. Embouteillées, pouvant subir quelques traitements, ces eaux sont alors destinées à la vente,

[448] Supra.
[449] Cf. loi n°98-005 du 14 avril 1998 portant régime de l'eau.
[450] Art 2(1).
[451] Art 3.

parfois à l'extérieur du triangle national. Il serait dangereux pour cette ressource de la mettre sur le marché sans contrôle.

Il en ressort que l'ensemble des substances minières et minérales attise bon nombre de convoitises, les effets d'une exploitation non contrôlée peuvent être désastreux et la quête de l'intérêt général repérée dans la mise en valeur de la mine fonde la certification.

L'exploitation publique aux fins d'enrichissement personnel, l'exploitation privée en marge de la légalité, le non-respect des standards environnementaux, l'utilisation des ressources et des revenus miniers pour par exemple acquérir des armes sont, parmi d'autres, autant de finalités de nature illicite que la certification a pour objectif de combattre. Les méthodes de la certification complètent la compréhension générale de ce processus.

B. La méthode de la certification

Par méthode, il faut entendre l'ensemble des procédés raisonnés pour faire une chose[452]. C'est donc une démarche rationnelle pour arriver à un résultat. La méthode met en avant une procédure, une technique, mais aussi certains éléments qui peuvent apparaître à certains égards comme les résultats de l'application des procédures convoquées.

Il y a donc simultanément la manière de faire, les éléments utilisés, mais aussi les organismes interpellés dans la constitution d'une méthode. L'exemple peut être pris dans la certification d'urbanisme. En prenant le cas du certificat de conformité qui est justement requis par le législateur camerounais, il s'agit d'un contrôle de la fidélité entre l'opération réalisée et le permis de construire ou d'implanter délivré. Le certificat est en lui-même un titre, un acte et l'autorité qui le délivre est le maire[453].

En droit privé, la certification est un procédé usuel. Il y a certification en matière de chèque notamment et aussi certification de produits et de services. Pour ce dernier cas, il est question de « la délivrance par un tiers indépendant, accrédité par l'autorité publique d'une attestation de conformité des biens commerciaux à un référentiel qualité. Cette attestation peut être répercutée sur l'étiquetage du produit ou la présentation du service sous forme d'un signe distinctif »[454].

Il apparaît donc que la certification est une intervention destinée à labelliser un produit ou un service. Pour y prétendre et bénéficier de la reconnaissance des

---

452 LAROUSSE, *Le petit Larousse illustré*, 2007, p.686.

453 Art 101, 104, 107 et 121 de la loi n°2004/003 du 21 avril 2004 régissant l'urbanisme au Cameroun.

454 GUINCHARD (S), DEBARD (T), (S.D), *Lexique des termes juridiques*, 19e ed., Dalloz, 2012, p.140.

produits certifiés, il faut répondre à certaines normes. C'est dans ce sens qu'intervient l'Organisation internationale de normalisation (ISO).

L'ISO établit et publie des normes internationales, mais elle ne certifie pas, laissant cette tâche aux organismes de certification agréés. La prise en compte des normes internationales contribue à la garantie des produits et services. Ce procédé leur accorde une fiabilité et une garantie de bonne qualité. Ceci permet l'ouverture des marchés internationaux, l'éradication de dangers et effets pervers[455] et la confiance des consommateurs.

La certification professionnelle existe aussi. Elle est la reconnaissance par une autorité d'une qualification ou d'un savoir-faire dans un domaine professionnel défini. Sans forcément aboutir à l'octroi d'un diplôme, elle peut donner lieu à l'octroi d'un titre professionnel homologué.

Ainsi, la certification, dans tous les domaines, labellise un produit, un service. Les produits de l'exploitation minière dont les coûts de production et d'acquisition sont souvent élevés attisent de nombreuses convoitises. Ce qui justifie le recours à la certification minière. Le Cameroun a adhéré à un tel processus pour mieux viabiliser sa production minière en intégrant l'ITIE.

Paragraphe II : L'exemple de l'ITIE

L'ITIE ou Initiative pour la transparence des industries extractives[456] intervient en matière de certification de l'exploitation minière. Cet organisme international qui s'est imposé et qui permet de conjurer la malédiction des ressources comme c'est souvent décrié pour le cas de la RDC, se déploie au Cameroun. Après une présentation de l'ITIE (A), il sera question de s'intéresser à l'introduction du Cameroun dans cette initiative (B).

A. Présentation de l'ITIE

Encore appelée « l'initiative », l'ITIE, par ses fondement et origine, est une instance qui, par ses aspects formels et matériels, participe à la certification de l'exploitation minière.

1. Fondement et origine de l'ITIE

De nombreux éléments lointains pour les uns et proches pour les autres permettent de tirer les sources fondatrices des initiatives telle l'ITIE.

L'affaire Bokassa impliquant Giscard d'Estaing doit être prise en compte. En avril 1973, Monsieur Giscard d'Estaing, alors ministre des Finances de la

---

455 C'est ainsi que les exploitations minières aux fins de subvenir aux efforts de guerre des groupes terroristes sont ici combattues. Sur divers aspects de l'action de l'organisation internationale de la normalisation, voir : ISOFOUS, 37e assemblée générale de l'ISO-risques cachés.

456 En anglais EITI : Extractive Industries Transparency Initiative.

République française, et donc tuteur de l'administration des douanes, reçoit une plaquette de diamant de la part du président Bokassa. Le journal « le Canard Enchaîné » révèle alors en 1979, le 10 octobre, après la chute de Bokassa que Giscard d'Estaing a bénéficié de ce cadeau et qu'il n'avait pas déclaré ce diamant à l'administration des douanes (seul le Président, ce que Giscard n'était pas encore en 1979, était exonéré d'une telle formalité)[457].

La valeur globale de la plaquette est estimée à environ 150 000 euros. Les diamants n'ont pas été déclarés et plusieurs autres hauts responsables ont reçu des présents de même nature[458].

L'exposé de cette affaire Bokassa permet de se rendre compte que les ressources minières de plus précieuses font l'objet de dons occultes, sans traces, dont les conséquences sont lourdes. À part l'enrichissement sans cause[459] des bénéficiaires de tels dons, la contrepartie est le maintien de despotes au pouvoir. Et l'effet, le plus néfaste consiste en l'appauvrissement des États « donateurs », ce qui rend impérative la visibilité du circuit minier.

Plus illustrative est l'affaire Charles Taylor. Cet ancien président libérien est jugé au tribunal de La Haye pour crime contre l'humanité et crime de guerre parce qu'il est accusé d'avoir soutenu un groupe de rebelles sierra-léonais en leur offrant des armes et de l'entraînement en échange de diamants. D'ailleurs, le top model Naomi Campbell (malgré qu'elle se soit dédite après) a affirmé avoir reçu de la part de cet ancien président trois diamants bruts. Il faut rappeler que la guerre civile en Sierra Leone a fait près de 120 000 morts entre 1991 et 2001[460].

L'Angola, la Côte d'Ivoire, la République centrafricaine, la RDC, la République du Congo[461] et le Zimbabwe pour ne citer que ces États sont tous indexés comme ayant bénéficié ou subi le phénomène de diamants des conflits ou diamants du sang. À l'évidence, l'absence de contrôle de l'industrie minière peut avoir de lourdes conséquences. L'ITIE fait partie de ces initiatives visant à juguler ce genre d'affaires.

L'ITIE est une norme mondiale pour la transparence dans les industries extractives. Il s'avère que dans de nombreux pays, les recettes provenant de la production pétrolière, gazière et minière s'associent le plus souvent à la

---

457 Le Canard Enchaîné, 10 octobre 1979, le comptoir national de diamant : « veuillez remettre à madame Dimitri, secrétaire à la présidence de la République une plaquette de 30 carats environ destinée à Monsieur Giscard d'Estaing, ministre des Finances de la République française ». Signé Général Jean Bebel Bokassa, président de la République de Centrafrique.

458 www.lecanardenchaîné.org. Consulté le mercredi 08 janvier 2014.

459 Art 1371, C. Civ.

460 Le Figaro.fr, consulté le 08 janvier 2014 ; Le monde.fr, *ibid.*

461 Elle a été exclue du processus de Kimberley en 2004 parce qu'elle exportait de grandes quantités de diamant dont elle ne parvenait pas à déterminer l'origine. Elle fut à nouveau admise à ce processus en 2007.

pauvreté et aux conflits dans ces pays. Ceci conduit au paradoxe de l'abondance, car des pays au sous-sol riche sont dans un grand état de pauvreté ou d'instabilité.

De nombreuses accusations portées contre les pays riches et les sociétés bancaires occidentales ont conduit vers le début des années 2000 à des campagnes de dénonciation sous la bannière « publier ce que vous payez ». L'obligation de rendre compte dans l'exploitation minière a amené la communauté internationale[462] par la voix de Tony Blair a lancé l'initiative pour la transparence dans les industries extractives « comme un des moyens pour contribuer au développement durable et à la réduction de la pauvreté...en complément aux autres efforts d'amélioration de la gouvernance ». Cette logique est le catalyseur des aspects formels et matériels de l'ITIE.

2. Les aspects formels et matériels de l'ITIE

L'Initiative pour la transparence des industries extractives est d'envergure mondiale. La gouvernance qu'elle implémente se formalise par la vérification et la publication des paiements effectués à l'occasion de l'exploitation des ressources minières. Elle permet une sorte d'affichage de toutes les recettes publiques provenant de l'exploitation du pétrole, du gaz et des mines solides. L'initiative est faite de mécanismes :

- la publication régulière de données crédibles des versements effectués aux gouvernements par les entreprises extractives ;
- la comparaison entre les versements déclarés par les entreprises et les recettes présentées par ces gouvernements ;
- l'intégration des sources indépendantes dans la validation des recettes déclarées ;
- Le développement d'un mécanisme de surveillance faisant appel aux sociétés extractives, aux gouvernements et à la société civile.

L'ITIE, telle que décrite lors du sommet de Johannesburg, accompagne d'autres efforts destinés à accroître la transparence budgétaire des États[463]. Elle renforce le droit des citoyens de demander des comptes à leurs gouvernants. L'initiative postule donc le contrôle, la réédition des comptes, et à terme, le développement et la réduction de la pauvreté. Un effet en Afrique est la résorption des crises sécuritaires et alimentaires.

Pour adhérer à l'ITIE, le pays se trouve dans l'obligation de satisfaire à un certain nombre de critères[464]. Ces derniers, remplis, conduisent au statut de pays

---

[462] Sommet mondial sur l'environnement et le développement durable de Johannesburg en 2002.
[463] À l'exemple de la programmation budgétaire, des ajustements et du processus de Kimberley.
[464] Infra.

conforme. *In globo,* les pays membres mettent sur pied des structures nationales devant garantir le suivi des impératifs de l'ITIE.

Pour autant, il existe une administration centrale de l'ITIE, elle est composée d'un conseil d'administration et d'un secrétariat international ; le conseil d'administration est composé de 20 personnes. Le secrétariat international basé à Oslo, capitale de la Norvège, apporte son soutien au conseil d'administration et représente le premier point de contact pour les organisations impliquées dans l'ITIE ou que l'initiative intéresse[465]. Le Cameroun est aujourd'hui pays conforme de l'ITIE.

B. Le Cameroun dans l'ITIE

L'État camerounais, dans le but de rentabiliser et de clarifier son exploitation minière, s'est inscrit dans l'initiative. Il revient d'indiquer son entrée dans l'ITIE et l'impact de celle-ci.

1. L'entrée dans l'ITIE

Il a fallu passer par les différentes phases classiques pour que le Cameroun soit dans l'ITIE.

Au départ, l'État camerounais a dû manifester son intérêt d'adhérer aux principes de l'ITIE et passer par deux phases. Sur la première phase, les critères ou indicateurs pour être considéré comme « pays candidat » ont été remplis. Il s'agit de :

- l'émission d'une déclaration publique et catégorique de son intention de mettre en œuvre l'ITIE ;
- l'engagement à collaborer activement avec la société civile et les entreprises extractives à la mise en œuvre de l'ITIE ;
- la nomination d'un haut responsable pour diriger la mise en œuvre de l'ITIE ;
- la publication d'un plan de travail assorti d'objectifs mesurables et d'un calendrier de mise en œuvre convenu par les parties prenantes.

Il est disposé que le statut de pays candidat acquis, ce pays dispose de deux ans pour remplir vingt autres critères de la seconde phase. Cette dernière phase dite phase de validation permet à l'État d'acquérir le statut de pays conforme[466]. Et par la suite, le pays candidat devenu pays conforme est pleinement intégré à l'ITIE.

---

[465] DE SCHRYVER (AP), OHNSON (J) et autres, « Guide ITIE à l'attention des législateurs : comment soutenir et renforcer la transparence des ressources » ; doc electro, p.17.

[466] Au cas où les vingt critères ne sont pas remplis pendant les deux ans, le pays candidat peut bénéficier d'une prorogation accordée par le conseil d'administration.

De manière générale, il revient au pays candidat de mettre sur pied un comité de direction multi actionnaire comme structure de gouvernance comportant l'État, la société civile et les entreprises extractives. L'ITIE exige au minimum que le Gouvernement nomme un haut fonctionnaire chargé de la mise en œuvre de l'ITIE. L'ensemble de ce processus a été suivi par le Cameroun.

De manière concrète, le Cameroun en tant que pays candidat, a mis sur pied un comité de l'initiative. Il a par la suite produit un rapport sur son activité extractive. Pour devenir pays conforme, le validateur a expertisé les chiffres et il s'est dégagé un écart en valeur relative de 0,007% entre les chiffres déclarés par l'État et les sociétés privées. La norme étant de ne pas dépasser 1%, le Cameroun répondait à ce niveau à cette obligation[467].

Les vingt critères en sus pour devenir pays conforme ont été remplis. Aussi, un communiqué en date du 17 octobre 2013 a été rendu public par le ministre des Finances. En sa qualité de président du comité de l'initiative pour la transparence des industries extractives au Cameroun, il informait le public que le conseil d'administration de l'ITIE a déclaré le Cameroun « pays conforme » le 17 octobre 2013 lors de sa 25e session tenue à Abidjan en Côte d'Ivoire[468].

2. L'impact de l'ITIE

De manière directe, l'impact de l'entrée dans l'ITIE est celui même du maintien du Cameroun comme pays conforme. En termes de précision, c'est en 2005 que le Cameroun adhère à l'ITIE. Devenant pays candidat, il lui fallait obtenir le statut de pays conforme. Cela n'a pas été facile. À preuve, à l'occasion de l'avant dernier examen de passage, le Cameroun avait été recalé pour non-validation de quatre critères sur les vingt.

Il n'est donc pas facile d'être pleinement intégré à l'initiative. Ainsi, il ne devrait pas l'être non plus pour y être maintenu. C'est d'ailleurs le cas puisqu'il est demandé au pays conforme de conserver et de consolider les performances qui ont conduit à son admission dans ce cercle fermé.

Des obligations sont dès lors imposées au Cameroun. Il devra par exemple déposer le rapport ITIE au plus tard le 1er juillet 2014. Surtout, la production d'un rapport chaque année est requise. De surcroît, après un délai de trois ans, l'examen de passage est renouvelé. Il pèse d'ailleurs une menace. Celle de la radiation de l'ITIE en cas de déclin de la conformité[469].

Il s'avère dès lors que l'ITIE est une initiative exigeante imposant au Cameroun de répondre aux standards internationaux dans l'industrie extractive.

---

[467] *Diapason*, journal hebdomadaire, n°195 du 20 août 2013, p.6.

[468] *Cameroon tribune*, journal quotidien, 18 octobre 2013, p.17.

[469] Cf. investiaucameroun.com/mines : Cameroun : les nouveaux défis à relever après l'accès au statut de pays conforme à l'ITIE, 25 octobre 2013 ; consulté le 07 janvier 2014.

Les avantages sont nombreux, tous les paiements versés par les entreprises au gouvernement camerounais au titre de l'exploitation pétrolière, gazière et minière sont publiés et diffusés. De même, toutes les recettes de ces entreprises connaissent le même parcours. Des audits indépendants sont effectués. Les paiements et les recettes sont rapprochés.

Bref, la transparence est de mise grâce à l'ITIE. Cette transparence valorise l'État, en fait un État moderne qui est respectueux des droits de l'Homme et qui s'active à l'avantage de l'intérêt général. Ces éléments sont des atouts susceptibles d'attirer davantage les investisseurs.

CONCLUSION DE LA PARTIE

L'exploitation minière est au Cameroun formée autour de la prescription constitutionnelle d'après laquelle l'État doit exploiter les richesses naturelles pour assurer le bien-être de tous sans discrimination. Ainsi donc, l'obligation de mise en valeur est relevée, elle incombe à l'État et les destinataires sont les populations qui doivent par là voir leur niveau de vie amélioré. L'organisation de l'activité minière est dès lors une sujétion pesant sur la puissance publique, ce qui fait que ce droit est fondé et régi par le principe de l'intérêt général, et que les mines sont de principe la propriété de l'État.

L'encadrement juridique de l'exploitation minière est des plus codifiés. Non seulement ses sources positives sont de nature diverse, mais en plus, la législation nationale est plutôt poussée dans ce secteur. Des codes, des lois connexes, aux actes réglementaires et bilatéraux, la réglementation minière au Cameroun est dans sa logique orientée vers le libéralisme, où la liberté du commerce et de l'industrie est affirmée.

Le droit minier camerounais, reflet de l'encadrement juridique de l'activité minière, se distingue de celui de la France. C'est le cas pour la notion et le régime des substances concessibles. Au Cameroun, la distinction est prioritairement fondée sur la nature des matériaux, encore que le législateur a, en 2001, omis certainement à dessein de reprendre cette terminologie consacrée en 1964, même si le régime de la distinction demeure. En France, au-delà de la nature des substances, il apparaît à partir de l'article 59 et des dispositions suivantes du code minier que les substances concessibles sont effectivement exploitées par voie de concession. Le permis d'exploitation n'y est que provisoire en attendant qu'il soit statué sur la demande de concession, même pour les mines solides. Il en va autrement au Cameroun.

Les droits miniers font ressortir un ensemble de prérogatives et d'obligations, mais également des liens juridiques entre les différentes parties intervenant dans l'encadrement comme dans la mise en valeur des mines. De ces éléments peuvent naître des conflits dont les litiges relèvent du contentieux minier (deuxième partie).

De leur règlement par le droit substantiel et par leur possible contribution à son édification, le contentieux minier permet l'enrichissement et l'appréhension complète de l'encadrement juridique de l'exploitation minière au Cameroun.

DEUXIÈME PARTIE

LE CONTENTIEUX MINIER AU CAMEROUN

L'exploitation minière met en exergue les activités minières telles qu'encadrées par la législation. De nombreuses sources de normalisation s'y superposent. Certaines sont d'origine purement internationale[470], d'autres sont communautaires et les dernières sont d'origine nationale. Ces textes font du droit minier non seulement un droit de droits[471] très composites, mais homogènes, mais ils démontrent aussi l'intérêt porté à ce secteur.

Le texte constitutionnel camerounais, dès son préambule, indique l'intérêt général que le secteur minier représente. L'État est tenu de développer les richesses naturelles pour satisfaire les besoins des populations sans aucune discrimination[472]. L'obligation ainsi posée concerne les ressources minérales qui font bien partie des richesses naturelles. L'intérêt ici porté naît de la prise en compte du potentiel de l'exploitation minière dont les retombées ne sont pas négligeables dans l'optique « de l'amélioration du niveau de vie des populations »[473] et donc de l'utilité pour l'État.

Cette posture logique est, par ailleurs, universelle au regard des politiques et législations minières des États, quelle que soit l'option de politique économique. Au niveau africain, la matérialisation, quoique davantage instrumentale, s'est faite par la conception d'une « vision du régime minier de l'Afrique ». Des études et des constatations ont amené l'Union africaine à proclamer l' « *exploitation des ressources naturelles : clé du développement de l'Afrique* »[474] ; tout en insistant sur ce que le secteur minier est un instrument historique de progrès en Afrique[475].

L'intérêt de l'activité minière n'est donc pas à remettre en question. La masse d'informations aujourd'hui disponibles illustre à suffisance la dynamique minière. Ce qui transparaît est le logique effet. Les nombreux intérêts économiques sont des sources de tensions à cause justement des conflits d'intérêts. Entre l'État intéressé, les populations ultimes bénéficiaires et les opérateurs du secteur minier notamment, le droit a tracé des balises et les jalons indiquant aux uns et aux autres les prérogatives et les sujétions : ce sont les droits miniers. Les enjeux et les contestations de l'état du droit sont pourtant importants, à telle enseigne qu'immanquablement, « autour et dans la ruche ou mieux, de la mine, les contentieux sont inévitables ». Suivant une étude réalisée

---

470 À l'exemple de la législation relevant du processus de Kimberley.

471 Car ils portent création d'un ensemble de droits et obligations constituant le régime juridique de l'activité minière.

472 Préambule de la loi n°96 du 18 janvier 1996 portant révision de la Constitution.

473 *Ibid.*

474 Union africaine, « *Vision du régime minier de l'Afrique* », février 2009, AU/EXP/CAMRMRD/2(1).

475 *Ibid.*, p.11

en 2009 en Amérique latine, sur 337 projets miniers, 139 faisaient l'objet de conflits miniers[476], ce qui donne l'idée de l'ampleur d'un aspect des conflits susceptibles de naître. Leur gravité est parfois très forte et peut même en faire un facteur négatif de développement à contrepied de la vision de l'Union africaine, et les seuls exemples de longs conflits au Liberia, en Angola ou en République démocratique du Congo animés et quelque peu fondés sur des intérêts miniers nationaux et étrangers l'illustrent.

Le contentieux minier est donc plausible. Le droit substantiel qui est ici l'ensemble des dispositions régissant l'ensemble des activités minières a, dès lors, aménagé lui-même les procédures contentieuses (Chapitre III). Il est alors intéressant de s'attarder sur les prismes de conflits miniers (Chapitre II), tout en relevant au préalable et de manière empirique les cas de figure devant s'intégrer dans les conflits miniers (Chapitre I).

---

[476] Futur Rouge, source : OMAL, 26/12/09.

CHAPITRE I

LES CONFLITS MINIERS

Le conflit s'appréhende comme la situation d'antagonisme, d'opposition[477]. Il naît de réclamations divergentes sur un même objet. Dans le droit minier, les conflits sont des oppositions entre les parties mises en cause dans une activité minière. Longtemps intuitivement identifiée, l'activité minière a fait l'objet d'une définition claire par la loi de 2010. Il s'agit d' « *opérations d'exploration, de développement, d'exploitation, de traitement, d'enrichissement, de transport, de stockage, de chargement avant l'exportation et de réhabilitation des sites d'exploitation des substances minérales ou fossiles, solides, liquides ou gazeuses* »[478].

Les différentes phases éventuelles de l'activité minière sont ainsi susceptibles de mettre en opposition des réclamations divergentes ou de créer des droits contestés ; ceci est constitutif des conflits miniers selon les causes (section II). Relativement à ces réclamations, au regard de la qualité des parties, de l'objet de la réclamation et des compétences des organes devant les régler, il apparaît une distinction tenant à la nature du conflit minier (section I). La notion de conflit met réellement en évidence les antagonismes survenant quand un élément de droit pose problème dans sa conception, comme dans sa mise en œuvre. Seulement, cette notion ici symbolise non pas la belligérance dont le traitement serait envisagé sous l'angle de la science politique, mais plutôt de contestation. Ainsi, le conflit a l'avantage en droit d'instituer la dualité par la double qualité des organes devant le résoudre[479], et également de cerner les questions suggérées sous l'angle du droit.

SECTION I : LA NATURE DES CONFLITS MINIERS

En dressant une typologie des conflits miniers, il faut prendre en compte la phase à laquelle se situent l'opération et les critères de classification.

En guise de phase, le conflit a une vie qui commence par sa naissance, se poursuit par son déroulement ou traitement et il se termine par un épilogue ou une conclusion. Au niveau du déroulement, la nature du conflit peut être conférée par la qualité de l'organe appelé à en connaître[480].

S'agissant des critères de classification, il est question de mettre en avant les dispositions juridiques et le régime des droits et obligations applicables pour la cause. La diversité des règles recensées fait ressortir la jonction du régime de droit public à celui de droit privé. Héritée du droit romain, la distinction droit public droit privé est ici l'élément démarcatif. Il est vrai que l'option aurait pu

[477] LAROUSSE, *Le petit Larousse illustré*, *op cit.*, p.279.
[478] Art 2 de la loi n°2010/011 du 29 juillet 2010 modifiant et complétant certaines dispositions de la loi n°2001-1 du 16 avril 201 portant code minier.
[479] Infra.
[480] Il faudra alors distinguer le contentieux juridictionnel tranché par une juridiction de celui non juridictionnel qui se résout souvent par la voie amiable.

être de dissocier les conflits de droit national de ceux de l'ordre international, mais cette option s'imbrique dans celle choisie[481]. L'étude du droit minier révèle effectivement que malgré la forte propension du droit public, il reste sous l'influence de règles de droit privé. Cette dualité s'applique à la nature des conflits miniers avec d'une part les conflits miniers de droit public (paragraphe I) et d'autre part les conflits miniers relevant du droit privé (paragraphe II).

Paragraphe I : Les conflits miniers de droit public

Le droit public se définit classiquement comme celui régissant l'existence et l'action de la puissance publique[482]. Ce droit régit l'organisation des personnes publiques, ainsi que les rapports entre elles, et entre ces dernières et les particuliers. Ses règles sont orientées vers « la satisfaction d'intérêts collectifs » ; elles s'imposent de manière absolue.

Cette approche qui n'est faite que des principes s'applique au droit minier. C'est ainsi que l'activité minière est tournée vers l'intérêt général, et que l'administration est organisée et se trouve investie de prérogatives exorbitantes pour la cause. La conséquence en est que dans ces cas de figure, les conflits ouverts sont de droit public et ne relèvent pas de principe du juge privé[483]. À côté des conflits de l'État (A) se trouvent les conflits miniers de droit public infra étatique (B).

A. Les conflits de l'État

Le choix du législateur a été de situer l'État au centre de la gestion minière. Se conformant à la prescription constitutionnelle, il est revenu à la loi d'organiser ce secteur d'activité autour de l'État ou de l'administration d'État. La conséquence en est que les conflits qui naissent dans le secteur des mines concernent très souvent l'État. Ces conflits sont tantôt internes et tantôt externes.

1. La variante interne

Elle est relative aux réclamations nées de l'activité minière uniquement localisée dans le territoire national et mettant en cause l'État. Ces conflits peuvent opposer les communautés à l'État et les opérateurs à l'État ; ou des organismes d'intérêt public.

Par communauté, il faut entendre des collectivités humaines géographiquement regroupées et pouvant avoir un lien sociologique ou

---

[481] Le droit international étant lui-même segmenté en droit international public et droit international privé.

[482] WIKIPEDIA, « Classification française des branches du droit », http ://fr.wikipedia.org.

[483] Selon le principe : *la compétence suit le fond.* Cf. ARBOUSSET (H), D*roit administratif des biens : domaine des personnes publiques*, *le panorama du droit*, p.68. ; LACHAUME (J-F), « *La compétence suit la notion* », AJDA, février 2002, p.77. V.T.C, 8 février 1873, Blanco.

juridiquement institué. Le lien sociologique fonde le communautarisme qui renvoie aux populations locales liées par leurs identités. L'État doit établir des autorisations minières en s'assurant de la préservation des intérêts de ces communautés[484]. D'ailleurs, la procédure d'autorisation d'exploitation des carrières et le permis d'exploitation ne sont valablement délivrés que si les communautés locales concernées ont été consultées[485]. Le conflit peut être soulevé par action individuelle ou collective. Il s'agit encore d'avoir la capacité, la qualité et l'intérêt d'agir[486]. L'action collective revient à des associations juridiquement reconnues et dont les représentants en sont légalement les mandatés[487].

Juridiquement instituées, il s'agit principalement des collectivités territoriales décentralisées. Elles peuvent intervenir à trois titres. Le premier est l'empiétement de leur domaine privé, le deuxième concerne le contentieux fiscal minier. De nombreux prélèvements sont effectués par l'État au titre de la taxation minière[488]. C'est le cas de la taxe *ad valorem* et de la taxe à l'extraction des produits de carrières[489] dont le reversement peut générer des conflits. Le dernier est le contentieux au titre de la protection des populations de la collectivité affectées par l'activité minière.

Il est également à recenser les réclamations opposant les organismes d'intérêt public à l'État. Ayant une vocation non lucrative, elles peuvent intervenir au titre de leur but pour la protection de l'environnement ou encore des populations affectées. Ces organismes sont en général des ONG[490] dont le pouvoir de défendre les intérêts collectifs ne se discute pas.

Le contentieux peut encore surgir de contestations des opérateurs du secteur minier sur des éléments liés à la procédure de titrisation ou à l'éligibilité parmi d'autres facteurs développés dans le cadre de l'activité minière[491].

2. La variante externe

Dans la variante interne, c'est l'administration d'État qui est en conflit minier avec des tiers à l'intérieur de l'État dans le cadre d'activités minières

---

484 Art 16(1) de la loi n°001 du 16 avril 2001 portant code minier de la République du Cameroun.
485 *Ibid.*, art 54(1).
486 CHAPUS (R), *Droit du contentieux administratif*, 9e éd, Montchrestien, 2001, n°467s.
487 CS/CA, jugement n°7 du 29 novembre 1979, Elites BANKAS représentées par Mbouendeu Jean de Dieu contre État du Cameroun.
488 BISSAÏ (B), « *Essai d'analyse critique de la fiscalité minière camerounaise : le cas des substances minérales solides* », mémoire de Master II en fiscalité, Université de Douala, 2008-2009, 91p. Pour les hydrocarbures, lire DIKOUME (AL), *La fiscalité pétrolière des États membres de la CEMAC*, collection finances publiques, L'Harmattan, 2008, 415p.
489 Art 89 du code minier, *op.cit.*
490 BORE (L), *La défense des intérêts collectifs par les associations devant les juridictions administratives et judiciaires*, LGDJ, 1997.
491 Infra.

relevant exclusivement du Cameroun par le critère territorial. Avec la variante externe, le facteur déterminant est la concurrence de souverainetés minières.

L'assise est donc l'unité de gisement qui peut conduire à des contentieux. L'appropriation d'une substance minérale transfrontalière pose quelques problèmes, et ceci, surtout dans son exploitation. Dans « la quadrature » du cercle de l'unité de gisement, les formules d'exploitation sont nombreuses. Il y a l'exploitation distincte et autonome, l'exploitation coordonnée et l'exploitation unitaire. Dans tous les cas et surtout dans les deux derniers, la relation est souple par la consultation entre gouvernements. Elle est par contre rigidifiée par la signature d'accords entre sociétés et de traités entre États[492]. Dans ces relations naturellement imposées et complexes, le contentieux n'est jamais loin à cause des enjeux de ce secteur.

Le contentieux peut opposer les sociétés opérant dans chaque territoire ou même les États. Quand bien même ce sont les sociétés qui sont concernées, l'État se retrouve impliqué parce qu'elles agissent pour son compte, que la domanialité le lie et qu'il a juridiquement le devoir de protéger ses intérêts et ceux de ces sociétés[493]. La voie juridictionnelle est la moins privilégiée pour la résolution de cette catégorie de conflits. D'autres conflits miniers de droit public ont une nature infra étatique.

B. Les conflits infra étatiques

Le droit minier fait intervenir plusieurs acteurs publics qui sont titulaires de droits et obligations et jouissent de prérogatives en matière minière. Quand leur vocation n'est pas d'agir dans le cadre opérationnel de l'activité minière, ils sont néanmoins concernés, c'est le cas des collectivités territoriales décentralisées.

1. L'implication des collectivités territoriales décentralisées

La République du Cameroun est un État unitaire décentralisé[494]. La constitutionnalisation de la décentralisation territoriale est faite par l'indication de la forme de l'État et par le traitement initial des collectivités territoriales décentralisées par le texte constitutionnel[495]. La typologie de ces collectivités fait ressortir, à titre principal, les régions et les communes.

---

[492] Sur l'ensemble, cf. BOUVET (J-P), *L'unité de gisement. Hydrocarbures et autres matières minérales, logiques juridiques*, L'Harmattan 2004, pp.248-268.

[493] C'est le cas du contentieux pendant entre la société Mega uranium corporation Cameroon PLC et une société d'exploration du Tchad. Cette dernière a engagé des activités d'exploration dans le territoire camerounais (nord) et les autorités camerounaises se sont saisies du dossier afin de résoudre ce conflit transfrontalier. V. note de présentation n°00001467/MINIMIDT/SG/DMG/SDG du 14 juillet 2011.

[494] Art 1er (2) de la Constitution, *op.cit.*

[495] *Ibid.*, art 55(1).

Il apparaît, au regard des lois de 2004, que les communes comme les régions bénéficient du transfert de compétences de nature diverse, mais la gestion minière n'en fait pas partie. Ce n'est pas seulement le cas du Cameroun, mais de plusieurs États. La raison en est que l'enjeu et le potentiel minier ajoutés à l'obligation pour l'État de mettre en valeur les richesses naturelles imposent que la gestion reste centralisée. Pourtant, la proximité des collectivités territoriales décentralisées, l'impact sur les équilibres locaux et le prisme de l'autonomie financière pourraient justifier une gestion également décentralisée[496]. N'intervenant pas dans la gestion, ces collectivités ont quelques compétences incidentes pouvant être exercées dans le cadre d'un contentieux. On enregistre même quelques fois des cas d'excès de pouvoir où des magistrats municipaux suspendent ou annulent des autorisations d'exploitation artisanale signées par des délégués régionaux[497]. Ce type d'abus démontre la convoitise des collectivités territoriales décentralisées sur les mines qui les amènent parfois à poser des actes controversés et conflictuels.

Il a déjà été relevé que les collectivités territoriales décentralisées pouvaient formuler des réclamations au cas où les activités minières empiètent sur leur domaine privé. De même, cette possibilité est offerte quand les communautés sont lésées. Mais c'est plus dans le contentieux fiscal minier que les collectivités territoriales décentralisées se déploient. La fiscalité locale est composite et comprend de nombreux impôts miniers[498]. Leur octroi respectif aux collectivités[499] implique que quand leur prélèvement ou leur reversement se trouve contesté, des réclamations suggérant le conflit soient soulevées par ces personnes publiques.

2. L'implication des organismes publics

Les conflits de droit public sont ceux qui, par le critère organique, sont constitués par la présence d'une personne morale de droit public au litige. Cette personne peut être l'État, une collectivité territoriale décentralisée, ou tout organisme public[500]. En matière minière, diverses personnes morales de droit

---

[496] GBALLOU (J), « *Mine et régionalisation - Les conditions d'un développement des régions minières en Côte d'Ivoire* », CFSG, 2001, p.17.

[497] Voir décision municipale n°002/CAB-SG/CY/12 du 23/01/2012, portant suspension des autorisations n°s 549, 550, 551 et 552 accordant l'exploitation des substances minérales précieuses à M. MBAH ABDOUL AZIZ à NYABONDA.

[498] Redevances sur les ressources pétrolières, redevances sur les ressources minières, taxe de développement local, taxe sur le transport des produits de carrières…

[499] Art 115 et 118 de la loi n°2009/019 du 15 décembre 2009 portant fiscalité locale.

[500] Le critère organique n'est pas suffisant, car il est aussi nécessaire qu'il s'agisse d'une gestion publique ; encore que le contentieux de droit public peut mettre en apposition deux parties personnes privées sur la base du critère finaliste ou de la théorie du mandat.
V. DUBOS (A) et LALLEMENT (E), « *Recherche sur la spécificité des associations comme mode de gestion du service public* », in *Sur les services publics,* études coordonnées par M-J GUEDON, Economica, 1982, p.55.

public sont intéressées comme devant participer les unes à la titrisation minière, les autres aux activités proprement dites.

Pour la titrisation, le CAPAM peut être cité dans celle réalisée au bénéfice des exploitations artisanales[501], mais il n'a pas la personnalité morale de droit public. À sa différence, la SNH (Société nationale des hydrocarbures), qui a la personnalité morale de droit public, donne son avis motivé quant à l'octroi de permis miniers liés aux hydrocarbures, et spécialement quand il s'agit du renouvellement de titres[502].

En ce qui concerne les activités minières proprement dites, hormis l'État, des organismes publics s'y investissent. C'est encore le cas de la SNH qui est une société d'État ayant pour mission de gérer les intérêts de l'État en matière d'hydrocarbures[503]. Dans le cadre du stockage pétrolier, il faut aussi considérer la Société camerounaise des dépôts pétroliers créée en 1979, ou encore la SONARA en charge du raffinage des produits pétroliers. Dans la recherche se trouve notamment l'IRGM[504] qui est un établissement public à caractère scientifique dont les activités spécifiques peuvent conduire à des contradictions avec les résultats des opérateurs ayant des permis de recherche ; ce qui peut occasionner des conflits. La chambre de commerce, d'industrie, des mines du Cameroun doit également être prise en compte. Cet établissement public[505] peut être concessionnaire de service public[506] et même servir d'organe de conciliation en cas de conflit minier. Sur ce point, la procédure d'arbitrage longtemps mise en veilleuse est en cours de réactivation dans cette chambre consulaire.

Ces organismes parmi tant d'autres sont des personnes morales de droit public, et quand surgit un conflit, par leur nature, le contentieux est de droit public. D'autres conflits miniers sont susceptibles d'être régis par les règles de droit privé.

Paragraphe II : Les conflits miniers de droit privé

A. L'extension de la nature du droit minier

Le droit minier est constitué de règles juridiques dont la nature n'est pas seulement liée au droit public. Cette orientation qui est un préalable au

---

501 BRGM, *Audit artisanal minier Cameroun*, 21 juillet 2011, p.29s.

502 Cf. contrat de concession Ngosso (Ph-81) du 03 décembre 2002 entre la République du Cameroun et le groupement des sociétés Addax petroleum Cameroon Ltd et Tullow Cameroon Ltd.

503 Décret n°80-086 du 12 mars 1980 portant organisation et fonctionnement de la Société nationale des hydrocarbures.

504 Institut de recherches géologiques et minières, créé par le décret n° 79/495 du 04 décembre 1979.

505 Art 3(1) du décret n° 2001/380 du 27 novembre 2001 portant changement de dénomination et réorganisation de la chambre de commerce, d'industrie et des mines du Cameroun.

506 *Ibid.*, art 14(2).

contentieux judiciaire permet de ressortir suivant le droit applicable, le juge compétent pour statuer en cas de conflits miniers. Ici, il est question de relever le pan de règles de droit privé susceptibles de donner une nature au conflit minier. Il s'agit des règles régissant les rapports de droit privé et de l'identité des personnes mises en cause.

1. Les rapports de droit privé

Le secteur minier est un autre cadre de l'intérêt général dont la gestion ne se fait pas en régie. Suivant les techniques visitées[507] et présentées, le mode unique d'administration des substances minérales est la gestion indirecte et le privilège est donné à la concession. Même s'il est vrai que pour permettre la continuité de l'approvisionnement des populations, notamment en hydrocarbures, la mise en régie de l'activité de l'exploitant défaillant est toujours possible[508], le fait est que cette mesure est exceptionnelle et provisoire.

En droit minier, la règle est que l'encadrement relève de l'État qui doit garantir que les populations bénéficient du projet, tandis que l'activité à proprement parler ne ressort pas de sa compétence. Les acteurs opérationnels de l'activité minière sont en général des personnes morales de droit privé. Avec le code minier de 2001, l'activité minière était ouverte aux personnes physiques et morales[509]. La modification de 2010 n'accorde plus cette prérogative qu'aux personnes morales,[510] mais cela ne change en rien la donne selon laquelle les règles de droit privé sont concernées par la nature même de ces opérateurs.

Ces règles régissant les rapports des particuliers entre eux sont surtout orientées vers la satisfaction d'intérêts individuels et sont en principe supplétives. À ce niveau, il faut s'édifier sur ce que la nature même des personnes privées fait qu'elles entretiennent des rapports de droit privé avec les tiers. C'est le cas des accords entre personnes morales de droit privé dont l'objet est l'activité minière. Une hypothèse ici est celle de la sous-traitance minière qui est admise[511]. D'autres perspectives sont envisageables et elles donnent lieu à des rapports de droit privé et donc au contentieux judiciaire. Sont notamment indiqués en droit minier : la responsabilité civile et pénale, les règles de droit commercial et sur les sociétés, celles des entreprises en difficulté, de la concurrence et de la consommation…

[507] Supra.
[508] Art 98(1) du décret n°2004/275 du 24 septembre 2004 portant code des marchés publics.
[509] Art 8(1) du code minier.
[510] Art 8(1) (nouveau) de la loi n°2010/011, *op.cit.* Il est à observer que dans la pratique, et particulièrement pour la mine artisanale, les autorités administratives continuent à octroyer des titres miniers aux personnes physiques. V. autorisation provisoire de prospection artisanale des substances minières dans la zone de Yokadouma du 14 septembre 2011.
[511] Art 16(1) et 94(4) du code minier.

2. La possible liaison avec les personnes publiques

Davantage, le droit minier s'incruste dans le droit public. C'est un droit d'autorité qui ressort l'exorbitance des pouvoirs dont est bénéficiaire la puissance publique. De surcroît, la consécration du caractère d'intérêt général des substances minérales fait que par leur finalité, le droit de leur administration soit celui de l'exorbitance, et que, par voie de conséquence, les contentieux aient une nature toute tracée.

Cependant, il a été relevé que des rapports de droit privé existent dans les activités minières, ils se situent beaucoup plus dans la réalisation des opérations minières que dans leur encadrement. La présomption est donc que dès qu'une personne publique est impliquée, le conflit est de droit public. Ce qui précède est excessif parce qu'il y a des cas de figure où ce critère organique n'est pas recevable.

Le principe est que les rapports entre les opérateurs du secteur minier et l'État soient de l'ordre du droit public et que les conflits y relatifs suivent le même régime. Ce principe est affecté par des dérogations. L'une de ces dérogations est liée à l'interventionnisme économique des autorités publiques. Sa forte manifestation est l'existence d'établissements publics à caractère industriel et commercial[512]. Dans ce grand groupe se trouvent les sociétés à capital public et les sociétés d'économie mixte qui sont des personnes morales de droit privé. Mais parmi ces structures, il est à noter que celles proprement de droit public peuvent passer des actes de droit privé avec les opérateurs du secteur minier. C'est le cas de contrats visant à satisfaire les intérêts privés des opérateurs[513], ou des contrats conclus sous l'empire du droit privé[514], c'est-à-dire ceux qui ne visent pas directement un intérêt public ou ceux par lesquels ces personnes publiques ne se retrouvent pas en position de force, mais d'égalité par rapport au cocontractant[515]. Au demeurant, ces hypothèses sont rares et il reste que la vocation des personnes publiques est de passer des actes de droit public. Ces différentes formulations ont néanmoins l'avantage de révéler la survivance de l'emprise des règles de droit privé sur le droit minier avec une influence sur la nature des conflits.

B. La désignation

On ne peut pas dire que le droit minier soit égalitairement mixte. Dans ses proportions, le droit public prévaut largement sur les règles de droit privé. Mais,

---

[512] Art 3 de la loi n°99/016 du 22 décembre 1999 portant statut général des établissements publics et des entreprises du secteur public et parapublic.

[513] Comme s'accorder avec l'IRGM pour bénéficier de ses offices.

[514] Art 2(3) de la loi n°2006/022 du 29 décembre 2006 fixant l'organisation et le fonctionnement des tribunaux administratifs.

[515] PREVOST (J-F), « *A la recherche du critère du contrat administratif (la qualité des contractants)* », RDP 1971, p.817.

comme dans tous les domaines du droit, il y a interpénétration, voire imbrication. C'est sous le prétexte de l'interventionnisme économique et par le mode de gestion[516] du secteur minier que les règles de droit privé sont introduites avec une influence sur la nature du contentieux. Des cas de figure de conflits, il est à retenir principalement l'implication des propriétaires et des riverains.

1. Les réclamations opposant opérateurs et populations riveraines

Par la nature des personnes concernées, ce contentieux est privé par présomption avant même d'identifier les règles impliquées.

« L'antagonisme » met en opposition les opérateurs et les riverains. Relativement aux opérateurs, il faut se référer au code minier qui parle du titulaire de titre minier ou encore plus simplement de l' « opérateur » tel que désigné par le code pétrolier[517]. C'est la personne à qui est « confiée la charge de la conduite de l'exécution »[518] de l'activité minière. Étant donné que l'État privilégie la gestion déléguée, cela donne lieu au foisonnement de personnes privées régies par les règles de droit privé tant dans leur création que dans leur fonctionnement. Les seules exceptions sont l'hypothétique mise en régie[519] en cas de défaillance de l'opérateur, et la concession pouvant être accordée à des établissements publics comme la SNH, la SCDP et la SONARA.

L'autre partie est la population riveraine. La protection de leurs intérêts peut se faire par les interventions, soit de l'État, soit des collectivités territoriales décentralisées. C'est surtout pour ce second cas que le contentieux juridictionnel est à envisager, mais pour le premier, fort du privilège du préalable[520] et légalement investi du pouvoir de contraindre, l'État va lui-même statuer sur la question. La protection de ces intérêts peut aussi se faire par des organisations privées. Il est possible pour les organisations non gouvernementales de défendre les intérêts des riverains tout comme ces derniers peuvent le faire eux-mêmes.

Individuellement ou collectivement, les populations riveraines peuvent soulever des contentieux au cas où leurs intérêts sont lésés par les opérateurs miniers. Ils ont un droit à protection, et un droit à compensation[521]. Leur non-respect par l'opérateur peut conduire à un conflit.

---

[516] Il s'agit de la gestion indirecte notamment représentée par la concession et l'affermage.
[517] Art 2 du code pétrolier.
[518] *Ibid.*
[519] Art 98(1) du code des marchés publics.
[520] DAVIGNON (J-F), « *Quelles places pour la répression administrative dans notre ordonnancement juridique ?* », LPA, juillet 1997, n°83.
[521] Art 85(2) et 89 du code minier.

2. Les conflits entre opérateurs

Au stade de l'exploitation, le principe est le droit à l'exclusivité, il en est de même pour la recherche. Pour la reconnaissance et la prospection, les autorisations sont données à des personnes morales différentes, mais toujours pour des zones différentes. Dans ce second cas, le conflit vient de la mitoyenneté qui fait que les limites de la zone de reconnaissance fassent problème. Aussi deux titulaires de permis ou d'autorisation peuvent-ils, même de bonne foi, s'opposer quant à la délimitation du périmètre de l'opération à effectuer. Ces conflits sont réglés selon le cas par les autorités administratives, ou par le juge judiciaire.

Dans la phase d'exploitation, le conflit naît des chaînons de la mise en valeur. En effet, le fait est que l'activité minière est fragmentée ; elle va de la recherche à l'acheminement des substances minérales. Deux personnes morales, titulaires de titres miniers, peuvent dès lors générer un conflit parce que l'une fait obstruction ou blocage à l'activité de l'autre. Les cas les plus significatifs ressortent de la sous-traitance[522] qui met en relation deux personnes distinctes dont les rapports peuvent se détériorer.

Il existe plusieurs autres conflits miniers de droit privé. Les conflits avec les propriétaires fonciers en font partie, ils sont présentés dans le cadre global de l'identification des conflits miniers.

SECTION II : L'IDENTIFICATION DES CONFLITS MINIERS

Les conflits miniers sont de nature diverse. Entre ceux qui naissent de contestations soulevées dans un cadre juridique régi par les règles de droit public et ceux de droit privé, il est à considérer la variété des domaines de la contestation. Le contentieux peut se situer dans le cadre environnemental, concerner les obligations sociales, ou encore faire référence au non-respect de la législation du droit du travail par l'opérateur minier.

De façon principale, et au-delà des cadres venant d'être énumérés et pouvant être considérés comme des conflits adjacents, l'assise même du conflit minier est l'activité minière. À titre de rappel, l'activité minière est toutes « *opérations d'exploration, de développement, d'exploitation, de traitement, d'enrichissement, de transport, de stockage, de chargement avant l'exportation et de réhabilitation des sites d'exploitation des substances minérales ou fossiles, solides, liquides ou gazeuses* »[523]. Ainsi, c'est d'abord strictement un conflit se rapportant aux activités touchant aux substances minérales, et c'est ensuite un conflit qui porte sur une ou plusieurs phases de mise en œuvre de ladite activité. Deux phases principales sont à retenir : l'exploration (paragraphe I) qui est

[522] *Ibid.*, art 16(1) et 94(1).
[523] Art 2 de la loi n°2010/011, *op.cit.*

l'amorce de toute activité minière, et l'exploitation (paragraphe II) qui en est la continuation. Les conflits peuvent être identifiés dans chacune de ces phases.

Paragraphe I : Les conflits de l'exploration

L'exploration est l'opération initiale de toute activité minière. L'un des problèmes qu'elle pose et qui peut même perdurer jusque dans la phase d'exploitation est celui du site appelé à être examiné et exploré. Le positionnement des gisements[524] relève de la nature et leur découverte est toujours postérieure à la titrisation foncière, ce qui met en exergue la problématique de l'adéquation entre la propriété du sol et celle du sous-sol. Les litiges fonciers et domaniaux s'introduisent et s'invitent à ce niveau (A). Il est, par ailleurs, nécessaire de s'attarder sur les conflits de l'exploration (B) qui eux surviennent quand la possibilité s'offre de démarrer la phase initiale des activités minières.

A. Les litiges fonciers et domaniaux

La propriété reste une question centrale en matière minière dans la plupart des pays. Le premier niveau de la préoccupation est la désignation du propriétaire des substances minérales et la seconde préoccupation établit la distinction entre la propriété de la mine et celle du sol[525]. L'option tourne alors pour la majorité au privilège donné à l'État d'être propriétaire des substances minérales et du sous-sol. Cette orientation prise au Cameroun est source de litiges fonciers et domaniaux.

1. Les litiges fonciers

L'objet du litige foncier est la propriété privée. Il met en relief une opposition entre les prétendants à l'appropriation d'un terrain, ou entre le propriétaire et celui avec qui il a conclu un accord portant sur la propriété. Il peut s'agir d'un bail. La propriété foncière s'acquiert au Cameroun par titrisation. Le propriétaire du terrain l'est parce qu'il est titulaire d'un titre foncier qui est la certification officielle de la propriété immobilière[526]. Des procédures rigoureuses sont appliquées pour l'acquisition du titre foncier aux fins d'éviter qu'il soit contesté, car sa validité octroie à son bénéficiaire un droit fondamental : le droit de propriété[527].

Le bénéfice de la propriété privée ne revient pas seulement aux personnes privées. Même les personnes morales de droit public peuvent jouir d'une propriété immobilière privée. Auquel cas, l'obtention passe toujours par la

---

[524] *Ibid.*, Le gisement est « *tout gîte naturel de substances minérales exploitables dans les conditions économiques du moment* ».

[525] Notes sur la loi des mines, in http//geo.polymlt.ca.

[526] Art 1er du décret n°16-165 du 27 avril 1976 fixant les conditions d'obtention du titre foncier.

[527] Préambule de la loi n°96/06 du 18 janvier portant révision de la Constitution.

certification foncière[528] qui est donc le mode général d'acquisition de la propriété immobilière.

La localisation des gîtes engendre le litige foncier quand la substance minérale se situe dans la propriété privée, soit d'un particulier, soit d'une personne morale de droit public (en particulier les entités infra étatiques). Quand il s'agit d'une carrière, le problème ne se pose pas réellement, car « *les carrières sont réputées liées à la propriété du sol. Elles en suivent le régime* » [529]. Aussi le propriétaire du sol est-il le propriétaire de la carrière et peut l'exploiter ou la faire exploiter, sous réserve de l'autorisation. Cet aspect de notre réflexion démontre mieux que la construction du droit minier s'est faite dans la double logique de l'étatisation de la mine et de l'inclusion des particuliers par la prise en compte des acteurs privés dans la gestion et l'appropriation des carrières, ainsi que de l'exploitation des mines.

Quand il s'agit de substances minérales, si elles sont souterraines, elles fondent la propriété de l'État sur le sous-sol. Même en surface, elles demeurent propriété de l'État. Dans ces deux hypothèses, leur prospection comme leur exploitation rendent difficile la jonction de droits de propriété, ce qui fait que, justifié par l'intérêt général que revêtent les substances minérales, privilège est donné à l'État de dépouiller le propriétaire initial du sol de son droit. Le régime de la domanialité s'impose[530] et l'exploitant ne devient pas propriétaire. Plutôt, le terrain devient la propriété de l'État, l'exploitant n'en a que la jouissance. À l'occasion de cette jouissance, les empiétements sur les parcelles voisines sont également des conflits fonciers miniers. En effet, le télescopage des intérêts d'acteurs aux droits et aux statuts différents génère d'importants conflits fonciers et des litiges domaniaux.

2. Les litiges domaniaux

Les contestations portant sur les atteintes aux droits fonciers sont appréciables. À titre d'illustration, il faut prendre le cas péruvien[531] où les expropriations sont légion, la société civile accusant l'État d'effectuer une exploitation barbare au détriment des droits de propriété des communautés, et à l'avantage des entreprises minières. D'autant plus que ces communautés ne perçoivent pas le bénéfice de ces exploitations, et en subissent plutôt les conséquences négatives[532], parmi lesquelles les déplacements de populations.

---

[528] EBANG MVE (U.N), *Le Titre Foncier au Cameroun… op.cit*, KONE NGOUH (A), « *Le Domaine privé de l'État au Cameroun* », mémoire de DEA en Droit Public, Université de Yaoundé II, 2008-2009, p.8, TIENTCHEU NJIAKO (A), *op.cit.*

[529] Art 7 du code minier.

[530] AUBY (J-M), DUCOS-ADER (R), *Droit Administratif,* Dalloz, 5e éd, 1979, p.311s.

[531] PALACIN (M), « *Pérou- Quand les industries minières menacent les terres des communautés andines* », Dial 2545, Que Hacer, juillet 2001.

[532] *Ibid.*

Les litiges domaniaux sont de nature différente, mais portent sur le même objet : l'identité d'objet s'établit parce que c'est toujours le droit de propriété, et surtout son utilisation, qui est affecté. La différence de nature tient à l'opposition entre deux personnes morales de droit public, ou entre services de l'État.

La propriété de l'État est une, mais les affectations sont multiples et les utilisateurs nombreux. C'est à ce niveau qu'intervient le litige domanial qui ici oppose l'administration en charge des mines à une autre. Le litige oppose généralement le ministère des Mines à celui en charge de l'environnement, ou en charge des forêts et de la faune. Les cas de figure sont nombreux et se représentent par l'octroi d'un titre minier dans une « zone protégée ». L'opposition vient de l'obligation de protection de cette zone, faisant face à l'autorisation de l'administration en charge des mines, donnée à un opérateur pour y effectuer des activités d'exploration ou d'exploitation. Des litiges recensés peuvent être cités ; les chevauchements entre zones de chasse et permis minier[533], entre un permis d'exploration minière et des forêts domaniales classées, ou des travaux d'exploration dans des forêts sous conventions internationales[534]. Ces oppositions donnent lieu à l'arbitrage du Premier ministre[535].

Cependant, pour essayer de remédier à ces situations regrettables, l'administration en charge des mines a, en fin 2012, pris un acte décisoire[536], même si elle ne concerne que l'orpaillage, suivant lequel, toutes les administrations impliquées doivent donner l'autorisation à l'opérateur artisanal intéressé. Ce dernier se retrouve donc contraint de requérir plus d'une autorisation pouvant même être condensées en une seule (décision interministérielle), ce qui est procédurier, mais bénéficie de l'avantage d'anticiper d'éventuels contentieux entre administrations publiques. Ces contentieux fonciers et domaniaux se joignent à ceux de l'exploration à proprement parler.

B. Les conflits de l'exploration

Ils tournent autour de la titrisation et de l' « *effectuation* » de l'exploration par la mise en jeu des droits et obligations du titulaire du titre qui peut ne pas les respecter ou les voir restreints de façon irrégulière.

---

533 Voir arrêté n°0691 / MINIMIDT/SG/DMG/SDAM du 08/11/2010 sur les zones d'intérêt cynégétique n°3, 25, et 26 de la région du Nord.

534 C'est le cas de 28 permis miniers accordés dans des parcs nationaux et zones protégées ayant conduit à une requête en annulation de l'ONG WWF. Cf. correspondance WWF adressée au MINIMIDT le 20 mars 2012 de n°003169/2012.

535 Art 62 et 63 du code minier.

536 V. Arrêté n°005550/MINMIDT/CAB/CJ du 12 novembre 2012 portant interdiction des activités clandestines d'orpaillage dans les parcs fauniques et aires protégées du territoire national.

1. Les réclamations pour l'autorisation

L'exploration est la phase d'investigation dans laquelle il est question, d'une part de déterminer l'existence d'un gisement, et d'autre part de connaître sa nature, sa contenance et ses mesures géophysiques et géochimiques[537] pour s'édifier sur son caractère « commercialement exploitable ». Deux phases de prospection se succèdent donc dans l'exploration : la recherche et la reconnaissance.

Cette dualité qui concerne la prospection des substances minérales semble ne pas avoir lieu pour la prospection quand il s'agit de la mine artisanale[538], des substances de carrières[539] et des hydrocarbures. Il est simplement fait mention de la recherche par les codes. S'agissant des hydrocarbures, le législateur a effectivement donné un champ large à la recherche qui inclut donc la reconnaissance. En effet, la recherche ou l'exploration est toutes « *activités de prospection détaillée dont les forages d'exploration destinées à découvrir des gisements d'hydrocarbures commercialement exploitables, ainsi que les activités d'évaluation, de délimitation d'une découverte d'hydrocarbures présumés commercialement exploitables et l'abandon des puits d'exploration* »[540].

Relativement aux conflits, l'exploration ne s'effectue pas *ex nihilo*. Elle doit être reconnue et autorisée. C'est à ce niveau que naît le conflit quand l'autorisation d'explorer ou le renouvellement de cette autorisation fait problème : c'est la réclamation pour l'autorisation. Elle concerne le contentieux de l'éligibilité qui a un aspect personnel[541] et un aspect matériel[542]. En toute logique, remplissant ces conditions[543] et satisfaisant aux exigences de capacités techniques et financières, le demandeur doit bénéficier de l'autorisation. En cas de demandes concurrentes et à capacités et conditions de travaux égales, la priorité est donnée au premier demandeur ; sinon, ce dernier est en droit de soulever des réclamations. De même, au risque de conflit, l'administration doit accorder le renouvellement de l'exploration[544] tant que les textes le permettent et que le titulaire du titre s'est conformé à ses obligations.

---

[537] Art 2 de la loi n°2010/011, v° « Gisement connu », *op.cit.*

[538] Art 24 du Code minier.

[539] *Ibid.*, Art 53.

[540] Art 2 du code pétrolier.

[541] La personne éligible.

[542] Le domaine de l'exploration.

[543] Infra.

[544] V. Correspondance n°803/SNH/DG/DEX/DEX-A/DPM/CE-dg/11 du 16 déc. 2011 dont l'objet est le renouvellement de la période initiale de la phase de recherche du permis Ngosso, Addax, opérateur.

2. Les réclamations de l'autorisation

Mention est faite ici des obligations incombant au titulaire de l'autorisation d'explorer. Le titre qui lui est octroyé a un champ d'application générant pour lui des droits pour les investigations, mais également des obligations. Pour l'État et pour toute personne intéressée, le contentieux est soulevé quand il ne se conforme pas à ses obligations.

Hormis le cas des hydrocarbures et des carrières dont l'autorisation d'explorer a une tendance à volet unique, pour la majorité des substances minérales, elle a deux volets qui sont en réalité deux étapes : la reconnaissance et la recherche. Cette distinction se fonde sur l'existence de titres différents pour chacune de ces étapes.

Le permis de reconnaissance autorise à investiguer en surface[545] en vue de déceler les indices ou les concentrations de substances minérales. Le titulaire du permis est sanctionnable et fonde le conflit quand il mène des investigations souterraines alors qu'il n'a qu'un permis de reconnaissance, lorsqu'il utilise des méthodes autres que celles reconnues et autorisées, s'il effectue des reconnaissances en dehors du périmètre[546], ou quand il effectue sa reconnaissance au-delà d'un an ou sans avoir obtenu de renouvellement.

Le permis de recherche quant à lui s'applique également aux hydrocarbures. Ce permis est préalable à l'exploitation et permet même déjà une modeste exploitation sans titre, car son titulaire a la libre utilisation des produits extraits à l'occasion de la recherche et des essais[547], et que préférence lui est donnée pour immédiatement exploiter[548]. Le titulaire du permis utilise des méthodes régulières[549] sur la superficie autorisée. Il bénéficie de certaines prérogatives (occuper le site, extraire les substances, mener tous les travaux appropriés…)[550]. La violation de ses droits par l'administration ou un tiers, et sa non-conformité à ses obligations génèrent le contentieux. Il en est de même pour les conflits de l'exploitation.

Paragraphe II : Les conflits de l'exploitation

L'exploitation est aussi une phase de l'activité minière dont la mise en œuvre peut faire surgir des conflits. Chronologiquement, elle est la phase qui fait suite à celle de l'exploration. En reprenant la définition d' « activité minière » et en y excluant les opérations d'exploration, il reste pour l'exploitation : le développement, l' « exploitation », le traitement,

---

[545] Art 32 (1) du code minier.

[546] La superficie totale du terrain ne peut excéder dix mille kilomètres carrés, cf. art 34 du code minier.

[547] Art 43 du code minier.

[548] *Ibid.*, Art 44(1).

[549] Broyage et panage, échantillonnage, le forage de puits…l'emploi des explosifs autorisés.

[550] Art 41(1) code minier.

l'enrichissement et toutes autres opérations avant l'exportation des substances minérales, fossiles, solides, liquides ou gazeuses. Les conflits y relatifs concernent le contentieux de la titrisation (A) et, en aval, il peut y être joint le contentieux de la mise en valeur (B).

A. Le contentieux de la titrisation

La phase d'exploitation fait intervenir de nombreuses sous-branches permettant la mise en valeur de la substance ayant fait l'objet de recherches. Elle comprend d'ailleurs la sous-branche de « l'exploitation » qui ne renvoie plus à l'ensemble des activités postérieures à l'exploration, mais strictement à l'extraction[551]. Quelle que soit la sous-branche retenue, toute activité minière est soumise à autorisation incarnée par un titre minier. Les contentieux suggérés ont trait à l'octroi du titre et à son renouvellement.

1. La contestation de l'octroi du titre

Comme pour l'exploration, l'exploitation est conditionnée par l'obtention d'un titre. On y dénombre trois types de titres : l'autorisation d'exploitation artisanale, le permis d'exploitation et le permis d'exploitation de la petite mine[552]. Ces titres sont davantage donnés pour effectuer les extractions. Pour les autres opérations d'exploitation, il existe également des titres. Cette diversité est fortement ressentie dans le régime de l'exploitation du gaz où coexistent le régime de la concession[553] pour le transport et la distribution, le régime de la licence pour la transformation, le stockage, l'importation et l'exportation[554], et le régime de l'autorisation pour les autres opérations à l'exemple de la vente et de la mise en réseaux[555]. Toutes ces opérations d'exploitation soumises à la titrisation sont susceptibles de conflits.

Dans l'octroi du titre, le contentieux a principalement trait à l'éligibilité. À titre de condition personnelle, le titre minier n'est accordé qu'aux personnes morales de droit camerounais[556]. Auparavant, il était susceptible d'être accordé aux personnes physiques et aux personnes étrangères[557]. Ce changement de régime est justifié par le sérieux qu'incarne l'exploitation par la personne morale, mieux contrôlable et par le souci de permettre que soit pleinement appliqué le droit camerounais à l'exploitant. Seulement, la loi de 2010 ne traite pas explicitement de la titrisation sur les substances de carrières tant dans les titres miniers que dans ses dispositions sur les substances de carrières, ce qui

---

[551] Infra.
[552] Art 2 de la loi n°2010/011, *op.cit.*
[553] Supra.
[554] *Ibid.*, Art 14.
[555] *Ibid*, art 21.
[556] Art 8 de la loi n°2001/011, *op. cit.*
[557] Art 8 du code minier.

laisse subsister l'ancienne disposition par laquelle les titres d'exploitation des carrières sont délivrables aux personnes physiques de nationalité camerounaise.

Il est également requis que le demandeur remplisse les exigences de capacités techniques et financières. En cas de concurrence, le premier demandeur[558] ou le titulaire du permis d'exploitation est privilégié[559]. Le dossier déposé doit être complet pour être jugé recevable et l'État doit bénéficier des parts ou actions d'apports de la société d'exploitation libres de toute charge. De même, la personne qui fait la demande du titre doit verser une caution garantissant l'exécution par elle de ses obligations[560].

Les pistes de conflits sont nombreuses. Une personne remplissant toutes ces conditions, mais ne bénéficiant pas de cet octroi est fondée à former une contestation. L'administration est elle-même appelée à prononcer la déchéance à l'encontre du bénéficiaire qui a fourni des informations inexactes sur ses capacités, qui ne s'est pas incliné à verser sa caution ou encore à l'encontre de celui des bénéficiaires de titre qui a dilué les parts ou actions de l'État alors que le capital social a augmenté[561]. D'autres hypothèses sont envisageables et s'opèrent même dans le renouvellement du titre d'exploitation.

2. La contestation du renouvellement

La titrisation minière va du titre initial à son renouvellement. Elle fait intervenir l'autorité qui a le pouvoir de renouveler le titre. Elle a également trait aux obligations d'exploitation normalement remplies ou non.

Les demandes de renouvellement sont introduites auprès du conservateur minier[562]. Pour le permis d'exploitation, il est accordé pour une durée n'excédant pas vingt-cinq ans et il peut être renouvelé pour des périodes inférieures à dix ans chacune[563]. De manière générale, le principe du renouvellement est que la période de renouvellement est inférieure à celle de l'attribution initiale, car elle représente la durée de vie complémentaire du gisement démontrée par les études. Il est complété par le droit à renouvellement dont l'explication est que les investissements consentis étant substantiels et la maîtrise de l'exploitation étant déjà avérée par le temps initial passé pour le mettre en valeur, il est plus judicieux de laisser le premier exploitant continuer à effectuer ses activités. La sujétion assortie à ce droit est que le titulaire du titre doit s'être soumis à toutes les obligations lui incombant. Ainsi, il doit avoir respecté la législation minière. L'opérateur contrevenant peut se voir refuser le renouvellement si son titre ne lui a pas été retiré (quand il était encore valide).

---

[558] *Ibid.*
[559] Art 8 et 44.
[560] Art 19.
[561] Art 11 de la loi n°2010/011, *op. cit.*
[562] Art 18 du Code minier.
[563] *Ibid.*, Art 48(2).

En tout état de cause, le législateur minier camerounais a prévu toute possibilité de déchéance ou le cas échéant, le renouvellement adossé sur le respect ou non de la réglementation par l'opérateur minier selon le cas.

Le renouvellement du titre minier en général et des permis d'exploitation devrait pousser les opérateurs à se conformer au réaménagement de 2010. Ayant acquis des titres avant cette date, ils pouvaient être des personnes physiques ou non camerounaises. Le problème est que la modification opérée en 2010 ne donne de droit à titrisation qu'aux personnes morales de droit camerounais. Des conflits peuvent effectivement naître de ce que, bénéficiant du droit à renouvellement, ils en soient démis du fait de leur nature étrangère avec un problème d'application rétroactive de ladite disposition. Pour éviter ce conflit, il leur reste à devenir des personnes morales de droit camerounais. Au-delà de la titrisation, la mise en valeur est également susceptible de donner lieu à contentieux.

B. Le contentieux de la mise en valeur

Par la mise en valeur, il est question non plus de rechercher, mais plutôt d'exploiter la substance de carrière ou minérale. Elle comprend d'abord l'extraction de substances utiles et toutes opérations directement ou indirectement nécessaires qui s'y rapportent[564]. Elle comprend aussi toutes les opérations rentrant dans le traitement et la commercialisation de la substance utile avant l'exportation. Les conflits à recenser interviennent par la violation du cadre opérationnel et des atteintes à la surveillance administrative.

1. La violation du cadre opérationnel

Avec l'obtention d'un titre d'exploitation, l'opérateur se retrouve de droit assujetti à un régime juridique qui détermine son champ d'action et la latitude qui est la sienne d'effectuer l'exploitation. La transgression de cet encadrement positivement déterminée occasionne le conflit dans la mise en valeur de la ressource minérale. Elle est donc une violation du cadre opérationnel.

Dans la phase de titrisation, le dossier indique les techniques de développement du gisement minier suivant les règles de l'art, la protection appropriée de l'environnement et un plan de gestion y relatif[565]. Pour l'exploitant, il doit se conformer au respect des règles d'extraction. C'est le cas de l'usage de substances explosives qui fait l'objet d'une réglementation bien détaillée[566]. L'autorisation lui est donnée pour une mise en valeur d'une ou de plusieurs substances particulières et dans une superficie et une profondeur prédéterminées. Le contentieux surgirait de l'extraction ou de l'exploitation de

[564] Art 2 de la loi n°2010/011, *op. cit.*
[565] Art 46 du code minier.
[566] NTEP GWETH (P), *Ressources minérales du Cameroun*, *op cit.*, pp.24-25.

ressources minérales autres que celles indiquées dans le titre[567]. À ce niveau, il est à indiquer que les titres d'exploitation formulent habituellement et expressément deux substances en ajoutant « et des substances connexes »[568]. Les permis semblent néanmoins donner le droit d'exploiter, soit les pierres précieuses, soit les métaux précieux, ou les hydrocarbures pour ne citer que ces catégories.

Cette disposition assimilée à une largesse réglementaire permet souvent aux bénéficiaires d'aller au-delà de leur cible minière initiale. Il s'agit d'un fourre-tout dangereux auquel il faut apporter des restrictions, car en réalité, dans l'intérêt de l'État, certaines substances minérales, parce qu'elles sont stratégiques, peuvent être protégées et être interdites de recherche ou d'exploitation. Certains pays ont déjà pris des mesures restrictives en ce qui concerne l'uranium, le béryllium, le thorium, le lithium, les terres rares, ou les minerais radioactifs[569].

Il est aussi imposé à l'opérateur de ne pas déborder le périmètre d'exploitation dont les coordonnées géographiques sont déterminées d'avance. Il en est de même de la profondeur de l'exploration. Car ce serait aller au-delà de l'autorisation. Il demeure possible que pour le renouvellement, les restrictions imposées à l'opérateur soient revues. C'est ainsi que le groupement des sociétés Addax petroleum Ltd et Tullow Cameroon Ltd a bénéficié d'une autorisation de forage d'un puits peu profond de 1500m et qu'au renouvellement, il leur a été permis d'aller jusqu'à 3000 m de profondeur[570]. Cette dérogation n'est pas possible pour l'exploitant de la mine artisanale dont le cadre de déploiement est rigide parce que spécifiquement détaillé par la loi. Il ne peut exploiter à plus de 30 mètres[571] et l'étendue ne peut être supérieure à quatre cents mètres carrés[572], le contentieux viendrait de 'l'outrepassement' de ce cadre opérationnel.

La violation des règles de protection de l'environnement est également concernée quand, à l'occasion de l'exploitation, le plan de gestion environnemental n'est pas respecté ou que des méthodes d'exploitation proscrites ou nocives sont employées. Elle peut être révélée grâce à la surveillance administrative.

567 Il s'agit uniquement des matières utiles qui sont les substances connues et dont l'exploitation est autorisée.

568 V. décret n°2003/077 du 11 avril 2003 portant institution d'un permis d'exploitation valable pour cobalt, nickel et substances connexes.

569 C'est le cas de l'Afrique du Sud, des RDC et RCA, ou encore de l'Angola.

570 Cf. SNH ; n°s ref : 803/SNH/DG/DEX/DEX-A/DPM/CE-gd/11, *op. cit.*

571 Art 27 du code minier.

572 L'autorisation s'étend sur 100 mètres sur cent et il peut obtenir quatre autorisations, à condition qu'elles portent sur des terrains contigus, art 26 du code minier.

2. Les atteintes à la surveillance administrative

L'opérateur du secteur minier bénéficie d'une autorisation d'exploiter non seulement un bien qui appartient à l'État à la base[573], mais également dans un terrain qui est également en principe propriété de la puissance publique. Cela conduit à l'admission de la surveillance administrative. Elle consiste au contrôle de l'administration sur le respect de la réglementation et des termes des permis et contrats relatifs à l'exploitation par l'opérateur.

La prérogative de surveillance est un droit pour l'État. Ce suivi de l'activité minière ne doit pour autant pas être une obstruction à la bonne réalisation de l'exploitation. De même, l'opérateur est tenu de pleinement collaborer avec l'administration. À cet effet, la surveillance administrative est déployée à travers un devoir d'information spontanée par l'opérateur ou sur demande de l'administration. Il est disposé que « *le titulaire d'un permis d'exploitation doit adresser à l'administration chargée des mines les rapports...* »[574].

- Un rapport mensuel détaillé sur la production, y compris les détails sur la quantité et la valeur des substances minérales ;
- un rapport annuel à partir de la date d'attribution du permis ;
- un rapport de bilan couvrant toute la période de l'exploitation[575].

Les deux premiers rapports sont confidentiels, ce qui est une mesure de sécurité pour l'entreprise, mais une atteinte à la transparence financière parce que ces documents permettent la certification d'une ressource financière de l'État ; surtout que cette confidentialité peut poser problème à des investigations juridictionnelles. Elle est en outre en déphasage avec les principes de l'ITIE à laquelle a adhéré le Cameroun.

De même, il est imposé à l'exploitant artisanal de fournir à l'administration chargée des mines des informations relatives à ses opérations[576]. Ces éléments permettent d'effectuer la surveillance administrative, et notamment par ces déclarations, il est aisé de calculer la taxe *ad valorem*. Quand l'opérateur ne s'y soumet pas, cela conduit à obstruction à la surveillance administrative qui est une source de contentieux. Les effets sont tels que le titre minier nouvellement acquis peut faire l'objet de renonciation, que le titre en fin de validité peut ne pas être renouvelé ou que l'administration peut même retirer ledit titre minier[577]. L'ensemble des conflits suggérés a des mécanismes de résolution dont la variété

---

[573] Sauf les substances de carrières qui sont la propriété du propriétaire du sol.
[574] Art 52(1) du code minier.
[575] *Idem.*
[576] *Ibid.*, Art 28(2).
[577] *Ibid.*, art 23(1).
V. aussi arrêté n°00547/MINIMIDT/SG/DMG/SDAM portant retrait d'un permis d'exploitation de carrière de pierre.

et les particularités renforcent la typicité de l'encadrement juridique de l'exploitation minière. Il revient, pour approfondir la question, de ressortir les prismes des conflits miniers.

CHAPITRE II

LES PRISMES DES CONFLITS MINIERS

Après avoir relevé que la mine ne connaît pas toujours dans son processus de mise en valeur un cheminement paisible, il est donc évident que les conflits miniers sont possibles. L'identification de leur nature a déjà été faite[578]. Pour autant, il faut essayer d'approfondir la question de l'identification. Sur ce point, et en tenant compte des prismes des conflits miniers, l'entreprise est, sans prétendre à l'exhaustivité, de systématiser les grands secteurs des conflits miniers.

À cet effet, plusieurs secteurs sont recensables. Ils ne seront pas tous abordés pour des raisons multiples. Il en est ainsi du côté géopolitique du conflit. À travers lui, il est nécessaire de retenir les questions de légitimité dans l'exploitation minière. Mais également de désigner les fondements de l'octroi d'un titre d'exploitation minière à une entreprise d'un État plutôt qu'à celle d'un autre. Il s'observe de plus en plus en Afrique que les entreprises asiatiques et en particulier, celles coréennes et chinoises, se voient attribuer des droits d'exploitation minière plus que les entreprises occidentales, dont celles françaises.

Ces choix des États africains, probablement d'ordre stratégique, peuvent donner lieu à des conflits avec les anciennes puissances coloniales qui se croient légitimement fondées à prétendre à la priorité de l'obtention de contrats miniers. Seulement, ces conflits, par leur nature, davantage politiques, ne seront pas abordés dans le cadre de ce travail.

D'autres secteurs sont plus attrayants pour le juriste. C'est ainsi que peuvent être identifiés le prisme développementaliste (section 1) et le prisme environnementaliste (section 2). Mais plus encore, la question doit être prolongée par l'endossement des responsabilités dans les litiges (section 3).

SECTION I : LE PRISME DEVELOPPEMENTALISTE

Le développement renvoie à l'action de se développer. En mettant de côté le développement durable qui a un caractère plus environnementalisme, le développement est pris ici sous le générique de la sortie de l'état de pauvreté. La perspective de l'exploitation minière en Afrique est de faire en sorte que grâce à la mine notamment, les États africains qui en regorgent puissent sortir de leur état de sous-développement[579]. Deux strates du développement sont concernées. Ce sont le droit au développement des populations locales

[578] Supra.

[579] La thèse développementaliste, telle que développée par Keba Mbaye, n'est pas à aborder dans son contenu en ce sens que le développement visé à travers l'exploitation minière ne préjudicie pas aux droits de l'Homme. Les deux vont de pair pour ne pas dire que le développement minier peut être la conséquence du développement des droits, l'inverse étant tout aussi possible.

(paragraphe I) et la contribution de la mine au développement national (paragraphe II).

Paragraphe I : Le droit au développement des populations locales

Précision a déjà été faite que les localités sont censées bénéficier de l'exploitation minière. Il ne s'agit pas strictement des périphéries, zones lointaines, éloignées du centre, des capitales politique et économique. Au contraire, les localités sont tout découpement territorial infra étatique où se déroule une activité minière génératrice de bénéfices pécuniaires. L'option est de justifier l'aspiration locale au développement par la mine (A) et de faire l'étalage des heurts, source de conflits (B).

A. La justification de l'aspiration locale au développement par la mine

Il est regrettable que la législation camerounaise ne fasse pas grand cas du développement par exploitation minière. Quand bien même le législateur relève ce droit, c'est pour surtout, non pas l'établir, non pas le légitimer, mais plutôt dire l'ouverture de compensation au bénéfice des populations locales.

En réalité, l'aspiration locale se fonde sur la part rétributive dans l'exploitation minière et la compensation des conséquences négatives de ces exploitations.

1. La part rétributive dans l'exploitation minière

La logique est que l'exploitation minière est source de revenus et que ces revenus doivent être redistribués. En effet, de nombreux métaux précieux sont utilisés dans la confection de bijoux de grande valeur. Plus encore, le secteur industriel et celui de l'armement utilisent des substances minières dans la fabrication de nombreuses choses. L'uranium, le fer, le zinc, le diamant, l'or, pour ne citer que ces métaux, sont donc précieux et sources de grands bénéfices. Par ailleurs, le pétrole ou encore le gaz fournissent un grand lucre pour la seule raison qu'ils sont rares et qu'ils constituent à l'heure actuelle les principales sources d'énergie à part l'énergie électrique et nucléaire.

Le propriétaire de la substance minière est donc supposé riche. À ce propos, la mine fait partie de la propriété publique, mais elle est bien située quelque part dans une localité. Quoique les populations locales n'aient pas fourni d'exploits particuliers pour avoir dans leur territoire un gisement minier, il est quelque peu injuste que le gisement découvert dans leur territoire ne leur profite pas directement. Deux destinations de la rétribution minière sont escomptées. La première est que le revenu minier bénéficie au territoire local. Dans ce cas, les infrastructures doivent être construites et la qualité de vie doit être améliorée par le reversement aux territoires locaux de subsides miniers.

En second lieu, les populations locales doivent pouvoir également en jouir. Ceci concerne un droit à l'emploi dans les entreprises minières dans l'optique de diminuer le chômage de ces populations. L'aspiration locale s'étend à la compensation.

2. La compensation des conséquences négatives des exploitations

La logique est que l'exploitation minière est cette fois-ci source de conséquences négatives et que celles-ci doivent donner lieu à compensation. Les textes environnementaux s'étalent plus sur la réparation alors que ceux miniers traitent de la remise du site en l'état. Ces objectifs sont plus des quêtes que des résultats qui seront forcément atteints.

En fait, le législateur a prévu une contrepartie à l'activité minière qui déborde le seul cadre environnemental. Il s'agit des droits à compensation : « Les populations affectées par une exploitation minière ont droit à une compensation. Le montant de la compensation sera prélevé sur la taxe *ad valorem* et sur la taxe à l'extraction des produits de carrière »[580]. Le texte n'est donc pas plus précis que ça sur ce qui est compensé. Néanmoins, il est recevable que la compensation est un dédommagement, c'est-à-dire une contrepartie reçue par celui qui a subi un dommage.

L'article 89(1) rend éligibles les populations affectées qui sont pour l'essentiel les riverains. En dehors des dommages causés à l'environnement, toute l'exploitation minière porte atteinte à la liberté de jouissance des riverains.

En effet, le droit d'aller et de venir peut s'en trouver entravé du fait d'une exploitation minière. Le risque de voisinage peut être détecté, les nuisances sonores et olfactives ne sont pas moins négligeables. Pour toutes ces raisons, il est amplement judicieux que le législateur ait créé des droits à compensation.

Au-delà de l'explication des droits à compensation se trouve leur nature. L'article 89 indique que les droits à compensation sont prélevés sur la taxe *ad valorem* et sur la taxe d'extraction. Très clairement, il est choisi de compenser en argent. Par exemple, la taxe *ad valorem* dans l'extraction de l'or est de 3%. Elle est de 8% pour le diamant. La taxe à l'extraction de l'argile est de 150 Fcfa/m^3. Elle est de 300 Fcfa/m^3 pour les pierres de carrières[581].

Comme en matière d'impôt, il s'agit d'une déclaration spontanée de l'exploitant. On n'est pas loin de la dissimulation de donnée constitutive de fraude. En plus, les localités ne reçoivent pas la totalité de la taxe à l'extraction et de la taxe *ad valorem*, mais juste une petite partie de ces taxes. Cela peut être un sujet d'achoppement.

---

[580] Art 89(1) de la loi n°1 du 16 avril 2001 portant code minier de la République du Cameroun.

[581] Art 144 et 142 du décret n°2002/648/PM du 26 mars 2002 fixant les modalités d'application de la loi n°001 du 16 avril portant code minier.

B. Les types de conflits

La prise en compte des compensations locales montre que les populations riveraines peuvent subir des dommages du fait de l'activité minière. Cette source conflictuelle doit être dépassée pour que le regard soit plus porté sur le non-respect du bénéfice local et la restriction du droit d'exploiter par les locaux.

1. Le non-respect du bénéfice local

La question n'est plus de rechercher si l'exploitation minière bénéficie législativement aux localités, mais de prendre la mesure du quantum de ce bénéfice et de sa réalité.

Concernant le quantum, c'est la quantité des droits de compensation reversés aux collectivités locales. Le législateur camerounais n'a prévu à cet effet que deux droits : la taxe *ad valorem* et la taxe à l'exploitation. Ce nombre de droits semble insuffisant. Les taux appliqués sont relativement sous-estimables. Surtout, seuls les montants prélevés dans ces taux sont reversés au titre de la compensation locale. Ce n'est donc pas la totalité de la taxe *ad valorem* par exemple qui est reversée, mais une petite part de cette taxe.

Par voie de conséquence, une grande quantité de richesses est extraite dans la localité, tandis que les populations ne bénéficient que d'une infime contrepartie financière. Assurément la modicité du droit à compensation est au Cameroun une difficile source de développement et peut constituer le creuset de revendications locales pouvant aller jusqu'à la contestation de la loi minière. Pour illustrer ces propos, il suffit de regarder les zones où se trouvent les gisements miniers au Cameroun. L'exemple de Bétaré Oya parle à suffisance puisque cette cité minière, fortement enclavée, est l'une des moins développées du Cameroun.

Quant à la réalité du bénéfice local, de nombreux conflits révèlent que les populations locales ne reçoivent pas toujours les droits de compensation créés à leur bénéfice. En Guinée Conakry, un soulèvement populaire a entraîné l'arrestation d'une cinquantaine de personnes dans le nord-est du pays. Le soulèvement faisant suite à la réclamation par la population du versement de la contribution d'une société aurifère au développement local. L'affrontement a alors opposé les militaires à la population.

Le recoupement de l'information fait par l'Agence France Presse disculpe la société aurifère qui se serait acquittée de la contribution au développement local imposée aux sociétés d'exploitation minière pour des investissements sociaux locaux. Par contre, ce serait le sous-préfet qui aurait détourné ces fonds versés au titre de centimes additionnels[582]. Ainsi, les conflits peuvent provenir de ce

[582] Cf. Jeuneafrique.com : Des dizaines d'arrestations après des heurts avec des militaires à Siguiri, consulté le 10 novembre 2013.

que les localités n'ont pas reçu leur dû. L'action en justice sera alors engagée contre l'État ou contre l'entreprise minière suivant le droit en vigueur.

2. La restriction du droit d'exploiter par les locaux

Le droit camerounais crée divers titres miniers. Parmi les opérations sujettes à titrisation se trouve l'exploitation artisanale. On parle d'exploitation artisanale quand les activités consistent à extraire et à concentrer des substances minérales en utilisant des méthodes et procédés manuels et peu mécanisés. L'exploitation artisanale est faite par les personnes physiques de nationalité camerounaise.

L'intérêt est porté au droit d'exploiter, pas parce qu'il est refusé, car il est bien reconnu aux Camerounais, mais parce qu'il est restreint quant aux locaux. Le Camerounais citadin est en général instruit, il sait lire et écrire et il peut dans une moindre mesure avoir les moyens pour légèrement mécaniser l'exploitation minière quand il est exploitant.

Par contre, le Camerounais rural est très peu instruit de sorte que les procédures d'acquisition de l'autorisation d'exploitation artisanale lui échappent, quand bien même il est au courant qu'il a besoin d'une telle autorisation pour mener une activité minière. Plus profond est son dénouement, car l'habitant des localités manque de manière criante des moyens pour mécaniser une exploitation minière. Seule l'exploitation manuelle lui est possible.

En fait, les gisements miniers sont habituellement découverts dans des lieux lointains et non dans les villes. Ces découvertes qui devraient être profitables aux populations locales s'accompagnent de conditions imposées à ces populations pour se lancer dans l'exploitation artisanale. La contrainte d'obtenir d'abord la carte individuelle de prospecteur, et ensuite l'autorisation d'exploitation artisanale reste impérieuse. À cela, s'ajoutent des contraintes d'ordre juridique, technique et financier[583]. Ces exigences font que l'exploitation artisanale apparemment offerte aux populations locales suit de nombreuses barrières au moyen desquelles les non-locaux tirent d'importants avantages.

L'effet pervers de l'inadéquation de la législation en matière d'exploitation minière est la clandestinité des exploitations minières villageoises. Ces mini-exploitants qui ne représentent aucun danger véritable, parce que peu outillés, devraient pourtant recevoir le soutien des pouvoirs publics, mais il n'en est rien. Conséquence, territoires locaux et populations locales manquent de traitements préférentiels dans le développement local par les exploitations minières.

Il est donc impératif de revoir les textes pour mieux conceptualiser l'exploitation minière artisanale. Cette exploitation est une opportunité pour

---

[583] Art 24 S de la loi n°1 du 16 avril 2001, *op. cit.*

l'Afrique, parce que bien formulée, elle stimule le développement local, limite les contestations et donc les litiges pouvant survenir au niveau local et permet le développement global à partir de la base[584]. Au-dessus du développement local, se trouve aussi le développement national.

Paragraphe II : La contribution de la mine au développement national

Parmi les conflits possibles, a été présenté le contentieux foncier et domanial. Il est disposé que la propriété du sol emporte la propriété du dessous et du dessus[585]. « Il peut faire au-dessous toutes les plantations et fouilles qu'il jugera à propos, et tirer de ces fouilles tous les produits qu'elles peuvent fournir, sauf les modifications résultant de lois et règlements relatifs aux mines… »[586]. Cependant, les mines appartiennent à l'État. Or, elles peuvent être retrouvées dans les dépendances du domaine national de première catégorie, voire dans la propriété privée. Dans ces cas, l'État les récupère au détriment des propriétaires du sol et à l'avantage de tous. Il est donc clairement choisi un développement minier de l'État par l'État et non un développement minier de l'État par les particuliers.

Quoi qu'il en soit, les axes privilégiés pouvant naître de la quête de développement national par l'exploitation minière sont le conflit générationnel (A) et la collision entre développement national et développement local (B).

A. Le conflit générationnel

Ce conflit a une provenance qu'il convient de présenter. Également, sa matérialisation formalisée par sa mise en œuvre attire l'attention.

1. Les bases du conflit

La Constitution camerounaise en son préambule énonce que le peuple camerounais est « résolu à exploiter ses richesses naturelles afin d'assurer le bien-être de tous en relevant le niveau de vie des populations sans aucune discrimination, affirme son droit au développement, ainsi que sa volonté de consacrer tous ses efforts pour la réaliser… »[587].

L'impératif est donc intensément exprimé. L'État camerounais affirme son droit au développement. L'État camerounais est résolu d'exploiter ses richesses naturelles. L'emploi des vocables « affirme » et « résolu » révèle un engagement de témérité. Le danger d'une expression impérieuse et urgente de la

---

[584] MBARANGA GASARABWE, « Exploitation minière artisanale : défis et opportunités », in 13e conférence et exposition sur le négoce et le financement du pétrole, du gaz et des mines en Afrique, centre International de conférence de Bamako, 10-13 novembre 2009, p.15s

[585] Art 552 C.civ.

[586] *Ibid.*

[587] Loi constitutionnelle n°96-6 du 18 janvier 1996, *op.cit.*

mise en valeur des ressources naturelles pour le développement est justement le conflit générationnel.

La cigale consommait à l'instant ce qu'elle trouvait, la fourmi conservait ce qu'elle trouvait. Ce récit permet d'entrevoir le problème de l'exploitation minière, quant aux générations existantes. Les conséquences environnementales sur les générations futures doivent limiter les pulsions explicatrices des générations présentes. De surcroît, une mise en valeur à l'extrême des richesses naturelles induit une carence de ces richesses pour les générations futures. Il est un fait, c'est que les richesses naturelles, les gisements ne sont pas sans limites. Au bout d'un temps d'exploitation, les gisements finissent toujours par tarir. Les générations présentes en auront profité, pourtant ces richesses ont une vocation transgénérationnelle. Mais alors, une forte exploitation présente conduit à pas d'exploitation à l'avenir.

Le dilemme est posé : qui privilégier ? La décision à prendre est déterminante parce que toutes les générations ont droit au développement et à la jouissance des richesses naturelles. Briser cet équilibre peut donner lieu à conflit.

2. La mise en œuvre du conflit

L'exploitation minière doit être un facteur de développement durable[588], c'est-à-dire qu'il doit ne pas être à l'avantage d'une seule génération.

Les techniques pour y remédier sont :

- étaler dans le temps, sur la base d'un calendrier, les exploitations minières ;
- effectuer une mise en valeur totale tout en créant un fonds dans lequel sont reversées certaines ressources destinées aux générations futures.

Cette dernière option est la plus viable, mais il est constaté que les États africains préfèrent plus les deux premières qui portent sacrifice des générations futures. L'État camerounais a tendance à ouvrir l'exploitation minière immédiate dès qu'un gisement minier est découvert. Au Tchad, la découverte puis l'exploitation pétrolière, avec la construction du pipeline Tchad-Cameroun, ont mis en avant cet épineux problème.

Les bailleurs de fonds ont proposé à cet État de l'Afrique centrale de créer un fonds des générations futures. Cette idée n'a pas emporté l'assentiment du très grand nombre pour qui l'on ne saurait sacrifier les générations présentes pour celles futures. C'est alors que la loi tchadienne de 1991 prévoyait d'allouer

---

588 BONNI CAMPBELL, « *L'exploitation minière comme moteur du développement en Afrique : quelques enjeux soulevés par la révision des cadres réglementaires miniers* », in Exploitation minière et développement durable en Afrique, conférence internationale des 9-13 juin 2008 Conakry, 15p.

10% des revenus pétroliers pour la constitution d'un fonds des générations futures et placé dans un compte séquestre offshore à la City Bank. En fin 2005, le Tchad unilatéralement décida de suspendre l'épargne qu'il effectuait pour ce fonds[589].

L'exemple tchadien montre la réserve des États miniers à penser aux générations futures. Il reste que les ONG, les organisations internationales et les différents autres acteurs de la société civile peuvent dénoncer avec succès devant les tribunaux les choix législatifs ou opérationnels en matière minière pouvant grever les intérêts des générations futures. Un autre conflit est l'opposition entre le développement national et développement local.

B. La collision entre développement national et développement local

Le regard qui y est jeté doit affronter le postulat de la difficile collision qui doit pour autant être dépassé par la réalité qui n'est rien d'autre que la possible collision.

1. L'idée de la difficile collision

Le préambule constitutionnel déjà exposé indique que l'exploitation des richesses naturelles doit se faire au bénéfice de tous[590]. À cet effet, il y a répartition entre l'État et les collectivités territoriales publiques dans le bénéfice de l'exploitation minière. Le législateur est allé jusqu'à prévoir le bénéfice local dans toute exploitation de substance minière. Cela fait que si l'État a une quote-part, les localités ont aussi la leur, ce qui est supposé résorber tout conflit. D'ailleurs, les revenus obtenus de l'activité minière sont au niveau de l'État intégrés dans le budget général. Les chapitres de ce budget sont l'investissement et le fonctionnement.

Dans le fonctionnement, un agent public en service dans une localité est payé par le budget de l'État. De même, les différents projets relevant de l'investissement public sont réalisés dans les localités et sont rémunérés par le budget étatique. La jonction de ces éléments amène à voir que les collectivités locales, dont celles ayant des gisements miniers, bénéficient par décision de la loi d'une partie du revenu minier grâce aux droits à compensation. Ces développements donnent également à voir que l'État va diffuser l'utilisation de son budget sur l'ensemble du territoire national et donc dans les localités minières aussi. Il pourrait donc ne pas y avoir conflit. Or, la réalité est tout autre.

---

[589] EKOBENA (F.E), « Stratégie de développement : le cas du pipeline Tchad-Cameroun ? », UQAM, collaboration spéciale, juin 2008, 38p.
[590] Supra.

2. La réelle possible collision

L'opposition est faite entre l'intérêt local et l'intérêt national. Il revient alors la sempiternelle question du bénéfice local des revenus locaux. Le problème s'est souvent posé en matière de régionalisation et de décentralisation. En effet, les richesses ne sont pas équitablement réparties sur le territoire national. La bonne fortune fait que les uns aient du diamant, du pétrole, de l'or quand les autres sont dépourvues de richesses naturelles. Il va sans dire que les territoires qui bénéficient de richesses naturelles ont souvent tendance d'omettre toute répartition de ressources provenant de « leur » richesse. Aussi toute péréquation dans la répartition des revenus miniers peut-elle donner lieu à conflit. C'est l'une des raisons pour lesquelles l'État camerounais n'a pas inscrit dans les lois portant sur la décentralisation, la compétence minière[591].

L'activité minière est donc non transférable, ce qui, dans une certaine mesure, permet de limiter les litiges et les disproportions de richesse entre territoires locaux. Un autre prisme bien important est lié à l'environnement qui est également un foyer de conflit dans l'exploitation minière.

SECTION 2 : LE PRISME ENVIRONNEMENTALISTE

Tel que présenté[592], l'environnement occupe une place des plus importantes dans la protection de la société et partant, dans l'exploitation minière. Il s'avère en effet que la mine est intégrée aux ressources naturelles ; davantage même, elle est partie intégrante des ressources naturelles. Cela conduit à dire qu'en prélever c'est agir sur des éléments environnementaux. Mais la mine est nécessaire pour l'existence[593] et l'est encore plus pour l'économie. Par voie de conséquence, autant son exploitation est une nécessité logique, autant cette exploitation ne doit pas être un coup de boutoir au reste de l'environnement.

Le conflit est généré sur plusieurs marges. Davantage, il faut s'intéresser aux problèmes des aires protégées (paragraphe I), puis à un autre encore plus visible et qui correspond aux problèmes des nuisances rejetées (paragraphe II).

Paragraphe I : Le problème des aires protégées

Tout un arsenal de mesures est pris au Cameroun sur la question de l'environnement. Leur cohérence d'ensemble provient de la destination commune : la quête de conservation de l'environnement et l'édiction de répressions quand il y est porté atteinte. C'est dans ce sens que « toute activité d'exploitation minière...doit se conformer à la réglementation en vigueur relative à la protection et à la gestion de l'environnement »[594]. Aussi des espaces

[591] Loi n°2004/17 du 22 juillet 2004 portant orientation de la décentralisation.
[592] Supra.
[593] C'est le cas des ressources en eaux minérales ou encore du gaz.
[594] Article 118 du décret n°2002/638, *op.cit.*

géographiques particuliers par la présence de « biens environnementaux » à protéger font-ils face à l'exploitation minière. C'est alors que survient la juxtaposition des intérêts environnementaux et économiques (A) dont l'équilibre peut être rompu avec des oppositions d'intérêts conséquentes (B).

A. La juxtaposition des intérêts environnementaux et économiques

Les aires protégées regorgent fondamentalement d'intérêts environnementaux. Cependant, il peut y être retrouvé quelques intérêts économiques qui varient en fonction des ressources recensées.

1. Les intérêts environnementaux : l'intégrité des aires protégées

Les questions environnementales sont aujourd'hui indiquées au fronton de la protection de l'humanité. C'est que l'environnement est constitué de nombre d'espèces et éléments intégrés dans le patrimoine de l'humanité. Il n'appartient pas seulement aux êtres humains d'aujourd'hui, mais également à ceux de demain. Il est dès lors pris en compte la durabilité. Elle consiste à prendre des mesures en vue de permettre aux générations futures de jouir également du patrimoine environnemental[595].

Une autre facette est de considérer l'environnement comme un tout agissant dans la résorption des effets néfastes des activités humaines. Dans ce cas de figure, il faut tenir compte de l'importance des forêts dont l'existence aide à contenir l'émission des pollutions atmosphériques surtout en participant au recyclage « des gaz carboniques ».

Plus à considérer est la protection des espèces vivantes. Il est mis en avant que, être humain, faune, flore et tout autre élément de la nature forment une chaîne. En retirer un maillon peut briser l'harmonie d'ensemble. Cela a conduit le législateur camerounais, en application des conventions internationales, à créer des aires protégées. Il s'agit d'espaces où des espèces de flore ou fauniques à l'importance avérée, voire menacées, se trouvent. Des aires protégées sont en général naturellement constituées, mais des fois, elles ont un caractère artificiel parce qu'ayant été mises en place en grande partie par des êtres humains. Il est recensé pour la faune de nombreuses aires protégées :

- les parcs nationaux ;
- les réserves de faune ;
- les zones d'intérêts cynégétiques ;
- les Game-ranches appartenant à l'État ;
- les jardins zoologiques appartenant à l'État ;

595 On restreint les utilisations d'aujourd'hui au bénéfice de la jouissance des populations de demain.

- les sanctuaires de faune ;
- les zones tampons.

En dehors de la faune, il existe des aires protégées pour la flore, ce sont :

- les réserves écologiques intégrales ;
- les forêts de recréation ;
- les forêts d'enseignement et de recherche ;
- les sanctuaires de flore ;
- les jardins botaniques ;
- les périmètres de reboisement.

L'ensemble de ces espaces est constitué d'aires protégées[596] qui relèvent toutes du domaine privé de l'État.

Les aires protégées sont donc sujettes à garantie, ce qui fait que même l'exploitation minière ne peut déroger à la protection desdits espaces. D'ailleurs, il est clairement disposé : « la protection de la nature, la préservation des espèces animales et végétales et de leurs habitats, le maintien des équilibres biologiques et des écosystèmes, et la conservation de la diversité biologique et génétique contre toutes les causes de dégradation et les menaces d'extinction sont d'intérêt national. Il est du devoir des pouvoirs publics et de chaque citoyen de veiller à la sauvegarde du patrimoine naturel »[597].

Il est dès lors perceptible que l'environnement est une donnée non négligeable et que son caractère conservatoire est aux antipodes du caractère économique qui se retrouve dans l'exploitation minière.

2. Les intérêts économiques : l'exploitation minière

Le préambule du texte constitutionnel comporte dans ses toutes premières énonciations l'impératif développementaliste. Il y est clairement proclamé l'exploitation **due** des ressources naturelles faisant en sorte que celles-ci contribuent au développement économique du Cameroun. Il n'est pas discutable que les mines, quelles qu'elles soient, sont des sources de revenus pécuniaires estimables. Les ménages domestiques en ont besoin, c'est le cas des ressources naturelles en hydrocarbure. L'industrie a également besoin d'elle en tant que source d'énergie et matière première.

---

[596] Article 24 de la loi n°94/01 du 20 janvier 1994 portant régime des forêts, de la faune et de la pêche.

[597] Article 62 de la loi n°96/12 du 05 août 196 portant loi-cadre relative à la gestion de l'environnement.

Sans être exhaustif, le potentiel minier et son apport stratégique dans le développement de l'État ont pour conséquence d'en faire une quête encore plus importante pour ne pas dire supérieure aux objectifs environnementaux[598]. Au demeurant, il est pourtant nécessaire de rendre les deux intérêts compatibles, mais ce qui apparaît le plus c'est l'éventuel conflit provenant des conséquentes oppositions.

B. Les conséquentes oppositions

À ce niveau, deux formes de litige peuvent être perçues : l'une des formes est environnementale et l'autre forme est pour sa part économique.

1. Le litige environnemental

Son postulat est qu'il ne doit pas être porté atteinte à l'environnement. De ce seul fait, les aires protégées doivent demeurer inviolées, ce qui interdit toute activité minière dans lesdites zones.

S'agissant de la protection des atteintes contre l'environnement, il est demandé de réaliser des études d'impact environnemental. Et c'est dans ce cadre que la législation portant sur la faune et sur la flore, tout comme la loi-cadre de l'environnement et les différentes lois en matière minière, prescrit des études d'impact environnemental. De plus, un décret de 2005 vient en fixer les modalités[599]. Ce texte a été remis au goût du jour par un décret de 2013 sur le même objet[600]. Le nouveau texte est élargi à l'impact social, mais il n'empêche que l'impact environnemental est revu. Seulement, il faut souligner que l'étude d'impact ne bloque pas le projet, mais va juste conditionner la réalisation à la compensation. Ainsi, le coût environnemental y est déterminé et le pouvoir de le prendre en charge établi.

L'inviolabilité des aires protégées est le second pan de la préoccupation. Il est révélé que même l'étude d'impact négative n'est pas une garantie contre l'exécution du projet. Il aurait pu être imaginé, qu'érigé en aire protégée, un tel espace ne serait pas sujet à exploitation minière. Le titre qui y est consacré dans le code minier parle de zone d'interdiction ou de protection ; on est alors tenté de croire que toute opération minière y est alors interdite. En réalité, il est disposé qu'aucune prospection, recherche ou exploitation ne peut être faite sans autorisation des autorités compétentes[601]. Le texte énumère à cet effet les parcs nationaux, les parcs faisant l'objet d'une convention internationale, les réserves

[598] LEMIEUX (E), « Perou : défis du développement local en région minière » in Focal archive.
[599] Décret n°2005/05/77/PM du 23 février 2005 fixant les modalités de réalisation des études d'impact environnemental.
[600] Décret n°2013/0065/PM du 13 janvier 2013 fixant les modalités de réalisation des études d'impact environnemental et social.
[601] Article 62 de la loi n°1 du 16 avril 2001 portant code minier.

des faunes, les forêts classées, les zones faisant l'objet de préservation de l'environnement[602].

À l'analyse de cette disposition, il apparaît que l'exploitation n'y est pas interdite, mais qu'elle n'est possible qu'à condition d'obtenir une autorisation. Ce dispositif est inutile parce que même dans les zones non protégées, aucune activité minière ne peut avoir lieu sans autorisation préalable.

Deux sources de conflit sont possibles : la première fait intervenir les protecteurs de l'environnement qui s'érigeraient contre la délivrance des titres miniers dans les aires protégées. La seconde source, de caractère juridique, concerne la répression des activités minières clandestines dans les aires protégées[603]. Elle oppose le protecteur État aux exploitants clandestins. L'État peut sévir tandis que les clandestins peuvent exciper des titres contestables. L'ensemble étant susceptible de conduire au litige économique.

2. Le litige économique

Sa substance est l'exploitation de la ressource minière dans une ère protégée. Le principe est qu'il est interdit d'exploiter dans ces aires, sauf à obtenir une autorisation. Il a été démontré que l'exploitation minière a un impact sur le développement des populations locales. Ces populations, tout en souhaitant l'exploitation minière peuvent, en tant qu'habitants de ces zones, prétendre à l'exercice artisanal de l'exploitation minière. L'hypothèse est alors de voir en l'érection d'un espace en aire protégée, une barrière aux légitimes aspirations des autochtones à leur développement économique.

Certes, toute conservation d'aire protégée génère des ressources, mais elles ne sont pas estimables. Ainsi, les droits à verser pour obtenir des permis de chasse et les revenus du tourisme sont moindres par rapport à ce que générerait l'exploitation minière. Les populations locales sont donc en droit, quand leur territoire érigé en aire protégée regorge de richesses minières, de réclamer des compensations. Au-delà du pan de problème conflictuel naissant des oppositions entre intérêts environnementaux et intérêts économiques dans les aires protégées, il existe aussi un problème lié aux nuisances rejetées (paragraphe II).

Paragraphe II : Le problème des nuisances rejetées

Le prisme environnemental met également en exergue la nécessité de maîtriser les dommages causés à l'environnement par toute activité de prospection, de recherche et d'exploitation minières.

---

602 *Ibid.*

603 Ex. : arrêté n°005550/MINMIDT / CAB/CJ du 12 novembre 2012 portant interdiction des activités clandestines dans les parcs fauniques et aires protégées du territoire national.

Les nuisances sont rejetées, ce qui fait que si l'exploitant cause un dommage au site, il est tenu, après l'exploitation, à la remise en l'état. Pour autant, il existe un impératif de précaution contre les nuisances (A) qui est lui-même justifié non par les conséquentes nuisances résorbables, mais plutôt par la profondeur des nuisances (B).

A. La précaution contre les nuisances

Malgré qu'il soit reconnu que l'exploitation minière est une nécessité pour le développement, il est requis que sa mise en œuvre se fasse tout en tenant compte des conséquences engendrées. C'est dans ce cas qu'il existe un cadre préventif et un autre qui est répressif.

1. Le cadre préventif : la précaution

Il est dit préventif parce qu'intervenant avant toute exploitation minière réelle. L'activité minière établie à partir de la prospection passe par la recherche, continue avec l'exploitation et s'étend à la commercialisation jusqu'à la remise en l'état.

La précaution existe avant l'exploitation minière tout au début, c'est-à-dire au stade de la prospection et de la recherche.

Le principe de précaution a toujours été sous-jacent à toute recherche scientifique. Il impose aux scientifiques par conscience professionnelle de s'abstenir en cas de doute fort. L'extension de ce principe dans d'autres domaines dont celui environnemental et celui minier, est fait pour la première fois en 1992 à l'occasion de la déclaration de Rio en son principe 15 :

« En cas de risques, de dommages graves ou irréversibles, l'absence de certitude scientifique absolue ne doit pas servir de prétexte pour remettre à plus tard l'adoption de mesures effectives visant à prévenir la dégradation de l'environnement ».

La France est l'un des terreaux où ce principe s'affirme avec force. Dans la loi Barnier 1995, il est disposé que l'absence de certitude due à l'état des connaissances scientifiques et techniques actuelles ne doit pas retarder l'adoption des mesures effectives et proportionnées ayant pour objet la prévention d'un risque de dommage grave et irréversible acceptable[604].

Ce principe a été modifié dans son contenu par la charte de l'environnement de 2005 en lui donnant comme contenu le pouvoir de faire agir et d'obliger à ne pas agir face à l'incertitude. Certaines affaires ont montré l'option du juge à cet endroit[605]. Au-delà des divisions notionnelles, la précaution contient bien la

---

[604] Cf BOUTONNET (M) et GUEGAN (A), *Historique du principe de précaution*, Éditions Odile Jacob, Paris, 2000, p.253.

[605] Ce sont les exemples de l'affaire du sang contaminé et de l'affaire de la vache folle.

prudence et la prévention. Une théorie du risque en sort, amenant à constater que lorsqu'un danger fortement établissable est perceptible, il vaut mieux s'abstenir, être prudent[606].

Toujours en France se développe, vis-à-vis du principe de précaution, un litige lié au gaz de schiste. Pour sa compréhension, ce gaz encore appelé gaz de roche-mère est un gaz naturel contenu dans des roches argileuses riches en matières organiques. À la différence du gaz classique, le gaz de schiste est enfermé dans les porosités d'une roche imperméable. L'implication en est que son extraction est rendue difficile, il est alors fait recours à des méthodes telle la fracturation hydraulique.

Aux États-Unis ou encore au Canada, cette exploitation n'attise pas trop de contestations à la différence de la France. Dans ce dernier État, et au nom du principe de précaution, le gaz de schiste est mal perçu. Les arguments pour le combattre sont très nombreux. Il faut citer le bilan énergétique global et les émissions de gaz à effet de serre. À ce propos, l'exploitation du gaz de schiste donne à voir l'émission du méthane dans l'atmosphère lors de l'extraction et du transport, mais également du propane.

Par ailleurs, et concernant les techniques d'extraction, la fracturation hydraulique est condamnable ; elle peut avoir pour conséquence l'émission importante de gaz cancérogènes et aussi la contamination de nappes phréatiques s'étendant aux ressources en eau potable. Il est également regretté que cette exploitation soit porteuse de risques sismiques à côté de bien d'autres potentiels inconvénients[607]. De surcroît, le contentieux plus que probable a effectivement donné lieu à contestation devant le juge. Le Conseil constitutionnel français a pris une décision sur le gaz de schiste pour l'avenir. Sans annuler la loi de Jacob contestée, le juge constitutionnel retient la dangerosité de la fracture hydraulique, en mettant au-devant de la scène les principes de prévention et d'interdiction[608].

Ainsi, au nom de la précaution, l'exploitation minière peut être mise entre parenthèses. Cela est timidement consacré au Cameroun, mais mieux disposé dans un cadre répressif.

2. Le cadre répressif pour défaut de respect de la précaution

Il faut remonter à la loi-cadre pour suggérer au Cameroun la précaution. Assurément, les dispositions sur les études d'impact environnemental ont une

---

606 GORDARD (O), et autres, *Traités des nouveaux risques*, Éditions Folio actuel, 2002 ; v. aussi LARCENEUX (A), BEAUTELET (M) (dir.), *Le principe de précaution. Débats et enjeux*, Éditions de l'Université de Lyon, Sociétés, 2005.

607 V. Wikipédia.org.gaz de schiste, consulté le 19 janvier 2014.

608 Huglo (C) « Bien comprendre la décision du Conseil constitutionnel sur le gaz de schiste pour préparer l'avenir » In, actu-environnement.com, 14 octobre 2013.

relation avec le principe de précaution. Plus clairement, il est consacré une obligation de protection de la nature et une gestion rationnelle de celle-ci[609]. Il est même consacré un principe de prévention des risques[610] amenant à constater l'existence soupçonnable du principe de précaution en droit camerounais.

Davantage le caractère répressif est établi d'une part quant aux atteintes à l'environnement de manière générale et d'autre part quant à la non-observation d'un principe de précaution lisible. Tout projet dont celui minier peut voir ses initiateurs condamnés. Il en est ainsi de la non-réalisation de l'étude d'impact ou de sa mauvaise réalisation. Les méthodes d'exploration et d'extraction minière dangereuses sont également sanctionnées. La dégradation des sols et sous-sols, l'altération de la qualité de l'air et de l'eau, l'émission de pollution sont condamnées en vertu de la législation en vigueur[611]. L'État du Cameroun a d'ailleurs un dispositif régissant la protection des sols et sous-sols[612], mais également un autre sur la valorisation des gaz associés dont l'exploitation est limitée par l'émission de gaz à effet de serre et la norme de torchage imposée[613].

L'ensemble de ce dispositif fait admettre l'existence latente de la précaution en matière d'exploitation minière. Il s'agit aussi, et ce, de manière effective, de remédier à la profondeur des nuisances.

B. La profondeur des nuisances

L'activité de l'homme sur les mines engendre de profondes nuisances dont les conséquences doivent être exposées.

L'exemple type qui rentre dans l'angle du conflit sous un prisme environnemental est l'affaire du plomb au Nigeria[614]. Dans les faits, une activité **d'orpaillage** mal encadrée a eu pour conséquence une contamination grave au plomb au Nigeria, 2000 enfants ont ainsi été contaminés par du plomb provenant d'orpaillage provenant du plomb et plus de 400 en sont morts. La dénonciation est alors venue de l'ONG Human Rights Watch qui indique qu'il s'agit de la pire contamination par le plomb de l'histoire moderne ; leur rapport fait état de 3500 contaminations dont 400 décès. Ils ont été contaminés par exposition à la poussière de plomb pour ceux travaillant dans les mines[615] ou par les parents qui rentrent à la maison couverts de poussière de plomb[616].

---

[609] Respectivement article 62 et 63 de la loi-cadre du 05 août 1996, *op.cit.*
[610] *Idem*, articles 70 et 71.
[611] *Ibid.*, articles 77 à 90.
[612] Décret n°2011/2584/PM du 23 août 2011 fixant les modalités de protection des sols et du sous-sol.
[613] Loi n°2011/025 du 14 décembre 2011 portant valorisation des gaz associés.
[614] Lire Agence France Presse du 07 février 2012.
[615] Problème du travail des enfants.
[616] Problème des conditions de travail.

La contamination provient aussi quand le minerai contenant du plomb est broyé à la main ou à la machine[617].

Il est relevé dans le même État que l'activité minière conduit à la présence de certains métaux lourds dans l'environnement atmosphérique. Détection de l'acétate de plomb et du zinc a ainsi été faite à Lagos dans des écorces d'arbres[618]. La contamination peut également provenir de la consommation d'eau souillée par le plomb. La femme enceinte et l'enfant sont souvent les premières victimes. Le Cameroun n'est pas exempt de cette conséquence des plus profondes, il faut dire que les lieux où l'activité minière artisanale, et surtout l'orpaillage, se déroule ne font pas l'objet de contrôle sanitaire particulier. Mais la porosité du contrôle, la modicité des exploitants artisanaux et le laisser-aller pratiqué dans les méthodes d'exploitation peuvent donner lieu à de telles conséquences. C'est dans ce cadre que les ONG et diverses associations de personnes physiques interviennent pour garantir, voire contester l'absence de prévenance. L'un des effets induits peut être à l'occasion d'un litige, l'établissement de l'endossement de responsabilité (section III) du fait des dommages causés à l'occasion de l'exploitation minière.

SECTION III : L'ENDOSSEMENT DE RESPONSABILITÉ

La responsabilité s'appréhende comme étant l'obligation de réparer le préjudice résultant d'un acte ou d'une omission incombant à la personne responsable. Sa base fondatrice en droit est l'article 1382 du Code civil.

Cependant, l'intervention des personnes privées aux côtés de celles publiques, de même que la gravité des actes dommageables, donne lieu à une conclusion : responsabilité civile, responsabilité administrative, responsabilité pénale. Deux grands segments de la responsabilité sont répertoriés à savoir la responsabilité de la collectivité publique (paragraphe I) et l'autre, non des moindres, qui est la responsabilité des personnes privées (paragraphe II).

Paragraphe I : La responsabilité de la collectivité publique

Par collectivité, il faut entendre un ensemble homogène constitué ou incarné par les personnes physiques. Il s'agit d'un groupe uniformisé. En y ajoutant publique, il est mis en exergue non seulement son action à savoir la finalité de service public, mais également sa stature marquée par ses prérogatives exorbitantes. De manière directe, la collectivité publique est une personne morale de droit public. S'intéresser à la responsabilité de la collectivité publique à l'occasion de l'activité minière impose que le regard soit porté sur les vecteurs de la responsabilité (A) et de manière plus concrète, sur la mise en jeu de la responsabilité publique (B).

---

[617] Problème lié aux méthodes de travail.

[618] Cf. KAMSON (OF), Insidious pollution in urban environment ; Lead and zinc in tree barks in Lagos, African environment, vol5, n°17-18-19, pp.167-171.

A. Les vecteurs de la responsabilité

L'établissement de la responsabilité de la personne publique est tributaire de deux contingences. La première d'entre elles est non juridique tandis que l'autre contingence est juridique.

1. Les attraits non juridiques

En matière minière, les enjeux pécuniaires sont des plus considérables. Cela attise les convoitises et fait que la responsabilité de la collectivité publique ne soit pas seulement réduite à son aspect public. C'est ainsi que la légitimité des interventions de l'administration est sujette à caution et aussi que la rentabilité de l'exploitation minière peut donner lieu à contestation.

Concernant la légitimité des interventions de l'administration, l'un des problèmes qui se posent demeure sa validation par les populations. Il s'avère que ces dernières ne sont pas toujours consultées à l'occasion des projets miniers. Mais surtout, ces populations sont parfois en train de contester les initiatives prises et la gestion des revenus des exploitations minières. Il a été vu que les mines qui géographiquement coïncident avec les aires protégées intéressent les populations locales. Or, ces dernières devaient se soumettre à la législation étatique qui proscrit de telles exploitations dans lesdites aires. Au surplus, la décision d'entamer une exploitation ou encore l'option d'imposer un titre minier pour qu'il y ait exploitation artisanale peuvent conduire à de nombreuses contestations[619].

Un rapport du Programme des Nations unies pour l'environnement révèle que la gestion des ressources naturelles engendre très souvent des troubles sociaux. Il en transparaît que ces ressources aident au maintien de la stabilité tout comme elles peuvent donner lieu à des conflits armés sans oublier que leurs impacts économiques et environnementaux sont non négligeables[620]. De ce fait, il est plus qu'impératif de légitimer les projets miniers pour juguler les éventuelles contestations. Sur ce point, il s'agit de recueillir les avis des populations concernées, de signer des conventions profitables au grand nombre et de répartir de manière juste et équitable les revenus miniers. D'ailleurs, selon le Programme des Nations unies pour l'environnement, « depuis 1990, au moins 18 conflits violents ont été alimentés par l'exploitation des ressources naturelles. En fait, des recherches récentes suggèrent que 40% au moins des conflits au cours de ces soixante dernières années ont un lien avec les ressources naturelles »[621]. La théorie des droits légitimes intervient également à ce niveau.

---

[619] THOMAS (F), « Exploitation minière au Sud : enjeux et conflits », in *Publications*, cetri, 2013.

[620] PNUE, « Du conflit à la consolidation de la paix. Le rôle des ressources naturelles et de l'environnement », http ://www.UNEP.org, 2009.

[621] *Ibid*

En effet, en dehors de ce que les aspects liés à la légitimité ne sont pas très juridiques, il faut néanmoins préciser que cette question n'est pas totalement étrangère au droit. Il s'avère en effet qu'il est reconnu une théorie des droits légitimes en droit administratif. Elle postule que tout préjudice, sans réelle incidence économique, mais qui résulte d'une atteinte portée à des droits légitimes, peut être soumis au juge[622]. Ce sera le cas de ce justiciable qui saisit le juge administratif, car ayant découvert à la surface de sa propriété foncière des pierres précieuses et s'insurgeant de ce que face à son légitime droit de propriété, le législateur n'a reconnu comme seul propriétaire des mines que l'État.

Les textes peu incitatifs peuvent aussi engendrer une responsabilité de nature politique. Le préambule conditionnel énonce en effet que l'État doit prendre toutes les mesures nécessaires au développement national. Étant donné que les ressources naturelles sont un facteur essentiel de développement, le minimum est de mettre sur pied un droit minier favorable à l'investissement. La négligence d'une telle initiative est de nature à donner lieu à sanction politique à l'occasion du renouvellement des mandats des élus. Dans le cas spécifiquement camerounais, il est constaté une course vers l'incitation. C'est ainsi qu'un code d'incitation des investissements miniers est en projet[623]. Au demeurant, la responsabilité est aussi bien morale que juridique.

2. Les attraits juridiques

Tandis que les aspects liés à la légitimité et aux conséquences politiques ont très peu de chances de prospérer devant le juge, il est des remises en cause des exploitations minières qui sont entièrement recevables.

L'ouverture du prétoire conduit à la mise en jeu de la responsabilité conditionnée elle-même par l'existence d'un préjudice. Il est un truisme qu'il n'y a pas responsabilité sans préjudice[624] Du reste, la responsabilité juridique des auteurs de préjudices n'est admissible que si le préjudice présente les caractères suivants.

Le préjudice doit être direct : cela signifie qu'il fait un lien de causalité immédiat entre le préjudice et l'action de son auteur. En l'absence de ce lien direct, le juge ne devrait pas faire droit à l'action de réparation.

Le préjudice doit être spécial : cette exigence propre à la responsabilité devant le juge administratif indique que seuls les préjudices anormaux sont pris en compte.

---

[622] CE, 7 mars 1934, Abbé Belloncle.
[623] *Cameroon tribune*, Quotidien bilingue n°1 /315/6515 du 04 avril 2013, p. 13.
[624] CE 17 juin 1953, ville d'Aix-En-Provence.

Le préjudice doit être certain : il s'agit d'un dommage créé qui est effectif et actuel et dont les conséquences peuvent même s'étendre sur le futur. Il s'agit aussi de ne tenir compte que du préjudice évaluable en argent à présent. Sur ce point, le préjudice éventuel a souvent été rejeté[625]. Il faut en dire que le juge administratif camerounais dans l'affaire Mama Biloa a reconnu pour le cas de la perte de chance la possibilité d'indemniser le préjudice actuel[626].

Lorsque ces différentes conditions sont remplies, les recours peuvent être exercés devant les juridictions compétentes. Il convient de s'attarder pour les collectivités publiques, à la mise en jeu de leur responsabilité devant le juge administratif.

B. La mise en jeu de la responsabilité publique

Il est vrai que la collectivité publique peut voir sa responsabilité engagée devant le juge judiciaire, le cas du contentieux de la voie de fait et celui de l'emprise en sont des illustrations au Cameroun. Davantage, cette responsabilité est surtout établie devant le juge administratif. Il faut en présenter les bases et les recours possibles.

1. Les bases : la faute et l'absence de faute

La question de la faute est abordée dans la mise en jeu de la responsabilité de l'administration devant le juge administratif. Il faut en dire que, primitivement, c'est sur la base de la faute que la responsabilité a été établie. La présence de la faute a amené à distinguer la faute personnelle de la faute de service[627]. Cette distinction perd de sa pertinence au Cameroun, car l'état du droit amène à constater un constant endossement de responsabilité de la part de l'administration hormis des actes manifestement détachés de l'action administrative à l'exemple des actes de faits. Au surplus, il existe une stratification des fautes de l'administration. La faute lourde est dans ce cas comparue à la faute simple. La première, c'est-à-dire la faute lourde, est exigée lorsque les circonstances de l'action sont délicates.

Tandis que la faute simple correspond aux situations normales ou de carence d'action.

Au regard de la jurisprudence camerounaise, il est recevable de poursuivre l'administration devant le juge administratif en cas de faute minière. La faute naît de l'illégalité de l'acte posé par l'administration. Ainsi, un titre minier, irrégulièrement attribué à un exploitant au détriment d'un autre peut se voir contesté devant le juge administratif. De même, la négligence de

[625] CE 22 janvier 1986, Delle G ; CE 05 janvier 2001.

[626] CS/CA jugement n°54 du 29 août 2002, Mlle Mama Biloa Sandrine contre Université de Ngaoundéré.

[627] TC. 30 juillet 1873, Pelletier, T.C 5 mai 1877, Laumonnier Carriol.

l'administration dans l'attribution du titre minier ou dans son obligation de surveillance administrative[628] est de nature à générer une responsabilité. Généralement, le fait générateur de celle-ci reste la négligence qui est par exemple à la base de la pollution émise par l'exploitant minier et ayant causé un préjudice au requérant.

L'absence de faute fait aussi jouer la responsabilité de l'administration dans le contentieux minier de droit public. Le premier cas de figure est la responsabilité du fait des lois. Elle s'applique précisément dans l'hypothèse de la rupture de l'égalité devant les charges publiques[629]. Le préjudice doit être spécial. Pour cela, il doit présenter en caractère anormal pour justifier sa gravité. Il en est ainsi de la législation minière quand elle rompt l'égalité devant les charges publiques. L'exemple typique est l'érection d'un espace riche en minerais en riche aire protégée. La conséquence en est la diminution des aspirations des populations locales au bénéfice de l'exploitation minière.

Plus parlante encore est la responsabilité pour risque[630]. Il s'agit d'un dommage, même éventuel provenant de l'exposition à un danger créé à l'administration ou qu'il revenait à l'administration de faire cesser.

Le risque de voisinage est particulièrement visé[631]. Le fait en est que les activités d'exploitation minière sont l'occasion de l'émission de grande pollution. La menace sur la santé des populations riveraines est établie. Ainsi, la contamination des sols, l'émission des gaz toxiques, les nuisances sonores, sont autant de facteurs susceptibles de faire mettre en jeu la responsabilité de l'administration en ce sens qu'elle est responsable de la bonne conduite des opérations minières et de la sécurité des populations. Mais aussi, c'est bien elle qui a donné l'autorisation à l'exploitant minier, ce qui établit un lien de connexion.

2. Les recours : l'excès de pouvoir et le plein contentieux

Les hypothèses de ces recours ne sont pas exactement les mêmes. L'excès de pouvoir intervient dans le cas de l'acte administratif unilatéral quand le plein contentieux concerne surtout le contrat administratif.

L'administration minière passe de nombreux actes administratifs unilatéraux à l'occasion de la mise en valeur des substances minières. Elle prend des décrets, des arrêtés, des décisions, accorde des titres, suspend des exploitants, prend des décisions à l'encontre des autres…

---

[628] CS/CA, jugement n°84 du 26 juin 1986 Nkountchou Levi-Bord contre État du Cameroun.

[629] CE, ASS, 14 janvier 1938, société la Flevrette.

[630] Cour suprême, CS/CA jugement n°12 du 26 décembre 1991 Ondoua Atangana Paul contre État du Cameroun.

[631] CE 28 mars 1919 Regnault-Desroziers.

Tous ces actes sont des mesures décisoires qui peuvent, s'il y a irrégularité, être contestées devant le juge administratif. Les cas d'ouverture des recours sont : le vice de forme, l'incompétence, la violation de la loi et le détournement de pouvoir. C'est ainsi qu'un acte sanctionnateur, pris sans observation du principe de contradictoire, de la publicité ne comportant ni motivation ni signature[632] ou prise par une autorité qui n'en a pas l'habilitation, peut être annulé devant le juge administratif. Le plein contentieux est ouvert à l'occasion du contentieux contractuel. Il est à rappeler que de nombreuses conventions entre l'État et les entreprises privées fleurissent en matière minière. Il est possible que le candidat évincé à l'occasion de la passation du contrat saisisse le juge pour directement contester la validité du contrat[633]. Il n'est pas exclu que les résolutions, les ordres de service, les modifications unilatérales du contrat, le non-respect du cahier des charges soient autant de bases du recours dans le contentieux contractuel de l'exploitation minière. Il est donc visible que la collectivité publique peut se voir attraire devant le juge dans le contentieux minier. La responsabilité des personnes privées n'en est pas moins dégagée.

Paragraphe II : La responsabilité des personnes privées

À ce niveau, le contentieux déborde le cadre administratif et s'étend largement devant le juge judiciaire. En fait, il faut envisager d'une part la responsabilité des personnes privées face à l'État (A) et d'autre part la responsabilité des personnes privées face aux autres personnes privées (B).

A. La responsabilité des personnes privées face à l'État

Les bénéficiaires de la mise en valeur des mines ne peuvent pas voir leur responsabilité mise en jeu par l'État. Les personnes à qui il incombe exclusivement de rendre compte sont les exploitants. Ils font distinguer à ce titre les exploitants reconnus des exploitants illégaux.

1. Les exploitants reconnus responsables

Est entendue comme exploitant, toute personne bénéficiaire d'un titre minier, qu'elle soit physique ou morale. La législation minière impose aux dits exploitants de nombreuses obligations. Il en est ainsi de l'obligation faite de respecter le droit du travail. L'exploitant doit verser une caution qui est la garantie de la bonne exécution de ses obligations. Il repose sur l'exploitant une obligation de fournir des informations relatives à ses opérations d'exploitation et de prospection à l'administration. En cas d'expropriation, l'exploitant minier bénéficiaire doit verser à l'exproprié des indemnités d'expropriation.

L'ensemble de ces obligations, parmi tant d'autres, incombe à l'exploitant minier. L'administration d'État qui assure la surveillance de la bonne exécution

[632] CS/CA jugement n°44 du 25 janvier 1987 Nkoulou Thadée contre État du Cameroun.
[633] CE, Ass, 16 juillet 207, société Tropic, Travaux signalisation.

des obligations relevées peut unilatéralement prendre des sanctions pour manquement à l'encontre des exploitants miniers. En outre, il est imposé à l'exploitant un cahier des charges. Le non-respect des prescriptions ressortant dudit cahier devrait entraîner des sanctions administratives.

Ce cas révèle la forte possibilité de litige. L'administration pouvant sanctionner et l'exploitant jouissant du droit de se défendre de contester la sanction devant l'administration ou encore le juge.

2. Les exploitants illégaux responsables

Cette seconde catégorie est faite de personnes physiques ou morales ne bénéficiant pas de titre d'exploitation. Soit le titre minier est arrivé à expiration et n'a pas été renouvelé, soit l'exploitant s'est vu déchoir de son titre en cours d'exécution, car n'ayant pas respecté ses obligations, soit l'exploitant n'a jamais sollicité ou obtenu de titre minier, sont les cas de figure de l'exploitation illégale[634].

Les exploitants illégaux sont à considérer comme des exploitants clandestins. Ils peuvent voir leurs matériels et produits saisis par l'administration. De surcroît, leur responsabilité individuelle peut être engagée par l'administration devant le juge judiciaire. Ce recours à la juridiction judiciaire correspond d'ailleurs dans le contentieux minier à la mise en jeu de la responsabilité des personnes privées face aux autres personnes privées.

B. La responsabilité des personnes privées face aux autres personnes privées

Il existe deux catégories de personnes privées à savoir les personnes morales de droit privé et les personnes physiques. Toutes interviennent dans le long processus d'exploitation minière. Les unes sont bénéficiaires, tandis que les autres sont simplement des opérateurs économiques du secteur minier ou des groupes de personnes militant pour diverses causes en rapport avec le secteur minier. Leur responsabilité provient d'un préjudice qui peut être personnel ou collectif.

1. Le préjudice personnel

L'exploitation minière met concrètement en relation divers acteurs privés. Les uns peuvent subir des dommages provenant des interactions, des actes et des omissions des autres. Trois segments principaux du préjudice imputable aux personnes privées sont recensables. Ce sont : le préjudice en matière sociale, en matière civile et en matière pénale.

---

[634] Il est à souligner que le cas des exploitants titulaires de permis qui débordent la limitation matérielle et géographique de leur permis d'exploitation rentre dans la catégorie des exploitants reconnus.

En matière sociale, ce qui est particulièrement regardé, c'est le respect de la légalisation du travail par l'entreprise sociale. De nombreuses obligations incombent à ces entreprises[635]. Il faut citer les obligations liées à la sécurité et à la santé du travail. Dans ce cadre, l'entreprise minière est tenue de se conformer aux conditions d'hygiène et de sécurité sur le lieu du travail[636]. D'ailleurs, il est précisé que toute entreprise ou tout établissement de quelque nature doit comporter un service médical et sanitaire au profit de ses employés[637]. Cela amène à dire que l'entreprise minière non respectueuse de ses obligations vis-à-vis de ses employés peut voir sa responsabilité mise en cause par ces derniers.

En matière civile, la responsabilité est établie sur la base des articles 1382 et suivants du Code civil. Il y est disposé que tout fait quelconque de l'homme qui cause à autrui un dommage oblige celui par la faute duquel il est arrivé à le réparer. En fait, la responsabilité peut être contractuelle et opposer une entreprise minière à un sous-traitant ou encore l'entreprise elle-même ou ses biens meubles ou immeubles peuvent causer des dommages qui ne sont pas de nature pénale. Auquel cas le juge civil pourra en connaître. D'autres cas de responsabilité existent à l'exemple de la responsabilité du fait des produits défectueux[638].

En matière pénale, les infractions commises à l'occasion de l'exploitation minière sont également réprimées. La responsabilité pénale s'applique à celui qui volontairement commet les faits caractérisant les éléments constitutifs d'une infraction avec l'intention que ces faits aient pour conséquence la réalisation de l'infraction[639]. Il en est ainsi de l'opposition à travaux miniers autorisés[640], de la dégradation des espaces classés telles les aires protégées[641]. Et plus encore, un emprisonnement peut être infligé à celui qui détruit les mines, effectue des activités dangereuses, utilise des substances explosives sans autorisation[642]. *In globo*, l'activité minière qui est exécutée en contravention aux prescriptions de la législation pénale peut donner lieu à sanction devant le juge répressif. En dehors du préjudice personnel existe celui collectif.

2. Le préjudice collectif

Cette catégorie de mise en jeu de la responsabilité se particularise en ceci qu'elle n'est pas toujours mise en exergue par celui qui en a subi les conséquences ou encore que le dommage transcende le caractère individuel du

---

635 V. NYAMA (J.M), *Droit et contentieux du travail et de la sécurité sociale au Cameroun*, Presses de l'UCAC, édition 2012, 476p.

636 Art 95 de la loi n°92-007 du 14 août 1992 portant code du travail.

637 *Ibid.*, art.98.

638 Art 1386 s C.CIV.

639 Art 74 (2) CP.

640 Art 186.

641 Art 187.

642 Art 227s.

préjudice. Ces cas de figure sont fortement incarnés par l'action des groupes ou encore des personnes morales de droit privé. Les ONG sont particulièrement actives dans ce domaine. Ces dernières, défenseuses des intérêts des populations vont, sur le motif de l'atteinte à l'environnement, aux droits des minorités, à la législation sociale, etc., ester en justice[643] contre l'entreprise minière et l'État qui cautionne les préjudices causés à la collectivité. Lorsque survient un conflit dans le cadre de l'exploitation minière, recours peut être fait à un ensemble de mécanismes en vue d'y apporter solution.

[643] CE 26 décembre 1906, syndicat des patrons coiffeurs de Limoges.

CHAPITRE III

LES MÉCANISMES DE RÉSOLUTION DES CONFLITS MINIERS

L'encadrement juridique de l'exploitation minière est à explorer à l'intérieur du droit minier. Les litiges qui en surviendraient sont dénoués par les dispositions incorporées dans la législation minière.

Le droit minier se présente comme étant un ensemble de droits et obligations juridiquement déterminés, et se déployant dans le cadre des activités minières. Deux facteurs doivent ici être relevés : le premier a trait à la situation scientifique du droit minier, et le second à la nature des règles qui le constituent.

Il s'avère que le droit minier s'inscrit dans le cadre des disciplines de droit public. Les critères à relever sont : son objet et ses moyens. L'objet est la mise sur pied des règles devant régler le secteur minier. Ces règles sont fortement législatives et tirent leurs sources de la Constitution[644]. Le dispositif est également réglementaire et l'ensemble de cet encadrement démontre déjà l'intervention profonde de l'État à la confection de ce droit. L'objet du droit minier révèle également son assise dans le droit public parce qu'il s'agit de la normalisation aux fins d'optimiser la mise en valeur des ressources naturelles[645] qui sont considérées comme « la clé du développement de l'Afrique »[646].

Quant à la nature des règles constitutives des droits miniers au Cameroun, avant de les indiquer, il est à considérer que leur champ d'action couvre les relations entre personnes publiques, entre personnes publiques et personnes privées, et enfin entre les personnes privées. C'est davantage par ce dernier champ que les règles de droit privé sont convoquées ; la légère mixité de ce domaine de la science juridique est ainsi révélée. Cette observation a de l'influence sur l'appréhension des juges compétents.

L'exploration de la nature des règles révèle que le droit minier est fortement légiféré. Il serait même excessif de dire qu'il existe quelques règles d'origine jurisprudentielle ; hormis les exceptions soulevées notamment dans l'unité de gisement[647]. Pour autant, il n'y a aucune proscription juridique à ce que le juge façonne également le droit minier. Le problème réel qui se pose est la masse de contentieux miniers déférée devant le juge à l'occasion de sa fonction juridictionnelle[648]. L'observation fait apparaître l'existence de mécanismes de résolution variés et complexes dont celui juridictionnel est loin d'être le principe. Conséquence, le juge est peu saisi. Ce constat lisible dans les

[644] Infra.
[645] Préambule de la loi n° 96-6 du 18 janvier 1996 portant révision de la Constitution.
[646] UNION AFRICAINE, « Vision du régime minier de l'Afrique », AU/EXP/ CAMRMRD/2 (I), février 2009, p.2.
[647] Infra.
[648] Les juridictions sont parfois amenées à jouer d'autres fonctions que celle juridictionnelle.

mécanismes nationaux (section I) de résolution des conflits miniers apparaît sous le même visage dans les mécanismes internationaux (section II).

SECTION I : LES MÉCANISMES NATIONAUX

Le cadre national de la résolution des conflits miniers fait apparaître la coexistence de mécanismes variés. Ces juxtapositions sont liées, d'une part au type de conflit minier relevé et d'autre part à la multiplication des choix de modes de résolution offerts aux parties. Plus encore, la décision de suivre une option est rarement sanctionnée par l'interdiction alternative et simultanée d'une autre voie de recours. Cela est même peu discutable quand il est question de changer de mécanisme si une partie n'est pas satisfaite de la première solution. Ce changement qui fait en second lieu recours au mécanisme juridictionnel (paragraphe II) est dans certains cas la continuation du mécanisme de début qui est celui non juridictionnel (paragraphe I).

Paragraphe I : Les mécanismes non juridictionnels

Les conflits miniers mettent en avant des différends opposant un ou plusieurs investisseurs miniers à l'État ; les personnes publiques autres que l'État à l'État ; les différends faisant intervenir les riverains et ceux opposant les investisseurs miniers entre eux. Il pouvait être cité les différends mettant en jeu les intérêts divergents d'opérateurs d'États différents ou, même l'État du Cameroun à un ou à d'autres États limitrophes sur un gisement transfrontalier, mais ce cas de figure est beaucoup plus réglé par les mécanismes internationaux[649]. Par contre, à l'intérieur de l'État, le droit a prévu des formules de résolution uniquement ou majoritairement réglées par les dispositifs normatifs nationaux. Les mécanismes non juridictionnels en font partie.

Le recours aux procédures non juridictionnelles répond au réalisme et à la quête du meilleur juge[650]. Cette option allie l'équité, « *le juste et l'utile* »[651]. Elle permet de prévenir le contentieux et d'échapper au juge[652], et relève d'un règlement pouvant être qualifié d'amiable, du conflit minier. La classification fait apparaître les procédures sous maîtrise administrative (A), et celles qui peuvent concerner l'administration, mais dont la maîtrise lui échappe (B).

A. Les procédures sous maîtrise administrative

En matière de résolution des conflits miniers, les mécanismes non juridictionnels qui sont nombreux expriment la particularité de ce domaine du

---

[649]Infra.
[650] MORAND-DEVILLER (J), « *Les mécanismes non juridictionnels de protection des droits* », V. Zauf
-dev- refer. Org, 485.
[651] *Idem.*
[652] *Ibid.*

droit. Ils affichent la méfiance de l'office du juge dans le cadre de ses pouvoirs juridictionnels, mais permettent aussi d'éviter des résolutions longues et lourdes d'implications. De ces mécanismes, des procédures sont remises à la solution des autorités administratives. Ce sont en l'occurrence le recours gracieux et le recours hiérarchique.

1. Le recours gracieux

Comme pour le recours hiérarchique, le recours gracieux concerne le conflit minier dans lequel l'administration est partie ou tout au moins indirectement impliquée. Sa qualité de partie au litige fait qu'il y ait une présomption du caractère administratif du contentieux. Aussi s'applique-t-il un principe général de procédure administrative selon lequel le requérant a le droit de faire examiner sa demande par l'administration. Elle se traduit même par le droit, voire le devoir pour l'administration d'examiner ce recours et d'y donner réponse[653]. D'ailleurs, même son silence est interprété comme étant un mode de réponse[654].

En droit minier, le recours gracieux est prescrit quand l'administration est partie au conflit, ou quand elle a intérêt, c'est-à-dire que sans être partie, son intervention est rendue nécessaire par les implications mêmes du conflit. Le recours gracieux survient en général contre un acte déjà pris ou posé[655], son but est de trouver une solution satisfaisant à la fois les intérêts de l'administration et ceux du demandeur.

Pour autant, la formulation usuelle du recours gracieux est liée à la phase précontentieuse, car ce recours a pour but de lier le contentieux et est donc exercé dans cet objectif et beaucoup moins pour réellement contourner la juridiction. Toutefois, il existe des domaines dans lesquels le recours gracieux apparaît comme une procédure à part entière, même s'il peut servir de moyen pour la saisine du juge. C'est le cas en matière de marché public où le maître d'ouvrage et l'autorité chargée des marchés exercent un véritable pouvoir de décision[656]. C'est aussi le cas en droit minier. Deux parties opposées peuvent saisir l'administration « des domaines » d'une requête qui tient lieu de recours administratif pour qu'elle les départage[657]. Quand l'État est partie aux différends miniers, il est possible que la résolution se fasse par le moyen du recours gracieux parce que le législateur ouvre implicitement cette voie[658], et le cas est similaire pour le recours hiérarchique.

[653] MORAND- DEVILLER (J), *op.cit.*, p. 491.
[654] Ce silence équivaut à un refus d'aller dans le sens de la demande de la partie requérante.
[655] V.TEUBNER (G), *Le droit, un système auto poïétique*, PUF, 1993.
[656] Art 92 et 94 du décret n° 2004/275 du 24 septembre 2004 portant code des marchés publics.
[657] Il s'agit d'un litige foncier mettant en opposition les droits des propriétaires et l'exploitant minier. Cf. art 77 (3) du code minier.
[658] Art 113 du code minier.

2. Le recours hiérarchique

Le fondement juridique du recours hiérarchique est explicite, il s'interprète de l'article 113 du code minier. « *Le recours hiérarchique s'entend d'une réclamation adressée à l'autorité supérieure à celle qui a pris un acte* »[659].

Trois éléments s'en tirent :

- ce recours est tourné contre un acte pris. La demande sollicite donc un nouvel examen de la décision déjà prise[660] ; elle est une réaction et n'est pas exerçable à titre d'anticipation, car au préalable, il faut déjà un acte décisoire ;
- ce recours est une réclamation. Il vise à soulever le contentieux et à formuler une intervention dans le but de trouver une solution satisfaisante ;
- ce recours est hiérarchique. Son action incombe au requérant qui soumet le contentieux non pas à l'autorité qui a décidé, mais à son supérieur hiérarchique.

De nombreuses matières font du recours gracieux et de celui hiérarchique une formule de résolution des différends. C'est le cas des marchés publics[661] et du contentieux fiscal. Il en est de même pour le contentieux minier où l'ouverture à cette procédure est peu discutable au regard du pragmatisme affiché. À ce niveau, de nombreuses autorités interviennent. Le délégué régional reçoit le recours hiérarchique dirigé contre les actes du délégué départemental[662]. Le ministre chargé des mines reçoit le recours hiérarchique dirigé contre les actes posés par le délégué régional. Dans ce cadre comme dans les différends opposant deux ministères, le Premier ministre est habilité à recevoir et à résoudre les conflits dans le cadre du recours hiérarchique.

En effet, un acte litigieux peut émaner d'un ministre ou d'un délégué régional et être soumis à la solution des services du Premier ministre. C'est le cas d'une obstruction à l'exploration ou à l'exploitation minière, posée par un délégué régional du ministère chargé des forêts au prétexte qu'il s'agit d'une forêt classée ou d'une zone protégée[663]. Le ministre des Mines informé, et face à l'opposition du ministre de l'Environnement ou de celui en charge des forêts, il

---

[659] GUIMDO DONGMO (B-R), « *Le contentieux de l'exécution des marchés publics* », in *Le contentieux des contrats administratifs*, PAJ, Kribi, novembre 2011, p. 3.

[660] MORAND-DEVILLER (J), *op.cit.*

[661] Art 92s du code des marchés publics.

[662] C'est le cas de la contestation sur l'autorisation provisoire de prospection artisanale qui est délivrée par le délégué départemental. Art 37s du n°2002/648/p11 du 26 mars 2002 fixant les modalités d'application de la loi n°001 du 16 avril 2001 portant code minier.

[663] Cf. conflit sur le chevauchement des zones d'activités minières, d'exploitation forestière et de chasse ; P.M : réf n° B/ d-33/SG/PM du 07 mars 2011.

est d'usage de recourir à l'intervention du Premier ministre, ce qui est un recours hiérarchique différent des recours échappant à la connaissance de l'administration.

B. Les procédures hors maîtrise administrative

Des procédures non juridictionnelles de résolution des conflits miniers hors maîtrise administrative existent. Ainsi, que l'administration soit mêlée ou non au différend, la solution lui échappe, car c'est à un tiers autre, ou à l'issue d'une entente entre parties que le différend est solutionné. L'identification de ces procédures est préalable à la présentation du formalisme suivi.

1. Les mécanismes concernés

Le fondement général des mécanismes non juridictionnels est l'article 113 du code minier qui dispose notamment que les différends peuvent être réglés par les parties, même si cette disposition concerne au premier chef les oppositions entre investisseurs miniers et État. Au plan national, les mécanismes hors maîtrise administrative sont le recours à une autorité administrative indépendante, la médiation, la conciliation, la transaction et l'arbitrage.

- **Le recours à une autorité administrative indépendante**

Une controverse persiste et demeure autour de la nature de ce type d'organe, mais il est admis qu'il s'agit d'entités publiques dont l'un des critères prédominants est de ne pas être attaché aux catégories des entités de l'administration centrale ou décentralisée. Ce sont des organes de participation dont l'autonomie effective confère une latitude d'action. C'est le cas de la commission nationale des droits de l'Homme et des libertés[664]. En matière minière, la seule structure y apparentée est le CAPAM[665]. Si cette institution telle qu'amorcée acquiert éventuellement le statut de centre d'appui, son autonomisation sera marquée. Néanmoins, en l'état actuel, cette structure ne détient pas encore de prérogative en matière de règlement des conflits miniers.

- **La conciliation**

Ce mode de règlement des différends est une procédure visant à accorder les parties en opposition avant l'intervention d'une décision éventuellement contraignante. Répandue en droit social, la conciliation aboutit à la rédaction d'un procès-verbal sanctionnant l'accord ou non, des parties. En France, la conciliation s'instaure timidement[666], c'est un peu moins le cas au Cameroun, car la logique de transposition du droit public est celle de la position dominante

[664] Cf. loi n° 2004-16 du 22 juillet 2004 portant création, organisation et fonctionnement de la commission nationale des droits de l'Homme et des libertés.
[665] Supra.
[666] MORAND-DEVILLER (J), *op cit.*, p. 497.

de l'administration. Toutefois, il n'est pas à exclure, en vertu de l'art 113, que les parties désignent un tiers pour leur proposer une solution au différend né. De plus, le code pétrolier est clair sur la question puisqu'il prévoit expressément la possibilité de la conciliation[667].

- **La médiation**

À l'exemple de la conciliation, la médiation fait intervenir un tiers qui, ici, est appelé médiateur. Ce dernier devra proposer une solution au conflit. Non expressément prévue par les textes, la médiation peut tout de même être stipulée dans le contrat, tout comme un accord de médiation peut être constitué pour la cause[668]. Il demeure que la législation n'a pas institué un médiateur.

- **La transaction**

Elle désigne un accord entre deux parties, par lequel il est mis fin à une contestation née ou pour prévenir une contestation à naître sans recourir au juge[669]. La transaction peut être frappée de nullité du fait de la force obligatoire, de l'erreur de droit, de la violence et du dol[670]. La transaction, accord entre parties, peu formaliste, est une possibilité ouverte par l'article 113 du code minier (la loi portant régime de l'eau la prévoit en son article 21). Plus encore, le juge administratif du Cameroun a admis ce mode de règlement[671] en refusant de statuer au constat qu'une transaction a accordé les parties.

- **L'arbitrage**

Cette procédure est, en principe, interdite aux personnes publiques et en particulier quand le différend porte sur l'ordre public. Malgré son apparente opposition à la souveraineté de la justice institutionnelle, l'arbitrage a pris du relief à cause de sa simplicité, de sa rapidité et de la défiance que les opérateurs économiques ont vis-à-vis de l'office normal de la juridiction. Entre les personnes publiques, le recours à l'arbitrage n'est possible que s'il est autorisé par une loi. Par contre, quand la relation se fait entre la personne publique et la personne privée, l'arbitrage devient possible quand le contrat touche aux intérêts privés[672]. Entre personnes privées, la clause compromissoire est toujours admise. Le droit minier ouvre largement la possibilité à l'arbitrage national. Ainsi, quand l'opposition démarque deux parties dans l'activité minière, recours

---

[667] Art 115(2) du code pétrolier.

[668] KAUFMANN(L) et VOIROL (O) (coord.), « *Médiations, Hommage à Paul Beaud* », *Réseaux* n°148- 149, 2008, 436p.

[669] GUIMDO DONGMO (B.R), « *Le contentieux de l'exécution des marchés publics* », *op.cit.*, p.4.

[670] FORIERS (P.A), « *Aspects du contrat de transaction et du règlement transactionnel* », in *Les contrats spéciaux, formation permanente*, CUP, Liège 1999, p. 107.

[671] CCA, arrêt n°1090 du 27 septembre 1957, Aff. Evina Max contre État du Cameroun ; CS/CA / jugement n°26 du 23 février 1977, Moluh Seydou contre État du Cameroun.

[672] Comme pour réserver le contentieux de l'ordre public à la justice institutionnelle.

peut être fait à l'arbitrage national en vertu des dispositions législatives[673] ou, suivant les cas, en application de stipulations contractuelles. De même, la chambre de commerce qui notamment a des membres opérateurs miniers, peut créer des centres d'arbitrage[674], ce qui est une autre formule de l'arbitrage en droit minier.

2. La procédure suivie

Des modes de règlements alternatifs présentés, seule la médiation, faute de cadre institutionnel et de consécration formelle, semble non opérante. Pour le reste, les procédures dont il est question obéissent à un régime juridique reflétant une forte attraction de celles-ci pour les garanties de la procédure juridictionnelle.

Quand ces « juges alternatifs » sont constitués, leur formation révèle un souci d'indépendance. En effet, quand l'office n'est pas rempli par des juges de métier, il est confié à des centres d'arbitrage ou à des personnes ayant une autorité reconnue pour l'effectuer. L'impartialité des membres ou de cette autorité restant aussi une quête, voire un idéal pour les corporations, elle prend l'allure de formation paritaire pour éviter que des intérêts soient lésés.

Les droits de la défense y sont également effectifs avec la mise en œuvre d'une procédure contradictoire permettant aux parties de, chacune, présenter ses moyens et prétentions, l'office d'un avocat n'est pas exclu. La décision de l'autorité qui a connu du différend est motivée[675]. Seule la transaction, œuvre des deux parties n'est pas tenue de motivation, mais il est difficile d'envisager qu'une telle décision soit formellement dépouillée de motivation, surtout que ce serait anormal et faire preuve de naïveté pour les parties que de procéder ainsi parce qu'elles auraient été elles-mêmes à l'origine de la difficulté de saisir le juge, alors même que cette éventualité est également rendue possible.

Paragraphe II : Les procédures juridictionnelles

Les mécanismes de résolution des conflits miniers combinent les procédures non juridictionnelles à celles juridictionnelles. Le mode de règlement juridictionnel fait intervenir la juridiction qui est synonyme de tribunal[676]. La juridiction a pour rôle de dire le droit. Ainsi, elle statue sur les litiges qui lui sont confiés. Sa composition donne le privilège aux juges et ses décisions sont revêtues de l'autorité de la chose jugée ; autant de paramètres qui distinguent la

---

673 Art 17 (1), 77 (3), 113 du code minier ; art 115 (2) du code pétrolier ; art 8 (1) du code gazier de 2012 ; art 21 (2), 23 de la loi portant régime de l'eau.

674 Art 16 du décret n° 2001/380 du 27 novembre 2001 portant changement de dénomination et réorganisation de la chambre de commerce, d'industrie et des mines du Cameroun.

675 MORAND DEVILLER (J), *op.cit.*, p. 500.

676 GUILLIEN (R), VINCENT (J) et autres, *Lexique des termes juridiques*, 13e éd, Dalloz 2001, p.327.

juridiction institutionnelle des autres organes de règlement des conflits[677]. L'étude de la juridiction fait apparaître des ordres,[678] mais le contentieux minier n'est expressif, et ceci partiellement, que pour la compétence du juge judiciaire (B). Par contre, un voile couvre la compétence du juge administratif qui est pourtant impliqué dans le contentieux minier (A).

A. Le recours devant le juge administratif

La législation spécifiquement minière ne fait pas cas du pouvoir du juge administratif comme si ce dernier n'avait aucune compétence en la matière. Sous ce prisme, il faut rechercher la formulation de sa compétence pour pouvoir indiquer les cas de figure de son intervention.

1. La formulation de sa compétence

Quelquefois, les lois régissant des secteurs renvoient le traitement contentieux à la juridiction compétente. Cette indication laconique est moins précise que d'indiquer expressément la juridiction concernée. S'agissant de cet aspect, ni le code minier, ni le code gazier, ni même le code pétrolier et encore moins la loi portant régime de l'eau ne font nulle part mention de « juridiction ». L'impression que cela donne est que les conflits miniers ne peuvent être déférés devant le juge. Néanmoins, en présentant les sanctions pénales, il apparaît que le juge est indirectement invoqué.

Il y a donc un manque de formulation explicite de la compétence du juge administratif à connaître du contentieux minier. Certains législateurs y dérogent. Au Niger par exemple, il est clairement énoncé la compétence du tribunal administratif dans des litiges miniers[679]. Ainsi, « *les contestations auxquelles donnent lieu les actes rendus en exécution de la présente ordonnance sont de la compétence du tribunal administratif dans le ressort duquel se trouvent les travaux miniers* »[680]. En France, des règlements[681] et surtout le juge administratif formulent la compétence de ladite juridiction telle que ce fut le cas dans l'arrêt société Lanvin[682]. En l'espèce, cette société de traitement de substances minérales (chlorure d'ammonium) s'était vue retirer son autorisation par le préfet. Le contentieux concernait les décisions prises en matière d'installation classée qui est un contentieux de pleine juridiction. La société ayant saisi le Conseil d'État, la haute juridiction en a profité pour mettre directement en demeure cet exploitant de déposer une nouvelle demande

---

[677] *Ibid.*

[678] À savoir l'ordre administratif et l'ordre judiciaire.

[679] Art 110 de l'ordonnance n°93-16 du 2 mars 1993 portant code minier de la République du Niger.

[680] *Ibid.*, art 128.

[681] Ex : Décret n°2006-1624 du 16 octobre 2006 relatif aux vitamines, substances minérales et autres substances employées dans la fabrication des denrées alimentaires, art 6.

[682] CE, arrêt du 26 juillet 2011, société Lanvin S. A.

d'autorisation (en lieu et place du préfet habituellement compétent pour effectuer cette mise en demeure)[683]. La raison en était que l'exploitant n'était plus dans le cadre strict de l'autorisation qui lui avait été donnée.

Pour le droit minier camerounais, la formulation non faite n'empêche pas de se référer aux faisceaux d'indicateurs de la compétence du juge administratif en matière de conflits miniers. Ces faisceaux sont liés au cadre d'intervention du juge administratif.

2. Le cadre d'intervention

Le législateur nigérien pose un cadre spécifique dans le cadre général pour particulariser le contentieux administratif minier[684]. Dans le droit minier camerounais, il faut se référer au cadre normatif général et aux critères théoriques pour déterminer la sphère d'intervention du juge administratif dans le contentieux minier.

S'agissant du cadre théorique, la vocation du juge administratif est d'être le juge de l'administration. Ce critère organique fonde la présomption d'après laquelle le contentieux minier impliquant l'administration d'État ou toute autre personne publique devrait être de la compétence dudit juge. Il est aussi à rechercher si cette personne publique est dans une position d'autorité et si l'activité vise l'intérêt général[685].

Du point de vue positif, il est disposé que le contentieux administratif comprend : « *Les recours en annulation pour excès de pouvoir et, en matière non répressive les recours incidents en appréciation de légalité... Les actions en indemnisation du préjudice causé par un acte administratif, les litiges concernant les contrats ... Ou les concessions de services publics... les litiges intéressant le domaine public...* »[686].

C'est dans ce cadre qu'il faut retrouver le contentieux déférable devant le juge administratif en droit minier. Ainsi, quand il y a vice de forme notamment dans le contentieux de la titrisation, ou détournement de pouvoir, le juge administratif est compétent. Quand à l'occasion de l'octroi de titre, du retrait, du renouvellement, du contrôle administratif...il y a incompétence ou violation d'une disposition légale ou réglementaire, il s'ensuit la même conséquence. De même, les contrats miniers étant administratifs, leur contestation est soulevée devant la juridiction administrative[687]. Les règles procédurales usuelles

---

683 Cf. Juridique, 19 août 2011, Actu-Environnement. Com.

684 Supra.

685 AMSELEK (P), « *Le service public et la puissance publique, réflexions autour d'une étude récente* », A J, 1968, p. 492.

686 Art 2(3) de la loi n° 2006/022 du 29 décembre 2006 fixant l'organisation et le fonctionnement des tribunaux administratifs.

687 Sur l'ensemble de la question. Cf. OWONA (J), *Droit administratif spécial de la République du Cameroun*, Edicef, 1985, pp. 189-202.

s'appliquent ici, à l'exemple du recours gracieux préalable qui est un moyen d'ordre public. Le recours au juge judiciaire est également admis dans le contentieux.

B. Le recours devant le juge judiciaire

L'un des traits du contentieux minier est qu'il y est textuellement introduit la préalable tentative de règlement non juridictionnel. C'est en général quand l'une des parties n'est pas satisfaite qu'elle devra saisir le juge administratif ou judiciaire. Seulement, quand ces procédures alternatives ne sont pas prescrites par la loi ou la convention, le juge peut directement être interpellé. Le contentieux minier judiciaire relève davantage du juge répressif, et un peu moins du juge non répressif.

1. L'intervention du juge non répressif

Le juge civil a une compétence induite de la lecture des dispositions du code minier. Son intervention couvre plusieurs champs :

- les transactions sur les titres miniers donnant lieu à contentieux judiciaire quand les contestations sont soulevées notamment à l'occasion de la transmission, du nantissement, du gage ou de la saisie[688] ;
- les contestations foncières sont aussi concernées. Le contentieux oppose à ce niveau l'exploitant minier aux riverains avec des querelles sur l'emprise et la voie de fait[689] ; ou encore du règlement des dommages faisant suite à une déclaration d'utilité publique[690] ;
- les contestations en matière de protection de l'environnement. Elles surviennent quand l'opérateur minier est défaillant dans son obligation de se conformer à la législation en matière des eaux et forêts et de préservation du milieu et du rétablissement des lieux à l'achèvement de l'activité minière[691] ;
- les litiges entre exploitants quand ils ne sont pas d'ordre répressif sont également de la compétence du juge civil[692] ;
- le contentieux social lié aux relations de travail dans les entreprises minières relève aussi du juge civil.

Dans le principe, ces matières donnent d'abord classiquement lieu à la recherche de solutions amiables. Le contentieux social est en premier lieu soumis à l'inspection du travail ; les contestations foncières sont présentées

---

688 Art 20(1) du code minier.
689 OWONA (J), *op.cit.*
690 Art 69 s du code minier
691 Art 87 et 74(2).
692 *Ibid.*, Art 80 J 543-art 77.

devant l'administration des domaines[693] et les autres litiges font, en principe, initialement l'objet d'une tentative de résolution non juridictionnelle. L'intervention du juge judiciaire dans le contentieux minier apparaît donc comme la conséquence de l'échec de la procédure non juridictionnelle. Il dispose du pouvoir d'annuler, de rectifier et de valider les actes contestés, mais surtout, de réparer [694] en allouant des dommages et intérêts à la partie lésée dans le cadre d'un litige.

2. L'intervention du juge répressif

L'ouverture de la compétence du juge répressif dans le contentieux minier est liée à l'adjonction de dispositions pénales dans le code minier comme dans les codes sectoriels. Le cadre de dévolution de ses compétences est à la fois spécifique et général.

Spécifique, il est déployé dans l'ensemble de la législation minière nationale. Pour ne s'appuyer que sur le code minier, il est donné un pouvoir d'instruction aux officiers de police judiciaire, aux agents assermentés de l'administration des mines et aux agents commissionnés et assermentés de constater les infractions. À cette fin, ils procèdent aux enquêtes, saisies et perquisitions s'il y a lieu. Les procès-verbaux sont transmis au procureur de la République[695]. Pour l'essentiel, les mis en cause déférés au parquet sont punissables d'amendes et d'emprisonnement. Les amendes vont de cinq cent mille (500.000) à cinquante millions (50.000.000) de francs CFA et l'emprisonnement de dix (10) jours à cinq (5) ans suivant un ensemble d'infractions dont les textes miniers font clairement la précision.

En général, le cadre de dévolution des compétences du juge répressif dans le contentieux minier est également régi par le Code pénal. Il est d'ailleurs disposé que les dispositions pénales du code minier sont sans préjudice de celles du Code pénal[696], ce qui est un facteur cumulatif. En plus, il est rajouté les sanctions prévues par le code général des impôts, le code de l'enregistrement du timbre et de la curatelle[697]. Au titre de la répression pénale, le juge peut décider de la saisie et de la confiscation des instruments de travail et moyens de transport utilisés, et des substances minérales extraites illicitement. L'administration peut demander que la condamnation soit publiée et que l'interdiction de séjour soit prononcée. L'importance du secteur minier explique le caractère lourd des sanctions pénales et justifie aussi la pénétration de mécanismes non internationaux dans la résolution des conflits miniers.

---

[693] Art 77.
[694] V. art 76.
[695] Les rapports et avis de l'administration chargée des mines tiennent lieu de rapports d'experts.
[696] Art 110 du code minier.
[697] *Ibid.*, Art 108 (2).

SECTION II : LES MÉCANISMES NON NATIONAUX

La vocation du droit minier est d'encadrer un secteur qui regorge de plusieurs intérêts dont le moindre n'est pas l'aspect économique. Les substances minérales comme ressources naturelles sont des sources de richesse pour les États et attisent de nombreuses convoitises. Les éléments à exploiter doivent l'être de façon régulière pour éviter qu'ils ne participent à quelques efforts de guerre[698]. De même, ils touchent à la nature et le courant actuel est à la protection de l'environnement. En troisième lieu, il est requis aux États sous ajustement d'être dans une dynamique de transparence en matière minière[699] ; il y va de la sauvegarde des intérêts des bailleurs de fonds.

L'ensemble de ces vecteurs, rajouté à bien d'autres, fait que les droits de l'activité minière sont l'objet de l'encadrement juridique national et non national. L'effet logique est qu'à côté des mécanismes de résolution de conflits miniers nationaux se trouvent les mécanismes non nationaux. Ils se déclinent principalement en la compétence des juridictions non nationales (paragraphe I) et en la possibilité de recourir à l'arbitrage international (paragraphe II).

Paragraphe I : La compétence des juridictions non nationales

Cette question s'appréhende à deux niveaux tels que développés dans la présentation des sources du droit minier. Il y a une juxtaposition entre les règles proprement de droit international et celles dites communautaires. Cette duplicité entraîne la concomitance entre la compétence des juridictions communautaires (B) et la compétence des juridictions internationales en matière de contentieux minier (A).

A. La compétence des juridictions internationales

L'intervention du juge international dans la résolution des conflits miniers n'est pas classique parce que la souveraineté des États prescrit en général le recours au juge national pour les contentieux nationaux qui sont ceux concernant les nationaux [700], ou étant survenus dans le territoire national. En réalité, ces critères sont à relativiser, surtout en considération de l'attrait international des litiges miniers.

1. Les litiges concernés

Le juge international est compétent du fait du droit et des circonstances. Les bases de sa compétence doivent permettre, par la nature du droit ou la gravité des intérêts, de fonder son intervention.

---

[698] Voir le processus de Kimberley, infra.

[699] ESSAGA (S), « *La dynamique de transparence en matière pétrolière au Cameroun* », fpae. Net, pp.1-9.

[700] Personnes physiques ou morales.

Il est à observer que l'attribution de la compétence du juge non national est rarement nationale ; elle relève d'instruments juridiques externes. De même, reconnaissance doit être faite du caractère uniquement minier du contentieux relevé devant ce juge. Dans les faits, le contentieux présenté a plus souvent des aspects concernant parfois rarement le droit minier, même si des cas de conflits purement miniers sont recensés.

Les conflits ayant trait au droit de la mer peuvent être miniers. Suivant la convention de Montego Bay[701], il y a fragmentation (du droit) de la mer. Certaines zones sont sous la souveraineté de l'État[702] et d'autres lui échappent. Le contentieux peut naître de la circulation ou de l'exploitation. En droit minier, le contentieux de la circulation concerne l'acheminement des substances extraites ; le contentieux de l'exploitation est lié à l'extraction et au traitement. À l'exemple du régime juridique du plateau continental, le fond et le sous-sol, au-delà de la mer territoriale, sont sous l'exploitation souveraine de l'État. Il en est de même pour la zone économique exclusive ; toute obstruction à ce droit souverain est source de contentieux[703]. Également, toute activité minière en haute mer et dans la zone internationale des fonds marins et aux fins d'appropriation privée ou nationale conduit au contentieux.

La protection de l'environnement est un impératif dont le non-respect dans l'activité minière génère le contentieux. L'exemple est celui de la protection du milieu marin qui est en proie à la pollution dans le transport comme dans l'extraction des hydrocarbures. Cette pollution est soit chimique, soit biologique[704] et le conflit peut être porté devant la juridiction internationale.

L'implication du juge international au contentieux minier est donc prioritairement axée sur les aspects de droit international. Les oppositions sur les ressources minérales en partage dans le cas de l'unité de gisement[705], les conflits d'exploitation entre États côtiers ayant des ressources communes[706], ou encore l'extraction et la commercialisation de produits miniers sensibles, sont autant d'hypothèses qui requièrent souvent l'intervention du juge international[707] qu'il reste à désigner.

---

[701] Convention des Nations unies sur le droit de la mer de 1982 entrée en vigueur en 1994.

[702] Eaux intérieures et mer territoriale (cette dernière admet le droit de passage pacifique), les détroits internationaux et les eaux archipélagiques…

[703] CECCALDI(M), « *Aspects juridiques de l'exploitation du pétrole en mer* », Revue juridique *Neptunus*, p. 5.

[704] *Ibid.*, p. 6.

[705] Supra.

[706]Cf. AKOHOU (D.R), « *Exploitation pétrolière en mer et droit international : Aspects juridiques et environnementaux pour les États côtiers du golfe de Guinée* », in Programme de bourses de recherche, Nations unies- Fondation Nippone, 2007-2008, Oceans and Law of the sea, p. 151s.

[707]Il demeure que même si la saisine du juge international est possible telle que prévisible dans le processus de Kimberley, l'option est d'attribuer cette compétence au juge répressif national. Cf.

2. Les juridictions impliquées

Il n'existe pas d'instance juridictionnelle internationale dont la spécialité est de trancher les litiges en matière de contentieux minier. Les juridictions concernées sont donc généralement interpellées en la matière parce que leur champ de compétence contient des pans rattachés aux activités minières.

L'instance juridictionnelle de droit commun est la Cour internationale de justice. La qualité pour se présenter devant la cour est réservée aux seuls États[708]. Sa compétence est large, car elle connaît de « *toutes les affaires que les parties lui soumettent, ainsi qu'à tous les cas spécialement prévus dans la Charte des Nations unies ou dans les traités et conventions en vigueur* »[709]. C'est à ce titre que la Cour peut spécifiquement connaître du contentieux minier international. Un des aspects non éprouvés est le recours d'un État contre un autre qui, partie au processus de Kimberley, ne l'applique pas[710]. Un autre aspect est lié à l'unité de gisement. Celui-ci, éprouvé par de nombreuses décisions de cette juridiction[711] porte sur la propriété du gisement, les traits de son exploitation et les droits de l'État voisin[712]. Ce contentieux est une représentation des oppositions liées aux démarcations frontalières.

Le cas de la démarcation frontalière a justement opposé le Cameroun au Nigeria. Le recours présenté devant la CIJ [713] par l'État du Cameroun invitait à se prononcer sur la délimitation de la frontière terrestre et maritime[714] dans une zone au potentiel minier reconnu ; ce qui fait que des intérêts de souveraineté minière étaient induits dans ce contentieux.

D'autres instances juridictionnelles sont interpellées au cas où le contentieux minier touche à leurs domaines d'intervention. Le tribunal international du droit de la mer peut être cité au titre des conflits de l'extraction, du transport ou de la pollution. Il faut aussi, au niveau régional, compter avec la cour de justice de l'Union africaine dont la compétence n'est pas exclusive de contentieux minier[715] et ceci, sans avoir à recourir à une interprétation extensive de sa

---

art 30 (1) du décret n°2011/366/PM du 02 novembre 2011 portant création et fonctionnement du système de certification du processus de Kimberley en République du Cameroun.

[708] Art 34 (1) du statut de la cour internationale de justice.

[709] *Ibid.*, art 36.

[710] Ce cas de figure est également envisagé dans le cas de ressources partagées comme celles du golfe de Guinée.

[711] V. notamment : CIJ, Arrêt de la mer du Nord, 1969.

[712] BOUVET (J-P), *L'unité de gisement, op.cit.*, p.187s.

[713] CIJ, Arrêt du 10 octobre 2002.

[714] BILIGHA –BI-HOUNDOUL (P.I), « *L'exercice des droits fonciers par les ressortissants nigérians dans la zone à régime spécial transitoire de la presqu'île de BAKASSI* », mémoire de DEA en droit public, Université de Yaoundé II, 2010, pp. 2-3.

[715] Art 19 du protocole de la cour de justice de l'Union africaine, conférence de Maputo du 11 juillet 2003.

compétence. Les juridictions communautaires sont également concernées par des conflits miniers.

B. La compétence des juridictions communautaires

Le contentieux minier peut être présenté devant une juridiction communautaire. Ce qui est à préalablement indiquer est que cette compétence est incidente et implicite. Ainsi, à l'heure actuelle, les conflits relatifs à ce domaine se greffent à d'autres pour exister. En plus, cette présentation est davantage prospective pour l'intervention de la cour de justice de la CEMAC.

1. La Cour commune de justice et d'arbitrage

Cette instance, en abrégé CCJA, est un organe de l'OHADA. Ce cadre normatif lie plusieurs États de la sous-région et apparaît moins comme étant une communauté des États qu'un espace d'intégration juridique. Des États sans rapport frontalier, aux options politiques et même juridiques distinctes, ont mis sur pied un cadre d'harmonisation des droits pour notamment vivifier leurs économies et faire face à la compétitivité internationale ; le Cameroun en fait partie.

L'OHADA comporte des structures de délibération et de direction et un organe de contrôle et de sanction : la cour commune de justice et d'arbitrage. Le droit OHADA ne concerne pas directement le droit minier, mais la relation est possible parce que les activités minières ont des objectifs commerciaux et s'intègrent donc dans le droit des affaires s'agissant de l'exploitation et de la commercialisation.

De nombreux actes uniformes sont applicables aux activités minières par interprétation. Celui relatif aux sociétés commerciales, l'acte uniforme relatif au contrat de transport par route, aux sûretés[716]... ; en fait, tout acte uniforme couvrant un pan des activités minières d'un opérateur explorant ou exploitant au Cameroun.

La CCJA est une juridiction qui coiffe celles des États membres. « *La CCJA assure dans les États parties l'interprétation et l'application commune du présent traité des règlements pris pour son application et des actes uniformes...* »[717]. Dans sa compétence contentieuse, cette cour est seule compétente en cassation à l'exclusion des juridictions suprêmes nationales dans le domaine juridique uniformisé[718]. Il s'agit d'une supranationalité judiciaire[719] dans le droit harmonisé.

---

[716] Cf. DIOUF (S), « *L'intégration juridique en Afrique : L'exemple de l'UEMOA et de l'OHADA* », mémoire on line, Université Cheikh Anta Diop, 2005, pp.57-67.
[717] Art 14(3) du traité OHADA.
[718] SAÏD (1), « *OHADA : Le cadre juridique supranational de la cour commune de justice et d'arbitrage* (CCJA) », LEGAVOX. Fr, 31/07/2010.
[719] *Ibid.*

2. La cour de justice de la CEMAC

La communauté économique et monétaire de l'Afrique centrale a un cadre de mise en communauté des droits. Plus encore, il s'agit d'une communauté d'États qui a mis sur pied un ensemble d'organes devant instituer et garantir des politiques et des droits communs aux États membres comme le Cameroun.

Le secteur minier est concerné à travers la coordination des politiques nationales d'industrie et de transport, les instruments de libre circulation des biens, les politiques commerciales et les relations économiques avec les autres régions[720]. De nombreux pans concernent la politique communautaire en matière de fiscalité dont, obligatoirement, la fiscalité minière fait partie[721]. Cette mise en commun est d'une part politique par la mise en commun d'orientations, mais d'autre part juridique. Des règlements y contribuent aux côtés d'instruments telle la Charte communautaire des investissements. La cour de justice communautaire est requise pour garantir l'application du traité et des textes subséquents[722].

Au titre de sa compétence contentieuse, cette instance est appelée à trancher les litiges nés du non-respect des textes communautaires. Toute entrave irrégulière au transport des produits extraits dans l'exploitation minière, toute taxation irrégulière et tout acte pris par un État ayant une incidence sur le secteur minier et tendant à contrevenir à la réglementation communautaire peuvent faire l'objet de recours devant la cour de justice communautaire. Cependant, parmi les mécanismes non nationaux, il apparaît que les conflits miniers sont beaucoup plus traités par la voie arbitrale que par celle juridictionnelle.

Paragraphe II : L'arbitrage international

La résolution des conflits miniers résulte de la combinaison de mécanismes juridictionnels aux mécanismes non juridictionnels. Cette combinaison est tantôt alternative, tantôt cumulative. Elle est alternative quand une seule voie de résolution est ouverte. Elle est cumulative quand les deux voies se succèdent au gré de l'échec ou non du mécanisme non juridictionnel. Il en est ainsi dans la prise en compte de l'arbitrage international.

Il existe une variété de mécanismes non juridictionnels internationaux. Les parties peuvent effectivement décider de dégager librement elles-mêmes une solution à leur différend. Le principe de liberté est dès lors d'usage, car les parties ont le loisir de déterminer le lieu de règlement, les règles de procédure et

---

[720] Cf. CEMAC. Int.

[721] DIKOUME(AL), *La fiscalité pétrolière des États membres de la CEMAC, op cit.*, p. 179s.

[722] Art 48 de l'acte additionnel n°06/00/CEMAC-041-CCE-CJ- 02 du 14 décembre 2000 portant statut de la chambre judiciaire de la cour de justice de la CEMAC.

de fond applicables … Cette option est la transaction[723]. D'autres mécanismes existent à l'image des bons offices et de la médiation[724]. Il y a aussi l'arbitrage international qui est consacré en droit minier (A) et dont la mise en œuvre reflète le souci d'éviter les inconvénients du recours au juge institutionnel (B).

A. La consécration dans les différends miniers

L'arbitrage international est la procédure non juridictionnelle de droit commun applicable aux différends miniers. Pendant que les autres modes non juridictionnels sont ignorés, il y a explicitement une formulation positive du recours à l'arbitrage international au plan interne et par les textes internationaux.

1. La formulation nationale

La possibilité de recourir à l'arbitrage international en cas de conflit minier est consacrée au Cameroun. Cette œuvre n'est pas jurisprudentielle ou prétorienne, mais elle est celle des textes fondés sur le bon sens. Dans le conflit minier, les trois intérêts souvent divergents et créant les litiges sont ceux de l'opérateur minier, de l'État et des populations[725]. Quand les États sont parties au litige, il est de bon ton qu'ils fassent confiance aux juridictions institutionnelles. Mais la défiance des opérateurs miniers sur l'objectivité de ces juges et la célérité de la procédure amènent les États à souvent compromettre les projets miniers au regard des enjeux économiques.

La loi camerounaise de 1964[726] ne fait aucune évocation de l'arbitrage international. Cela se justifie par le contexte, car les modes alternatifs de règlement des conflits n'avaient pas encore pris d'envol sérieux, et étaient très peu connus contrairement à la situation actuelle. En plus, le cadre autoritaire du pouvoir politique est visible dans ce texte qui ne prévoit nulle part de possible contentieux, sinon le pouvoir unilatéral de l'État de sanctionner l'opérateur minier.

Dans cet ordre d'idées, il faut noter que la réglementation actuelle consacre explicitement l'arbitrage. Suivant la loi portant régime de l'eau « *les parties à un différend relatif à la gestion de l'eau peuvent le régler d'un commun accord par voie d'arbitrage* »[727]. La législation pétrolière prévoit la même éventualité[728], tout comme le code gazier[729]. Le doute n'est donc pas possible

[723] CIJ, 26 novembre 1984, Activités militaires et paramilitaires.
[724] Cf. Studibity.com
[725] Souvent représentées par des ONG.
[726] Loi n°64/LF/3 du 6 avril 1964 portant régime des substances minérales.
[727] Art 23 de la loi portant régime de l'eau, *op.cit.*
[728] Art 115(2) de la loi n° 99/013 du 22 décembre 1999 portant code pétrolier.
[729] Art 6(1) de la loi n°2002/013 du 30 décembre 2002 portant code gazier abrogé par les art 8(1) et 13(3) de la loi n°2012/006 du 19 avril 2012 portant code gazier.

sur l'admission positive de l'arbitrage. Cette procédure intervient principalement dans les différends dans lesquels les personnes publiques sont parties, et en particulier l'État ; mais elle n'est pas exclue de ce fait pour les litiges ne répondant pas à ces critères. Il s'agit fondamentalement de se demander si les textes muets sur la question évoquent uniquement l'arbitrage national. Cette interrogation vient de ce qu'il existe un arbitrage national dont l'office est mené par une juridiction ou un centre arbitral créé par la chambre de commerce nationale[730].

À la vérité, l'absence de précision qui tend à pencher pour le choix de l'arbitrage national n'est pas exclusive du recours à arbitrage international. D'ailleurs, le code minier énonce clairement que les différends miniers opposant investisseurs miniers et État peuvent être soumis à l'arbitrage international, ce qui n'empêche pas que les différends entre investisseurs ou entre États soient tranchés par voie d'arbitrage international.

2. La formulation internationale

Il n'existe pas de charte internationale sur l'arbitrage. Les opérateurs économiques et donc ceux miniers qui privilégient ce mode de résolution des conflits plutôt que les juridictions ont amené les États à mettre sur pied des cadres réglementaires instituant au niveau international des centres d'arbitrage.

Au niveau régional, l'arbitrage est, dans le droit OHADA, organisé par un acte uniforme spécifique. Cet acte uniforme sur l'arbitrage donne la possibilité aux investisseurs miniers de recourir à ladite procédure tout comme il admet l'arbitralité des différends dans lesquels les États, les autres collectivités publiques et les établissements publics, sont parties[731]. La voie arbitrale est également ouverte en droit CEMAC[732] quoique celle-ci privilégie les différends soumis par les États et les institutions de la communauté. La saisine est donc en principe interdite pour les investisseurs miniers, mais il n'est pas à exclure que leurs intérêts soient couverts par ceux de l'État portant devant l'instance compétente un litige relatif à l'unité de gisement.

Une représentation identique, mais d'une autre envergure, est l'arbitrage du CIRDI[733]. Ce centre est né d'une convention entre États contractants[734]. 143 pays l'ont déjà ratifiée dont le Cameroun. La ratification de cette convention consacre l'opposabilité de l'arbitrage de ce centre dans les différends miniers, mais l'une des parties est toujours un État. L'arbitrage international est également une possibilité ouverte aux parties non étatiques en vertu des statuts de la chambre de commerce international.

---

[730] Supra.
[731] Art 2 (2) AUA.
[732] Art 49 de l'acte additionnel n° 06/00/CEMAC, *op.cit.*
[733] Centre international pour le règlement des différends relatifs aux investissements.
[734] Convention du 10 avril 2006.

La variété des formulations de l'arbitrage international influence sa mise en œuvre marquée par la pluralité organique.

B. La mise en œuvre de l'arbitrage international

L'arbitrage international est applicable dans les conflits miniers. Les instances arbitrales sont nombreuses. Leur choix et leurs modes opératoires sont bien déterminés. Il apparaît peu de différences d'avec la procédure d'arbitrage étatique à l'examen des principes de mise en œuvre.

1. Les principes de mise en œuvre

La représentation faite par le professeur Morand Deviller est reproduite ici, car comme pour l'arbitrage national, l'arbitrage international correspond à la quête du « jus*te et utile* »[735]. Il fallait un meilleur juge, l'impératif était de le rendre neutre, efficace et conciliant pour que sa loi soit celle des parties. S'agissant des conflits impliquant l'État, sa proximité d'avec les organes juridictionnels et la qualité des décisions rendues sont les raisons de l'effacement des mécanismes autres.

Les règles de l'arbitrage convergent vers la concertation des parties et leur participation à la décision[736]. L'arbitrage reste livré à la volonté préalable des parties, car les textes en font une éventualité, une voie de résolution parmi d'autres. Il revient aux parties de le choisir au lieu d'un autre mécanisme. Ainsi, l'arbitrage ne s'applique que si les parties ont décidé par une clause compromissoire ou un compromis[737] ou quand (pour entre États) il y a une obligation de négociation qui est impérative[738]. La mise en œuvre de l'arbitrage international se fait en se conformant aux garanties juridictionnelles d'impartialité et d'indépendance. Les droits de la défense sont respectés et la règle du contradictoire appliquée.

Il demeure la question du sort de la sentence arbitrale. La règle est celle du « pacta sunt servanda », car ayant consenti à recourir à l'arbitrage, les parties ne sauraient se détourner de la décision qui s'ensuivra sauf à contester non le mode de résolution, mais la procédure ou le fond de la sentence. Il est dès lors consacré que les États ne peuvent pas invoquer leur propre droit pour contester l'arbitralité d'un litige[739]. Le principe sur le sort de la sentence est lié à l'exequatur. Il signifie que les juges doivent faire exécution de la sentence

---

[735] MORAND DEVILLER (J), « *Les mécanismes non juridictionnels de protection des droits* », *op.cit.*, p. 486.
[736] *Ibid.*, p.487.
[737] V par exemple : art 49 de l'acte additionnel n°06/00/CEMAC, *op.cit.*
[738] CPJI, 15 octobre 1921, Trafic ferroviaire (Lituanie contre Pologne), CIJ, avis 1988, obligation d'arbitrage.
[739] NEMEDEU (R), « *La recherche du critère d'arbitralité des litiges concernant les personnes morales de droit public en droit OHADA* », RASJ, UYII, Vol6, n°1, 2009, p. 53.

arbitrale[740]. Le refus de l'exequatur peut faire l'objet d'un recours dont la voie est le pourvoi en cassation devant la cour commune de justice quand la sentence a été rendue par elle.

2. Les instances arbitrales

Pour la résolution des conflits miniers, il n'existe pas au niveau international d'instance arbitrale spéciale. Les différends sont donc soulevés devant les instances arbitrales classiques existantes. Le critère de détermination de l'instance compétente est simplement la volonté des parties. En acceptant que leur soit administré l'arbitrage, elles ont généralement à déterminer qui est l'arbitre choisi, sauf si l'option pour l'arbitrage mis en relation avec le droit concerné et le conflit né sont des indicateurs express de l'arbitre.

C'est le cas de l'arbitrage dans la CEMAC. En toute logique, quand le problème soulevé est celui lié à l'application du droit CEMAC telle que la libre circulation des substances minérales ou la fiscalité minière communautaire et que l'arbitrage est requis, la compétence de la chambre judiciaire de la cour de justice de la CEMAC est avérée[741]. Il faut préciser que son arbitrage est rattaché aux différends soumis par les États, et les institutions de la communauté.

La CCJA est également une instance arbitrale de premier ordre. Intervenant dans le cadre du traité OHADA, le recours à son arbitrage résulte de différends nés de l'interprétation du traité ou de l'application des actes uniformes[742]. Cet arbitrage concerne tant les personnes morales de droit public[743] que les différends opposant les personnes privées, ou dans lesquels ces deux personnes sont parties.

---

[740] TCHAKOUA (J. M), « *L'exécution des sentences arbitrales dans l'espace OHADA : Regard sur une construction inachevée à partir du cadre camerounais* », RASJ, UYII, Vol6, n°1, 2009, p.6.
[741] Art49 de l'acte additionnel n°06/00/CEMAC, *op.cit.*
[742] SAÏD (I), « *OHADA : Le cadre juridique supranational de la cour commune de justice et d'arbitrage (CCJA)* », *op.cit.*
[743] Art 2 de l'acte uniforme de 1999 relatif au droit de l'arbitrage.

Exemple de sentence arbitrale du CIRDI

SOCIÉTÉ D'INVESTIGATION DE RECHERCHE
ET D'EXPLOITATION MINIÈRE
(SIREXM)
c. BURKINA FASO, Sentence du 19 janvier 2000, Affaire
n°ARB/97/1[SIREXM]

Composition du tribunal : Argyrios A. Fatouros, président ; Pierre Tercier et Séna Agbayissah, arbitres.

La publication des extraits de la sentence rendue le 19 janvier 2000 dans l'affaire ayant opposé la société de droit français SIREXM au Burkina Faso a été réalisée à l'initiative du CIRDI. En effet, en application de l'article 48 (4) du *Règlement d'arbitrage,* le Centre peut, de sa propre initiative et même si les parties n'ont pas autorisé la publication de la sentence, inclure dans ses publications des extraits des règles juridiques appliquées par le tribunal. En l'espèce, les extraits de la sentence ont été rendus publics par le CIRDI en août 2004, soit plus de quatre ans après la date de la sentence. Ceci intervient alors que la tendance à la publication des décisions et sentences des tribunaux arbitraux constitués sous l'égide du CIRDI et, partant, à la diminution de la confidentialité dans ce domaine, se précise. Au 15 août 2005, en effet, quarante ans après la création du CIRDI qui dispose aujourd'hui de 187 affaires à son actif, seules quatorze affaires dans lesquelles une décision ou une sentence a été rendue n'ont fait l'objet d'aucune publication. L'apparition récente de sites internet spécialisés et de bulletins électroniques répertoriant et publiant les nouvelles décisions vient encore faciliter l'accès à l'information sur la jurisprudence arbitrale en matière d'investissements internationaux. De toute évidence, une telle tendance en matière d'arbitrage CIRDI permet un enrichissement notable de la connaissance de cette matière et contraste de manière assez nette avec la confidentialité encore relativement stricte de l'arbitrage commercial international classique.

La publication d'extraits de la sentence *S1REXM* est accompagnée, comme c'est le plus souvent le cas pour les décisions publiées sur le site internet du CIRDI ou dans l'*ICSID Review* (une publication du Centre), d'une « note introductive » rédigée par un membre du secrétariat du CIUDI. Cette courte note mentionne certains éléments de la procédure et des faits, permettant de mieux saisir les enjeux de l'affaire et de comprendre les « extraits des règles juridiques appliquées par le tribunal ». L'exercice est délicat. En l'espèce, certains éléments de faits sont révélés dans la note introductive, tels que les noms des sociétés en cause, les dates précises des contrats visés et d'autres événements, notamment le fait qu'un fonctionnaire d'un ministère burkinabé soit impliqué dans l'affaire, même s'il n'est pas nommé. Si ces faits facilitent indéniablement la compréhension des extraits publiés de la sentence, il n'en reste pas moins qu'ils se situent à la limite du principe de confidentialité imposé par la *Convention de Washington.*

En l'espèce, le litige portait sur la dissolution d'autorité d'une société de droit local détenue conjointement par l'investisseur et l'État burkinabé dans le domaine de l'extraction de l'or. Cette société avait été créée en application d'un accord contenant une clause d'arbitrage permettant à l'investisseur de porter un éventuel différend devant un tribunal arbitral constitué en vertu des règles de la *Convention de Washington.* Le Burkina Faso reprochait à l'investisseur d'avoir pris seul la décision d'augmenter le capital de la société, ce qui avait entraîné une dilution de sa participation dans le capital de celle-ci. Dans ce contexte, le Burkina Faso avait également résilié l'accord contenant la clause d'arbitrage.

Les extraits publiés de la sentence portent sur l'interprétation de certaines dispositions de droit français et burkinabé. Les solutions dégagées par les arbitres sont classiques. Ceux-ci ont statué sur l'allégation de l'État selon laquelle l'accord signé avec la société est nul pour avoir été obtenu par dol. L'analyse de la question des réparations dues après la nullité du contrat est conduite, comme la question du dol, sans référence au droit international ou à des précédents arbitraux, du moins dans les extraits publiés : le tribunal écarte l'application de l'adage *nemo auditur propriam turpitudinem suam allegans* dès lors que le but de l'accord n'est pas immoral et que « le fait que le consentement de l'une des parties soit entaché de dol ne rend pas la Convention tout entière immorale. Le Tribunal refuse d'indemniser l'investisseur des sites aurifères puisqu'il est, l'auteur du dol ayant vicié la Convention [et que] le dol ne saurait avoir de primes ». Comme c'est souvent le cas dans les décisions des tribunaux CIRDI rendues en application d'une disposition contractuelle, les parties avaient visiblement « adopté des règles de droit » pour reprendre la terminologie de l'article 42(1) de la *Convention de Washington,* règles sur le fondement desquelles le tribunal devait statuer. C'est ce qui explique le contraste entre les extraits publiés de cette sentence, exclusivement rendue en application du droit choisi par les parties, et le contenu des sentences et décisions rendues sur le fondement de traités bilatéraux de protection des investissements dans lesquelles un choix de loi est rarement effectué, ce qui donne lieu à l'application « des principes du droit international en la matière », conformément à la dernière phrase de l'article 42(1) de la *Convention de Washington.*

Quand le conflit minier touche aux investissements, le CIRDI peut être saisi. Le fondement tient au fait que l'État du Cameroun a ratifié la convention de Washington instituant le centre international pour le règlement des différends relatifs aux investissements[744]. Les différends arbitrables devant le CIRDI sont ceux « *d'ordre juridique entre un État contractant ou une collectivité publique et le ressortissant d'un autre État contractant qui sont en relation directe avec un investissement et que les parties ont consenti par écrit à soumettre au centre* »[745]. Il est aussi à relever la possibilité de recourir à l'arbitrage de la chambre de commerce international pour renforcer avec d'autres institutions la variété des instances arbitrales compétentes suivant les aspects mis en jeu dans le conflit minier.

[744] Cf. art 11 (1) de la loi n° 2002- 004 du 19 avril 2002 modifié par la loi n°2004 – 20 du 22 juillet 2004 portant charte des investissements.

[745] Cf. Règlement d'arbitrage du CIRDI.

V. CIRDI, Klöckner industrie- Anlagen Gmbh contre United Republic of Cameroon, décision sur annulation rendue le 3 mai 1985, /CSID Reports, vol 2, p.59s n° 69.

CONCLUSION DE LA PARTIE

Le contentieux minier se présente comme le ventre mou de l'encadrement juridique de l'exploitation minière. Il s'avère que le juge est très peu interpellé, ce qui fait que la résolution des litiges soit jurisprudentiellement pauvre.

Force est de constater non pas l'absence de contentieux minier, mais une adaptation consistant à faire du juge institutionnel, mis en place pour la cause, le rempart ultime et éviter quand surgit un conflit à l'occasion des activités minières. C'est d'ailleurs pour cela que tant dans les mécanismes nationaux qu'internationaux de résolution des conflits miniers se trouve une florissante option pour les modes alternatifs de règlement des différends.

CONCLUSION GÉNÉRALE

« *Résolu à exploiter ses richesses naturelles afin d'assurer le bien-être de tous en relevant le niveau de vie des populations sans aucune discrimination (le peuple camerounais) affirme son droit au développement...* ». La lecture de cet énoncé pris dans le préambule de la Constitution donne l'essentiel de l'orientation de l'exploitation minière au Cameroun.

La mise en valeur des richesses naturelles et donc minérales acquiert constitutionnellement une portée d'intérêt général et devient une directive dans la gestion des affaires publiques. Cet impératif est même surdimensionné par la vision du régime minier de l'Union africaine qui en fait « la clé de voûte du développement de l'Afrique ». À l'évidence, l'intérêt est orienté vers l'apport des mines sur la quête de développement.

Le mot est lâché : le développement. Toute l'activité d'exploitation minière est dès lors conditionnée par ce postulat. Matériellement, il s'agit de pourvoir aux besoins d'intérêt général, et puisque cette mission incombe à l'État, il s'est légalement octroyé le droit de propriété sur les substances minérales et la plénitude du contrôle de toute activité minérale. Les règles édictées sont d'ailleurs favorables à la puissance publique qui, en promouvant le secteur minier, doit s'assurer que les riverains ne soient pas lésés, ou encore que l'environnement n'en pâtisse lourdement. C'est ainsi que la colonne vertébrale des droits miniers reste l'État au Cameroun, et la législation l'illustre à suffisance, lui accordant le droit de propriété, le contrôle de l'activité, et la redistribution des bénéfices de l'activité minière pour le développement de l'État.

Dans sa thèse sur le développementalisme, le professeur Kamto, à la suite d'autres auteurs, a démontré la logique conductrice de la politique et des droits africains. En empruntant à cette « idéologie de la construction nationale », le professeur Ondoa a fini par conclure à une originalité des droits africains. Ces deux auteurs de renom n'avaient pourtant pas en ligne de mire le droit minier dont la configuration contribue à révéler l'impératif catégorique de développement, et l'ajustement du droit à propos. Résultat : un État fort, des opérateurs miniers fragilisés. Ceci s'établit contrairement à certains pays de vieille tradition minière, qui connaissent une configuration inversement proportionnelle, caractérisée par une législation confortant des opérateurs ou un groupe minier fort et un État à l'importance relative au plan minier. Pour le cas camerounais, et à l'illustration de la protective juridique dont jouit l'État en la matière, la législation minière camerounaise ne fait nulle part cas de l'agissement fautif de l'administration et n'ouvre aucunement de manière claire la responsabilité de l'administration. À la vérité, seules des dispositions pénales sont formulées, et ceci à l'encontre des opérateurs et autres tierces personnes.

Y a-t-il dès lors originalité ? Au regard de la protection de l'administration : non. Au regard des autres dispositions mises en exergue : oui. En France par exemple, la notion de bien concessible, telle que présentée, est clairement énoncée et recouvre une réalité quelque peu différente de celle du Cameroun. Les permis d'exploitation ne sont pas les mêmes et certains modes de gestion les démarquent. Toutefois, au niveau de la constituante contentieuse, en commun, il faut relever le déclassement de la juridiction par les modes alternatifs de résolution des conflits.

Le développement est au final l'objectif majeur de l'exploitation minière au Cameroun. Il reste au-delà du droit par lequel le législateur a mis sur pied un cadre normatif incitatif que le caractère substantiel des apports de l'activité minière au développement est encore relatif au regard du potentiel minier camerounais.

BIBLIOGRAPHIE

I. OUVRAGES

- ARBOUSSET (H) (dir.), *Droit administratif des biens : domaine des personnes publiques*, Le Panorama du droit, 2e éd, 2007, 448p.

- ARNAUD (A-J) et autres (dir.), *Dictionnaire encyclopédique de théorie et de sociologie du droit*, LGDJ, Paris 1993, 758p.

- AUBY (J-M), DUCOS-ADER (R), *Droit Administratif*, Dalloz, 5e éd, 1979, 644p.

- BALANDIER(J), *Anthopo-logiques*, PUF, Paris 1974, 278p.

- BORE (L), *La défense des intérêts collectifs par les associations devant les juridictions administratives et judiciaires*, LGDJ, collection Thèses, 1997, 506p.

- BOUVET (J.P.), *L'unité de gisement, hydrocarbures et autres matières minérales, logiques juridiques*, L'Harmattan 2004, 508p.

- CHANTEBOUT (B), *Droit Constitutionnel*, 21e éd, Armand Colin, Paris, 2004, 592p.

- CHAPUS (R), *Droit administratif général*, Tome 1, 15e édition, Montchrestien, Paris, 2001, 1427p.

- CHAPUS (R), *Droit du contentieux administratif*, 12e éd, Montchrestien, 2006, 1470p.

- CORNU(G), *Vocabulaire juridique,* Quadrige-PUF, 2011, 1152p.

- DIKOUME (A.L), *La fiscalité pétrolière des États membres de la CEMAC*, collection finances publiques, L'Harmattan, 2008, 417p.

- DUVIC-PAOLI (L-A), *La convention des Nations Unies sur le droit de la mer, Instrument de régulation des relations internationales par le Droit*, L'Harmattan, septembre 2011, 198p.

- EBOUSSI BOULAGA (F) (dir.), *L'État du Cameroun 2008*, Éditions terroirs, Prescriptor, Yaoundé, 2009, 669p.

- GUILLIEN (R), VINCENT (J), et autres, *Lexique des termes juridiques*, 13e éd, Dalloz 2001, 592p.

- HAGNERELLE (M) (s.dir), *L'espace mondial*, Géographie-Magnard, Paris 1998, 368p.

- KAUFMANN(L) et VOIROL (O) (Coord.), « *Médiations, Hommage à Paul Beaud* », *Réseaux* n°148- 149, 2008, 436p.

- LAROUSSE, *Le petit Larousse*, Paris, 2007, 1856p.

- LEBEN (C), *EISENMANN Charles. Ecrits de théorie du droit, de droit constitutionnel et d'idées politiques*, Editions panthéon-Assas, Paris, 2002, 668p.

- MORAND-DEVILLER (J), *Cours de droit administratif,* Montchrestien, 9e éd, 2005, 872p.

- MORAND-DEVILLER (J), *Le droit de l'environnement,* PUF, 2010, 126p.

- NODEM (V), BAMENJO (J.N), SCHWARTZ (B), *Gestion des recettes tirées des ressources naturelles au niveau des collectivités locales au Cameroun – redevances forestières et minières à Yokadouma*, Est-Cameroun, RELUFA, mai 2012, 72p.

- NTEP GWET (P), *Ressources Minérales du Cameroun*, Editions SOPECAM, Yaoundé, 2001, 375p.

- OMBE NDZANA (V), *Agriculture, Pétrole et politique au Cameroun : sortir de la Crise ?* L'Harmattan, Points de vue concrets, Paris, 1987, 167p.

- ORTEGA GIRONES (E), PUGACHEVSKY (A), WALSER (G), *Mineral Rights cadastre,* Extractive industries for development, series # 4, June 2009, The World Bank, 100p.

- OWONA (J), *Droit Administratif spécial de la République du Cameroun*, Edicef, 1985, 256p.

- PANCRACIO (J-P), *Droit de la mer*, 1re éd, Dalloz, 2010, 520p.

- POIRIER(J), *Introduction à l'ethnologie de l'appareil juridique*, Coll. La Pléiade, Gallimard, Paris 1968, XXII, 1909p.

- SEROUSSI (R), *Introduction aux droits anglais et américain*, 5e édition, Dunod, Paris, 2003, 232p.

- TERRE (F) et SIMLER (P), *Droit civil. Les biens*, 6e éd, précis Dalloz, 2002, 792p.

- TEUBNER (G), *Le Droit, un système autopoïetique*, PUF, 1993, 296p.

- TIENTCHEU NJIAKO (A), *Le titre foncier au Cameroun*, ARIKA, Yaoundé, 2009, 326p.

- TOUNA MAMA, *L'économie Camerounaise pour un nouveau départ,* Afrédit, 2008, 480p.

- VEDEL (G), DELVOLVE (P), *Droit Administratif*, PUF, TI, 12e éd, 1489p.

- WINGERT (J-L), *La vie après le pétrole*, Ed. autrement, 2005, 238p.

II. ARTICLES

1. ABANE ENGOLO (P.E), « *Le contentieux des contrats de concession des services publics* », séminaire sur le contentieux des contrats administratifs, Kribi, 29 novembre 2011, PAJ.

2. AKOHOU (D.R), « *Exploitation pétrolière en mer et droit international : Aspects juridiques et environnementaux pour les États côtiers du golfe de Guinée* », in *Programme de bourses de recherche Nations unies*- Fondation Nippone, 2007-2008, océans and Law of the sea, p. 151s.

3. AMADOU (A.R), « *Propositions pour l'optimisation de la mine artisanale au Niger* », CESAM, 2002.

4. AMSELEK (P), *Le service public et la puissance publique, réflexions autour d'une étude récente*, AJ, 1968.

5. BABISSAKANA (PMP), « *Cameroun : Métriques de réussite du projet de minerai de fer de Mbalam* » in *Camerpress*, 17 novembre 2011, n°52.

6. CECCALDI (M), « *Aspects juridiques de l'exploitation du pétrole en mer* », in *Le pétrole. Aspects juridiques*, RJN, Law Review, 7p.

7. DAVIGNON (J-F), « *Quelle place pour la répression administrative dans notre ordonnancement juridique ?* », LPA, juillet 1997, n°83.

8. DUBOS (A) et LALLEMENT (E), « *Recherche sur la spécificité des associations comme mode de gestion du service public* », in *Sur les services publics*, études coordonnées par M-J GUEDON, Economica, 1982.

9. DUPEYROUX, « *La jurisprudence, source abusive du droit* », *Mélanges MAURY*, 1960.

10. ESSAGA (S), « *La dynamique de transparence en matière pétrolière au Cameroun* », fpae.net, 5p.

11. FAVOREU (L), « *Légalité et constitutionnalité* », *Cahiers Cons. constitutionnel*, 1997.

12. FIDH, « *L'exploitation minière de l'or et les droits de l'homme au Mali* », doc électronique, 13p.

13. FORIERS (P.A), « *Aspects du contrat de transaction et du règlement transactionnel* », in *Les contrats spéciaux, formation permanente*, CUP, liège, 1999.

14.GBALLOU (J), « *Mine et régionalisation - Les conditions d'un développement des régions minières en Côte d'Ivoire* », CFSG, 2001.

15.GUIMDO DONGMO (B-R), « *Le contentieux de l'exécution des marchés publics », in Le contentieux des contrats administratifs*, PAJ, Kribi, Novembre 2011, 10p.

16.JEAMMAUD (A), « *La règle de droit comme modèle* », Recueil Dalloz, 1990, chron.

17.JOUANNET (E), « *L'idée de communauté humaine à la croisée de la communauté des États et de la communauté mondiale* », in *La Mondialisation entre illusion et l'utopie*, Archives de philosophie du droit, 2003, tome 47.

18.KISSOON JODAH (D), « *Courting Disaster in Guyana », the* multinational Monitor, 2005, 10p.

19.KUEDIASSALA (F), « *Congo-Kinshasa : déchéance des droits miniers, rude épreuve pour le code de 2002* », *Le potentiel*, all africa.cm

20.LACHAUME (J-F), « *La compétence suit la notion* », AJDA, février 2002.

21.LASERRE-KIESOW (V), « *L'ordre des sources ou le renouvellement des sources du droit* », Recueil Dalloz 206, chron.

22.LIET-VEAUX (G), « *Identification de la concession de service public* », rev. Adm., 1968.

23.MAZALTO (M), « *La réforme des législations minières en Afrique et le rôle des institutions financières internationales : la République démocratique du Congo* », in *L'Afrique des Grands Lacs,* annuaire 2004-2005, 26p.

24.MORAND-DEVILLER (J), « *Les mécanismes non juridictionnels de protection des droits* », V.zauf-dev-refer.org

25.MORVAN (P), « *Les principes généraux du droit et la technique des visas dans les arrêts de la Cour de cassation* », IMG/File, cour de cassation.

26.NEMEDEU (R), « *La recherche du critère d'arbitralité des litiges concernant les personnes morales de droit public en droit OHADA* », *RASJ*, UYII, Vol6, n°1, 2009.

27.NIZARD (L), « *A propos de la notion de service public : mythes étatiques et représentations sociales* », *Mélanges Eisenmann*, 1975.

28.OGOULAT (A.D), « *La commission du golfe de Guinée, instrument de renouveau maritime sous régional* » in, www.stratisc.org.2005

29.PALACIN (M), « *Pérou-Quand les industries minières menacent les terres des communautés andines* », Dial 2545, Que Hacer, juillet 2001.

30.PREVOST (J-F), « *A la recherche du critère du contrat administratif (la qualité du contractant)* », RDP, 1971.

31.RADVANYI (J), « *La nouvelle Russie* », Masson-Colin, in *L'espace mondial (*dir.) HAGNERELLE (M).

32.RAKOTONOMENJANAHARY (V), « *De la mine artisanale à une gestion publique des mines informelles* », CESAM 1996, 13p.

33.RAMADE (F), « *Ressources naturelles* », Encyclopedia universalis.

34.REMOND-GOUILLOUD (M), « *Quelques remarques sur le statut des installations pétrolières en mer* », DMF 77, 675, pp.675-690.

35.SAÏD (I), « OHADA : *Le cadre juridique supranational de la cour commune de justice et d'arbitrage* (CCJA) », LEGAVOX. Fr, 31/07/2010.

36.TCHAKALOFF (M-F.C). et GOHIN (O), « *La constitution est-elle encore la norme fondamentale de la République* », Recueil Dalloz, 1999, chron.

37.TCHAKOUA (J. M), « *L'exécution des sentences arbitrales dans l'espace OHADA : Regard sur une construction inachevée à partir du cadre camerounais* », *RASJ*, UYII, Vol6, n°1, 2009.

38.TCHAMI (B), « *Sécurisation des recettes : les ministères des Mines et de l'Eau unissent leurs forces* », ODIGG, 5 juillet 2011.

III. THÈSES ET MÉMOIRES

1. ABANE ENGOLO (P.E), « *L'application de la légalité par l'administration au Cameroun* », thèse de doctorat / Ph.D en droit, Université de Yaoundé II, 2009, 515p.

2. ATANGANA (S), « *Extraction pétrolière et protection de l'environnement dans le golfe de Guinée* », mémoire de Master II en droit international de l'environnement, Université de Limoges, 2008, 78p.

3. BILIGHA–BI-HOUNDOUL (P.I), « *L'exercice des droits fonciers par les ressortissants nigérians dans la zone à régime spécial transitoire de la presqu'île de BAKASSI* », mémoire de DEA en droit public, Université de Yaoundé II, 2010, 119p.

4. BISSAÏ (B), « *Essai d'analyse critique de la fiscalité minière camerounaise : le cas des substances minérales solides* », mémoire de Master II en fiscalité, Université de Douala, 2008-2009, 107p.

5. DIOUF (S), « *L'intégration juridique en Afrique : L'exemple de l'UEMOA et de l'OHADA* », mémoire on line, Université Cheikh Anta Diop, 2005, 288p.

6. EBANG MVE (U.N), « *Le Titre foncier au Cameroun : recherche sur la spécificité d'un acte administratif unilatéral* », thèse de droit public, Université de Yaoundé, 2010, 546p.

7. FOUDA (G.J), « *L'application des normes dans les ordres juridiques étatiques africains* », thèse de doctorat en droit public, Université Montesquieu-Bordeaux-IV, 1999, 386p.

8. KONE NGOUH (A), « *Le Domaine privé de l'État au Cameroun* », mémoire de DEA en droit public, Université de Yaoundé II, 2009, 120p.

9. KUMWIMBA MUSAO (J), « *La problématique de l'exploitation minière artisanale dans la province du Katanga (cas du district de Kolwezi)* », mémoire, Institut supérieur d'études sociales, 2009, mémoire online, 68p.

10.MBAYE (N.M), « *L'arbitrage OHADA, Réflexions critiques* », mémoire de DEA de droit privé, Université Paris X (Nanterre), 2000-2001, 55p.

11.NDELA KUBOKOSO, « *Les activités minières et fiscalité, cas de la RDC* », thèse de doctorat en droit, Université Paris 1 Sorbonne, 2008.

12.VIGUIER (J), « *Recherches sur la notion de régie en droit public français* », thèse de doctorat, Toulouse, 1989, 560p.

IV. JURISPRUDENCE ET SENTENCES ARBITRALES

1. CPJI, 15 octobre 1921, trafic ferroviaire (Lituanie contre Pologne).

2. CIJ, Affaire du plateau continental de la mer du Nord, REC 1969. p.51-52.

3. CIJ, 10 octobre 2002, affaire de la délimitation frontalière terrestre et maritime entre le Cameroun et le Nigeria.

4. CIJ, 29 novembre 1984, Activités militaires et paramilitaires.

5. CIJ, avis 1988, obligation d'arbitrage.

6. TC, 8 février 1873, Blanco.

7. CE, arrêt du 26 juillet 2011, société Lankin S.A.

8. CCA, Arrêt n°1090 du 27 septembre 1957, Evina Max contre État du Cameroun.

9. CS/CA, jugement n°7 du 29 novembre 1979, Elites Banka représentées par Mbouendeu Jean de Dieu contre État du Cameroun.

10.CS/CA, jugement n°26 du 03 février 1977, Moluh Seydou contre État du Cameroun.

11.CIRDI, Klôckner industrie-Anlagen GMBH contre United Republic of Cameroon, décision sur annulation rendue le 3 mai 1985, ICSID reports, vol 2, n°69.

V. LÉGISLATION

1. Acte additionnel n°06/00/CEMAC-041-CCE-CJ-02 du 14 décembre 2000 portant statut de la chambre judiciaire de la cour de justice de la CEMAC.

2. Acte uniforme de 1999 relatif au droit de l'arbitrage ; Acte n°5/66 UDEAC-49 du 13 décembre 1966 portant convention fiscale.

3. Acte constitutif de l'Union africaine.

4. Acte n°3/72-153-UDEAC du 22 décembre 1972 instituant l'impôt sur les sociétés.

5. Convention de Maputo sur la gestion des ressources naturelles du 12 juillet 2003.

6. Convention de la commission africaine de l'énergie (Lusaka) du 11 juillet 2001.

7. Convention d'Abidjan du 23 mars 1981.

8. Convention du 10 avril 2006 portant création du CIRDI.

9. Convention régissant l'union économique de l'Afrique centrale.

10.Convention de Vienne du 23 mai 1969 sur le droit des traités.

11.Convention de Montego Bay.

12.Convention de Genève de 1958.

13.Convention internationale des droits de l'enfant du 20 novembre 1989.

14.Traité du 16 mars 1994 constituant la communauté économique et monétaire de l'Afrique centrale.

15.Traité relatif à l'OHADA du 17 octobre 1993.

16.Charte des Nations unies du 25 juin 1945.

17.Statut de la cour internationale de justice.

18.Déclaration universelle des droits de l'homme du 10 décembre 1948.

19.Règlement n°12/06-UEAC-171-CM-14 portant création de la commission permanente de l'Énergie et des Mines.

20.Protocole de la justice de l'Union africaine, conférence de Maputo du 11 juillet 2003.

21.Loi n°96/12 du 5 août 1996 portant loi-cadre relative à la gestion de l'environnement.

22.Loi n°94/01 du 20 janvier 1994 portant régime des forêts, de la faune et de la pêche.

23.Loi n°85-09 du 04 juillet 1985 relative à l'expropriation pour cause d'utilité publique.

24.Loi n°2007/006 du 26 décembre 2007 portant régime financier de l'État.

25.Loi n°2010/015 du 21 décembre 2010 portant loi de finances de la République du Cameroun pour l'exercice 2011.

26.Loi n°2007 / 002 du 19 avril 2007 autorisant le président de la République à ratifier la convention de la commission africaine de l'énergie.

27.Loi n°96-6 du 18 janvier 1996 portant révision de la Constitution du 02 juin 1972.

28.Loi n°2009/019 du 15 décembre 2009 portant fiscalité locale.

29.Loi n°2011/025 du 14 décembre 2011 portant valorisation des gaz associés.

30.Loi n°1 du 16 avril 2001 portant code minier de la République du Cameroun.

31.Loi n°2010/011 du 29 juillet 2010 modifiant et complétant certaines dispositions de la loi n°2001-1 du 16 avril 2001.

32.Loi n°98/005 du 14 avril 1998 portant code pétrolier.

33.Loi n°64/LF/3 du 6 avril 1964 portant régime des substances minérales.

34.Loi n°88-06 du 26 août 1988 portant code minier en République du Sénégal.

35.Loi n°2002/013 du 30 décembre 2002 portant code gazier.

36.Loi n° 2012/006 du 19 avril 2012 portant code gazier.

37.Loi n° 99/016 du 22 décembre 1999 portant statut général des établissements publics et des entreprises du secteur public et parapublic.

38.Loi n° 007/2002 du 11 juillet 2002 portant code minier de la R.D.C.

39.Loi n° 77/15 du 6 décembre 1977 portant réglementation des substances explosives et des détonateurs au Cameroun.

40.Loi n° 2006/022 du 29 décembre 2006 fixant l'organisation et le fonctionnement des tribunaux administratifs.

41.Loi n° 2004-16 du 22 juillet 2004 portant création, organisation et fonctionnement de la commission nationale des droits de l'homme et des libertés.

42.Code civil

43.Code minier français, version du 01 mars 2011.

44.Ordonnance n°90/007 du 8 novembre 1990 portant code des investissements du Cameroun, modifiée par l'ordonnance n°94/003 du 24 janvier 1994.

45.Ordonnance n° 74/1 du 6 juillet 1974 fixant le régime foncier.

46.Ordonnance n°74/2 du 6 juillet 1974 fixant le régime domanial.

47.Décret n°2002/648/PM du 26 mars 2002 fixant les modalités d'application de la loi n°001 du 16 avril 2001 portant code minier.

48.Décret n°76-165 du 27 avril 1976 fixant les modalités de gestion du titre foncier.

49.Décret n° 76-166 du 27 avril 1976 fixant les modalités de gestion du domaine national.

50.Décret n°2005/0577/PM du 23 février 2005 fixant les modalités de réalisation des études d'impact environnemental.

51.Décret n°90 /1477 du 9 décembre 1990 portant réglementation de l'exploitation des carrières.

52.Décret n°2011/3636/PM du 02 novembre 2011 portant création, organisation et fonctionnement du système de certification du processus de Kimberley en République du Cameroun.

53.Décret n°2011/2584/PM du 23 août 2011 fixant les modalités de protection des sols et du sous-sol.

54.Décret n° 85/ 768 du 30 mai 1985 portant création du comité national de l'eau.

55.Décret n°2002/ 1722/PM du 08 octobre 2002 instituant le programme de sécurisation des recettes des mines, de l'eau et de l'énergie.

56. Décret n°64 /DF/163 du 26 mai 1964, portant application de la loi n°64/LF/3 du 6 avril 1964 portant régime des substances minérales.

57.Décret n°74/ 411 du 24 avril 1974 réglementant l'exploitation artisanale de l'or.

58.Décret n° 96/337/PM du 30 mai 1996 réglementant l'exploitation artisanale et semi- industrielle, la collecte et la commercialisation des substances précieuses.

59.Décret n° 2003/0234/PM du 04 septembre 2003 fixant les modalités d'application de la loi n°2002/013 du 30 décembre 2002 portant code gazier.

60.Décret n° 2000/465 du 30 juin 2000 fixant les modalités d'application de la loi n° 99/013 du 22 décembre 1999 portant code pétrolier.

61.Décret n° 2001/164 /PM du 08 mai 2001 précisant les modalités et conditions de prélèvements des eaux de surface ou des eaux souterraines à des fins industrielles ou commerciales.

62.Décret n° 64/DF/162 du 26 mai 1964 fixant les modalités de recherche et d'exploitation et de transport des hydrocarbures liquides ou gazeux.

63.Décret n° 2005/0577/ PM du 23 février 2005 fixant les modalités de réalisation des études d'impact environnemental.

64.Décret n° 2007 /290 du 1er novembre 2007 portant organisation et conduite de l'action de l'État en mer et sur les voies navigables.

65.Décret n° 83/ 410 du 29 août 1983 fixant les conditions de préparation, de détention, d'importation, de vente ou d'utilisation de radioéléments.

66.Décret n° 2011 /408 du 09 décembre 2011 portant organisation du gouvernement.

67.Décret n° 2005/260 du 15 juillet 2005 portant organisation du ministère de l'Industrie, des Mines et du Développement technologique.

68.Décret n° 2005/170 du 21 mai 2005 portant organisation du ministère des Domaines et des Affaires foncières.

69.Décret n° 80-086 du 12 mars 1980 portant organisation et fonctionnement de la société nationale des hydrocarbures.

70.Décret n° 79/495 du 04 décembre 1979 portant création et organisation de l'institut de recherches géologiques et minières.

71.Décret n°2001/380 du 27 novembre 2001 portant changement de dénomination et réorganisation de la chambre de commerce, d'industrie et des Mines du Cameroun.

72.Décret n°2004/275 du 24 septembre 2004 portant code des marchés publics.

73.Arrêté n°076/CAB/PM du 04 avril 2011 portant création, organisation et fonctionnement d'un comité de coordination et de suivi du projet de développement des gisements de bauxite de Mini-Martap et Ngaoundal.

74.Arrêté n°002102/MINIMIDT/CAB du 14 juin 2012 fixant les modalités d'exportation, d'importation et de commercialisation des diamants bruts.

75.. Arrêté n°005550/MINMIDT/CAB/CJ du 12 novembre 2012 portant interdiction des activités clandestines d'orpaillage dans les parcs fauniques et aires protégées du territoire national.

76.Décision n°238/MINMEE/ CAB du 1er avril 2003 portant création du cadre d'appui et promotion de l'artisanat minier.

VI. AUTRES

1. Accord bilatéral entre le Gouvernement de la République du Congo et le gouvernement de la République du Cameroun relatif au système de transport transfrontalier de Minerai par voie Ferrée (deuxième projet pour discussions du 21. 06. 2011).

2. Autorisation n° 440/AEA/GRE /DRIMIDT/ SRMGE du 31 octobre 2011 pour l'exploitation artisanale des substances minérales précieuses et/ou connexes par Mr Ntsama Tanga Harry Arnaud (sceptre Inc).

3. Autorisation n°0016/ MINIMIDT/ CAB du 24 février 2005 pour la marque Semme.

4. Autorisation n°437/AEA/GRE/DRIMIDT/SRMGE du 31 octobre 2011 pour l'exploitation artisanale des substances minérales précieuses et /ou connexes par Mr Ekame Marcel (sceptre Inc).

5. Autorisation par décret n° 84/ 1110 du 27 août 1984 pour la marque Supermont.

6. BRGM, Audit Artisanat minier Cameroun, Rapport du 21 juillet 2011.

7. CEMAC 2025 : vers une économie régionale intégrée et émergente- programme économique régional 2010-2015, vol 2- volume de référence 2009, 289p.

8. CEMAC. Int.

9. CESMAT, bulletin de liaison des anciens stagiaires du centre d'études supérieures des matières premières, n°64.

10.Contrat de concession Ngosso (pH-81) du 03 décembre 2002 entre la République du Cameroun et le groupement des sociétés Addax petroleum Cameroon Ltd et Tullow Cameroon Ltd.

11. Correspondance n° 000229/MINIMIDT/SG/DMG/SDC ayant pour objet l'arbitrage sur l'arrêt des travaux d'exploration minière par l'administration chargée des forêts et faune dans la région du Nord.

12.Décret n° 2003/077 du 11 avril 2003 portant institution d'un permis d'exploitation valable pour cobalt, nickel et substances connexes.

13.Dictionnaire Universel libre en ligne, wikipedia org

14.Document de stratégie pour la croissance et l'emploi.

15.FUTUR ROUGE, Source : OMAL, 26/12/09

16.Géo. polymtl. ca.

17.INERIS, Extrait du Guide méthodologique d'élaboration des plans de prévention des risques miniers, rapport d'étude, DRS. 06- 511980- R01.

18.Jeune Afrique, "Découverte d'un nouveau gisement d'or noir dans le golfe de Guinée", 14/12/2011.

19.Juridique, 19 août 2011, Actu- Environnement. com.

20.La conscience, « Problématique de l'application du code minier congolais », 6 juin 2006, www. La conscience. com.

21.La Gazette des communes des départements et des régions, Fonction publique territoriale : 2004.

22.Le monde. Fr. « Quarante propositions pour verdir et réformer le code minier français ».

23.Mining- Technology. COM

24.PROJECT UNDER GROUND, investing in Guyana Does not brings riches for All, Dullbits and Taillings, November1997.

25.Séminaire : Ministère de l'Energie et des Mines marocain, Orientations stratégiques en matière de développement Minier, journées nationales de l'industrie minérale, Marrakech, 23- 25 novembre 2005.

26.Studibility. com.

27.Union africaine « Vision du régime minier de l'Afrique », février 2009, AU/EXP/ CAMRMRD/2 (1).

28.Wikipedia : classification française des branches du droit, http ://fr wikipedia org

ANNEXES

Annexe n°1 :

Loi 64/LF/3 du 6 avril 1964 portant régime des substances minérales

REPUBLIQUE UNIE DU CAMEROUN
Paix-Travail-Patrie

MINISTERE DES MINES ET DE L'ENERGIE
LOI 64/LF/3 DU 6 AVRIL 1964
PORTANT REGIME DES SUBSTANCES MINERALES

Loi n° 64/LF/3 du 6 avril 1964

Portant régime des Substances Minérales

de la République Fédérale du Cameroun.

L'Assemblée Nationale fédérale a délibéré et adopté ;

Le président de la république fédérale a promulgué la loi dont la teneur suit :

Article Premier.- La prospection, la recherche, l'exploitation, la possession, la détention, la circulation, le commerce et la transformation des substances minérales sont soumis aux dispositions de la présente loi et des textes pris pour son application

Titre premier : Généralités

Article 2.- Les gîtes naturels de substances minérales sont classés, relativement à leur régime légal, en carrières et en mines.

Sont considérés comme carrières les gîtes de matériaux de construction et d'amendement pour la culture des terres et autres substances analogues à l'exception des calcaires, des phosphates, des nitrates, sels alcalins et autres sels associés dans les mêmes gisements. Les tourbières sont également classées parmi les carrières.

Sont considérés comme mines, les gîtes de toutes substances minérales non classés dans les carrières. Ces substances sont dites substances concessibles.

Certaines substances concessibles peuvent être, dans la limite d'une autorisation expresse, exploitées comme produits de carrières pour les travaux déclarés d'utilité publique.

Article 3. Les carrières sont réputées liées à la propriété du sol : elles en suivent les conditions.

Leur prospection, leur recherche et leur exploitation ont lieu dans les conditions déterminées par les règlements pris en application de la présente loi.

Article 4 : La propriété des mines est distincte de celle du sol. Les mines sont propriété de la nation.

Sont interdites :

- La prospection sans autorisation de prospection.
- La recherche minière sans permis de recherche.
- L'exploitation des mines sans l'attribution d'un permis d'exploitation ou d'une concession minière.

Article 5. La prospection consiste à procéder à des investigations superficielles avec l'utilisation éventuelle des méthodes géophysiques en vue de la découverte d'indices de substances minérales.

La recherche comprend tout l'ensemble des travaux superficiels ou profonds exécutés en vue d'établir la continuité d'indices découverts par la prospection, d'en étudier les conditions d'exploitation et d'utilisation industrielle et d'en conclure à l'existence de gisements exploitables de substances minérales.

L'exploitation consiste à extraire des substances minérales.

Article 6. L'État peut se livrer à toutes opérations minières. Il n'est pas soumis aux obligations édictées au deuxième alinéa de l'article 4 et au premier alinéa de l'article 39.

Article 7. L'exportation des substances concessibles et des substances minérales obtenues à partir de leur traitement et de leur transformation est soumise à l'obtention préalable de l'autorisation d'exportation. Des décrets préciseront en tant que de besoin les conditions de circulation et d'exportation des produits ouvrés, des substances faisant l'objet de conventions particulières et des pierres précieuses.

Titre II : Des autorisations de prospection, permis et concessions minières

Article 8 ».- L'autorisation de prospection est accordée par le Ministre chargé des mines :

- Le permis de recherche, le permis d'exploitation et les concessions sont accordés par décret.

- Le renouvellement des permis de recherche et des permis d'exploitation sont accordés par arrêté du Ministre chargé des Mines. Le renouvellement des concessions est accordé par décret.

Les personnes physiques ou morales doivent, pour pouvoir exercer une activité minière, répondre à certaines conditions qui seront fixées par décret.

Article 9.- L'autorisation de prospection est attribuée pour, une durée deux ans, renouvelable une fois, pour une ou plusieurs substances concessibles et pour tout ou partie de la superficie du Cameroun.

L'autorisation de prospection peut être refusée, restreinte ou retirée dans les conditions qui seront fixées par des règlements pris en application de la présente loi sans que ces mesures ouvrent droit à aucune indemnité ou dédommagement,

Article 10.- Pour des motifs d'ordre public, des décrets peuvent classer certaines régions en zones fermées à la prospection de certaines substances concessibles.

Article 11.- Le permis de recherches confère, dans les limites de son périmètre et indéfiniment en profondeur, le droit exclusif de prospection et de recherche des substances pour lesquelles il est délivré.

Le titulaire du permis de recherche a droit :

1 e r) Au renouvellement de son permis de recherches sur justifications de l'accomplissement des obligations légales et réglementaires durant la précédente période de validité.

Dans le cas où le titulaire possède plusieurs permis de recherches pour la même substance concessible, il sera tenu compte, lors de la justification des obligations, des travaux effectués sur certains permis pour apprécier le manque d'activité sur les autres.

2 °) De disposer des produits extraits à l'occasion de ses recherches et des essais qu'elles peuvent comporter, sous réserve de déclaration à la Direction des Mines et de la Géologie ; cependant, tous travaux de recherche qui dégénéreraient en travaux d'exploitation seront arrêtés.

3°) A l'octroi du permis d'exploitation ou de la concession s'il a, pendant la durée de validité du permis de recherches, fourni la preuve, par des travaux régulièrement poursuivis, de l'existence d'un gisement exploitable à l'intérieur du périmètre sollicité.

Le permis de recherches est attribué au choix de la puissance publique, sans que ce choix" puisse ouvrir aucun droit à indemnité au bénéfice du demandeur débouté totalement ou partiellement. Il sera tenu compte de l'engagement du demandeur d'assurer la transformation sur place. Le permis de recherches est délivré sous réserve des droits antérieurs. La superficie sera déterminée compte tenu des capacités techniques et financières du demandeur, d'une part, de la difficulté d'exploitation et du volume des travaux indispensables pour une recherche effective sur toute la superficie du permis sollicité, d'autre part.

Le permis de recherche est délivré pour une durée de quatre ans. Il peut être renouvelé une ou plusieurs fois, par période de quatre ans, dont le nombre sera fixé par l'acte institutif du permis. Les réductions de superficie, dans des limites n'excédant pas la moitié de la valeur précédente et précisées dans l'acte institutif du permis, peuvent être sollicitées ou imposées préalablement à ces renouvellements.

Article 12.- Dans les conditions de l'article 1 1 ci-dessus, le titulaire d'un permis de recherche a droit à permis d'exploitation ou à concession.

Ces titres sont délivrés sous les mêmes réserves que le permis de recherche dont ils découlent. Le permis d'exploitation ou la concession minière confère à son titulaire, dans les limites de son périmètre et indéfiniment en profondeur, le droit exclusif de prospection, de recherche et d'exploitation de gîtes de substances minérales pour lesquelles le permis de recherche dont il dérive est valable et pour lesquelles la preuve d'un gisement exploitable est fournie.

Le permis d'exploitation ou la concession minière est, sauf dérogation, limité par un périmètre de forme rectangulaire dont les côtés doivent être orientés Nord-Sud et Est-Ouest.

Ce périmètre doit être entièrement situé à l[1]intérieur du permis de recherche ou du permis d'exploitation dont il dérive ; il pourra, dans des cas exceptionnels, chevaucher sur plusieurs permis, appartenant au même titulaire si le gisement est au voisinage immédiat des limites du permis.

L'octroi d'un permis d'exploitation ou d'une concession confère à son titulaire les mêmes droits et obligations que pour les substances pour lesquelles il est délivré, à l'égard des substances concessibles qui se trouvent avec elles, à l'intérieur du même gisement dans un état de connexité tel que leur abattage entraîne nécessairement l'abattage de ces substances. Toutefois, le titulaire du permis ou de la concession peut être mis en demeure de solliciter, dans un délai déterminé, l'extension de son titre à ces substances connexes.

L'extension d'un permis d'exploitation ou d'une concession à des substances nouvelles peut être demandée par le titulaire.

Article 13.- Le permis d'exploitation est délivré pour quatre ans et peut être renouvelé quatre fois, pour une période de quatre ans chaque fois, si le titulaire a maintenu, pendant la période précédente de validité, une exploitation reconnue suffisante et qu'il s'est acquitté des droits et redevances prévus par le régime fiscal en vigueur à l'égard des permis d'exploitation.

Lorsqu'il porte sur plusieurs substances concessibles, sa validité peut être restreinte à certaines de ces substances, à l'occasion de son renouvellement, s'il n'a pas été maintenu en activité suffisante à l'égard des autres pendant la période de validité venant à expiration.

Article 14.- Le titulaire d'un permis d'exploitation a droit à une concession s'il fait preuve, au moment de sa demande, de l'existence d'un gisement exploitable à l'intérieur du périmètre sollicité.

La transformation d'un permis d'exploitation en concession peut être exigée du titulaire lorsque le gîte apparaît comme suffisamment important.

Faute par l'intéressé d'obtempérer dans les délais prescrits, son permis d'exploitation peut être annulé.

Article 15. La concession minière, accordée après publicité et enquête, est valable pour vingt-cinq ans, renouvelable.

L'acte de concession purge, en faveur du concessionnaire, tous droits résultant du permis de recherche ou d'exploitation.

Article 16. Le permis de recherche constitue un droit mobilier indivisible, non amodiable, non susceptible d'hypothèque. Il est cessible sous réserve d'autorisation préalable.

Le permis d'exploitation constitue un droit mobilier ; indivisible non susceptible d'hypothèque. Il est cessible et amodiable sous réserve d'autorisation préalable.

La concession minière constitue un droit immobilier de durée limitée susceptible d'hypothèque, distincte de la propriété du sol. Elle est cessible, amodiable et peut faire l'objet de fusion ou de division, sous réserve d'autorisation préalable.

Les terrains, bâtiments, ouvrages, machines, appareils et engins de toute nature servant à l'exploitation constituent des dépendances immobilières de la concession. Les dispositions en vigueur sur la propriété foncière restent applicables aux concessions minières lorsqu'elles ne sont pas contraires à celles de la présente loi et des textes pris pour son application.

En cas de décès du titulaire de l'un des titres, les ayants droit sont autorisés à poursuivre les activités. Lorsqu'ils ne remplissent pas les conditions légales, ils sont mis en demeure de procéder à la cession. Tout adjudicataire d'un titre minier ne pourra poursuivre les activités en découlant qu'après avoir été "dûment autorisé.

Les autorisations visées aux alinéas précédents seront délivrées par l'autorité compétente pour le renouvellement du titre considéré.

Toute convention d'option sur un permis de recherche ou toute convention non visée aux alinéas précédents par laquelle le titulaire d'un permis d'exploitation ou d'une concession, confie, partiellement ou totalement, ses droits à un tiers, est soumise à déclaration préalable à l'Administration qui devra donner son accord ou faire connaître son opposition dans le délai de trois mois.

Article 17. En cas d'expiration d'un permis de recherche ou d'un permis d'exploitation sans renouvellement ou transformation, en cas d'annulation, ou de renonciation à un permis de recherche ou à un permis d'exploitation, en cas de renonciation acceptée à une concession ou d'annulation d'une concession, les terrains se trouvent libérés de tous droits en résultant.

En cas d'expiration d'une concession sans renouvellement, la mise et ses dépendances immobilières sont mises à la disposition de l'Etat, libre de toute charge.

L'expiration de la concession entraîne 1'extinction de tous droits hypothécaires.

En cas de déchéance d'un concessionnaire, il est procédé à l'adjudication de la concession. S'il ne se présente aucun soumissionnaire agréé, la concession est annulée.

Au cas où une demande de renouvellement ou de transformation d'un titre minier est déposée avant son expiration, la validité de ce titre est prorogée tant qu'il n'a pas été statué sur ladite demande.

Article 18. A) Les permis de recherche et les permis d'exploitation institués en vertu de la présente loi, ainsi que les permis de recherche ou d'exploitation en cours de validité à la date de son entrée en vigueur, peuvent être annulés, et les concessionnaires de mines peuvent être déchus :

1. Si l'activité de recherche ou d'exploitation est suspendue ou gravement restreinte, l'annulation ou la déchéance ne pourra, dans les cas susvisés, être prononcée qu'après que l'intéressé aura été à même de fournir ses explications.

2. En cas de dépassement des droits accordés par le titre.

3. Pour infraction à l'article 16 ci-dessus.

4. Pour non-versement des taxes.

B) Les individus qui auront été condamnés à une peine d'emprisonnement pour infraction à la réglementation minière ou pour infraction à la réglementation sur la possession, la détention, la circulation des substances minérales ne peuvent plus exercer aucune activité minière, les titres dont ils seraient titulaires sont automatiquement annulés de plein droit.

Article 19. Toute modification du capital social des sociétés titulaires de titres miniers et tout transfert à des tiers de tout ou partie des parts sociales doivent être portés à la connaissance du Ministre chargé des Mines.

Titre III : Dispositions applicables et certaines substances

Article 20.- L'État peut, en tant que de besoin, limiter ou interdire l'exportation vers des Pays étrangers déterminés ou vers tous les Pays étrangers des substances classées matières premières stratégiques par décret.

Article 21.- En ce qui concerne les hydrocarbures liquides ou gazeux, des règles particulières concernant notamment le contrôle interne des sociétés, la conduite des travaux, les débouchés, le transport ou la transformation sur place des produits d'exploitation seront édictées par décret.

Au cas de découverte d'un gisement exploitable d'hydrocarbures, le titulaire d'un titre minier est tenu d'effectuer tous travaux destinés à obtenir dans les meilleurs délais la cadence de production optimum compatible avec les conditions techniques et commerciales et à permettre éventuellement une exploitation profonde.

Dans un rayon de 500 mètres autour de tout puits productif, la preuve de l'existence d'un gisement exploitable, requise par l'article 1 1, n'a pas â être apportée.

Article 22.- Un décret fixera la liste des substances à l'état brut pour lesquelles la possession, la détention, le transport, le commerce, la transformation et les transactions requièrent une autorisation préalable.

Seront également déterminées par décret les conditions dans lesquelles cette autorisation peut être obtenue ainsi que les règles applicables au cas de découverte de telles substances par des personnes non autorisées ou au cas de décès ou de disparition d'une personne autorisée à les détenir.

Sont soumis, par l'effet de la présente loi, aux dispositions de ces décrets, les diamants bruts non clivés ni taillés (diamants proprement dits, boarts, carbones).

Article 23.- Des arrêtés du Ministre chargé des Mines définissent à la demande de l'exploitant après enquête effectuée dans les mêmes conditions que pour une demande de concession :

1° Des zones de protection, dites zones A, autour des chantiers d'exploitation miniere des substances visées à l'article 22, des ateliers et des usines de transformation de ces substances, et de leurs annexes. Ces zones devront être entourées par l'exploitant d'une clôture continue.

2° Une ou plusieurs zones de protection, dites zones B, englobant les précédentes.

Ces zones seront définies en tenant compte dans toute la mesure du possible, des desiderata des tiers intéressés et évitant d'englober dans la zone, des centrés importants ou des routes d'intérêt général.

Les dispositions de l'article 27 relatif à l'occupation des terrains sont applicables aux zones A.

Article 24.- Nul ne peut pénétrer dans l'une des zones définies à l'article 23 ci-dessus ou en sortir, si ce n'est par des routes ou chemins définis par l'arrêté d'institution de la zone ;

L'accès à l'intérieur de la zone est réservé aux personnes munies d'un permis de séjour ou de circulation délivré par le chef de la circonscription administrative. Dans les zones de protection, la circulation, le commerce et le colportage seront réglementés par décret. Les limitations ou interdictions qui seront ainsi édictées ouvriront éventuellement droit à une indemnité à la charge du permissionnaire ou du concessionnaire.

Titre IV : Relations des permissionnaires et concessionnaires avec les propriétaires du sol et entre eux

Article 25.- Des périmètres de protection à l'intérieur desquels la prospection, la recherche et l'exploitation minière peuvent être soumises à certaines conditions ou interdites sans que le permissionnaire ou concessionnaire puisse réclamer aucune indemnité, peuvent être établis pour la protection des édifices et agglomérations, sources, voies de communication, ouvrages d'art et travaux d'utilité publique, comme en tous points où ces périmètres de protection seraient jugés nécessaires dans l'intérêt général.

Une indemnité représentant le montant des dépenses afférentes aux travaux ou ouvrages démolis ou abandonnés sera toutefois due au cas où le permissionnaire ou le concessionnaire devrait démolir ou abandonner des travaux régulièrement effectués à l'intérieur des périmètres antérieurement à leur fixation.

Sans autorisation, aucun travail de prospection, de recherche ou d'exploitation minière ne peut être ouvert à la surface dans une zone de 50 mètres :

1° Des propriétés closes de murs ou d'un dispositif équivalent, villages groupes d'habitations, puits, édifices religieux, lieux de sépulture et lieux considérés comme sacrés sans le consentement des propriétaires.

2° De part et d'autre des voies de communication, conduites d'eau et de tous travaux d'utilité publique ou ouvrages d'art.

Les mesures prévues au présent article sont prises par arrêté du Ministre chargé des Mines, tous les titulaires de titres miniers et propriétaires intéressés entendus.

Article 26.- L'existence d'un permis ou d'une concession minière ne peut empêcher le propriétaire du sol d'ouvrir sur son terrain des carrières de substances non concessibles ni faire obstacle à l'exécution de travaux d'utilité publique à l'intérieur du permis ou de la concession ou à l'ouverture de l'exploitation des carrières à utiliser pour ces travaux.

Le permissionnaire ou concessionnaire n'a droit qu'au remboursement des dépenses par lui faites et rendues inutiles par l'exécution desdits travaux ou l'ouverture desdites carrières, compensation faite, s'il y a lieu, des avantages qu'il peut retirer.

Le titulaire d'un permis d'exploitation ou d'une concession peut contre une juste indemnité au propriétaire du terrain disposer, pour les besoins de son exploitation minière et des industries qui s'y rattachent, des substances non concessibles dont ses travaux entraînent nécessairement l'abattage.

Le propriétaire conserve la disposition sans indemnité des substances non concessibles qui ne sont pas utilisées par l'exploitant à moins qu'elles ne proviennent du traitement des substances concessibles extraites.

Article 27.- Le permissionnaire ou le concessionnaire peut être autorisé par décret à occuper les terrains qui seraient nécessaires à son activité de recherche ou d'exploitation et aux industries qui s'y rattachent, tant à l'intérieur qu'à l'extérieur du périmètre du permis ou de la concession dans les conditions suivantes :

Dès réception de la demande d'occupation, si elle est jugée recevable, un arrêté du Ministre chargé des Mines en constate la recevabilité et désigne les terrains nécessaires.

Sauf accord amiable entre les permissionnaires ou concessionnaires et les personnes et autorités intéressées, l'autorisation d'occupation est accordée par décret pris après consultation des personnes et autorités intéressées et consignation d'une somme fixée par le Ministre chargé des Mines en fonction de l'importance de l'occupation.

Les contestations entre propriétaires ou relatives aux évaluations et dommages restent du ressort des tribunaux civils.

Article 28.- Le décret prévu à l'article 27 peut en outre autoriser le permissionnaire ou concessionnaire :

1° A l'intérieur du périmètre à couper, sous réserve du paiement des droits, taxes et redevances prévus par la législation en vigueur, les bois nécessaires à ses travaux, à utiliser les chutes d'eau non utilisées ni réservées, et à les aménager pour les besoins de ses travaux.

2° Tant à l'extérieur qu'à l'intérieur du périmètre, à exécuter les travaux nécessaires à son activité et aux industries qui s'y rattachent,

En dehors des travaux de recherche et d'exploitation proprement dits, font partie des activités, industries et travaux visés ci-dessus à l'article 27et au présent article :

- L'établissement et l'exploitation des centrales, postes et lignes électriques ;
- Les ouvrages de secours y compris les puits et galeries destinés à faciliter l'aérage et l'écoulement des eaux ;
- La préparation, le lavage, la concentration, le traitement mécanique, chimique, ou métallurgique des minerais extraits, l'agglomération, la distillation, la gazéification des combustibles ;
- Le stockage et la mise en dépôt des produits et déchets ;
- Les constructions destinées au logement, à l'hygiène, aux soins et instruction du personnel, les cultures vivrières destinées à son ravitaillement ;
- L'établissement de toutes voies de communication et notamment les routes, chemins de fer miniers, rigoles, canaux, canalisations, pipelines, convoyeurs, transporteurs aériens, ports fluviaux ou maritimes, terrains d'atterrissage ;
- L'établissement de bornes repères et de bornes de délimitation.

Article 29.- Les projets d'installation visés aux articles 27 et 26 peuvent, s'il y a lieu, être déclarés d'utilité publique dans les conditions prévues par les textes applicables en la matière sans que le permissionnaire ou le concessionnaire soit dispensé des obligations particulières ou complémentaires qui pourront être imposées.

Article 30.- Les frais, indemnités, et d'une façon générale toutes les charges résultant de l'application des articles 27, 28 et -29, sont supportés par le permissionnaire ou le concessionnaire intéressé.

Lorsque l'occupation des terrains prive le propriétaire ou le titulaire de droits fonciers coutumiers de la jouissance du sol pendant plus d'une année ou lorsqu'après l'exécution des travaux, les terrains occupés ne sont plus propres à la culture, le propriétaire ou le titulaire de droits fonciers coutumiers peut exiger du titulaire de l'autorisation l'acquisition du sol. La pièce de terre trop endommagée ou dégradée sur une trop grande partie de sa surface doit être achetée en totalité si le propriétaire ou le titulaire des droits fonciers coutumiers l'exige. Le terrain à acquérir ainsi est toujours estimé au double de la valeur qu'il avait avant l'occupation.

Les voies de communication et les lignes électriques créées par le titulaire peuvent, lorsqu'il n'en résulte aucun obstacle pour l'installation et moyennant une juste indemnisation, être utilisées pour le service des établissements voisins s'ils le demandent et être ouvertes éventuellement à l'usage public.

Article 31.- Le permissionnaire ou concessionnaire est tenu de réparer tous dommages que les travaux pourraient occasionner à la propriété superficielle. Il doit dans ces cas une indemnité correspondant au préjudice causé.

Article 32.- Dans le cas où il serait reconnu nécessaire par le Ministre chargé des Mines d'exécuter des travaux ayant pour but, soit de mettre en communication des mines voisines pour l'aérage ou l'écoulement des eaux, soit d'ouvrir des voies d'aérage, d'assèchement ou de secours destinées à l'usage des mines voisines, les permissionnaires ou concessionnaires ne peuvent s'opposer à l'exécution des travaux et sont tenus d'y participer chacun dans la proportion de son intérêt.

Article 33.- Lorsque les travaux d'exploitation d'une mine occasionnent des dommages à l'exploitation d'une autre mine voisine, en raison par exemple, des eaux qui pénètrent dans cette dernière en plus grande quantité, l'auteur des travaux en doit la réparation.

Lorsqu'au contraire, ces mêmes travaux tendent à évacuer tout ou partie des eaux d'autres rivières, par machines et par galeries, il y a éventuellement lieu, d'une mine en faveur de l'autre, à une indemnité.

Article 34.- L'investison de largeur suffisante peut être prescrit pour éviter que les travaux d'une mine puissent être mis en communication avec ceux d'une mine voisine déjà instituée ou qui pourrait être instituée. L'établissement de cet investison ne peut donner lieu à aucune indemnité de la part d'un titulaire d'une mine au profit de l'autre.

Titre V : Surveillance de l'administration

Article. 35. Les ingénieurs des mines, les fonctionnaires et agents de la direction des mines et de la géologie, commissionnés à cet effet sont chargés sous l'autorité du ministre de veiller à l'application de la présente loi et des décrets, et règlement pris pour son application, ainsi que de la surveillance administrative et technique des activités prévues par la présente loi.

Ils concourent dans les conditions et limites définies par la législation du travail à l'application de ladite législation dans les entreprises visées par la présente loi.

Ils procèdent à l'élaboration, à la conservation et à la diffusion de la documentation concernant notamment les substances minérales, l'industrie et les ressources minérales, la géologie pure et appliquée. Ils ont à cet effet le pouvoir de procéder à tout moment à toute opération de vérification d'indices ou de gisements et ont à tout instant accès aux travaux et instillations visés par leur contrôle. Les permissionnaires ou concessionnaires ou exploitants sont tenus de leur fournir les moyens de parcourir les travaux.

Article 36. Les travaux de mine doivent être conduits suivant les règles de l'art.

Toute ouverture ou fermeture d'un centre de recherche ou d'exploitation de mine ou de carrière doit être déclarée au directeur des mines et de la géologie.

Les ingénieurs des mines, fonctionnaires et agents relevant de la direction des mines et de la géologie doivent pouvoir y accéder et se faire remettre ou communiquer tous échantillons, tous documents ou renseignements d'ordre géologique, hydrogéologique ou minier.

Tout levé de mesures géophysiques doit faire l'objet d'une déclaration à la direction des mines et de la géologie à qui les résultats de ces mesures seront communiqués.

Aucun document ou renseignement recueilli en vertu de l'article 35 et des deux alinéas précédents ne peut, sauf autorisation de l'auteur des travaux être rendu public ou communiqué à des tiers par l'administration avant l'expiration d'un délai de cinq ans à compter de la date à laquelle il a été obtenu.

Article 37. Tout accident grave survenu dans une mine ou dans ses dépendances doit être porté par le permissionnaire ou concessionnaire à la connaissance de l'administration dans le plus bref délai possible.

Les permissionnaires ou concessionnaires doivent se soumettre aux mesures qui peuvent leur être ordonnées en vue de prévenir ou faire disparaître les causes des dangers que leurs travaux feraient courir à la sécurité publique, à l'hygiène des ouvriers, à la conservation de la mine ou des mines voisines, des sources et des voies publiques.

En cas de danger imminent, les ingénieurs des mines prennent immédiatement les mesures nécessaires pour faire cesser le danger et peuvent, s'il y a lieu, requérir toute autorité dont l'intervention est jugée nécessaire.

Article 38.- Les permissionnaires ou concessionnaires de mines doivent se soumettre aux mesures qui peuvent leur être ordonnées en vue de la meilleure utilisation possible des gisements.

Les substances extraites des exploitations des mines peuvent exceptionnellement être réquisitionnées par décret, dans un but d'intérêt général moyennant indemnité.

Article 39.- Dans le cas où un travail dont les frais incombent à l'exploitation a été fait d'office en exécution des prescriptions de la présente loi et des décrets et règlements pris pour son application, les sommes avancées seront recouvrées sur l'exploitant par états de recouvrement établis par le directeur des mines et de la géologie et rendus exécutoires par le Ministre chargé des finances.

Article 40.- Tout travail entrepris en contravention de la présente loi et aux décrets et règlements pris pour son application est arrêté.

Titre VI : Dispositions pénales

Article 41. Les infractions aux dispositions de la présente loi et des textes pris pour son application sont constatées par les officiers de police judiciaire, les agents commissionnés et assermentés de la direction des Mines et de la géologie et tous autres agents commissionnés et assermentés à cet effet.

Article 42. Les officiers de police judiciaire, les agents commissionnés et assermentés à cet effet auront qualité pour procéder aux enquêtes, saisies et perquisitions s'il y a lieu.

La recherche des infractions entraîne le droit de visite corporelle.

Article 43. Sans préjudice des confiscations, restitutions, remise en état des lieux et dommages et intérêts, sont punis d'une peine qui ne pourra excéder trois ans d'emprisonnement et d'une amende qui ne pourra excéder un million de francs ou l'une de ces deux peines seulement.

1° Toute contravention aux dispositions de la présente loi et des textes réglementaires pris pour son application.

2° Toute fraude en matière d'exploitation ou de commerce des matières stratégiques ou précieuses.

3°r Tout recel de substances minérales ou de sommes d'argent provenant de leur utilisation, détenues ou acquises par suite d'une coopération frauduleuse.

4° Toute contravention aux décisions administratives prises en application des dispositions de la présente loi et de textes réglementaires en découlant.

5° Toute opposition volontaire aux fonctions de l'administration des mines et de la géologie.

Article *44*. En cas de récidive, les pénalités prévues à l'article 43 ci-dessus sont portées au double.

Titre VII : Dispositions diverses

Article 45.- Des décrets détermineront les modalités d'application de la présente loi.

Article 46.- Les autorisations personnelles en cours restent valables jusqu'à l'expiration de leur période de validité ; elles seront annulées de plein droit à l'expiration de cette dernière. Le titulaire d'une autorisation personnelle aura droit, sur sa demande, à l'octroi d'une autorisation de prospection.

Les autorisations, permis et concessions en vigueur à la date d'entrée en application de la présente loi conservent leurs définitions et restent en vigueur jusqu'à la fin de la période en cours de validité.

Par contre, lorsque ces titres feront l'objet soit d'un renouvellement, soit d'une transformation, ils seront de droit soumis aux dispositions de la présente loi. Les conventions particulières en cours à la date de promulgation de la présente loi restent valables.

Article 47. Cesse d'être applicable au Cameroun occidental l'ordonnance n°121 rédaction 1958 de la Fédération nigérienne à l'exception du titre IV portant sur le régime des eaux.

Sont abrogées la loi n° 60-82 du 31 Décembre 1960 de la République du Cameroun et l'ordonnance n° 62-0F-3H du 31 Mars 1962 de la République Fédérale du Cameroun.

Article 48. La présente loi sera publiée en français et en anglais au Journal officiel et exécutée comme loi de la République Fédérale du Cameroun.

Yaoundé, le 6 avril 1964

AHMADOU AHIDJO

Annexe n°2 :

Code minier

CODE MINIER

REPUBLIQUE DU CAMEROUN

(loi n°1 du 16 avril 2001)

TITRE PREMIER : DES DISPOSITONS GENERALES

CHAPITRE I : Du champ d'application et des définitions

CHAPITRE II : De l'éligibilité

CHAPITRE III : Des garanties générales

CHAPITRE I V : De la convention minière

TITRE II : DES DISPOSITIONS COMMUNES AUX TITRES MINIERS

CHAPITRE I : De l'attribution et du renouvellement des titres miniers

CHAPITRE II : Des transactions sur les titres miniers

CHAPITRE III : De la validité des titres miniers

TITRE III : DES DISPOSITIONS SPECIFIQUES APPLICABLES AUX OPERATIONS MINIERES

CHAPITRE I : Des opérations minières artisanales

SECTION I : De la carte individuelle de prospecteur

SECTION II : De l'autorisation d'exploitation artisanale

CHAPITRE II : Des opérations minières industrielles

SECTION I : Du permis de reconnaissance

SECTION IL : Du permis de recherche

SECTION III : Du permis d'exploitation

TITRE IV : DES DISPOSITIONS RELATIVES AUX SUBSTANCES DE CARRIERES

TITRE V : DES DROITS ET DES OBLIGATIONS ATTACHES A L'EXERCICE DES ACTIVITES MINIERES OU DE CARRIERES

CHAPITRE I : De la zone d'interdiction ou de protection

CHAPITRE II : Des relations avec les propriétaires du sol

SECTION I : De l'exploitation des substances minérales

SECTION IL : De l'exploitation des substances de carrières

Titre premier : Des dispositions générales

Chapitre I : Du champ d'application et des définitions

Article premier : (1) La présente loi et les textes pris pour son application ont pour objet de régir les activités minières et de promouvoir les investissements dans le secteur minier en République du Cameroun. Ils visent à favoriser et à encourager la recherche et l'exploitation des ressources minérales nécessaires au développement économique et social du pays ainsi qu'à la lutte contre la pauvreté.

(2) Les dispositions de la présente loi s'appliquent sur toute l'étendue du territoire de la République du Cameroun, dans les eaux territoriales, la zone économique exclusive et sur le plateau continental.

(3) Les hydrocarbures liquides et gazeux ainsi que les schistes bitumineux font l'objet de lois particulières.

Article 2 : Au sens de la présente loi et de ses textes d'application, les définitions suivantes sont admises :

« **Autorité compétente** » : autorité habilitée à prendre les actes d'attribution et de renouvellement des permis d'exploitation ;

« **Conservateur** » : cadre de l'Administration chargée des mines et de la géologie, responsable de l'établissement et de la tenue du registre dénommé Registre des Titres Miniers ;

« **Droit exclusif** » : droit reconnu à un titulaire d'un titre minier d'exercer son activité à l'intérieur d'un périmètre déterminé à l'exclusion de tout autre opérateur ;

« **Exploitation** » : extraction de substances minérales solides, liquides ou gazeuses, par n'importe quel procédé ou méthode, de la terre ou sous la surface de la terre afin d'en extraire les substances utiles ; elle comprend toutes opérations directement ou indirectement nécessaires ou qui s'y rapportent ;

« **Exploitation artisanale** » : toute exploitation dont les activités consistent à extraire et à concentrer des substances minérales en utilisant des méthodes et procédés manuels et peu mécanisés ;

« **Gisement** » : tout gîte naturel de substances minérales exploitables dans les conditions économiques du moment ;

« **Gîtes géothermiques** » : gîtes enfermés au sein de la terre dont on peut extraire de l'énergie sous forme thermique, notamment par l'intermédiaire des eaux chaudes et vapeurs souterraines qu'ils contiennent ;

« **Minerai** » : toute substance matérielle sous forme solide, liquide ou gazeuse qui survient de manière naturelle sur ou sous la terre, mais ne comprenant ni l'eau ni le pétrole ;

« **Ministère** » : Administration chargée des mines et de la géologie ;

« **Ministre** » : Ministre chargé des mines et de la géologie ;

« **Périmètre** » : contour limitant la surface du terrain pour lequel un titre minier ou un permis de reconnaissance est accordé ;

« **Période prescrite** » : période de quatre-vingt-dix (90) jours ou toute période plus longue fixée par voie réglementaire après expiration, abandon, retrait du titre ou renonciation ;

« **Première production commerciale** » : première mise sur le marché du produit de l'exploitation comme prévue par le projet de développement présenté dans l'étude de faisabilité ;

« **Recherche** » : tout procédé ou méthode d'investigation dans le but de localiser et d'évaluer les gisements minéraux comprenant les opérations de prospection, l'échantillon en vrac et les essais en laboratoire ;

« **Reconnaissance** » : ensemble des investigations systématiques et itinérantes de surface par des méthodes géologiques, géophysiques ou autres faisant appel à de vastes superficies en vue de déceler les indices ou des concentrations de substances minérales utiles ;

« **Substances de carrières** » : matériaux de construction ou minéraux industriels extraits par fouilles ou autrement, dans le but de fournir des matériaux destinés à la construction, au commerce, à l'industrie ou à la fabrication ;

« **Terrain** »

- la surface et la terre sous la surface du terrain ;

- l'eau ;

- la plage, la zone entre le niveau moyen des laisses de hautes eaux de la mer et le niveau moyen des laisses de basses eaux de la mer ;

- la zone offshore, le fond marin sous la mer territoriale qui va du niveau moyen des laisses de basses eaux de la mer jusqu'aux profondeurs admises pour la recherche ou l'exploitation des minerais ;

- le lit de tout rivière, cours d'eau, estuaire, lac ou marécage ;

« **Titre minier** » :

- autorisation d'exploitation artisanale ;

- permis de recherche ;

- permis d'exploitation ;

accordés conformément aux dispositions de la présente loi ;

« **Titulaire** » : personne physique ou morale dont le nom est porté sur le registre comme propriétaire d'un titre minier ;

« **Usine d'exploitation** » : tous bâtiments, installations, usines, appareils, équipements, outils ou autres biens de toute nature, fixés ou non sur la terre.

Article 3 : (1) les gîtes naturels de substances minérales sont classés relativement à leur régime légal en carrières et en mines.

(2) Sont considérés comme carrières, les gîtes de matériaux de construction et d'amendement pour la culture des terres et autres substances analogues, à l'exception des calcaires, des phosphates, des nitrates, des sels alcalins et autres sels associés dans les mêmes gisements. Les tourbières sont également classées parmi les carrières. Cette classification peut être modifiée par voie réglementaire.

(3) Sont considérés comme mines, les gîtes de toutes substances minérales non classés dans les carrières y compris les gîtes géothermiques, les eaux minérales et thermominérales.

Article 4 : Sauf dérogation légale, tout terrain, y compris l'eau qui s'étend sur ledit terrain est disponible pour l'attribution des titres miniers.

Article 5 : (1) Dans l'intérêt de l'Etat, le Ministre chargé des mines peut exclure tout terrain ou toute substance minérale des recherches, de l'exploitation industrielle ou de l'exploitation artisanale.

(2) La décision d'exclusion est publiée au Journal Official ou dans un journal d'annonces légales. Elle déterminé la zone de terrain ou la substance minérale concernée.

(3) L'exclusion ne peut porter sur un terrain objet d'un titre minier qu'après expiration de la validité de celui-ci.

(4) Le retrait de la décision d'exclusion est décidé dans les mêmes formes que la décision d'exclusion.

(5) Les demandes de titre minier sur un terrain exclu, enregistrées avant la publication de la décision d'exclusion sont conservées en instance. Elles sont traitées en priorité si la décision d'exclusion venait à prendre fin.

Article 6 : (1) La propriété des mines est distincte de celle du sol.

(2) Les mines sont et demeurent propriété de l'Etat.

(3) Aux fins des activités minières, l'Etat exerce sur l'ensemble du territoire camerounais des droits souverains.

Article 7 : Les carrières sont réputées liées à la propriété du sol. Elles en suivent le régime.

Chapitre II : De l'éligibilité

Article 8 : (1) Peut entreprendre ou conduire une activité régie par la présente loi sur le domaine public, le domaine privé de l'État ou le domaine national, toute personne physique ou morale, quelle que soit sa nationalité.

(2) Toute personne physique ou morale désirant exercer une activité minière doit, au préalable, obtenir un permis de reconnaissance ou un titre minier, délivré dans les conditions prévues par la présente loi.

Article 9 : L'exercice de l'activité minière artisanale est réservé aux personnes de nationalité camerounaise, sous réserve de l'obtention d'une carte individuelle de prospecteur et/ou de l'autorisation d'exploitation artisanale délivrées dans les conditions définies par la présente loi.

Article 10 : Tout titulaire d'un titre minier émis en vertu de la présente loi doit justifier d'un domicile au Cameroun. S'il ne réside pas lui-même au Cameroun, il doit y élire domicile chez son représentant dont il fait connaître l'identité et les qualifications à l'Administration chargée des mines.

Article 11 : L'attribution d'un permis d'exploitation peut donner lieu à l'attribution d'une participation de l'État au plus égale à 10 % des parts ou actions d'apports de la société d'exploitation. La nature et les modalités de cette participation sont déterminées dans une convention qui doit être conclue avant l'exploitation.

Article 12 : Dans le but d'améliorer la connaissance géologique ou scientifique dans des conditions qui ne requièrent pas l'obtention d'un titre minier, l'Etat peut réaliser ou autoriser des activités de reconnaissance dans les conditions définies par voie réglementaire.

Chapitre III : Des garanties générales

Article 13 : Les personnes physiques ou morales régulièrement établies au Cameroun, se livrant ou désirant se livrer à des activités de recherche ou d'exploitation minières bénéficient des garanties générales et des avantages prévus par la présente loi.

Article 14 : (1) Dans le cadre de leurs activités professionnelles, les employeurs et travailleurs étrangers sont soumis aux lois et règlements camerounais sans discrimination aucune par rapport aux Camerounais.

(2) Ils peuvent faire partie des organisations de défense des intérêts professionnels dans le cadre des lois camerounaises.

(3) En outre, les entreprises étrangères et leurs dirigeants sont représentés dans les mêmes conditions que les entreprises et particuliers de nationalité camerounaise dans les assemblées consulaires et dans les organismes assurant la représentation des intérêts professionnels et économiques.

Article 15 : Sans préjudice des accords internationaux et des lois et règlements en vigueur, sont notamment garantis aux personnes physiques ou morales régulièrement établies :

- le droit de disposer librement de leurs biens et d'organiser à leur gré leur entreprise ;
- la liberté d'embauche et de licenciement ;
- le libre choix des fournisseurs et des prestataires de services ;
- le libre accès aux matières premières et aux intrants ;
- la libre circulation à l'intérieur du Cameroun de leurs produits semi-finis et finis.

Chapitre IV : De la convention minière

Article 16 : (1) En vue du développement et de l'exploitation d'une découverte minière ou de leur financement, une convention minière est conclue entre le titulaire du permis de recherche et l'Etat.

Ladite convention comprend notamment les dispositions relatives :

- à la circonstance ou la manière dont l'autorité administrative exerce toute fonction conférée par la présente loi ;
- aux droits et obligations afférents à chaque partie ;
- à l'étude de faisabilité préparée par le titulaire et ses propositions de développement ;
- à la définition des phases de construction de la mine, de production commerciale et les régimes fiscaux y afférents ;
- aux règles d'hygiène, de sécurité et de protection de l'environnement et du patrimoine culturel spécifiques aux opérations proposées ;
- aux relations avec les communautés affectées par le développement minier ;
- aux obligations relatives à l'emploi, à la formation professionnelle et aux réalisations à caractère social ;
- aux relations avec les fournisseurs et sous-traitants ;

- au règlement des litiges relatifs à la convention ou à l'application de la présente loi par toute voie de droit y compris l'arbitrage international ;

- à la nature et aux modalités de l'éventuelle participation de l'Etat dans un développement minier couvert par un permis d'exploitation ;

- à tout autre sujet que les parties prenantes à la convention peuvent juger digne d'intérêt.

(2) Si les dispositions de la convention viennent à compléter celles de la présente loi même sans y déroger, ladite convention fera l'objet d'une loi autorisant le Gouvernement à la conclure.

Titre II : Des dispositions communes aux titres miniers

Article 17 : (1) Les titres miniers sont inscrits dans un registre tenu par le Conservateur des titres miniers.

(2) Les modalités de gestion du registre des titres miniers sont fixées par voie réglementaire.

Chapitre I : De l'attribution et du renouvellement des titres miniers

Article 18 : Les demandes d'attribution ou de renouvellement des titres miniers introduites auprès du Conservateur sont instruites suivant les modalités définies par voie réglementaire.

Article 19 : L'attribution d'un permis de recherche ou d'un permis d'exploitation est conditionnée par le versement d'une caution garantissant l'exécution par le titulaire de ses obligations. Le montant et les modalités de versement de cette caution sont fixés par voie réglementaire.

Chapitre II : Des transactions sur les titres miniers

Article 20 : (1) Tout droit portant sur un titre minier peut donner lieu à toute forme de transaction, notamment la cession, la transmission, le nantissement et le gage. Il peut également faire l'objet d'une saisie.

(2) L'approbation est de droit lorsque le titulaire a satisfait aux obligations lui incombant en vertu de la présente loi et a présenté une demande conforme à la réglementation en vigueur, à condition toutefois que le cessionnaire ou titulaire potentiel respecte les conditions prévues par la législation et la réglementation minières.

(3) Les modalités d'exercice des formes de transaction prévues à l'alinéa (1) ci-dessus sont fixées par voie réglementaire.

Article 21 : (1) Les titres miniers du même type peuvent être consolidés en un ou plusieurs titres miniers de ce type.

(2) La composition, les conditions et la procédure d'instruction des demandes de consolidation des titres miniers sont fixées par voie réglementaire.

Chapitre III : De la validité des titres miniers

Article 22 : La durée de validité du titre minier court à compter de la date de notification de la décision d'attribution.

Article 23 : (1) La validité du titre minier prend fin par renonciation, par retrait ou par expiration du délai de validité.

(2) Les modalités de renonciation et de retrait des titres miniers sont fixées par voie réglementaire.

Titre III : Des dispositions spécifiques applicables aux opérations minières

Chapitre I : Des opérations minières artisanales

Section première : De la carte individuelle de prospecteur

Article 24 : (1) La carte individuelle de prospecteur est délivrée à toute personne physique majeure de nationalité camerounaise désirant prospecter des substances minérales de façon artisanale à l'intérieur du département où elle a élu domicile.

(2) Les modalités de délivrance et de renouvellement de la carte individuelle de prospecteur sont fixées par voie réglementaire.

Section II : De l'autorisation d'exploitation artisanale

Article 25 : (1) Le titulaire d'une carte individuelle de prospecteur peut à tout moment délimiter un ou plusieurs périmètre (s) d'exploitation artisanale en conformité avec la présente loi et selon les modalités prévues par voie réglementaire.

2) Lorsque le titulaire d'une carte individuelle de prospecteur a délimité un périmètre d'exploitation artisanale, il doit faire procéder à la constatation coutumière ou administrative de la délimitation dudit périmètre et, dans un délai de trente (30) jours suivant cette délimitation, demander l'octroi d'une autorisation d'exploitation artisanale selon les modalités prévues par voie réglementaire.

(3) L'autorisation d'exploitation artisanale est accordée par l'autorité territorialement compétente dans les quinze (15) jours suivant le dépôt de la demande. Passé ce délai, elle est réputée accordée si la demande n'a pas fait l'objet d'un rejet explicite.

(4) L'octroi d'une autorisation d'exploitation artisanale est subordonné au versement de tous les droits ou autres impôts applicables au périmètre.

Article 26 : (1) La superficie de chaque terrain pour lequel l'octroi d'une autorisation d'exploitation artisanale est attribué ne peut excéder cent (100) mètres sur cent (1 00) mètres.

(2) Un titulaire peut obtenir au plus quatre (4) autorisations d'exploitation artisanale, à condition qu'elles portent sur des terrains contigus.

Article 27 : L'autorisation d'exploitation artisanale ouvre le droit à des travaux d'exploitation sur une profondeur maximum de trente (30) mètres.

Article 28 : (1) L'autorisation d'exploitation artisanale confère à son titulaire le droit de s'établir sur le périmètre attribué et un droit exclusif de prospecter et d'extraire les substances minérales à l'intérieur du périmètre d'exploitation artisanale, de les enlever et d'en disposer.

(2) Le titulaire d'une autorisation d'exploitation artisanale doit :

- fournir à l'Administration chargée des mines des informations relatives à ses opérations d'exploitation et de prospection selon les modalités fixées par voie réglementaire ;

- exécuter sans délai toutes instructions relatives aux opérations d'exploitation que peut lui donner l'Administration chargée des mines pour assurer la sécurité du travail sur le site ou assurer une exploitation minière conforme aux règles de l'art et à la protection de l'environnement.

(3) Le titulaire d'une autorisation d'exploitation artisanale peut à tout moment demander un permis de recherche ou un permis d'exploitation sur le périmètre d'exploitation artisanale dans les conditions prévues par la présente loi.

Article 29 : (1) La validité initiale d'une autorisation d'exploitation artisanale est de deux (2) ans à compter de la date d'enregistrement de ladite autorisation. Elle est renouvelable tous les deux (2) ans.

(2) L'autorisation d'exploitation artisanale devient caduque si son titulaire obtient un permis d'exploitation sur le périmètre concerné.

Article 30 : Dans le respect des dispositions de l'Article 20 ci-dessus, le titulaire de l'autorisation d'exploitation artisanale demeure responsable de l'exécution de toute tâche, obligation ou responsabilité imposée par la présente loi par rapport au périmètre d'exploitation artisanale, notamment la préservation de la santé des populations et la sécurité de tous les sites de travaux dans le périmètre.

Article 31 : (1) L'autorisation d'exploitation artisanale peut être retirée par l'autorité qui l'a délivrée si le titulaire :

- n'utilise pas le terrain dans le périmètre d'exploitation artisanale pour des opérations d'exploitation artisanale ou le destine à tout emploi autre que des opérations minières ;

- ne se conforme pas aux dispositions de la présente loi ou aux conditions de l'autorisation d'exploitation artisanale ;

- ne se conforme pas aux instructions liées à l'application de la présente loi ;

- ne verse pas les sommes exigées aux termes de la présente loi dans un délai d'un mois après leur échéance ;

- est déclaré en faillite ;

- conclut un accord ou un programme avec ses créanciers ou profite d'une loi quelconque dans l'intérêt des débiteurs ;

- est déclaré en liquidation judiciaire pour ce qui est des personnes morales.

(2) Le retrait doit être notifié par écrit au titulaire de l'autorisation retirée.

Chapitre II : Des opérations minières industrielles

Section première : Du permis de reconnaissance

Article 32 : (1) Le permis de reconnaissance peut être délivré en vue de mener des investigations systématiques et itinérantes de surface par des méthodes géologiques, géophysiques ou autres faisant appel à de vastes superficies en vue de déceler les indices ou des concentrations de substances minérales utiles.

(2) Le permis de reconnaissance est attribué ou renouvelé par le Ministre chargé des mines suivant les modalités fixées par voie réglementaire.

Article 33 : Le permis de reconnaissance est valable pour une période d'un an renouvelable.

Article 34 : La superficie totale du terrain pour lequel le permis de reconnaissance est attribué ne doit pas excéder dix mille (10 000) kilomètres carrés et doit être constituée d'un seul bloc en forme polygonale.

Article 35 : Le permis de reconnaissance confère à son titulaire :

- le droit non exclusif et non transmissible de mener des opérations de reconnaissance à l'intérieur du périmètre de reconnaissance ;

- le droit d'entrer dans le périmètre de reconnaissance et d'ériger, sous réserve du respect de la législation foncière et domaniale en vigueur, des installations appropriées.

Article 36 : Le titulaire d'un permis de reconnaissance doit mener les opérations en conformité avec son programme et remettre les rapports périodiques dont le contenu et la fréquence sont précisés par voie réglementaire.

Section II : Du permis de recherche

Article 37 : (1) Le permis de recherche est délivré par arrêté du Ministre chargé des mines en vue de mener les investigations destinées à localiser et évaluer les gisements minéraux et en déterminer les conditions d'exploitation commerciale.

(2) Les modalités d'attribution et de renouvellement du permis de recherche sont fixées par voie réglementaire.

Article 38 : (1) Le permis de recherche est délivré pour une durée initiale de trois (3) ans.

(2) Le permis de recherche est renouvelable quatre (4) fois au plus, par période maximale de deux (2) ans chacune.

(3) Les demandes de renouvellement sont déposées dans les formes requises et selon les modalités fixées par voie réglementaire sous réserve que le titulaire ait rempli ses obligations pour la période de validité en cours.

Article 39 : (1) La superficie du terrain sur lequel un permis de recherche peut être accordé ne doit pas excéder mille (1 000) kilomètres carrés. Le périmètre de recherche doit être formé en un seul bloc de forme polygonale. Il est matérialisé selon les modalités fixées par voie réglementaire.

(2) Sous réserve des dispositions de l'alinéa (3) ci-dessous, le renouvellement de la validité d'un permis de recherche emporte renonciation par le titulaire d'une superficie au moins égale à la moitié du périmètre détenu pendant la durée antérieure.

(3) Lorsqu'un périmètre de recherche a été réduit à moins de 62 kilomètres carrés, le titulaire n'est plus tenu de faire d'autres renonciations.

(4) La renonciation prend effet à compter de la date de renouvellement du permis de recherche.

Article 40 : (1) Le demandeur d'un permis de recherche propose un programme des travaux et le budget y relatif qui sont approuvés par le Ministre chargé des mines dans les conditions fixées par voie réglementaire.

(2) Le titulaire d'un permis de recherche peut à tout moment demander le changement du programme en cours suivant les conditions fixées par voie réglementaire.

Article 41 : (1) Le permis de recherche autorise le titulaire, conformément aux dispositions de la présente loi à :

- entrer et à occuper la superficie du permis de recherche ;

- extraire, enlever et disposer des rochers, de la terre, du sol ou des substances minérales dans des quantités permises par le programme approuvé ;

- prendre et utiliser l'eau située sur ou coulant à travers ledit terrain pour tout besoin nécessaire aux travaux de recherche, conformément à la législation en vigueur ;

- mener tous autres travaux appropriés pour entreprendre les recherches sur le terrain.

(2) Le titulaire du permis de recherche a droit à l'occupation exclusive du terrain compris dans le permis, et sous réserve du respect des droits des tiers tels que protégés par la législation foncière et domaniale en vigueur, pour les besoins de recherche.

Article 42 : (1) Le titulaire d'un permis de recherche est tenu d'adresser des rapports au Ministre chargé des mines dans les conditions prévues par voie réglementaire.

(2) Pendant la durée de validité du permis de recherche ou, le cas échéant, du permis d'exploitation en résultant, tout rapport remis en application des dispositions de la présente loi ne peut être mis à la disposition d'une personne étrangère à l'Administration chargée des mines. Son contenu ne peut pas non plus être divulgué, sauf dans la mesure où des éléments sont nécessaires à la publication des informations statistiques sur la géologie et les ressources minérales de la nation.

(3) Tout rapport déposé concernant une portion de terrain qui fait l'objet de renonciation dans le cadre d'un permis de recherche peut être mis à la disposition du public pour consultation et reproduction.

Article 43 : Le titulaire d'un permis de recherche a droit à la libre utilisation des produits extraits à l'occasion de la recherche et des essais à condition que les travaux de recherche ne revêtent pas un caractère de travaux d'exploitation et sous réserve d'en faire la déclaration préalable à l'Administration chargée des mines.

Article 44 : (1) Lorsque le titulaire d'un permis de recherche localise un gisement et démontre au Ministre avec rapport de préfaisabilité à l'appui qu'il ne peut pas raisonnablement l'exploiter immédiatement, il peut solliciter un changement du programme qui lui permettrait de réserver le périmètre et le permis de recherche pour une autre période de deux ans éventuellement renouvelable.

(2) Si la demande d'un changement est approuvée, le programme approuvé peut comprendre notamment :

- le maintien des relations avec les propriétaires des terrains objet du permis de recherche ;

- le maintien des bâtiments et services établis au cours des recherches sur le terrain objet de la demande ;

- une évaluation annuelle de la faisabilité du lancement des opérations d'exploitation ;

- d'autres travaux de recherche convenus entre le Ministre chargé des mines et le titulaire.

Section III : Du permis d'exploitation

Article 45 : (1) Le permis d'exploitation est accordé par décret du Président de la République après avis du Ministre chargé des Mines en vue de l'extraction des substances minérales solides, liquides ou gazeuses par n'importe quel procédé ou méthode de la terre ou sous la surface de la terre afin d'en extraire les substances utiles ; il comprend toutes opérations directement ou indirectement nécessaires ou qui s'y rapportent.

(2) La demande de permis d'exploitation formulée sur une fiche prévue à cet effet est déposée en trois exemplaires dont un original timbré au tarif en vigueur et deux copies, et accompagnée entre autres :

- du levé topographique prévu par voie réglementaire ;

- des propositions du demandeur comprenant des documents et des études prévus par voie réglementaire ;

- d'une déclaration que la superficie du terrain a été bornée selon les modalités prévues par voie réglementaire ;

- d'une déclaration donnant les détails des ressources techniques et financières dont dispose le demandeur ;

- de la quittance attestant le versement des droits fixes.

(3) Les modalités d'attribution et de renouvellement du permis d'exploitation sont fixées par voie réglementaire.

Article 46 : (1) La demande de permis d'exploitation est instruite par les services de l'Administration chargée des mines qui disposent d'un délai de soixante (60) jours à compter de la date d'enregistrement de la demande pour étudier le dossier et vérifier notamment si :

- l'étude de faisabilité soumise par le demandeur prévoit :

  o le développement des gisements miniers situés sur le terrain suivant les règles de l'art ;

  o la protection appropriée de l'environnement à travers une étude d'impact et un plan de gestion ;

- o l'impact socio-économique ;

- le périmètre et la durée de validité sollicités correspondent aux conclusions de l'étude de faisabilité.

(2) Le dossier jugé recevable est transmis à l'autorité compétente qui dispose de 45 jours pour se prononcer.

Article 47 : La convention minière est établie sur la base du dossier de demande de permis d'exploitation jugé acceptable. Celle-ci sera conclue avant l'octroi du permis d'exploitation et prendra effet à la date d'attribution du permis.

Article 48 : (1) Le permis d'exploitation est accordé pour une durée n'excédant pas vingt-cinq (25) ans.

Cette durée peut être renouvelée dans les conditions prévues à l'alinéa (2) ci-dessous.

(2) Au cas où le titulaire du permis d'exploitation se conforme à toutes les conditions du permis d'exploitation, à sa demande, le Ministre chargé des mines doit renouveler la validité du permis d'exploitation pour une période ou des périodes n'excédant pas dix (10) ans chacune, représentant la durée de vie complémentaire démontrée dans les mêmes conditions que la durée initiale, jusqu'à épuisement du gisement.

Article 49 : La superficie pour laquelle le permis d'exploitation est accordé est fonction du gisement dont l'exploitation est envisagée tel qu'il est défini dans l'étude de faisabilité. La surface doit être constituée d'un seul bloc de forme polygonale et être entièrement contenue à l'intérieur du permis de recherche dont le permis d'exploitation dérive.

Article 50 : (1) Le permis d'exploitation autorise le titulaire, conformément aux dispositions de la présente loi à :

- entrer et occuper le terrain objet du permis d'exploitation conformément aux dispositions des Articles 64 à 69 ci-dessous en vue d'entreprendre les opérations afférentes au titre concerné ;

- construire une usine de traitement sur le terrain considéré ;

- traiter tout minéral dérivant des opérations d'exploitation sur ledit terrain ou ailleurs ;

- ériger toutes autres structures nécessaires pour le traitement des haldes et des résidus, enlever et prendre les rochers, la terre, et les minéraux de la terre avant ou après traitement ;

- prendre et utiliser l'eau située sur ou coulant à travers le terrain en question à toute fin nécessaire pour les opérations d'exploitation et de traitement conformément à la législation en vigueur ;

- mener toute autre action appropriée pour la réalisation des opérations d'exploitation ou de traitement sur le terrain considéré.

(2) Sous réserve des dispositions de la présente loi, le titulaire d'un permis d'exploitation a le droit :

- exclusif d'occuper le terrain objet du permis pour l'exploitation et toutes autres opérations liées à l'exploitation ;

- de disposer de tous les minéraux extraits du terrain considéré.

Article 51 : (1) Le titulaire d'un permis d'exploitation peut à tout moment demander au Ministre un changement des propositions approuvées.

(2) La demande de changement doit :

- être faite par écrit ;

- spécifier que le changement est sollicité soit ;

parce que, pour des raisons indépendantes de sa volonté, le titulaire n'est pas en mesure :

o d'exécuter les propositions approuvées ;

o pour développer la mine, mener des opérations minières ou des opérations accessoires à l'exploitation d'une manière différente à celle proposée initialement ;

o pour toute autre raison justifiée.

Le Ministre chargé des mines après étude, transmet le dossier assorti de son avis au Président de la République pour approbation.

(3) Si celui-ci rejette la demande de changement, le Ministre chargé des mines doit notifier par écrit ce rejet au demandeur.

Article 52 : (1) Le titulaire d'un permis d'exploitation doit adresser à l'Administration chargée des mines les rapports suivants, couvrant les périodes ci-après :

- chaque mois calendaire à compter de la date d'attribution du permis, un rapport détaillé sur la production des substances minérales s'il y en a, y compris les détails sur la quantité et la valeur des substances minérales récupérées dans un délai de trente (30) jours suivant la fin de la période du compte rendu ;

- chaque année calculée à partir de la date d'attribution du permis, un rapport présentant les détails complets sur tous les travaux entrepris en rapport avec le permis, notamment les détails sur la production des substances minérales, les travaux de développement, les recherches et toutes autres informations utiles à la géologie et aux ressources minières dans le périmètre d'exploitation ;

- pour la période courant depuis la date d'attribution jusqu'à la date de renonciation à tout ou partie du permis d'exploitation ou à la date d'expiration ou de retrait du permis, un rapport résumant tous les travaux se rapportant au permis y compris les conditions requises au deuxième tiret ci-dessus depuis que le dernier rapport a été déposé.

(2) Les rapports mensuels et annuels déposés aux termes de l'alinéa (1) ci-dessus sont confidentiels. Ils ne peuvent être communiqués à une personne étrangère à l'Administration chargée des mines et leurs contenus ne peuvent être révélés sauf pour permettre à cette Administration de publier les données statistiques relatives à la géologie et aux ressources minérales de l'État.

(3) Le rapport résumant tous les travaux se rapportant au permis d'exploitation déposé aux termes de l'alinéa (1) ci-dessus peut être accessible à toute personne pour consultation et reproduction.

Titre IV : Des dispositions relatives aux substances de carrières

Article 53 : (1) Les dispositions applicables aux opérations minières s'appliquent à l'exploitation des substances de carrières sous réserve de celles prévues au présent chapitre.

(2) La recherche de gîtes de substances de carrières est autorisée par l'Administration chargée des mines conformément à la réglementation minière.

(3) L'exploitation de substances de carrières est autorisée en vertu :

- d'une autorisation d'exploitation des carrières pour les carrières temporaires ;
- d'un permis d'exploitation de carrières pour les carrières permanentes.

Article 54 : (1) Sous réserve des droits antérieurs, l'autorisation d'exploitation de carrières ainsi que le permis d'exploitation de carrières sont délivrés par le Ministre chargé des mines, après consultation des autorités administratives compétentes et des communautés locales concernées, aux personnes physiques de nationalité camerounaise et aux sociétés de droit camerounais ayant présenté une demande conforme à la réglementation minière et justifiant d'un contrat de bail ou d'un titre de propriété.

(2) Le propriétaire du sol est tenu d'obtenir une telle autorisation ou un tel permis s'il souhaite exploiter lui-même sur son terrain. Toutefois, l'exploitation de carrières par le propriétaire du sol à des fins exclusivement domestiques nécessite une déclaration préalable auprès de l'autorité chargée des mines territorialement compétente. Cette exploitation domestique demeure soumise à la réglementation en matière de sécurité du travail et de l'environnement.

(3) La demande d'autorisation d'exploitation de carrières ainsi que la demande de permis d'exploitation de carrières sont introduites auprès de l'autorité chargée des mines territorialement compétente suivant les modalités prévues par voie réglementaire.

Article 55 : (1) L'autorisation d'exploitation de carrières est valable seulement pour la période qui y est définie. Cette période ne peut excéder deux (2) ans. Une autorisation d'exploitation de carrières qui n'a pas été utilisée dans les douze (12) mois à compter de la date d'attribution est réputée caduque.

Toute mise en activité ultérieure doit faire l'objet d'une nouvelle demande d'autorisation d'exploitation de carrières.

(2) Le permis d'exploitation de carrières est valable pour cinq (5) ans à compter de la date de l'arrêté d'attribution. Un permis d'exploitation de carrières qui n'a pas été utilisé dans les douze (12) mois à compter de la date d'attribution est réputé caduc et toute mise en activité ultérieure doit faire l'objet d'une nouvelle demande de permis d'exploitation de carrières. Le permis d'exploitation de carrières est renouvelable indéfiniment par période de trois (3) ans dans les mêmes conditions que les titres miniers.

Article 56 : (1) La superficie pour laquelle l'autorisation et le permis d'exploitation de carrières sont accordés est définie dans l'acte d'attribution.

(2) Le titulaire d'un permis d'exploitation de carrières doit procéder au bornage du périmètre décrit dans le permis par l'établissement de bornes et repères conformément à la réglementation minière et aux pratiques en vigueur. Si après mise en demeure le bornage n'a pas été effectué, il y est procédé d'office aux frais de bénéficiaire.

Article 57 : (1) L'autorisation ou le permis d'exploitation de carrières confère à son bénéficiaire, dans les limites du périmètre et des conditions qui y sont définies, le droit exclusif d'exploiter les substances de carrières qui s'y trouvent.

(2) L'autorisation ou le permis d'exploitation de carrières comporte, conformément aux lois et règlements en vigueur, l'autorisation de transporter ou de faire transporter les substances de carrières extraites et leurs dérivés primaires jusqu'au lieu de stockage, de traitement ou de chargement, d'en disposer sur les marchés intérieurs ou de les exporter.

(3) Le titulaire de l'autorisation ou du permis d'exploitation de carrières a le droit, conformément à la réglementation en vigueur, d'installer à l'intérieur des limites de son site, des machines pour creuser, broyer, tailler et entasser les substances de carrières et de construire des bâtiments provisoires à usage de bureaux ou de magasins, mais non pour loger les employés autres que les gardiens.

(4) L'autorisation ou le permis d'exploitation de carrières permet également d'établir des installations de conditionnement et de traitement primaire des substances de carrières conformément à la réglementation en vigueur.

(5) Le titulaire de l'autorisation ou du permis d'exploitation de carrières peut autoriser par écrit une tierce personne à exploiter les substances de carrières à l'intérieur de la superficie sous réserve d'une déclaration auprès de l'autorité compétente. Cette personne n'a pas besoin d'une autorisation ou d'un permis d'exploitation de carrières. Le titulaire de l'autorisation ou du permis d'exploitation de carrières demeure responsable du respect de toute obligation prévue par la présente loi.

Article 58 : Le titulaire de l'autorisation ou du permis d'exploitation de carrières est tenu d'exploiter la carrière conformément à la réglementation minière et aux plans de développement et d'exploitation produits et approuvés par l'Administration chargée des mines. Toute modification devra faire l'objet d'un accord préalable de l'Administration chargée des mines. Il doit, à tout moment, maintenir ses fouilles dans des conditions de sécurité susceptibles de ne causer de dégâts ni aux personnes, ni aux animaux, ni à l'environnement. Il doit en outre remettre tous les rapports et comptes rendus prévus par voie réglementaire.

Article 59 : (1) Les autorisations d'exploitation de carrières ne sont ni cessibles ni transmissibles.

(2) Les permis d'exploitation de carrières sont transmissibles sous réserve de l'approbation préalable de l'Administration chargée des mines dans les mêmes conditions que les titres miniers.

Article 60 : (1) La renonciation à une autorisation ou à un permis d'exploitation de carrières est en tout temps autorisée conformément à la réglementation minière en vigueur.

(2) Les autorisations et les permis d'exploitation de carrières peuvent être retirés pour les mêmes motifs que pour les titres miniers par l'autorité qui les a délivrés sans indemnité ni dédommagement.

(3) En cas d'expiration, de renonciation ou de retrait d'une autorisation ou d'un permis d'exploitation de carrières, la superficie qu'elle couvre se trouve libérée de tous droits à compter de zéro (0) heure le lendemain du jour de l'expiration de la période de validité ou de la date de notification de la décision de l'Administration chargée des mines.

(4) À l'arrêt de l'activité de la carrière, les bâtiments, dépendances, puits, galeries et d'une manière générale tous les ouvrages établis et demeurés pour l'exploitation, sont remis en sécurité conformément aux conditions prévues au programme de gestion de l'environnement et de réhabilitation des sites exploités.

Article 61 : L'exploitation artisanale des substances de carrières est libre dans les zones désignées par l'autorité chargée des mines territorialement compétente, sous réserve du paiement d'une taxe communale.

Titre V : Des droits et des obligations attaches a l'exercice des activités minières ou de carrières

Chapitre I : De la zone d'interdiction ou de protection

Article 62 : Aucun travail de prospection, de recherche ou d'exploitation ne peut être fait sans autorisation des autorités compétentes :

- à la surface dans une zone de moins de cinquante (50) mètres :
- à l'entour des propriétés bâties, villages, groupes d'habitations, parcs nationaux, puits, édifices religieux, lieux de sépulture et lieux considérés comme sacrés, sans le consentement du propriétaire ;
- de part et d'autre des voies de communication, conduites d'eau et généralement, à l'entour de tous travaux d'utilité publique et ouvrages d'art ;
- dans tout parc national faisant l'objet d'une convention internationale.

Article 63 : (1) Des zones de protection de dimensions quelconques à l'intérieur desquelles la recherche et l'exploitation peuvent être restreintes ou soumises à certaines conditions peuvent être établies pour la protection d'édifices, agglomérations, lieux culturels et de sépultures, sites touristiques, points d'eau, voies de communication, ouvrages d'art, travaux d'utilité publique, parcs nationaux, réserves des faunes, forêts classées et en tous points où il serait jugé nécessaire pour la préservation de l'environnement et de l'intérêt général.

(2) Une juste indemnité est payée au titulaire d'un titre minier ou au bénéficiaire d'une autorisation ayant subi un préjudice du fait de l'établissement d'une zone de protection.

(3) Les mesures prévues au présent Article sont précisées par les textes d'application de la présente loi.

Chapitre II : Des relations avec les propriétaires du sol

Section I : De l'exploitation des substances minérales

Article 64 : L'entrée en vigueur de la convention minière ouvre droit en faveur de l'opérateur minier, à l'attribution en jouissance par l'Etat des terrains nécessaires à l'exploitation des substances minérales découvertes.

Article 65 : Aux fins de bénéficier de l'attribution en jouissance des terrains visée à l'Article 68 ci-dessus, l'opérateur minier saisit suivant ses besoins, le Ministre chargé des mines d'un dossier précisant les limites et la destination des parcelles dont il sollicite l'occupation privative en vue de l'exploitation des gisements découverts.

Article 66 : (1) Dès réception de la demande d'occupation privative des terrains en vue de l'exploitation minière, le Ministre chargé des mines saisit le Ministre chargé des domaines d'un dossier de demande de déclaration d'utilité publique des travaux d'appropriation par l'Etat, des terrains nécessaires à la mise en exploitation des ressources minérales de la nation dans les conditions prévues par la réglementation en vigueur.

(2) Le Ministre chargé des domaines déclare les travaux d'utilité publique par arrêté.

Toutefois, cet arrêté ne confère pas à l'activité de l'opérateur minier un caractère de service public.

Article 67 : (1) Le préfet territorialement compétent désigné dans l'arrêté fait procéder aux enquêtes nécessaires par la commission de constat et d'évaluation ; celle-ci dispose d'un délai de six (6) mois à compter de sa saisine pour produire les dossiers devant servir à la préparation, selon le cas, des décrets d'indemnisation, d'incorporation, d'expropriation ou de déclassement des parcelles sollicitées.

(2) L'appropriation de ces parcelles par l'Etat est destinée à leur attribution en jouissance en faveur de cet opérateur minier.

Article 68 : (1) Dès publication des décrets visés à l'Article 67 ci-dessus, le Ministre chargé des domaines fait procéder :

- à l'immatriculation des parcelles concernées au nom de l'Etat ;
- à la signature des arrêtés autorisant la conclusion des baux emphytéotiques conformément à la législation et à la réglementation en vigueur.

(2) Ces baux sont signés entre le Préfet territorialement compétent et l'opérateur minier pour consacrer l'attribution en jouissance des terrains concernés.

(3) Après enregistrement, chaque bail emphytéotique fait l'objet, à la diligence de l'opérateur minier, de la publicité foncière réglementaire dans le livre du département de situation du terrain d'assiette. Un certificat attestant l'inscription du bail est délivré à l'opérateur minier.

Article 69 : Les frais, les indemnités et d'une façon générale, toutes les charges résultant de l'application des mesures de libération et d'attribution en jouissance des terrains d'assiette sont à la charge de l'opérateur minier.

Section II : De l'exploitation des substances de carrières

Article 70 : Le dossier de demande d'autorisation ou de permis d'exploitation de carrières doit comporter le contrat de bail ou le titre de propriété couvrant la durée de l'autorisation ou du permis, et établi conformément à la législation en vigueur.

Section III : De la réparation des dommages et du règlement des litiges pour les travaux non déclarés d'utilité publique

Article 71 : (1) L'existence d'un titre minier ne peut empêcher le propriétaire du sol d'exploiter des matériaux divers sur son terrain, ni faire obstacle à l'intérieur du périmètre du titre minier, à l'exécution de travaux d'utilité publique ou à l'exploitation des matériaux divers pour ces travaux.

(2) Le titulaire d'un titre minier n'a droit qu'au remboursement des dépenses par lui faites ou rendues inutiles par l'exécution de ces travaux d'exploitation de matériaux divers, compensation faite, le cas échéant, des avantages qu'il peut en tirer.

Article 72 : (1) Le titulaire d'un permis d'exploitation ou d'une autorisation d'exploitation artisanale a le droit de disposer, pour les besoins de son exploitation et des industries qui s'y rattachent, des substances autres que minières dont ses travaux entraînent nécessairement l'abattage. Toutefois, il est tenu de respecter la réglementation en vigueur pour ces substances et d'une façon générale celle relative à l'environnement.

(2) Le propriétaire du sol peut obtenir de l'exploitant les substances autres que minières qu'il n'utilise pas contre paiement d'une juste indemnité, sauf si elles proviennent du traitement de substances minières extraites.

Article 73 : (1) Le propriétaire du sol ou le détenteur de droits fonciers coutumiers ou d'occupation a droit à une indemnité pour occupation de son sol par le titulaire d'un titre minier.

(2) Toutefois, le simple passage sur ces terrains n'ouvre pas droit à une indemnité si aucun dommage n'en résulte. Le passage devra se faire dans les meilleures conditions de préservation de l'environnement.

Article 74 : (1) L'occupation emporte, le cas échéant, le droit de couper le bois nécessaire à cette activité et d'utiliser les chutes d'eau libres, les eaux de surface et souterraines, le tout, à l'intérieur du périmètre défini dans le titre minier ou l'autorisation, sous réserve d'indemnisation ou du paiement des taxes ou redevances prévues par les lois et règlements en vigueur.

(2) En outre, le titulaire d'un titre minier doit se conformer à la législation en matière des eaux et forêts en ce qui concerne la coupe des bois nécessaires à ses travaux, l'utilisation des chutes d'eau non utilisées ni réservées et à leur aménagement pour les besoins de ses travaux à l'intérieur du périmètre du titre minier.

(3) L'occupation est subordonnée au paiement préalable de l'indemnité sauf accord express du propriétaire.

Article 75 : Le titulaire d'un titre minier est tenu de réparer les dommages que ses travaux pourraient occasionner à la propriété. De même, il est tenu de réparer les dommages causés sur les terrains ou constructions avoisinants. Il ne doit en ces cas qu'une indemnité correspondant à la valeur du préjudice causé.

Article 76 : (1) La réparation à laquelle le propriétaire foncier peut prétendre comprend notamment :

- le fait d'être privé de l'utilisation ou de la possession de la surface naturelle de la terre ;
- le dommage causé à la surface naturelle de la terre ;
- la séparation de la terre ou d'une partie de celle-ci des autres terres possédées par le propriétaire du terrain ;
- la perte ou la restriction du droit de jouissance, de passage ou autre droit ;
- la perte ou le dommage causé aux améliorations, l'interruption des activités agricoles sur le terrain.

(2) Aucun droit à réparation ne peut résulter de l'entrée sur le terrain ou être basé sur la substance minérale s'y trouvant.

Article 77 : (1) Le montant de la réparation est déterminé par un accord écrit entre le titulaire du titre minier et le propriétaire foncier. Cet accord est déposé auprès de l'Administration des Domaines qui peut proposer aux parties des modifications. Avant son exécution, l'accord est inscrit dans le registre.

(2) En cas de désaccord, les parties peuvent recourir à l'expertise pour la détermination du montant du paiement.

(3) Si le désaccord persiste, les parties peuvent recourir à l'arbitrage. Faute de quoi l'une des parties peut saisir l'Administration des Domaines d'une requête tendant à fixer le montant de la réparation à payer.

(4) Avant l'intervention d'une décision, les parties sont contradictoirement entendues.

(5) La décision intervenue, notifiée aux parties, est susceptible de voies de recours dans un délai de dix (10) jours. Toutefois, elle est exécutoire par provision.

Article 78 : Le litige relatif à un terrain ne doit pas affecter le droit d'une personne de demander et d'obtenir un titre minier ou la validité d'un titre minier octroyé.

Article 79 : (1) Lorsqu'un litige portant sur un terrain pour lequel un titre minier a été attribué rend tout accord impossible, l'Administration des Domaines détermine d'office le montant de la réparation après une expertise qu'elle ordonne aux frais du titulaire du titre minier.

(2) Le montant fixé est versé dans un compte séquestre déterminé par l'Administration des Domaines jusqu'au règlement définitif du litige.

Chapitre III : Des relations entre exploitants

Article 80 : Tous travaux bénéficiant à plusieurs exploitants voisins obligent ceux-ci à contribuer à leur paiement proportionnellement au bénéfice que chacun en tire.

Article 81 : Lorsque des travaux d'exploitation occasionnent des dommages à un exploitant voisin, l'auteur des travaux doit en assumer la réparation.

Article 82 : (1) Les voies de communication et les lignes électriques créées par l'exploitant peuvent, lorsqu'il n'en résulte aucun préjudice ou moyennant une indemnisation, être utilisées pour le service des établissements voisins, s'ils en font la demande, et être ouvertes éventuellement à l'usage public.

(2) L'entretien et la maintenance des installations restent à la charge de l'exploitant.

(3) Ces installations peuvent, le cas échéant, être déclarées d'utilité publique dans les conditions prévues par la législation et la réglementation sur l'expropriation pour cause d'utilité publique.

Article 83 : Une zone neutre de largeur suffisante peut être prescrite pour éviter que les travaux d'une exploitation puissent être mis en communication avec ceux d'une autre exploitation voisine déjà existante ou à créer. L'établissement de cette zone neutre ne peut donner lieu à aucune indemnité de la part de l'exploitant.

Chapitre IV : De la sécurité et de l'hygiène

Article 84 : (1) Toute personne physique ou morale exécutant des travaux de recherche ou d'exploitation en vertu de la présente loi est tenue de les mener selon les règles de l'art de façon à garantir la sécurité des personnes et des biens.

(2) Les règles de sécurité et d'hygiène applicables aux travaux de prospection, de recherche et d'exploitation ainsi qu'au transport, au stockage et à l'utilisation de substances minérales ou dangereuses obéissent à la législation et à la réglementation en vigueur.

(3) Avant d'entreprendre des travaux de recherche ou d'exploitation, le titulaire d'un titre minier ou le bénéficiaire d'une autorisation doit au préalable élaborer un règlement relatif à la sécurité et à l'hygiène pour les travaux envisagés. Ce règlement est par la suite soumis à l'approbation du Ministre chargé des mines. Une fois qu'il a été approuvé, le titulaire est tenu de s'y conformer.

(4) Tout accident survenu ou tout danger identifié dans un chantier, une mine, une carrière ou dans leurs dépendances doit être porté à la connaissance de l'Administration chargée des mines.

(5) En cas de péril imminent ou d'accident dans un chantier ou une exploitation, les ingénieurs des mines et autres autorités de l'Administration chargée des mines ainsi que les officiers de police judiciaire peuvent prendre toutes les mesures nécessaires pour faire cesser le danger et en prévenir la suite. S'il y a urgence ou en cas de refus des intéressés de se conformer à ces mesures, elles sont exécutées d'office aux frais des intéressés.

Chapitre V : De la protection de l'environnement

Article 85 : (1) Outre les dispositions de la présente loi, toute activité minière entreprise doit obéir à la législation et à la réglementation en matière de protection et de gestion de l'environnement.

(2) Les techniques et méthodes adaptées doivent être utilisées pour protéger l'environnement, la sécurité des travailleurs et des populations riveraines.

Article 86 : Pour garantir la réhabilitation et la fermeture d'un site, il sera ouvert un compte de réhabilitation de l'environnement selon les modalités fixées par voie réglementaire.

Article 87 : Afin d'assurer une exploitation rationnelle des ressources minières en harmonie avec la protection de l'environnement, les titulaires de titres miniers et de carrières veillent :

- à la prévention ou à la minimisation de tout déversement dans la nature ;
- à la protection de la faune et de la flore ;
- à la promotion ou au maintien de la bonne santé générale des populations ;
- à la diminution des déchets dans la mesure du possible ;
- à la disposition des déchets non recyclés d'une façon adéquate pour l'environnement et après information et agrément des Administrations chargées des mines et de l'environnement ;
- à la remise des sites perturbés en conditions stables de sécurité, de productivité et d'aspect visuel adéquats et acceptables par les Administrations chargées des mines et de l'environnement.

Article 88 : (1) Lorsqu'un titre expire, fait l'objet d'un abandon, d'un retrait ou d'une renonciation, le titulaire doit, dans la période prescrite, enlever toute usine d'exploitation se trouvant sur le terrain objet du titre.

(2) Si l'usine d'exploitation n'est pas enlevée conformément à l'alinéa (1) ci-dessus, le Ministre chargé des mines peut prendre des dispositions pour que l'usine d'exploitation soit vendue soit aux enchères publiques soit par appel d'offres public et enlevée. Les produits d'une telle vente sont versés au Trésor Public.

(3) Si à l'extinction d'un titre minier, le titulaire ne parvient pas, dans les délais prescrits à enlever ou achever le traitement des résidus, autres matières ou minerais extraits, ils deviennent à l'expiration de la période prescrite biens de l'État.

(4) Les dispositions du présent Article sont sans préjudice de tout accord valablement conclu entre l'ancien titulaire du titre et le propriétaire du terrain objet du titre en ce qui concerne l'usine d'extraction abandonnée sur le terrain après la période prescrite.

(5) Nonobstant ces dispositions, aucun bois ou autres matériaux utilisés et appliqués dans la construction ou pour supporter tous puits, arbre, galerie, terrasse, barrage ou autres travaux d'extraction ne doit être enlevé sans l'autorisation de l'Administration chargée des mines.

(6) Toutefois, la convention minière peut prévoir d'autres dispositions relatives au comportement du titulaire à l'expiration de la validité d'un permis d'exploitation.

Titre VI : Des dispositions financières

Chapitre premier : Des droits a compensation pour les riverains

Article 89 : (1) Les populations affectées par une exploitation minière ont droit à une compensation. Le montant de la compensation sera prélevé sur la taxe ad valorem et sur la taxe à l'extraction des produits de carrières.

(2) Le taux et les modalités de paiement de cette compensation sont fixés par voie réglementaire.

Chapitre II : Des dispositions fiscales

Section I : De la fiscalité spécifique

Article 90 : (1) Les demandes d'attribution, de renouvellement ou de transfert de titres miniers sont soumises au paiement au Trésor Public de droits fixes dont les montants et modalités sont déterminés par voie réglementaire.

(2) Toute demande à ce sujet doit, sous peine d'irrecevabilité, être accompagnée d'une quittance de versement des droits fixes au Trésor Public. Les droits fixes sont remboursés en cas de non-aboutissement de la demande.

Article 91 : Par rapport à chaque titre minier, les redevances superficiaires sont prévues par voie réglementaire, sur une base annuelle et payées par anticipation à compter de la date d'attribution du titre.

Article 92 : Les taxes ad valorem sur les produits miniers, les taxes à l'extraction des substances de carrières sont prévues par voie réglementaire.

Section II : Du régime fiscal et douanier

Article 93 : Sous réserve de l'application des dispositions de droit commun en la matière, les avantages ci-après sont accordés à toute entreprise ou société de recherche ou d'exploitation minière qui exerce ses activités en conformité avec les dispositions de la présente loi.

Article 94 : (1) Est accordé à tout titulaire de permis de recherche le bénéfice du régime de l'admission temporaire pour les matériels utilisés pour la recherche ainsi que pour l'équipement professionnel, machines, appareils, véhicules de chantier, pièces détachées et de rechange. En cas de cession ou de vente en l'état de ce matériel ou de cet équipement, les taxes et droits de douane seront perçus selon la réglementation en vigueur.

(2) Les matériaux et pièces de rechange nécessaires au fonctionnement des matériels et équipements professionnels bénéficient de l'exonération totale des droits de douane.

(3) Les lubrifiants spécifiques nécessaires au fonctionnement des matériels et équipements de recherche bénéficient de l'exonération totale des taxes et droits de douane.

(4) Les avantages susvisés sont également accordés aux sous-traitants et fournisseurs des titulaires de permis de recherche.

Article 95 : Les titulaires de permis de recherche bénéficient de :

- l'exonération des droits d'enregistrement relatifs aux opérations minières à l'exception de ceux afférents aux baux et locations à usage d'habitation ;

- l'exonération des impôts suivants :

o Impôt sur les sociétés (IS) ;

o Impôt sur les bénéfices industriels et commerciaux (BIC) ;

o Taxe proportionnelle sur les revenus des capitaux mobiliers (TPRCM) ;

o Taxe spéciale sur les rémunérations versées à l'étranger

o Taxe sur la valeur ajoutée (TVA).

Article 96 : (1) Les titulaires d'un permis d'exploitation bénéficient pendant la phase de construction de la mine telle que spécifiée dans la convention minière, de l'exonération des taxes et droits de douane sur les matériels, matériaux, intrants et biens d'équipement nécessaires à la production ainsi que sur le premier lot de pièces de rechange qui devrait accompagner l'équipement de démarrage, à l'exception des véhicules de tourisme, des matériels et fournitures de bureau. Ils bénéficient également :

- de l'exonération des taxes et droits de douane sur l'équipement de remplacement en cas d'incident technique et sur l'équipement devant servir à une extension de l'exportation ;

- de l'exonération totale jusqu'à la date de la première production commerciale constatée par arrêtés conjoints du Ministre chargé des mines et du Ministre chargé des finances, des taxes et droits de douane sur l'importation des intrants ;

- de l'exonération jusqu'à la date de la première production commerciale constatée par arrêtés conjoints du Ministre chargé des mines et du Ministre chargé des finances, des taxes et droits de douane sur l'importation des matériaux et matériels nécessaires à la construction des bâtiments ;

- d'une exonération totale des taxes et droits de douane sur les lubrifiants spécifiques.

(2) Toutes les exonérations douanières prévues dans la présente loi excluent les taxes pour services rendus.

Article 97 : (1) Sous réserve des avantages spécifiques accordés par la présente loi, le titulaire d'un permis d'exploitation minière est soumis à un régime fiscal de droit commun.

Toutefois, jusqu'à la date de la première production commerciale constatée par arrêtés conjoints du Ministre chargé des mines et du Ministre chargé des finances, il est exonéré de la TVA à l'importation sur les matériels et équipements dans les conditions prévues à l'Article 96 alinéa ci-dessus.

Les entreprises et sociétés minières demeurent exonérées de la contribution à la patente.

(2) Les entreprises et sociétés minières titulaires d'un permis d'exploitation bénéficient de l'étalement sur un (1) an, du paiement des droits d'enregistrement sur les

actes de création de société, de prorogation et d'augmentation du capital. Le montant des droits peut être fractionné et payé comme suit : le premier tiers lors du dépôt de l'acte à la formalité, le deuxième et le troisième tiers semestriellement et ce, dans le mois qui suit l'expiration du délai.

(3) Les produits destinés à l'exportation sont soumis au taux zéro de la taxe sur la valeur ajoutée (TVA) lorsque lesdits produits sont assujettis à cette taxe. Toutefois, les produits mis à la consommation sur le marché local sont passibles des droits et taxes qui frappent les produits similaires importés.

(4) Sont exonérés, les droits d'enregistrement relatifs aux opérations minières, à l'exclusion de ceux afférents aux baux et locations à usage d'habitation.

Article 98 :La comptabilité tenue par les sociétés minières doit être conforme au plan comptable et aux usages en vigueur au Cameroun.

Article 99 : (1) Pendant toute la durée de validité d'un permis d'exploitation, les taux et régies d'assiette des impôts, droits et taxes seront stabilisés au niveau où ils se trouvaient à la date d'attribution du permis d'exploitation.

(2) Cependant, toute disposition plus favorable d'un nouveau régime fiscal et douanier de droit commun sera étendue aux titulaires de permis d'exploitation s'ils en font la demande.

Chapitre III : Du régime de change

Article 100 : (1) La liberté de transférer les capitaux et revenus est garantie aux personnes physiques et morales étrangères qui effectuent un investissement minier financé par un apport en devises.

(2) Les personnes étrangères qui ont procédé à des investissements miniers ou qui occupent un emploi dans une entreprise minière camerounaise ont le droit, sous réserve de la réglementation en matière de change, de transférer dans la devise cédée au moment de la constitution desdits investissements les dividendes, produits de toute nature, capitaux investis, produits de la liquidation ou de la réalisation de leurs avoirs, salaires, ainsi que les cotisations sociales et fonds de pension.

Titre VII : De la surveillance administrative et technique des activités minières

Article 101 : (1) Les ingénieurs des mines, les fonctionnaires et agents assermentés de la Direction chargée des mines et de la géologie, ainsi que les agents des Administrations fiscales et des douanes commissionnés à cet effet, sont chargés sous l'autorité du Ministre chargé des mines, de veiller à l'application, ainsi qu'à la surveillance administrative et technique des activités prévues par la présente loi.

(2) Ils concourent dans les conditions et limites définies par la législation du travail à l'application de ladite législation dans les entreprises visées par la présente loi.

(3) Ils procèdent à l'élaboration, à la conservation et à la diffusion de la documentation concernant notamment les substances minérales, l'industrie et les ressources minérales, la géologie fondamentale et appliquée. Ils ont à cet effet le pouvoir de procéder à tout moment à toute opération de vérification d'indices ou de gisements et ont à tout instant accès aux travaux et aux installations visés par leur

contrôle. Les permissionnaires ou les exploitants sont tenus de leur faciliter la visite des travaux.

(4) Toute visite dans les sites des travaux est subordonnée à la présentation d'une fiche du modèle réglementaire délivrée par l'Administration chargée des mines.

Article 102 : Les modalités de contrôle administratif et technique de l'activité minière sont organisées par voie réglementaire.

Article 103 : (1) Les renseignements et documents sur le sous-sol et les substances minérales ou fossiles qu'il contient, communiqués à l'Administration chargée des mines en vertu de la présente loi, peuvent être déclarés confidentiels par ceux qui les ont fournis.

(2) Dans ce cas, ces renseignements ne peuvent être rendus publics ou communiqués à des tiers par l'Administration chargée des mines avant l'expiration de la validité du titre minier, sauf avec l'autorisation du titulaire ou aux fins de statistiques de nature générale.

(3) Tout agent de l'Administration chargée des mines qui a connaissance de ces renseignements et documents à l'occasion du service est soumis à la même obligation de confidentialité.

Article 104 : La réalisation de tout sondage, ouvrage souterrain, travail de fouilles, quel qu'en soit l'objet, dont la profondeur dépasse vingt (20) mètres doit être préalablement déclarée à l'Administration chargée des mines.

Titre VIII : Des dispositions pénales

Article 105 : (1) Les infractions aux dispositions de la présente loi et des textes pris pour son application sont constatées par les officiers de police judiciaire à compétence générale, les agents commissionnés et assermentés de l'Administration chargée des mines et de la géologie et tous autres agents commissionnés et assermentés à cet effet.

(2) Les officiers de police judiciaire, les agents assermentés de l'Administration chargée des mines et de la géologie et les agents commissionnés et assermentés à cet effet auront qualité pour procéder aux enquêtes, saisies et perquisitions s'il y a lieu. La recherche des infractions entraîne le droit de visite corporelle.

(3) Les autorités civiles et militaires sont tenues de prêter main-forte aux agents de l'Administration chargée des mines dès la première réquisition.

(4) Dans tous les cas de litiges relatifs aux activités minières, les rapports et avis de l'Administration chargée des mines tiennent lieu de rapports d'experts.

(5) Les procès-verbaux constatant les infractions et les produits saisis sont transmis au Procureur de la République territorialement compétent, et les mis en cause déférés au Parquet.

Article 106 : (1) Est puni d'une amende de cinq cent mille (500 000) à cinq millions (5 000 000) de francs CFA et d'un emprisonnement de dix (10) jours à un (1) an ou de l'une de ces deux peines seulement quiconque :

- exploite une carrière sans autorisation, ni permis, même sur ses propres terres, sur les terres du domaine public, du domaine national, du domaine privé de l'Etat ou sur des terres privées ;

- transporte ou vend des matériaux de carrières provenant d'une exploitation non autorisée.

(2) La même peine est applicable à tout titulaire d'un permis de recherche qui dispose de produits extraits au cours de ses travaux de recherche sans en faire la déclaration à l'Administration chargée des mines.

Article 107 : Est puni d'une amende de cinq millions (5 000 000) à vingt-cinq millions (25 000 000) de francs CFA et d'un emprisonnement d'un (1) mois à deux (2) ans ou de l'une de ces deux peines seulement, tout titulaire d'un titre minier, d'un permis ou d'une autorisation qui :

- se livre à des activités régies par la présente loi sans se conformer aux règles relatives à la sécurité, à l'hygiène et à la protection de l'environnement ;

- ne se conforme pas aux prescriptions du règlement relatif à la sécurité et à l'hygiène élaboré conformément à l'Article 84 ;

- de l'Administration chargée des mines relatives aux mesures de sécurité et d'hygiène, de préservation et de gestion de l'environnement et de réhabilitation des sites exploités.

Article 108 : (1) Est puni des peines de l'Article précédent quiconque omet :

- de fournir à l'Administration chargée des mines, dans les délais prévus, les informations et documents exigés en vertu de la réglementation minière ;

- de tenir régulièrement à jour les documents exigés par la réglementation minière ou refuse de les présenter aux agents habilités à les contrôler ;

- de s'acquitter des droits fixes, redevances superficiaires et taxes ad valorem ou quiconque minore la valeur taxable des produits extraits ;

- de porter à la connaissance de l'Administration chargée des mines un accident survenu ou un danger identifié dans un chantier ou une exploitation ou dans leurs dépendances ou quiconque se livre à des activités minières ou de carrières dans une zone interdite ou protégée.

(2) Les peines prévues à l'alinéa 1 ci-dessus s'appliquent sans préjudice des dispositions du Code Général des Impôts ou du Code de l'Enregistrement, du Timbre et de la Curatelle.

Article 109 : Est puni d'une amende de dix millions (10 000 000) à cinquante millions (50 000 000) de francs CFA et d'un emprisonnement de deux (2) à cinq (5) ans ou de l'une de ces deux peines seulement quiconque :

- falsifie ou modifie un titre minier ou une mention sur les registres des titres, le cadastre minier et les cartes de l'Administration chargée des mines ;

- fournit sciemment des renseignements inexacts en vue d'obtenir un titre minier, un permis ou une autorisation d'exploitation de carrières ;

- modifie un périmètre régulièrement attribué ;

- détruit, déplace ou modifie d'une façon illicite des signaux ou des bornes ;

- se livre à des activités régies par la présente loi sans titres miniers ou autorisations ou en vertu de titres miniers ou d'autorisations périmés ou non valides.

Article 110 : Les dispositions des Articles 106 à 109 ci-dessus sont applicables sans préjudice de celles du Code Pénal.

Article 111 : Les substances minérales extraites illicitement sont saisies et confisquées. Les instruments de travail et les moyens de transport utilisés peuvent également être saisis et confisqués.

Article 112 : Dans tous les cas d'infraction, l'Administration chargée des mines peut requérir en cas de condamnation :

- l'affichage de la décision de condamnation au lieu d'infraction et au chef-lieu de province et du département pendant trois (3) mois ;

- la publication de la condamnation dans trois (3) quotidiens paraissant au Cameroun, trois (3) fois successivement aux frais du condamné ;

- l'interdiction de séjour conformément aux dispositions du Code Pénal.

Titre IX : Des dispositions diverses, transitoires et finales

Article 113 : Les différends opposant un ou plusieurs investisseurs miniers à l'Etat et relatifs à la validité, à l'interprétation, à l'application des dispositions de la présente loi peuvent être soumis à l'arbitrage international ou être réglés par les parties.

Article 114 : (1) Tout permis d'exploitation ou toute concession minière délivré antérieurement à l'entrée en vigueur de la présente loi reste valable jusqu'à l'expiration du délai de validité.

(2) Les titulaires des titres miniers attribués avant l'entrée en vigueur de la présente loi sont tenus de s'y conformer dans un délai de deux (2) ans à compter de la date de sa promulgation. Passé ce délai, les titres non mis en conformité sont retirés de plein droit.

(3) Les sociétés minières bénéficiant d'exonérations accordées par les dispositions des textes antérieurs peuvent également bénéficier des dispositions plus favorables de la présente loi si elles en font la demande.

Article 115 : La présente loi abroge toutes dispositions antérieures contraires notamment celles de la loi n° 64/LF/3 du 6 avril 1964 portant régime des substances minérales de la République Fédérale du Cameroun et de la loi no 78/24 du 29 décembre 1978 fixant l'assiette, les taux et mode de recouvrement des droits fixes, redevances et taxes minières.

Article 116 : La présente loi sera enregistrée, publiée suivant la procédure d'urgence, puis insérée au Journal Officiel en français et en anglais./-

Yaoundé, le 16 avril 2001

Le Président de la République

(é) Paul Biya

Annexe n°3 :

Loi n°2010/011 du 29 juillet 2010 modifiant et complétant certaines dispositions de la loi n°2001-1 du 16 avril portant code minier

REPUBLIQUE DU CAMEROUN **PAIX-TRAVAIL-PATRIE**

LOI N°2010/ 011 DU 29 JUIL 2010

MODIFIANT ET COMPLETANT CERTAINES DISPOSITIONS DE LA LOI N°2001-1 DU 16 AVRIL 2001 PORTANT CODE MINIER

L'Assemblée Nationale a délibéré et adopté, le Président de la République promulgue la loi dont la teneur suit :

Chapitre I : Du champ d'application et des définitions

Article premier : Les dispositions des articles 2, 8, 11, 16, 20, 23, 32, 37, 38, 39, 40, 44, 49, 50, 90, 97 et 98 de la loi n°2001-1 du 16 avril 2001 portant code minier sont modifiées et complétées ainsi qu'il suit :

Article 2 (nouveau) : Au sens de la présente loi et de ses textes d'application, les définitions suivantes sont admises :

« **Activité minière** » : opération d'exploration, de développement, d'exploitation de traitement, d'enrichissement, de transport, de stockage, de changement avant l'exportation et de réhabilitation des sites d'exploitation des substances minérales ou fossiles, solides, liquides ou gazeuses ;

« **Conservateur** » : cadre de l'Administration en charge des mines et de la géologie, responsable de l'établissement et de la tenue du registre dénommé « Registre des Titres Miniers ;

« **Droit exclusif** » : droit reconnu à un titulaire d'un titre minier d'exercer son activité à l'intérieur d'un périmètre déterminé à l'exclusion de tout autre opérateur minier ;

« **Exploitation** » : extraction de substances minérales solides, liquides ou gazeuses, par n'importe quel procédé ou méthode, de la terre ou sous la surface de la terre afin d'en extraire les substances utiles ; elle comprend toutes opérations directement ou indirectement nécessaires ou qui s'y rapportent ;

« **Exploitation artisanale** » : toute exploitation dont les activités consistent à extraire et à concentrer des substances minérales en utilisant des méthodes et procédés manuels et peu mécanisés ;

« **Gisement** » : tout gîte naturel de substances minérales exploitables dans les conditions économiques du moment ;

« **Gisement connu** » : tout gisement ayant fait l'objet des sondages géotechniques et des campagnes de meures géophysiques et de prospections géochimiques ou d'études des minéraux ;

« **Gîtes géothermiques** » : gîtes enfermés au sein de la terre dont on peut extraire de l'énergie sous forme thermique, notamment par l'intermédiaire des eaux chaudes et vapeurs souterraines qu'ils contiennent ;

« **Minerai** » : toute substance matérielle sous forme solide, liquide ou gazeuse qui survient de manière naturelle sur ou sous la terre, mais ne comprenant ni l'eau ni le pétrole ;

« **Ministère** » : Administration chargée des mines et de la géologie ;

« **Ministre** » : Ministre chargé des mines et de la géologie ;

« **Petite mine** » : toute exploitation minière de petite taille permanente, fondée sur la justification de l'existence d'un gisement, utilisant les règles de l'art, des procédés semi-industriels ou industriels et dont la production annuelle ne dépasse pas un certain tonnage du produit commercialisable (minerai, concentré ou métal) fixé pour chaque substance, par voie réglementaire ;

« **Périmètre** » : contour limitant la surface du terrain pour lequel un titre minier ou un permis de reconnaissance est accordé ;

« **Période prescrite** » : période de quatre-vingt-dix (90) jours ou toute période plus longue fixée par voie réglementaire après expiration, abandon, retrait du titre ou renonciation ;

« **Permis de reconnaissance** » : acte juridique qui confère à son titulaire : le droit non exclusif et non transmissible de mener des opérations de reconnaissance à l'intérieur du périmètre de reconnaissance ;

Le droit d'entrer dans le périmètre de reconnaissance et d'ériger, sous réserve du respect de la législation foncière et domaniale en vigueur, des installations appropriées ;

« **Première production commerciale** » : première mise sur le marché du produit de l'exploitation comme prévue par le projet de développement présenté dans l'étude de faisabilité ;

« **Protocole d'Accord Intermédiaire** » : document juridique non contraignant, permettant à des parties à l'occasion de négociations contractuelles dont la durée est estimée longue, d'exprimer par écrit, leur volonté de négocier et de rechercher un accord sur des bases ou prenant en compte des points sur lesquels elles se sont déjà entendues. Au sens de la présente loi, cette définition vaut également pour les expressions « lettre d'intention », « Letter of Intent », « Memorandum of Understanding », « Memorandum d'Entente » ;

« **Recherche** » : tout procédé ou méthode d'investigation dans le but de localiser et d'évaluer les gisements minéraux comprenant les opérations de prospection, l'échantillon en vrac et les essais en laboratoire ;

« **Reconnaissance** » : ensemble des investigations systématiques et itinérantes de surface par des méthodes géologiques, géophysiques ou autres faisant appel à de vastes superficies en vue de déceler les indices ou des concentrations de substances minérales utiles ;

« **Sous-traitant** » : Toute personne physique ou morale exécutant pour le compte du titulaire du titre minier, un travail se rapportant aux activités principales prévues ou autorisées par ledit titre, conformément à des contrats signés, à des normes, cahiers des charges ou plans imposés par celui-ci. Il s'agit notamment :

« **Substances de carrières** » : matériaux de construction ou minéraux industriels extraits par fouilles ou autrement, dans le but de fournir des matériaux destinés à la construction, au commerce ou à l'industrie ;

« **Substances minérales** » : substances naturelles amorphes ou cristallines, solides, liquides ou gazeuses ainsi que les substances organiques fossilisées et les gîtes géothermiques ;

« **Terrain** »

- la surface et la terre sous la surface du terrain ;

- l'eau ;

- la plage, la zone entre le niveau moyen des laisses de hautes eaux de la mer et le niveau moyen des laisses de basses eaux de la mer ;

- la zone offshore, le fond marin sous la mer territoriale qui va du niveau moyen des laisses de basses eaux de la mer jusqu'aux profondeurs admises pour la recherche ou l'exploitation des minerais ;

- le lit de tout rivière, cours d'eau, estuaire, lac ou marécage.

« **Titre minier** » :

- autorisation d'exploitation artisanale ;

- permis de recherche ;

- permis d'exploitation ;

- permis d'exploitation de la petite mine accordés conformément aux dispositions de la présente loi.

« **Titulaire** » : personne physique ou morale dont le nom est porté sur le registre comme propriétaire d'un titre minier ;

« **Usine d'exploitation** » : tous bâtiments, installations, usines, appareils, équipements, outils ou autres biens de toute nature, fixés ou non sur la terre ;

Article 8 (nouveau) : (1) Peut entreprendre ou conduire une activité régie par la présente loi sur le domaine public, le domaine privé de l'Etat ou le domaine national, toute personne morale de droit camerounais.

(2) Toute personne morale désirant exercer une activité minière doit, au préalable, obtenir un permis de reconnaissance ou un titre minier, délivré dans les conditions prévues par la présente loi.

(3) L'attribution d'un permis de reconnaissance ou d'un titre minier est subordonnée, dans les conditions fixées par voie réglementaire, à la justification de capacités techniques et financières nécessaires à l'ensemble des opérations liées à ce permis ou à ce titre.

(4) En cas de demandes concurrentes, à conditions égales de propositions de travaux, de capacités techniques et financières, la priorité est donnée au premier demandeur, la date et l'heure de dépôt faisant foi.

Article 11 (nouveau) : L'octroi d'un permis d'exploitation donne obligatoirement lieu à l'attribution à titre gratuit à l'Etat de 10 pour cent (10%) des parts ou actions d'apports de la société d'exploitation, libre de toute charge. Cette participation de l'Etat ne saurait connaître de dilution en cas d'augmentation de capital social.

(2) L'Etat peut, à sa demande, et en plus des dix pour cent (10%) ci-dessus mentionnés, directement ou par l'intermédiaire d'une entreprise du secteur public, augmenter sa participation au capital des sociétés d'exploitation minière selon les modalités définies d'accord parties.

Cette augmentation ne saurait excéder vingt pour cent (20%). Dans ce cas, l'Etat est assujetti aux mêmes droits et obligations que les privés titulaires de titres miniers ou bénéficiaires d'autorisations émis en vertu du code minier.

(3) Lorsque, au cours de l'association visée à l'alinéa ci-dessus, survient la cession d'une société qui y est impliquée, l'Etat ou l'organisme public désigné à cet effet exerce un droit de préemption sur les parts ou actions de ladite société. Dans ce cas, l'Etat ou l'organisme public désigné est tenu de céder lesdites parts à des opérateurs privés ou à un nouveau partenaire stratégique dans un délai maximal de cinq (05) ans, après approbation du Président de la République.

Article 16 (nouveau) : (1) En vue du développement et de l'exploitation d'une découverte minière ou de leur financement, une convention minière est conclue entre le titulaire du permis de recherche et l'Etat. Ladite convention comprend notamment les dispositions relatives :

- à la circonstance ou la manière dont l'autorité administrative exerce toute fonction conférée par la présente loi ;

- aux droits et obligations afférents à chaque partie ;

- à l'étude de faisabilité préparée par le titulaire du titre minier et ses propositions de développement ;

- à la définition des phases de construction de la mine, de production commerciale et les régimes fiscaux y afférents ;

- aux règles d'hygiène, de sécurité et de protection de l'environnement et du patrimoine culturel spécifiques aux opérations proposées ;

- aux relations avec les communautés affectées par le développement minier ;

- aux obligations relatives à l'emploi, à la formation professionnelle et aux réalisations à caractère social ;

- aux relations avec les fournisseurs et sous-traitants ;

- aux règlements des litiges relatifs à la convention ou à l'application de la présente loi par toute voie de droit y compris l'arbitrage international ;

- au pourcentage de la production de substances minérales extraites à consacrer à la transformation locale. Ce pourcentage ne saurait être inférieur à quinze pour cent (15%) ;

- à tout autre sujet que les parties prenantes à la convention peuvent juger digne d'intérêt.

(2) Si les dispositions de la convention dérogent à celles de la présente loi, ladite convention fera l'objet d'une loi autorisant le Gouvernement à la conclure.

(3) L'Etat reconnaît, pour certains projets spécifiques, la nécessité de négocier avec des titulaires de titres miniers, des protocoles d'accord intermédiaire. La signature de ces derniers, qui ne saurait contenir aucun engagement de l'Etat non prévu dans la présente loi, ne peut intervenir qu'après production d'un document portant certification des réserves par un organisme agréé par l'Etat.

Article 20 (nouveau) : (1) Tout droit portant sur un titre minier peut donner lieu à toute forme de transaction, notamment la cession, la transmission, le nantissement et le gage. Il peut également faire l'objet d'une saisie.

(2) Les modalités d'exercice des formes de transactions prévues à l'alinéa (1) ci-dessus sont fixées par voie réglementaire.

(3) Toute transaction sur un titre minier est au préalable portée à la connaissance du Ministère en charge des mines qui dispose d'un délai de quarante-cinq (45) jours pour marquer son approbation à cette transaction et, le cas échéant, pour exercer le droit de préemption de l'Etat.

(4) L'approbation est de droit lorsque le titulaire a satisfait aux obligations lui incombant en vertu de la présente loi et a présenté une demande conforme à la réglementation en vigueur, à condition toutefois que le cessionnaire ou titulaire potentiel respecte les conditions prévues par la législation et la réglementation minières.

(5) Toute transaction sur un titre minier est soumise au paiement d'un bonus progressif défini par arrêté du Premier Ministre sur proposition du Ministre en charge des mines et de la géologie.

Article 23 (nouveau) : (1) La validité du titre minier prend fin par renonciation, par retrait ou par expiration du délai de validité.

(2) Les modalités de renonciation et de retrait des titres miniers sont fixées par voie réglementaire.

(3) Tout titre minier peut faire l'objet d'un retrait sans indemnisation ni dédommagement dans les formes prévues par voie réglementaire. Le retrait qui ne peut intervenir qu'à la suite d'une mise en demeure restée infructueuse, est prononcé dans les situations ci-après :

- le titulaire d'un permis de recherche se livre à des activités d'exploitation à l'intérieur de son permis ;

- l'activité de recherche est retardée ou suspendue pendant plus d'un (01) an ;

- l'activité de mise en exploitation ou d'exploitation est retardée ou suspendue pendant plus de trois (03) ans ;

- la cession ou la transmission non autorisée ;

- le non-paiement des droits et taxes ;

- la non-réalisation des dépenses minimales annuelles prévues par la réglementation minière ;

- le manquement aux obligations ayant trait à l'étude ou à la notice d'impact sur l'environnement et à l'enquête publique ;

- l'infraction aux règles relatives à la santé publique et à la sécurité au travail ;

- le non-respect du programme des travaux.

Article 32 (nouveau) : (1) Le permis de reconnaissance peut être délivré en vue de mener des investigations systématiques et itinérantes de surface par des méthodes géologiques, géophysiques ou autres faisant appel à de vastes superficies en vue de déceler les indices ou des concentrations de substances minérales utiles.

(2) Le permis de reconnaissance est attribué ou renouvelé par le Ministre chargé des mines suivant les modalités fixées par voie réglementaire, après approbation du président de la République.

(3) L'Etat peut confier la reconnaissance à des institutions publiques qui éventuellement, passeront des conventions y afférentes.

Article 37 (nouveau) : (1) Le permis de recherche est délivré par arrêté du Ministre chargé des mines, après approbation du Président de la République, en vue de mener les investigations destinées à localiser et évaluer les gisements minéraux et en déterminer les conditions d'exploitation commerciale.

(2) Les modalités d'attribution et de renouvellement du permis de recherche sont fixées par voie réglementaire.

Article 38 (nouveau) : (1) Le permis de recherche est délivré pour une durée initiale de trois (03) ans.

(2) Le permis de recherche est renouvelable deux (02) fois au plus, par période maximale de deux (02) ans chacune.

(3) Les demandes de renouvellement sont déposées dans les formes requises et selon les modalités fixées par voie réglementaire sous réserve que le titulaire ait rempli ses obligations pour la période de validité en cours.

Article 39 (nouveau) : (1) La superficie du terrain sur lequel un permis de recherche peut être accordé ne doit pas excéder cinq cents (500) kilomètres carrés. Le périmètre de recherche doit être formé en un seul bloc de forme polygonale. Il est matérialisé selon les modalités fixées par voie réglementaire.

(2) Sous réserve des dispositions de l'alinéa (3) ci-dessous, le renouvellement de la validité d'un permis de recherche emporte renonciation par le titulaire d'une superficie au moins égale à la moitié du périmètre détenu pendant la durée antérieure.

(3) Lorsqu'un périmètre de recherche a été réduit à moins de soixante-deux (62) kilomètres carrés, le titulaire n'est plus tenu de faire d'autres renonciations.

(4) La renonciation prend effet à compter de la date de renouvellement du permis de recherche.

Article 40 (nouveau) : (1) Le demandeur d'un permis de recherche propose un programme des travaux et le budget y relatif qui sont approuvés par le Ministre chargé des mines dans les conditions fixées par voie réglementaire.

(2) Le titulaire d'un permis de recherche peut à tout moment demander le changement du programme en cours suivant les conditions fixées par voie réglementaire.

(3) Le titulaire d'un permis de recherche doit commencer les travaux de recherche à l'intérieur du périmètre du permis dans un délai maximum de neuf (09) mois à compter de sa date de signature. Passé ce délai, une mise en demeure lui est notifiée par tout moyen laissant trace écrite.

Article 44 : (nouveau) (1) Lorsque le titulaire d'un permis de recherche localise un gisement et démontre au Ministre avec rapport de préfaisabilité à l'appui qu'il ne peut pas raisonnablement l'exploiter immédiatement, il peut solliciter un changement du programme qui lui permettrait de réserver le périmètre et le permis de recherche pour une autre période de deux ans éventuellement renouvelable.

(2) Si la demande d'un changement est approuvée, le programme approuvé peut comprendre notamment :

- le maintien des relations avec les propriétaires des terrains, objet du permis de recherche ;

- le maintien des bâtiments et services établis au cours des recherches sur le terrain objet de la demande ;

- une évaluation annuelle de la faisabilité du lancement des opérations d'exploitation ;

- d'autres travaux de recherche convenus entre le Ministre chargé des mines et le titulaire.

(3) À l'expiration d'un permis de recherche dont le titulaire ne demande pas le renouvellement ou à l'expiration de la dernière période de validité du permis non suivie d'une demande de permis d'exploitation, la surface du titre est réputée libre de toute obligation. Son attribution à un tiers demandeur ne peut donner lieu au paiement d'une indemnité à l'ancien titulaire.

(4) Les études et travaux réalisés par le titulaire d'un permis de recherche arrivé à expiration ou auquel il a renoncé, tombent dans le domaine public. L'administration chargée des mines peut alors communiquer à tout nouveau tiers attributaire de l'ancien permis, les informations en sa possession relatives aux travaux qui y ont été effectués

sans que l'ancien titulaire puisse prétendre à une indemnité ou invoquer une quelconque clause de confidentialité. En outre, tout fait dommageable né de l'utilisation de ces données n'engage pas la responsabilité de l'ancien titulaire, ni celle de l'Administration des mines.

(5) L'attribution de zones à gisements antérieurement mis en évidence et abandonnés par leurs découvreurs se fait sur appel d'offres assis sur un cahier des charges qui prend en compte, la durée envisagée des travaux, le remboursement de la valeur actualisée des études antérieures, le niveau de participation de l'état au capital de la société d'exploitation.

Article 49 (Nouveau) : (1) La superficie pour laquelle le permis d'exploitation est accordé est fonction du gisement dont l'exploitation est envisagée tel qu'il est défini dans l'étude de faisabilité. La surface doit être constituée d'un seul bloc de forme polygonale et être entièrement contenue à l'intérieur du permis de recherche dont le permis d'exploitation dérive.

(2) Le titulaire d'un permis d'exploitation doit commencer les travaux de développement et de mise en valeur du gisement dans un délai de deux (02) ans maximum, à compter de la date d'octroi du permis.

(3) Faute de cela, une mise en demeure lui est notifiée par tout moyen laissant trace écrite.

Article 50 : (nouveau) (1) Toute exploitation de petite mine doit être constituée d'au moins quarante pour cent (40%) d'intérêts nationaux. Les modalités de participation des nationaux sont définies par voie réglementaire.

(2) Le permis d'exploitation de petite mine est accordé dans les mêmes formes et conditions que le permis d'exploitation. Toutefois, sa durée de validité fixée à dix (10) ans est renouvelable par période consécutive de quatre (04) ans jusqu'à épuisement du gisement.

Article 90 : (nouveau) (1) Les demandes d'attribution de permis de reconnaissance, ainsi que celles d'attribution, de renouvellement ou de transfert de titres miniers, des autorisations et de permis d'exploitation de substances de carrières, d'autorisation de collecte et de commercialisation de substances minérales issues de l'exploitation artisanale, sont soumises au paiement au Trésor Public de droits fixes dont les montants et modalités sont déterminés par voie réglementaire.

(2) Toute demande à ce sujet doit, sous peine d'irrecevabilité, être accompagnée d'une quittance de versement des droits fixes au Trésor Public. Les droits fixes sont remboursés en cas de non-aboutissement de la demande.

Article 97 : (nouveau) (1) Les titulaires de permis de recherche bénéficient de :

- l'exonération de la contribution des patentes au titre des deux premières années de recherche ;

- l'enregistrement gratis des actes de constitution, des actes de prorogation de société ou des actes d'augmentation du capital et des mutations de propriétés immobilières non bâties ;

- l'exonération de la TVA sur les achats locaux et sur les importations de matériels et équipements directement liés aux opérations minières figurant sur une liste arrêtée conjointement par les Ministres chargés respectivement des mines et des finances ;

- l'application de l'amortissement accéléré au taux de 1,25% du taux normal pour les immobilisations spécifiques dont la liste est fixée par arrêté conjoint des Ministres chargés respectivement des mines et des finances ;

- la rallonge de la durée du report déficitaire de quatre (04) à cinq (05) ans.

(2) Le bénéfice effectif de l'exonération de la TVA est conditionné par la présentation d'une attestation d'exonération délivrée par l'administration fiscale sur demande écrite du titulaire.

Article 98 : (nouveau) (1) La comptabilité tenue par les sociétés minières doit être conforme au plan comptable et aux usages en vigueur au Cameroun.

(2) Chaque entreprise visée aux articles 93 et 95 ci-dessus, quel que soit le lieu de son siège, doit tenir par année civile, une comptabilité séparée des opérations minières qui permet d'établir un compte des résultats et un bilan faisant ressortir tant les résultats de ces opérations que les éléments d'actif et de passif qui y sont affectés ou s'y rattachent directement.

(3) Le bénéfice net est constitué par la différence entre les valeurs de l'actif net à la clôture et à l'ouverture de l'exercice, diminuée des suppléments d'apports et augmentée des prélèvements effectués au cours de cette période par les associés.

(4) Le montant total des investissements inhérents de recherche que l'entreprise aura effectués au jour de sa mise en exploitation est audité par un organisme agréé par l'Etat et arrêté à cette date et mentionné dans la convention minière. Ce montant est immobilisé en compte d'attente et amorti dès les premiers exercices bénéficiaires, selon les conditions fixées dans la convention minière. L'amortissement ainsi réalisé est admis en déduction du bénéfice imposable, l'excédent étant reporté d'un exercice sur l'autre sans limitation de durée.

(5) Peuvent être portés au débit du compte de résultats et sont déductibles fiscalement :

- les amortissements réellement effectués par l'entreprise dans les limites du bénéfice imposable ;

- les coûts des matières, de l'énergie employée ou consommée, les droits de douane payés directement par l'entreprise sur les consommables importés, les coûts de prestations de services fournies par des tiers ;

- les pertes ne provenant pas d'amortissements sont reportables jusqu'au cinquième exercice suivant l'exercice déficitaire.

(6) La liste des immobilisations éligibles aux amortissements accélérés, assortis des taux correspondants, est fixée par un arrêté conjoint du Ministre chargé des mines et du Ministre chargé des finances.

Les immobilisations spécifiques de l'entreprise éligible à ce régime d'amortissement sont mentionnées dans la convention minière et ses avenants.

(7) Doivent être portés au crédit du compte des résultats :

La valeur des produits vendus, déterminée en retenant les prix obtenus par l'entreprise, lesquels doivent être conformes, aux prix courants du marché international au moment de leur établissement pour lesdits produits, et calculés en accord avec les stipulations de la convention minière applicable à l'entreprise.

- Les plus-values provenant de la cession ou du transfert de tout élément de l'actif, sauf dérogations prévues au Code général des impôts ;

- les profits de change réalisés à la suite de fluctuations des cours de change ;

- tout autre revenu ou produit directement ou indirectement lié aux opérations minières, notamment, le cas échéant, ceux provenant de la vente des substances connexes.

(8) Le titulaire d'un titre minier d'exploitation peut bénéficier du remboursement de la TVA grevant les éléments nécessaires à son activité dans les conditions fixées par le Code général des impôts ».

Article 2 : Sont abrogées, toutes les dispositions antérieures contraires.

Article 3 : La présente loi sera enregistrée, publiée suivant la procédure d'urgence, puis insérée au Journal Officiel en français et en anglais.

Yaoundé, le 29 Juillet 2010

Le président de la République

Annexe n°4 :

Loi portant code gazier

REPUBLIQUE DU CAMEROUN
Paix- Travail - Patrie

ASSEMBLEE NATIONALE

8ème LEGISLATURE ANNEE LEGISLATIVE 2012 1re SESSION ORDINAIRE (mars 2012)

LOI
PORTANT CODE GAZIER

L'Assemblée Nationale a délibéré et adopté en sa séance plénière du lundi 2 avril 2012 le projet de loi n°909/PJL/AN dont la teneur suit

Titre I : Dispositions générales

Article 1er.- La présente loi régit le secteur gazier aval qui comprend notamment les activités de transport, de distribution, de transformation, de stockage, d'importation, d'exportation et de vente de gaz naturel et de ses produits dérivés sur le territoire national.

Article 2.- La présente loi a pour objet de promouvoir le développement du secteur gazier aval au Cameroun.

À ce titre, elle vise à :

- mettre en place un cadre juridique propice à la promotion de la mise en valeur des ressources gazières ;

- créer un environnement favorable à l'entrée des investissements privés nationaux et étrangers dans le secteur du gaz ;

- créer un environnement favorable à l'utilisation des ressources humaines, matérielles et industrielles locales, dans tout projet de mise en valeur des ressources gazières ;

- énoncer les principes de mise en œuvre de la régulation et de l'intervention de l'Etat dans le secteur du gaz ;

- garantir la sécurité des installations ;

- promouvoir la protection de l'environnement.

Article 3.- Au sens de la présente loi et des textes réglementaires qui en découlent, les définitions ci-après sont admises :

Autorisation : acte par lequel un opérateur est habilité à exercer les activités visées à l'article 25 de la présente loi ;

Client : client éligible ou client final ;

Client éligible : personne morale dont le besoin en gaz naturel est continu et régulier, et dont la consommation annuelle de gaz est supérieure à un seuil fixé par voie réglementaire, qui a le droit de conclure des contrats d'achat de Gaz avec un producteur, un transporteur ou un distributeur et, à ces fins, dispose d'un droit d'accès réglementé aux réseaux de transport et de distribution ;

Client final : personne physique ou morale qui achète du gaz pour son propre usage dont la consommation annuelle est inférieure à un seuil fixé par voie réglementaire ;

Code Pétrolier : loi n° 99/013 du 22 décembre 1999 portant Code Pétrolier ;

Contrat de concession : accord conclu entre l'État et un opérateur en vue de construire, exploiter, entretenir et développer un réseau de transport ou de distribution de gaz à titre exclusif sur une zone géographique donnée pour une durée déterminée sur la base d'un cahier des charges ;

Concession : acte par lequel un opérateur est habilité à exercer les activités visées à l'article 12 pour une durée déterminée sur la base d'un cahier des charges ;

Concessionnaire : personne titulaire d'une concession de transport ou de distribution de gaz conformément à la présente loi ;

Contenu Local : ensemble d'activités axées sur le développement des capacités locales, l'utilisation des ressources humaines et matérielles locales, le transfert de technologie, l'utilisation de sociétés industrielles et de services locaux, et la création de valeurs additionnelles mesurables à l'économie locale ;

Convention gazière : contrat conclu entre l'Etat, directement ou par l'entremise d'un établissement ou organisme public dûment mandaté à cet effet, et une ou plusieurs sociétés gazières, qui précise les droits et obligations des parties relatifs notamment aux conditions juridiques, financières, fiscales, sociales et environnementales applicables à une ou plusieurs opérations gazières pendant la période de sa validité ;

Distribution : activité destinée à transporter le gaz dans un réseau de distribution aux fins de fourniture à des clients ;

Distributeur : personne morale assurant la distribution de gaz dans le réseau de distribution dont elle a la charge en vertu d'une concession de distribution ;

Exportation : sortie du gaz produit en République du Cameroun et vendu dans un pays tiers ;

Gaz : hydrocarbures gazeux existant à l'état naturel, autrement dénommé gaz naturel, ou résultant des opérations de raffinage d'hydrocarbures, ainsi que tous produits et substances connexes extraits desdits hydrocarbures gazeux dont la liste exhaustive est fixée par voie réglementaire ;

Gaz de pétrole liquéfié : hydrocarbures composés essentiellement d'un mélange de butane et de propane qui n'est pas liquide aux conditions normales (0° C, latm) ;

Hydrocarbures : composants liquides ou gazeux existant à l'état naturel, autrement dénommés pétrole brut ou gaz naturel selon le cas, ainsi que tous les produits et substances connexes extraits en association avec lesdits hydrocarbures ;

Importation : achat de gaz provenant d'un pays étranger destiné à être mis en vente ou utilisé sur le territoire national ;

Licence : acte par lequel un opérateur est habilité à exercer les activités visées à l'article 18 de la présente loi ;

Opérations gazières : activités d'exploitation d'un réseau ou d'une infrastructure de transport, d'un réseau ou d'une infrastructure de distribution, de production, d'une usine de transformation, de stockage, d'importation, d'exportation, de vente de gaz naturel et de ses produits dérivés ;

Opérateur : toute personne ayant le droit d'exercer une activité régie par la présente loi ;

Personne : toute personne physique nationale ou étrangère résidant en République du Cameroun ou toute personne morale de droit public ou privé ;

Point de livraison : point de connexion entre un réseau de transport et un réseau de distribution ou un client éligible lorsque celui-ci est directement connecté au réseau de transport ; ou entre les installations d'un producteur et un client éligible ;

Point de raccordement : point auquel un client se raccorde à un réseau de distribution ;

Point de réception : point reliant les canalisations de transport du gaz extrait des sites d'exploitation à un réseau de transport ou point d'interconnexion avec le réseau d'un pays tiers ;

Producteur : toute personne qui exerce des activités d'exploitation de gaz au sens du Code Pétrolier ;

Produits pétroliers : produits issus du raffinage des hydrocarbures notamment les carburants automobiles, les carburants d'aviation, les soutes maritimes, le pétrole lampant et le fuel oil ;

Remise en état des sites : ensemble des opérations destinées à restaurer les périmètres d'exploitation et de protection au terme de leur exploitation ;

Réseau de distribution : ensemble d'ouvrages constitués de canalisations à une pression maximum fixée par voie réglementaire ainsi que d'annexes et d'auxiliaires aux fins de distribution du gaz, situés à partir du point de livraison jusqu'au point de raccordement ;

Réseau de transport : ensemble d'ouvrages constitués de canalisations d'une pression supérieure à un niveau fixé par voie réglementaire ainsi que d'annexes et d'auxiliaires aux fins du transport de gaz, situés à partir du point de réception jusqu'au point de livraison.

Société gazière : société commerciale ou établissement public à objet industriel et commercial justifiant des capacités techniques et financières pour mener à bien des opérations gazières, tout en assurant la sécurité et la protection de l'environnement ;

Stockage : réception et conservation des quantités de gaz pour un usage ultérieur, y compris par le biais de l'utilisation de formations géologiques poreuses, de cavités naturelles ou créées artificiellement ; à l'exclusion du stockage lié aux activités de production régies par le Code Pétrolier ;

Territoire camerounais : parties terrestre et maritime où s'exerce la souveraineté de la République du Cameroun dont la zone économique exclusive ;

Titulaire : société gazière, ou consortium de sociétés commerciales dont au moins une des composantes est une société gazière, liée à l'Etat par une convention gazière. Le terme « titulaire » comprend également les co-titulaires ;

Transformation : opérations de liquéfaction du gaz, de pétrochimie et de gazochimie ;

Transport : activité destinée à acheminer le gaz dans un réseau d'acheminement et/ou de distribution en vue de sa commercialisation ;

Transporteur : personne assurant le transport du gaz dans le réseau de transport qu'elle exploite en vertu d'une concession de transport ;

Vente : vente du gaz destiné aux clients finaux.

Article 4.- (1) La mise en place du gaz naturel découvert sur le territoire national est réalisée suivant un plan de développement des ressources gazières élaboré et mis à jour par l'Etat ou par un organisme public dûment mandaté à cet effet. Ce plan accorde la priorité à la satisfaction des besoins énergétiques nationaux. Il définit en outre les autres priorités et les orientations de développements gaziers futurs, ainsi que les allocations de ressources entre les projets d'utilisation domestique de gaz naturel et les projets d'exportation.

(2) Les sociétés gazières sont tenues au respect des orientations et priorités définies dans ce plan, ainsi que des allocations de ressources qui y sont fixées, sous réserve des stipulations des conventions gazières signées antérieurement à ce plan.

Article 5.- (1) Le rôle de l'Etat dans le secteur du gaz naturel consiste à en améliorer l'organisation, et à veiller à la sauvegarde de l'intérêt général en facilitant notamment la réalisation des infrastructures gazières qui seront exploitées par l'ensemble des acteurs dans les conditions économiques et de sécurité optimales.

(2) Le rôle de l'Etat consiste en outre à promouvoir une concurrence effective dans le secteur et à veiller au respect des mécanismes de régulation qui y sont institués.

Article 6.- Toute personne physique nationale ou étrangère résidant en République du Cameroun ou toute personne morale de droit privé ou public camerounais, sans discrimination, peut entreprendre sur le territoire camerounais une activité dans le secteur gazier aval conformément à la législation et à la réglementation en vigueur.

Titre II : De la régulation du secteur gazier aval

Article 7.- (1) Les activités visées à l'article 1er ci-dessus relèvent de l'autorité du Ministre chargé du secteur gazier aval ou de tout autre établissement public mandaté à cet effet.

(2) Le Ministre chargé du secteur gazier aval en assure la régulation et coordonne l'intervention de l'Etat dans ce secteur.

(3) Le Ministre chargé du secteur gazier peut, lorsque des circonstances mettant en jeu la sécurité énergétique du pays le justifient, réquisitionner les ressources gazières, conformément à la réglementation en vigueur.

Article 8.- (1) La régulation du secteur gazier aval porte notamment sur :

- le contrôle et le suivi des activités des exploitants et des opérateurs du secteur gazier aval ;
- la promotion et le développement rationnel de l'offre du gaz ;
- l'équilibre économique et financier du secteur du gaz ainsi que la préservation des conditions économiques nécessaires à sa viabilité ;
- la protection des droits et des intérêts du consommateur, notamment en ce qui concerne le prix, la fourniture et la qualité du gaz ;
- la promotion de la concurrence et de la participation du secteur privé dans le secteur gazier aval ;
- la mise en œuvre, le suivi et le contrôle du système tarifaire, ainsi que le respect des méthodes et procédures en vigueur ;
- le contrôle de l'application de la réglementation technique, de l'hygiène, de la sécurité, de la législation et de la réglementation en vigueur en matière de protection de l'environnement ;
- la mise en place et le suivi de l'application des règles qui régissent l'accès des tiers aux réseaux de transport et de distribution du gaz ;
- le suivi de l'application des normes et standards par les opérateurs du secteur gazier aval ;
- l'application des sanctions prévues par la loi ;
- l'arbitrage des différends entre opérateurs du secteur.

(2) Les modalités d'application des dispositions prévues à l'alinéa 1 ci-dessus sont fixées par voie réglementaire.

Article 9.- (1) Des ressources financières sont mises en place afin d'assurer la régulation et le rôle de l'Etat dans le secteur gazier aval. Ces ressources sont des deniers publics. Elles sont gérées selon les règles prévues par le régime financier de l'Etat.

(2) Ces ressources sont constituées par :

- le produit des redevances prévues par la présente loi ;
- les dons et legs ;
- les frais d'instruction de dossier versés par les soumissionnaires aux
- concessions, licences et autorisations ;
- le produit des amendes prévues par la présente loi ;
- les emprunts auprès de bailleurs de fonds publics ou privés ;
- les subventions de l'Etat.

Titre III : Du régime juridique des activités du secteur gazier aval

Chapitre I : De la convention gazière

Article 10.- (1) La convention gazière est conclue entre l'Etat, directement ou par l'entremise d'un organisme public dûment mandaté à cet effet, et une ou plusieurs sociétés gazières. Elle précise les droits et obligations des parties relatifs notamment aux conditions juridiques, économiques, financières, fiscales, sociales, techniques et environnementales applicables à une ou plusieurs opérations gazières pendant la période de sa validité.

(2) La convention gazière est négociée et signée pour le compte de l'Etat par le Ministre chargé du secteur gazier aval ou par tout organisme dûment mandaté à cet effet, et pour les autres entités parties à la convention, par leurs représentants légaux.

(3) La convention gazière fixe notamment :

- l'objet, les fondements et la portée des projets qu'elle encadre ; le site à l'intérieur duquel seront implantées les infrastructures nécessaires à son développement ;

- le contenu détaillé des projets à réaliser au titre de la convention et les conditions techniques et financières de leur développement ;

- la durée de la convention et les conditions de son renouvellement, de sa prorogation et de sa résiliation ;

- les ressources de gaz nécessaires à la réalisation des projets retenus par la convention, ainsi que les conditions techniques de leur agrégation lorsque les sources de gaz sont dispersées sur le domaine minier national ;

- les droits et obligations des parties à la convention, en faisant la différence entre les droits et obligations des organismes mandatés par l'Etat pour la gestion de ses intérêts commerciaux dans la convention, et les droits souverains de l'Etat ; les conditions et les modalités d'octroi, de renouvellement et de retrait des autorisations, des licences et des concessions nécessaires à la réalisation des projets inscrits dans la convention ; les règles de propriété des produits issus de la transformation du gaz et de sa répartition le cas échéant entre les parties à la convention, ainsi que les conditions de leur commercialisation sur le territoire national ou à l'exportation ;

- le régime des biens meubles et immeubles nécessaires à la réalisation des projets gaziers inscrits dans la convention ; les dispositions relatives à la participation de l'Etat, d'un organisme dûment mandaté à cet effet, dans les projets gaziers inscrits dans la convention, ainsi que les règles de l'association entre l'Etat ou l'organisme public et les autres sociétés commerciales parties à la convention ;

- les dispositions relatives au Contenu Local des projets développés au titre de la convention, et notamment à la formation, à l'emploi de la main-d'œuvre camerounaise, au développement et à la mise à niveau des entreprises locales pour leur participation aux activités de construction ou d'exploitation des usines ou infrastructures prévues par les projets objets de la convention ; les conditions fiscales et douanières applicables aux projets objet de la convention, ainsi que les modalités d'importation ou d'exportation, le cas échéant, de matériaux, fournitures et équipements nécessaires aux projets ;

- les obligations en matière de sécurité, de sûreté des installations et de protection de l'environnement ;

- les obligations en matière d'abandon des installations et de remise en état des sites affectés au projet, ainsi que le cas échéant les modalités de reprise par l'Etat des infrastructures et des installations en fin d'exploitation ;

- les droits et obligations du titulaire de la convention ainsi que les conditions générales de construction, d'exploitation et d'entretien des installations de transformation de gaz et autres installations connexes ;

- les modalités d'application des régimes juridique, fiscal, douanier, de change et des garanties générales, y compris la garantie de stabilité ;

- les modalités d'application des sanctions en cas de violation des termes de la convention ;

- la procédure de règlement des différends ;

- les modalités d'application des conditions de transfert, de renouvellement, de non-renouvellement, d'expiration de la convention, de renonciation à la convention et de la force majeure ;

- le régime foncier applicable conformément à la législation et à la réglementation en vigueur en la matière ;

- la procédure d'ouverture, de tenue et de clôture des comptes bancaires sur le territoire national, en devises étrangères ;

- les conditions d'emploi des ressortissants étrangers ;

- les conditions de souscription, de détention et de cession d'actions des sociétés susceptibles d'être créées au titre de la convention ;

- les règles de stabilité de la convention ;

- les conditions de transfert aux nationaux des technologies et savoir faire mis en œuvre dans le cadre des projets développés au titre de la convention ;

- le principe d'indemnisation pour expropriation ; les conditions dans lesquelles les garanties sont octroyées par l'Etat aux projets, notamment la renonciation à l'immunité souveraine, la garantie de l'exécution des obligations de l'Etat par tout organisme public dûment mandaté à cet effet, les garanties exigées par les prêteurs ;

- les éventuelles exclusivités dont bénéficient les sociétés gazières signataires de la convention le cas échéant, et les conditions y afférentes, notamment en termes de durée, de renonciation et d'annulation applicables aux projets, si nécessaire ;

- les conditions dans lesquelles les tiers pourraient avoir accès aux infrastructures développées dans le cadre des projets visés par la convention ;

- les conditions et modalités selon lesquelles les prêteurs pourraient se substituer ou substituer une entité qu'ils contrôlent à la société gazière signataire de la convention, dans les droits et obligations résultant de ladite Convention ainsi qu'au titre des

Concessions et Licences régies par ladite Convention ; les obligations des Parties à la convention.

(4) La durée initiale de la convention est de vingt-cinq (25) ans au maximum. Toutefois, la convention peut prévoir un premier renouvellement automatique dont la durée ne peut excéder dix (10) ans.

Article 11.- (1) L'Etat, directement ou par l'intermédiaire d'un établissement ou organisme public dûment mandaté, se réserve le droit d'entreprendre et/ou d'inciter au développement des opérations gazières, par la conclusion de conventions gazières.

(2) L'Etat se réserve le droit de prendre ou de faire prendre une participation sous quelque forme que ce soit, dans toute convention gazière directement ou par l'intermédiaire d'un organisme public dûment mandaté.

Dans ce cas, l'Etat ou l'organisme public dûment mandaté a les mêmes droits et obligations que les entités parties à la convention gazière à hauteur de sa participation dans les opérations gazières.

Chapitre II : Du régime de la concession

Section 1 : Des dispositions communes aux concessions de transport et de distribution

Article 12.- (1) Toute activité de transport et de distribution de gaz est soumise à l'obtention d'une concession.

(2) La concession est accordée par le Ministre chargé du secteur gazier aval pour une période de vingt-cinq (25) ans maximum renouvelable.

(3) La concession n'est valable que dans le périmètre pour lequel elle a été octroyée. Elle définit selon le cas, les droits et obligations du transporteur ou du distributeur, dans la gestion du réseau dont il a la charge.

Article 13.- (1) Le concessionnaire opère dans les conditions fixées par son contrat de concession et le cahier des charges qui y est annexé.

(2) Un arrêté du Ministre chargé du secteur gazier aval fixe les clauses-types que doit contenir le contrat de concession et notamment, les conditions de révision, de renouvellement ainsi que les droits et obligations du concessionnaire en cas d'interruption ou d'abandon de l'exploitation du réseau de transport ou de distribution.

(3) Les contrats de concession fixent également les conditions de leur suspension et de leur retrait par le Ministre chargé du secteur gazier aval, ainsi que les modalités de règlement des litiges.

Article 14.- (1) Les concessionnaires sont sélectionnés par voie d'appel d'offres selon une procédure fixée par voie réglementaire.

(2) Toutefois, en cas de nécessité et dans certaines conditions précisées par voie réglementaire, les concessions de transport et de distribution de gaz peuvent être octroyées à titre exceptionnel sans appel d'offres.

(3) La concession est octroyée en fonction :

- des capacités techniques et financières du demandeur ;

- du respect par le demandeur des obligations qui lui sont imposées en vertu de la présente loi et des lois et règlements en matière de protection de l'environnement ;

- de la sûreté et de la sécurité des réseaux de transport ou de distribution, objet de la demande, selon le cas.

(4) Tout rejet d'une demande de concession doit être motivé.

Article 15.- La cession partielle ou totale des droits d'un réseau de transport ou de distribution, est soumise à l'approbation préalable du Ministre chargé du secteur gazier aval et s'effectue dans les conditions fixées par la réglementation en vigueur et par le contrat de concession.

Section 2 : Des dispositions spécifiques aux concessions de transport et de distribution

Article 16.- (1) La construction et l'exploitation d'un réseau de transport qui a pour objet l'alimentation des réseaux de distribution, d'autres réseaux de transport, des installations de stockage ou des clients éligibles requièrent l'octroi d'une concession de transport.

(2) La conception, la construction, l'exploitation, le raccordement, l'entretien et la remise en état d'un réseau de transport obéissent aux règles de l'art, aux pratiques internationalement reconnues et aux dispositions légales et réglementaires en vigueur.

Article 17.- (1) La construction et l'exploitation d'un réseau de distribution de gaz qui a pour objet l'alimentation des clients finaux, des clients éligibles, des distributeurs, des transporteurs et des producteurs qui le demandent sont subordonnées à l'obtention d'une concession de distribution.

(2) La conception, l'exploitation, l'entretien et la remise en état des sites d'un réseau de distribution de gaz ainsi que les travaux relatifs au raccordement d'un réseau de distribution à un réseau de transport obéissent aux règles de l'art, aux pratiques internationalement reconnues et aux dispositions légales et réglementaires en vigueur.

(3) Le concessionnaire d'un réseau de distribution doit en outre :

- maintenir une offre suffisante afin de satisfaire la demande ;

- alimenter les clients finaux selon une tarification réglementaire ;

- respecter la confidentialité des informations qui lui sont transmises par les clients dans le cadre de son activité.

Chapitre III : Du régime de la licence

Section 1 : Des dispositions générales

Article 18.- La transformation, le stockage, l'importation et l'exportation du gaz relèvent du régime de la licence.

Article 19.- (1) La licence est un acte par lequel le Ministre chargé du secteur gazier aval habilite un opérateur à exercer dans des conditions transparentes et non discriminatoires l'une des activités visées à l'article 18 ci-dessus.

(2) Dans tous les cas visés à l'article 18 ci-dessus, un cahier des charges précise les conditions et modalités d'exercice de l'activité.

(3) La licence est accordée pour une période renouvelable de :

- vingt-cinq (25) ans maximum pour les licences de transformation et de stockage de gaz, ainsi que de production de gaz naturel liquéfié ;

- cinq (5) ans maximum pour les licences d'importation et d'exportation.

Article 20.- (1) Les demandes d'obtention de licence sont adressées au Ministre chargé du secteur gazier aval ou à tout autre établissement mandaté à cet effet.

(2) La licence est octroyée en considération des capacités techniques et financières du demandeur.

(3) La procédure d'obtention des licences est fixée par voie réglementaire.

Article 21.- La cession totale ou partielle d'une licence est subordonnée à l'approbation préalable du Ministre chargé du secteur gazier aval ou de tout autre établissement public mandaté à cet effet, et s'effectue dans les conditions fixées par voie réglementaire.

Section 2 : De la licence de transformation

Article 22.- La licence de transformation confère à son titulaire d'entreprendre des activités de transformation du gaz conformément aux dispositions contenues dans sa licence et dans le cahier des charges.

Section 3 : De la licence de stockage

Article 23.- (1) La licence de stockage confère à son titulaire le droit de construire et d'exploiter des installations de stockage conformément aux dispositions contenues dans sa licence et dans le cahier des charges.

(2) Le titulaire d'une licence de transformation peut être dispensé par le Ministre en charge du secteur gazier aval, d'une licence de stockage pour les installations de stockage attenantes à son activité de transformation.

Article 24.- Tout opérateur peut utiliser les infrastructures de stockage d'un titulaire d'une licence de stockage sur la base du principe d'accès ouvert, en échange d'un tarif transparent et non discriminatoire qui est rendu public après accord du Ministre en charge du secteur gazier aval et défini par rapport aux volumes traités et à la durée du service.

Chapitre IV : Du régime de l'autorisation

Article 25.- Relèvent du régime de l'autorisation, la vente de gaz, l'importation et l'installation de matériel et de matériaux destinés à la mise en service des réseaux de transport et de distribution de gaz, des centres de stockage de gaz et des appareils de mesure et de sécurité à utiliser par les opérateurs et les clients.

Article 26.- (1) L'autorisation est l'acte par lequel le Ministre chargé du secteur gazier aval ou tout autre établissement public mandaté à cet effet habilite un opérateur à exercer dans des conditions transparentes et non discriminatoires, l'une des activités visées à l'article 25 ci-dessus.

(2) L'autorisation est accordée pour une période de trois (3) ans maximum renouvelable.

Article 27.- (1) La procédure d'obtention des autorisations est définie par voie réglementaire.

(2) L'opérateur est tenu de respecter les critères financiers et techniques propres à l'exercice de l'activité visée et définie par un texte particulier.

Article 28.- La cession totale ou partielle d'une licence est subordonnée à l'approbation préalable du Ministre chargé du secteur gazier aval ou de tout autre établissement public mandaté à cet effet, et s'effectue dans les conditions fixées par voie réglementaire.

Titre IV : Des modalités d'exercice des activités dans le secteur gazier aval

Article 29.- (1) Tout opérateur gazier aval exerce ses activités dans le respect des principes de continuité et de qualité de service. Il est tenu de maintenir les conditions financières et techniques nécessaires à son régime d'activité pendant toute la durée de la concession, de la licence ou de l'autorisation.

(2) L'opérateur bénéficiant d'une concession, d'une licence ou d'une autorisation est tenu d'informer préalablement le Ministre chargé du secteur gazier aval des changements pouvant intervenir au niveau de son actionnariat et de la composition de son capital social lorsque ces changements sont de nature à modifier le contrôle de la société.

(3) En cas de modification de la situation prévalant à la date de l'octroi de la concession, de la licence ou de l'autorisation jugée contraire aux engagements financiers ou techniques souscrits par l'opérateur, le régime dont il bénéficie peut être retiré par le Ministre chargé du secteur gazier aval.

Article 30.- L'opérateur est tenu de se conformer aux lois et règlements en vigueur en matière de protection de l'environnement et de sécurité, ainsi qu'aux normes internationalement reconnues en matière de protection de l'environnement et de sécurité.

Article 31.- (1) Les concessionnaires de transport et de distribution ont l'obligation de construire, d'entretenir et de développer leurs réseaux en conformité avec les normes de sécurité contenues dans la législation régissant les appareils à pression de gaz et à pression de vapeur d'eau, ainsi que toute réglementation prise en application de la présente loi et des dispositions spécifiques définies dans leurs contrats de concession. Ils sont en outre tenus de remettre en état les sites arrivés en fin d'exploitation, conformément aux règles de l'art et aux pratiques internationalement reconnues.

(2) Le titulaire d'une licence de transformation ou de stockage est tenu de se conformer aux lois et règlements en vigueur en matière d'établissements classés dangereux, insalubres ou incommodes.

Article 32.- Les règles techniques d'exploitation, d'entretien, de conception et de remise en état des sites de réseaux de transport et de distribution sont fixés par voie réglementaire.

Titre V : De l'accès aux réseaux de transport, de distribution et de la tarification des services

Chapitre I : De l'exploitation des réseaux de transport et de distribution

Article 33.- (1) Tout concessionnaire est responsable de l'exploitation et de l'entretien des ouvrages et autres installations qui forment le réseau dont il a la charge, en vue de permettre le raccordement et l'accès des utilisateurs, en particulier des clients éligibles, ainsi que l'interconnexion avec d'autres réseaux de transport ou de distribution situés sur le territoire camerounais. Il est en outre responsable de la remise en état des sites dont il a la charge en fin d'exploitation.

(2) Pour assurer l'accès au réseau de transport ou de distribution, le transporteur ou le distributeur met en œuvre des programmes d'injection ou de soutirage de gaz sur le réseau qu'il exploite. Ces programmes sont établis en collaboration avec les producteurs et les titulaires de licences et autorisations de vente et de production et portent sur les quantités de gaz qu'ils prévoient d'injecter ou de soutirer, au cours d'une période déterminée, aux points de réception, de livraison et de raccordement.

Article 34.- (1) Le transporteur et le distributeur assurent en permanence l'équilibre des flux de gaz sur son réseau dans le cadre d'une exploitation optimale, en tenant compte des contraintes techniques.

(2) Le transporteur et le distributeur procèdent aux comptages nécessaires à l'exercice de leur activité. Ils peuvent, compte tenu des écarts constatés par rapport aux programmes d'injection et de soutirage et des coûts liés aux ajustements, demander ou attribuer une compensation financière aux utilisateurs concernés, dans les conditions fixées par le contrat de concession et la réglementation en vigueur en matière de tarification.

Chapitre II : De l'accès aux réseaux de transport et de distribution

Article 35.- (1) Pour accroître l'efficacité des réseaux de transport et de distribution, l'organisation du secteur repose sur le principe du libre accès des tiers aux réseaux de transport et de distribution pour permettre l'approvisionnement direct des clients éligibles.

(2) Ce principe du libre accès ne s'applique pas aux infrastructures de transport de gaz par pipeline destinées à approvisionner des usines de transformation de gaz.

Article 36.- Les clients éligibles négocient avec le transporteur ou le distributeur l'accès aux installations des réseaux de transport et de distribution à des conditions objectives, transparentes et non discriminatoires. À ces fins, les concessionnaires sont tenus de publier chaque année les conditions commerciales d'utilisation de leur réseau. Le Ministre chargé du secteur gazier aval publie les modèles-types de contrats qui régissent les relations entre les clients éligibles et le transporteur ou le distributeur.

Article 37.- (1) Les transporteurs ou les distributeurs peuvent refuser l'accès à leur réseau pour les motifs suivants :

- insuffisance de capacité ou lorsque l'accès au réseau par un tiers les empêche de remplir leurs obligations contractuelles ou réglementaires ;

- raisons techniques ou opérationnelles ;

- graves difficultés économiques ou financières rencontrées dans l'exécution des contrats de vente contenant une obligation minimum de fourniture ou de paiement.

(2) Tout refus doit être motivé.

(3) Toute contestation entre les tiers requérant l'accès au réseau et le transporteur ou le distributeur est portée devant le Ministre chargé du secteur gazier aval.

Chapitre III : De la tarification des services

Article 38.- Les tarifs applicables aux clients finaux sont fixés sur la base d'une méthodologie et des paramètres préalablement arrêtés d'accord parties entre le Ministre chargé du secteur gazier aval et les opérateurs du secteur.

Article 39.- Les activités concourant à la fourniture du gaz sont rémunérées et régulées sur la base des dispositions qui favorisent l'optimisation de la gestion, le rendement économique des activités, ainsi que l'amélioration de la qualité de la fourniture.

Article 40.- (1) La rémunération de l'activité de transport et de distribution de gaz est fixée sur la base d'une méthodologie et des paramètres définis par le Ministre chargé du secteur gazier aval conformément à l'article 38 ci-dessus.

(2) Le Ministre chargé du secteur gazier aval vérifie que les tarifs proposés tiennent compte des coûts d'investissement, d'exploitation et de maintenance des installations, d'autres coûts nécessaires à l'exercice de l'activité ainsi qu'une rétribution équitable du capital investi telle qu'appliquée dans les activités similaires et comprenant les coûts de développement.

(3) La formule de tarification intègre les incitations à la réduction des coûts et à l'amélioration de la qualité de la fourniture.

(4) La tarification est révisée régulièrement et appliquée par le Ministre chargé du secteur gazier aval selon une fréquence et une procédure déterminées par le contrat de concession.

Titre VI : De l'occupation des terrains destinés au transport et à la distribution du gaz

Article 41.- (1) Toute personne désirant entreprendre des opérations de transport et de distribution de gaz peut occuper les terrains nécessaires à la réalisation desdites opérations et y effectuer les travaux, tant à l'intérieur qu'à l'extérieur du périmètre couvert par sa concession. Ces terrains ne peuvent lui être attribués qu'en jouissance, conformément aux dispositions de la présente loi et aux textes pris pour son application, ainsi qu'à la législation foncière et domaniale en vigueur.

(2) Dès la conclusion du contrat de concession, le titulaire saisit l'autorité administrative compétente d'un dossier d'enquête foncière devant lui permettre d'accéder aux dits terrains, dans les conditions fixées par la loi.

(3) L'enquête foncière a notamment pour objet :

- d'identifier les statuts des parcelles couvertes par la concession ;

- de recenser les titulaires de droits et les propriétaires de biens sur les parcelles concernées ;

- d'informer les titulaires de droits et les propriétaires de biens des modalités d'indemnisation pour la perte de leurs droits ;

- de sensibiliser les populations aux opérations gazières.

Article 42.- (1) Au vu des résultats de l'enquête foncière visée à l'article 41 ci-dessus, l'Etat peut décider de prélever des parcelles destinées à l'emprise foncière pour les besoins de construction, d'exploitation et d'entretien de réseau de transport et de distribution de gaz.

(2) À ces fins, et conformément aux dispositions de la législation foncière et domaniale en vigueur, l'Etat peut, selon les statuts respectifs des parcelles de terrain concernées, procéder soit à l'incorporation de ces parcelles dans son domaine privé soit à leur classement au domaine public, soit à leur expropriation pour cause d'utilité publique.

(3) Le titulaire de la concession de transport ou de distribution est notifié des actes pris par l'Etat et tient compte des emprises ainsi réservées dans le cadre de ses opérations.

Article 43.- (1) L'emprise foncière est accordée par décret affectant provisoirement celle-ci à la construction, à l'exploitation et à l'entretien du réseau de transport ou de distribution de gaz. Elle confère au titulaire de la concession de transport ou de distribution, les droits fonciers visés à l'article 44 ci-dessous.

(2) Le décret précise notamment les délais dans lesquels le titulaire de la concession de transport ou de distribution est tenu de communiquer au Ministre chargé du secteur gazier aval, les coordonnées des terrains constituant l'emprise du réseau de transport ou de distribution de gaz.

(3) Pour la construction de l'emprise de réseau de transport ou de distribution de gaz, le décret visé à l'alinéa 1 ci-dessus peut être modifié pour maintenir l'affectation de ces terrains à l'exploitation et à l'entretien du réseau de transport ou de distribution de gaz, conformément à la législation domaniale en vigueur.

(4) Le décret restreint les droits du transporteur ou du distributeur sur la partie de l'emprise foncière qui n'est pas incluse dans l'emprise du réseau de transport ou de distribution de gaz, et la grève des servitudes d'utilisation au profit des travaux d'entretien entraînant une excavation.

(5) Les terrains constituant l'emprise foncière sont et demeurent la propriété privée de l'Etat. Ils ne peuvent en aucun cas être aliénés pendant la durée de la concession de transport ou de distribution ni devenir la propriété du concessionnaire de transport ou de distribution.

(6) A l'issue des travaux de construction du réseau de transport ou de distribution de gaz, les terrains situés à l'intérieur de l'emprise foncière peuvent être affectés à d'autres

usages, sous réserve des périmètres de protection visés à l'article 53 de la présente loi, à condition toutefois que cette utilisation n'entrave ni ne constitue un obstacle au bon fonctionnement et à l'entretien du réseau de transport et de distribution.

Article 44.- (1) Le décret visé à l'article 43 ci-dessus confère au titulaire de la concession de transport ou de distribution, le droit d'occuper les sols et d'en jouir conformément à l'objet et à la destination de la concession, le libre accès aux installations annexes du réseau de transport ou de distribution de gaz et leur utilisation.

(2) Les canalisations et installations annexes du réseau de transport ou de distribution de gaz telles que définies dans le contrat de concession, sont et demeurent la propriété du titulaire de la concession jusqu'au terme de celle-ci. Elles sont transférées à l'Etat dans les conditions fixées par le contrat de concession.

Article 45.- (1) Les frais et indemnités d'établissement des servitudes d'incorporation, d'affectation et de libération des terrains destinés à la construction, à l'exploitation et à l'entretien du réseau de transport ou de distribution sont déterminés selon la procédure en vigueur en matière d'expropriation pour cause d'utilité publique.

(2) L'indemnité due en raison de l'utilisation des servitudes mentionnées à l'alinéa 1 ci-dessus correspond à la destruction des mises en valeur réalisées par le tiers, conformément aux dispositions de l'article 46 ci-dessous.

(3) L'autorité compétente fixe le niveau des indemnités et approuve les frais. Ses décisions en la matière peuvent faire l'objet de recours. Le recours ne peut porter que sur le quantum des indemnités et frais, et ne peut faire obstacle à la réalisation des travaux sur l'emprise foncière.

Article 46.- Les propriétaires des terrains privés ou leurs ayants droit, les usagers du domaine public, les concessionnaires de services publics ou les occupants du domaine national ne sont pas autorisés à entreprendre des actes susceptibles de nuire aux travaux de construction, d'exploitation et d'entretien du réseau de transport ou de distribution réalisés conformément aux dispositions de la présente loi sous peine de poursuites judiciaires.

Article 47.- (1) Le titulaire de la concession de transport ou de distribution peut, lorsque sa demande est jugée fondée par l'autorité compétente, être autorisé, moyennant une juste indemnisation, à occuper temporairement les terrains privés nécessaires à la construction, à l'exploitation ou à l'entretien du réseau de transport ou de distribution de gaz à l'extérieur de l'emprise foncière.

(2) L'autorisation d'occupation temporaire constate le bien-fondé de la demande, désigne les terrains nécessaires et en autorise l'occupation temporaire conformément à la législation domaniale et foncière en vigueur.

Article 48.- (1) Pour les besoins de la construction, de l'exploitation, de l'entretien du réseau de transport ou de distribution de gaz et des industries qui s'y rattachent, le titulaire de la concession de transport ou de distribution peut, lorsque sa demande est jugée fondée par l'autorité compétente, contre une juste et préalable indemnisation du propriétaire des terrains situés à l'extérieur de l'emprise foncière, disposer des substances non concessibles dont les travaux nécessitent l'abattage conformément à la législation et à la réglementation en vigueur.

(2) Le propriétaire des terrains privés conserve, sans indemnité, la disposition des substances non concessibles qui ne sont pas utilisées par le titulaire de la concession de transport ou de distribution.

Article 49.- Lorsque le réseau de transport ou de distribution de gaz fait définitivement obstacle à l'utilisation des terrains situés à l'extérieur de l'emprise foncière, le propriétaire des terrains privés peut solliciter une indemnisation auprès du concessionnaire.

Article 50.- (1) Le titulaire de la concession de transport ou de distribution peut, conformément à la législation et à la réglementation en vigueur, à l'extérieur de l'emprise foncière, occuper temporairement le domaine national, le domaine public ou privé de l'Etat ou des Collectivités Territoriales Décentralisées.

(2) L'occupation est autorisée par le Ministre chargé des domaines, après avis conforme des Collectivités Territoriales Décentralisées ou des services publics concernés, pour ce qui est de leurs domaines privés respectifs ou des portions du domaine public dont ils ont respectivement la charge.

(3) Toutefois, l'autorisation d'occupation ne confère pas au titulaire de la concession de transport ou de distribution la propriété des terrains concernés.

(4) Les dispositions de l'article 45 (3) de la présente loi sont applicables aux occupations du domaine public et privé visées au présent article.

Article 51.- Dans le cas de l'utilisation du domaine public et sauf cas prévus par le contrat de concession, aucun recours ne peut être exercé contre l'Etat, les services publics ou les Collectivités Territoriales Décentralisées par le titulaire de la concession de transport ou de distribution en raison des dommages qu'une telle utilisation normale du domaine public peut occasionner à ses installations, ou en raison des travaux exécutés sur le domaine public dans l'intérêt de la sécurité publique.

Article 52.- Le titulaire de la concession de transport ou de distribution est soumis en ce qui concerne :

- les terrains et ouvrages nécessaires à la construction, à l'exploitation et à l'entretien du réseau de transport ou de distribution de gaz, aux dispositions de la législation domaniale et foncière en vigueur ;

- les carrières nécessaires à la construction, à l'exploitation et à l'entretien du réseau de transport ou de distribution, aux dispositions de la législation minière en vigueur ;

- la fin d'exploitation, la remise en état des sites conformément aux dispositions législatives et réglementaires en vigueur ainsi qu'aux normes et pratiques internationalement reconnues.

Article 53.- (1) Les opérations relatives aux activités de transport, de distribution, de transformation et de stockage peuvent donner lieu à la création de périmètres de protection sans indemnisation du titulaire d'une concession ou d'une licence.

(2) La constitution du périmètre de protection vise à protéger les personnes et les biens tels que les édifices et agglomérations, sources, voies de communication,

ouvrages d'art et travaux d'utilité publique, ainsi que tout autre endroit où ces périmètres seraient jugés nécessaires dans l'intérêt général.

Titre VII : Des dispositions comptables, financières, fiscales et douanières

Chapitre I : De la comptabilité, du régime de change et du régime fiscalo-douanier

Article 54.- (1) Les opérateurs dans le secteur gazier aval tiennent une comptabilité conformément à l'Acte Uniforme de l'Organisation pour l'Harmonisation en Afrique du Droit des Affaires.

(2) Les opérateurs exerçant plusieurs activités parmi celles visées à l'article 1er tiennent une comptabilité séparée pour chaque concession de transport et/ou de distribution, ainsi que pour chaque licence ou autorisation.

(3) Dans ce cadre, ils tiennent dans leur comptabilité interne des comptes séparés pour leurs activités de transport, de distribution, de transformation, de stockage, d'importation, d'exportation et de vente de gaz, et, le cas échéant, pour leurs activités en dehors du secteur gazier aval régi par la présente loi, de la même façon que si ces activités étaient exercées par des personnes distinctes.

(4) Sans préjudice des dispositions fiscales en vigueur, les comptes certifiés sont déposés auprès de l'autorité compétente dans les trois (03) mois au plus tard après la clôture de l'exercice fiscal sous peine de sanctions prévues à l'article 71 ci-dessous.

Article 55.- (1) Les opérateurs titulaires d'une concession, d'une licence ou d'une autorisation sont soumis au régime de change de la République du Cameroun, sous réserve des dispositions du présent article.

(2) Pendant la durée des concessions, des licences ou des autorisations, et sous réserve du respect des obligations qui leur incombent, notamment en matière de régime de change et de législation fiscale, les titulaires bénéficient des avantages suivants :

- le droit d'ouvrir en République du Cameroun et à l'étranger des comptes en monnaie locale et en devises, et d'y effectuer des opérations ;

- le droit d'encaisser et de conserver librement à l'étranger les fonds acquis ou empruntés à l'étranger, et d'en disposer librement ;

- le droit de transférer et de conserver librement à l'étranger les recettes liées à leurs opérations gazières, les dividendes et produits de toute nature des capitaux investis, ainsi que les produits de la liquidation ou de la réalisation de leurs avoirs ;

- le droit de payer directement à l'étranger les fournisseurs non-résidents de biens et services nécessaires à la conduite des opérations gazières.

(3) Le personnel expatrié employé par le titulaire et résidant en République du Cameroun bénéficie de la libre conversion et du libre transfert, dans son pays d'origine, de tout ou partie des sommes qui lui sont dues, sous réserve de l'acquittement préalable des impôts et cotisations divers auxquels il est assujetti conformément à la réglementation en vigueur.

(4) Les sociétés gazières sont tenues de transmettre périodiquement au Gouvernement les informations relatives aux mouvements de fonds opérés entre la

République du Cameroun et l'étranger, aux encaissements et décaissements effectués à partir des comptes ouverts à l'étranger et liés aux opérations gazières que le Gouvernement estime nécessaire pour tenir à jour les comptes de la nation en matière de balance commerciale et de balance des paiements.

Article 56.- (1) Les opérations gazières sont assujetties aux impôts, taxes et redevances prévus par le Code Général des Impôts et la législation douanière, sous réserve des dispositions du présent article.

(2) Pendant la phase d'installation qui ne peut excéder cinq (5) ans à compter de la date de notification, de publication des actes d'attribution ou de la signature des contrats selon les cas, les sociétés gazières peuvent bénéficier des avantages suivants :

- exonération des droits d'enregistrement des actes de création ou d'augmentation du capital ;

- exonération des droits d'enregistrement des baux d'immeubles à usage exclusivement professionnel faisant partie intégrante du programme d'investissement ;

- exonération des droits de mutation sur l'acquisition des immeubles, terrains et bâtiments indispensables à la réalisation du programme d'investissement ;

- exonération des droits d'enregistrement des contrats de fourniture des équipements et de construction des immeubles et installations nécessaires à la réalisation de leur programme d'investissement ;
- exonération des droits d'enregistrement des contrats de concession ;

- taux réduit du droit de douane à 5% ainsi que l'exonération de la TVA à l'importation de biens d'équipements et matériels destinés aux opérations gazières.

(3) Pendant les dix (10) premières années d'exploitation, les sociétés gazières bénéficient de la déduction des amortissements, normalement comptabilisés pendant les trois (3) premiers exercices sur le revenu imposable des cinq (05) exercices suivants.

(4) Pendant les cinq (05) premières années d'exploitation, les sociétés gazières peuvent bénéficier des avantages douaniers suivants :

a) à l'importation :

* d'un taux global réduit à 5% des droits de douane, les équipements, machines, matériaux et outillage ainsi que les produits chimiques qui sont directement nécessaires aux opérations gazières. Ce régime s'étend aux parties et pièces détachées destinées aux machines et équipements nécessaires aux dites opérations gazières ;

* l'admission temporaire normale ou spéciale, selon le cas, sur les équipements, machines et outillage, directement nécessaires aux opérations gazières, lorsque lesdits matériels sont destinés à être réexportés après utilisation ;

* la dispense d'inspection avant embarquement, sous réserve de la levée obligatoire de la déclaration d'importation ;

b) à l'exportation

* l'exonération des droits de sortie sur les hydrocarbures issus de la transformation du gaz naturel.

(5) Au-delà de la période susvisée, les importations d'équipements et matériels relatives aux opérations gazières sont soumises au régime de droit commun.

Article 57.- (1) Toutes les sociétés gazières sont assujetties aux impôts, taxes et redevances prévus par le Code Général des Impôts et de la législation douanière, sous réserve des dispositions du présent article.

(2) En considération de la taille des investissements nécessaires aux projets gaziers visés par les conventions gazières, et des retombées économiques attendues de ceux-ci notamment pour des projets de construction d'usines de liquéfaction de gaz ou d'autres projets similaires, les sociétés gazières ayant conclu des conventions gazières peuvent bénéficier, pour une période maximale de dix (10) ans définie dans leurs conventions gazières, des exemptions au paiement des taxes, impôts, droits et autres charges suivants :

a) l'impôt sur les sociétés (IS) ;

b) la taxe sur la valeur ajoutée (TVA) ;

c) les droits d'enregistrement et de timbre ;

d) la taxe foncière sur les propriétés bâties ou non ;

e) l'impôt sur les revenus de capitaux mobiliers (IRCM) ;

f) la taxe spéciale sur les revenus (TSR), en phase de développement de projet et de construction ;

g) les droits de douane ;

h) tout impôt, redevance, taxe ou frais de quelque nature que ce soit calculé sur le chiffre d'affaires réalisé par la société de transformation, ou sur les volumes unitaires de GNL à la production, la vente ou l'exportation ;

i) toute taxe sur le transfert, l'achat ou la vente de devises, et toute taxe indirecte à la consommation dont la taxe spéciale sur les produits pétroliers.

(3) Au-delà de la période d'exemption visée à l'alinéa 2 ci-dessus, les sociétés de transformation de gaz naturel seront passibles d'un impôt sur les sociétés à un taux réduit compris entre 15 et 30%, centimes additionnels inclus, dont les modalités de détermination de l'assiette seront définies par la convention gazière.

(4) L'exonération totale des droits de douane prévue à l'alinéa 2 ci-dessus peut être concédée par l'Etat sur les équipements et matériels directement liés à la phase d'installation sous réserve du visa de la liste prévisionnelle des importations y relatives par l'administration en charge des douanes.

Article 58.- (1) Les sociétés gazières sont assujetties au paiement des redevances, impôts, taxes, droits et autres charges de quelque dénomination que ce soit ayant le caractère d'une rémunération de service. Ces rémunérations de service sont d'application générale et proportionnée au coût du service rendu.

(2) Les règles d'assiette et de recouvrement de l'impôt sur les sociétés sont celles prévues, en matière d'impôt sur les sociétés, par la législation comptable et fiscale en

vigueur en République du Cameroun, sous réserve des dispositions contractuelles qui peuvent prévoir des règles d'amortissements et de provisions particulières.

Article 59.- (1) l'Etat pourra accorder, selon des modalités et conditions à définir dans la convention gazière, le bénéfice de l'exonération des taxes, impôts, droits et autres charges telles que définies à l'article 57 ci-dessus aux contractants et sous-traitants, ainsi qu'aux entités affiliées des sociétés gazières.

(2) en raison de l'importance du projet, l'Etat peut exceptionnellement étendre le bénéfice de certaines exonérations fiscales aux actionnaires, bailleurs de fonds, promoteurs et autres co-contractants des opérateurs gaziers par voie contractuelle.

Chapitre II : Des droits fixes et redevances

Article 60.- (1) Sous réserve des dispositions des articles 57 et 59 ci-dessus, toute demande relative à l'attribution, au renouvellement ou au transfert d'une concession, d'une licence ou d'une autorisation, conformément aux dispositions de la présente loi, est soumise au paiement d'un droit fixe dont les taux sont les suivants :

a) Concession de transport et de distribution

- attribution : cinq millions (5.000.000) de F CFA
- renouvellement : sept millions cinq cent mille (7.500.000) de FCFA
- transfert : dix millions (10.000.000)) de F CFA

b) Licence de transformation, stockage, importation et exportation

- attribution : deux millions (2.000.000) de F CFA
- renouvellement : deux millions cinq cent mille (2.500.000) de FCFA
- transfert : trois millions (3.000.000)) de F CFA

c) Autorisation de vente

- attribution : trois cent mille (300.000) F CFA
- renouvellement : cinq cent mille (500.000) FCFA
- transfert : sept cent mille (700.000)) F CFA

(2) Les modalités d'application du présent article sont fixées par voie réglementaire.

Article 61.- (1) Sous réserve des dispositions des articles 57 et 59 ci-dessus, tout exploitant du secteur gazier aval est soumis au versement d'une redevance dont le taux est propre à chacun des régimes visés par la présente loi. Les redevances sont fixées selon les modalités ci-après :

- pour le transport : 5 % du chiffre d'affaires annuel ;
- pour la distribution : 5 % du chiffre d'affaires annuel ;
- pour la transformation : 5 % du chiffre d'affaires annuel ;
- pour le stockage : 5 % du chiffre d'affaires annuel ;
- pour l'importation et l'exportation : 5 % du chiffre d'affaires annuel du titulaire concerné, relatif à cette activité ;

- pour la vente : 5 % du chiffre d'affaires annuel du titulaire concerné, relatif à cette activité.

(2) Les redevances sont payables trimestriellement à terme échu, le premier paiement intervenant six (6) mois après la fin de l'exercice comptable concerné.

(3) En aucun cas, le montant de la redevance ne sera inclus dans le coût des prestations de l'opérateur.

Titre VIII : Du contenu local

Article 62.- La mise en valeur des ressources gazières nationales doit être accompagnée d'un volet « Contenu Local » qui précise les retombées des projets gaziers retenus sur le développement économique, social, industriel et technologique du Cameroun.

Article 63.- (1) Le Contenu Local visé à l'article 62 ci-dessus comporte un volet développement des ressources humaines et un volet développement des entreprises et industries locales. Ces deux volets doivent faire l'objet d'un contenu détaillé et proposé par les sociétés gazières lors de la négociation des conventions gazières.

(2) Le Contenu Local doit notamment inclure :

- un programme de formation professionnelle et technique des ressortissants camerounais en vue d'accroître leurs qualifications dans les métiers du gaz ;

- un programme de recrutement de ressortissants camerounais à tous les postes de travail et à tous les niveaux de responsabilité dans les sociétés gazières signataires de la convention gazière, ou toute autre structure intervenant dans le secteur gazier ;

- un programme et les modalités d'un recours prioritaire aux entreprises locales disposant des capacités nécessaires à la fourniture des biens, produits, matériels, matériaux, équipements et prestations de services ;

- les modalités d'une évaluation périodique des capacités des entreprises locales susceptibles de concourir à la construction, à l'exploitation et à la maintenance des installations gazières visées, ainsi que le cas échéant, un plan de développement et de mise aux normes de celles qui en ont besoin.

Article 64.- (1) Pour la mise en œuvre des actions visées à l'article 63 ci-dessus, les sociétés gazières ayant conclu une convention gazière sont tenues de verser une contribution dans un compte spécial de développement des capacités locales, pour compter d'une date et à hauteur d'un montant fixé dans la convention gazière.

(2) Ces contributions sont notamment destinées :

- au développement des ressources humaines locales, notamment par la mise à niveau, l'adaptation ou la création d'établissements locaux de formation des professionnels des métiers gaziers ;

- au développement et à la mise à niveau des entreprises locales susceptibles d'intervenir dans le secteur gazier aval, en tant que prestataires de services, sous-traitants ou sociétés gazières ;

- au suivi de la mise en œuvre par les sociétés gazières de leurs engagements en matière de Contenu Local.

(3) Le montant de ces contributions doit être compris, en francs

CFA, entre 1 et 5 % du montant total des investissements consacrés au projet, pour la première période de validité de la convention gazière. Le montant des contributions des autres périodes de validité est fixé dans la convention gazière.

(4) Les modalités de perception et de gestion de ces contributions sont fixées d'accord parties entre l'Etat, tout organisme dûment mandaté à cet effet et les sociétés gazières contributrices.

Article 65.- Les sociétés gazières doivent employer en priorité le personnel de nationalité camerounaise, disposant des compétences requises.

Article 66.- (1) Les sociétés gazières ainsi que leurs sous-traitants sont tenus d'accorder une préférence aux sociétés de droit camerounais pour les contrats de construction, de fourniture de services, de matériaux, d'équipements et de produits liés aux opérations gazières, qui répondent aux standards internationaux reconnus en la matière.

(2) Le Ministre chargé du secteur gazier aval ou tout autre organisme public dûment mandaté à cet effet, s'assure du suivi et de la mise en œuvre des dispositions de l'alinéa 1 ci-dessus.

(3) Les conditions et modalités du suivi et de la mise en œuvre, prévus à l'alinéa 2 ci-dessus, sont fixées par voie réglementaire.

Article 67.- Les sociétés gazières sont tenues à l'obligation de soumettre à l'Etat et d'exécuter selon leurs priorités, un programme de transfert de technologie et de savoir-faire liés à leurs activités dans l'objectif d'encourager, de faciliter et de permettre le remplacement progressif du personnel expatrié des sociétés par du personnel local.

Article 68.- (1) Les sociétés de transformation de gaz naturel sont tenues à l'obligation de contribuer à l'approvisionnement du Cameroun en gaz domestique, dans les limites des possibilités offertes par les procédés mis en œuvre, et selon des modalités à convenir avec l'Etat ou l'organisme public dûment mandaté.

(2) Les conditions de commercialisation du gaz domestique issues des installations retenues dans le cadre de ces projets seront arrêtées par l'Etat et les sociétés, puis consignées dans les conventions gazières.

Titre IX : Des infractions et des sanctions

Article 69.- (1) Sont considérés comme infractions au sens de la présente loi :

- l'exercice des activités dans le secteur gazier aval sans concession, licence ou autorisation requises, ou en violation des conditions fixées par le Ministre chargé du secteur gazier aval lors de l'octroi de ces régimes ;
- le défaut de versement ou le versement tardif et/ou insuffisant des redevances dues ;

- le manquement aux règles techniques de conception, d'entretien et d'exploitation fixées pour le raccordement et l'accès aux réseaux de transport et de distribution et aux installations de stockage ;

- le manquement aux obligations relatives aux règles comptables, aux informations et aux communications dont le Ministre chargé du secteur gazier aval a la charge du suivi ;

- l'exercice des activités dans le secteur gazier aval en violation des règles fixées par la présente loi et des textes pris pour son application, notamment en matière de Contenu Local, d'environnement, d'hygiène, de sécurité, de normes techniques et de sites classés ;

- le défaut de communication des informations prévues à l'article 29 al 2 ;

- le non-respect des obligations contenues dans le cahier des charges en matière d'entretien des infrastructures des opérateurs destinées à l'exploitation de leurs activités dans le cadre du transport, de la distribution, du stockage et de la transformation du gaz destiné à l'approvisionnement des consommateurs, à l'exportation et à l'importation.

Article 70.- (1) Sans préjudice des prérogatives reconnues au Ministère public, aux officiers de police judiciaire à compétence générale et aux administrations compétentes, les agents commis spécialement par le Ministre chargé du secteur gazier aval ou par tout autre établissement public dûment mandaté, sont chargés de la recherche, de la constatation et de la poursuite des infractions dans le secteur du gaz.

(2) Ils prêtent serment devant le tribunal compétent.

(3) Ils bénéficient, à leur demande, de l'assistance des forces de l'ordre dans l'exercice de leur mission.

Article 71.- (1) Lorsqu'un opérateur ne satisfait pas aux obligations fixées par la présente loi, le Ministre chargé du secteur gazier aval ou tout autre établissement public mandaté à cet effet le met en demeure de s'y conformer dans un délai de trente (30) jours.

(2) Lorsque la mise en demeure reste sans effet, le Ministre chargé du secteur gazier aval ou tout autre établissement public mandaté à cet effet prononce à l'encontre de l'opérateur l'une des sanctions suivantes :

- l'amende ;

- la suspension du droit d'opérer pour une période pouvant aller jusqu'à trois (3) mois ;

- le retrait de la concession, de la licence ou de l'autorisation.

(3) les sanctions prévues au présent article sont complétées par celles contenues dans le Code Pénal.

Article 72.- Sans préjudice de l'application des sanctions prévues à l'article 71 de la présente loi, le Ministre chargé du secteur gazier aval peut appliquer au contrevenant des peines d'amende modulées par rapport à la nature et à la fréquence de l'infraction commise.

Article 73.- (1) Les peines d'amende prévues à l'article 71 ci-dessus sont les suivantes :

a) défaut de concession : trois cents millions (300.000.000) de FCFA ;

b) défaut de licence : deux cents millions (200.000.000.) de FCFA ;

c) défaut d'autorisation : cent millions (100.000.000) de FCFA ;

d) obstruction au contrôle des agents assermentés :

- exploitant soumis au régime de la concession : cinquante millions (50.000.000) de F CFA ;

- exploitant soumis au régime de la licence : vingt-cinq millions (25.000.000) de FCFA ;

- exploitant soumis au régime de l'autorisation : dix millions (10.000.000) de F CFA.

e) atteintes aux règles sur la concurrence, la transparence et l'accès des tiers aux réseaux de transport ou de distribution et aux installations de stockage : cent cinquante millions (150.000.000) de F CFA ;

f) atteintes aux règles sur le Contenu Local : trois cents millions (300.000.000) de F CFA ;

g) non-respect des prix fixés : cent millions (100.000.000) de F CFA ;

h) non-respect des règles techniques, de sécurité, d'hygiène ou portant sur l'environnement et les sites protégés et exceptionnels : cent millions (100.000.000) de F CFA ;

i) interruption de la chaîne de fourniture de gaz à l'exception des cas de force majeure : cent millions (100.000.000) de F CFA ;

j) non-respect des obligations contenues dans le cahier des charges en matière d'entretien des infrastructures des opérateurs destinées à l'exploitation de leurs activités dans le cadre du transport, de la distribution, du stockage et de la transformation du gaz destiné à l'approvisionnement des consommateurs à l'exportation et à l'importation : cent millions (100.000.000) de F CFA ;

k) défaut de communication des informations prévues à l'article 29 al 2 de la présente loi : vingt-cinq millions (25.000.000) de F CFA ;

l) non-respect des normes comptables prévues par la présente loi : cinquante millions (50.000.000) de F CFA ;

m) défaut de paiement des redevances et amendes : majoration de 10 % par mois.

(2) Les modalités d'application et de perception des amendes ci-dessus sont fixées par voie réglementaire.

Article 74.- La suspension est une sanction par laquelle le Ministre chargé du secteur gazier aval ou tout autre organisme public mandaté à cet effet interrompt les activités de l'opérateur pour une durée ne pouvant pas dépasser trois (3) mois en raison des fautes commises dans la réalisation de ses opérations ou de manquements répétés aux obligations prévues par la présente loi et les textes pris pour son application.

Article 75.- (1) Lorsque l'opérateur frappé d'amendes ou de suspension persiste dans l'exercice de son activité en violation des règles et principes fixés par la présente loi et des textes pris pour son application, le Ministre chargé du secteur gazier aval ou tout autre établissement public dûment mandaté procède au retrait de la concession, de la licence ou de l'autorisation concernée.

(2) Sans préjudice de l'application de l'alinéa 1 ci-dessus, lorsque l'opérateur frappé d'amendes ou de suspension persiste dans l'exercice de son activité en violation des règles relatives au Contenu Local fixées dans la présente loi et des textes pris pour son application, le Ministre chargé du secteur gazier aval saisit l'administration compétente en vue de la suspension des avantages fiscaux octroyés dans le cadre de la convention gazière régissant les opérations gazières de l'opérateur concerné.

(3) le Ministre chargé du secteur gazier aval ou tout autre établissement public mandaté à cet effet peut prononcer la déchéance de tout opérateur ou exploitant en cas de décision de dissolution anticipée, de liquidation judiciaire assortie ou non d'une autorisation de continuation de l'entreprise ou de faillite.

Titre X : Dispositions diverses, transitoires et finales

Article 76.- (1) Durant une période de quinze (15) ans à compter de la signature de la convention gazière ou du contrat de concession visés par la présente loi, le Ministre chargé du secteur gazier aval est habilité, après approbation préalable du Président de la République, à octroyer aux sociétés gazières, à leurs actionnaires et sous-traitants, un régime transitoire permettant d'améliorer l'efficacité économique du secteur et la rentabilité financière des concessionnaires et à encourager les investissements nationaux et étrangers dans les opérations gazières.

(2) Le régime applicable, lorsque le transport et la distribution du gaz sont détenus dans le cadre de concessions distinctes par le même opérateur, comporte les dérogations suivantes :

- l'opérateur est dispensé de l'obligation de séparation des comptes visée à l'article 54 de la présente loi jusqu'au 31 décembre de l'année du sixième anniversaire de l'entrée en vigueur du contrat de concession de transport ou de distribution concerné ;

- pendant toute la durée du régime transitoire, telle que définie à l'alinéa 1 ci-dessus, le concessionnaire de distribution ayant obtenu ce régime bénéficie de l'exclusivité de fourniture du gaz dans la zone géographique de la concession étendue à tous les consommateurs y compris les clients éligibles ;

- pendant toute la durée du régime transitoire, telle que définie à l'alinéa 1 ci-dessus, les opérateurs ayant obtenu ce régime sont dispensés de l'obligation prévue à l'article 33 de la présente loi, relative au libre accès aux réseaux de transport et de distribution pour l'ensemble des exploitants et clients éligibles.

(3) Le distributeur ayant obtenu le régime prévu au présent article, et seul habilité dans la zone de couverture de sa concession à fournir les clients finaux et éligibles, est

tenu de s'approvisionner auprès des producteurs nationaux de gaz sur la base d'appels d'offres transparents et non discriminatoires.

Article 77. La présente loi, qui abroge celle n°2002/013 du 30 décembre 2002 portant Code Gazier, sera enregistrée, puis publiée suivant la procédure d'urgence, et insérée au Journal Officiel en français et en anglais./-

YAOUNDE, LE

LE PRESIDENT DE L'ASSEMBLEE NATIONALE

CAVAYE YEGUIE DJIBRIL

Annexe n°5 :

Loi n°98-005 du 14 avril 1998 portant régime de l'eau

ASSEMBLEE NATIONALE
6ème Législature
Année législative 1997/1998
3ème Session Ordinaire
(Mars 1998)

REPUBLIQUE DU CAMEROUN
Paix - Travail - Patrie

LOI N°98-005 du 14 Avril 1998

PORTANT REGIME DE L'EAU

L'Assemblée Nationale a délibéré et adopté, en sa séance plénière du 31 mars 1998, le projet de loi N°634/PJL/AN dont la teneur suit :

Titre I : Des dispositions générales

Article 1er.- La présente loi fixe, dans le respect des principes de gestion de l'environnement et de protection de la santé publique, le cadre juridique général du régime de l'eau.

Article 2.- (1) L'eau est un bien du patrimoine commun de la Nation dont l'Etat assure la protection et la gestion et en facilite l'accès à tous.

(2) Toutefois, l'Etat peut transférer tout ou partie de ses prérogatives aux collectivités territoriales décentralisées.

(3) La gestion de l'eau peut, en outre, faire l'objet de concession ou d'affermage, suivant des modalités fixées par un décret d'application de la présente loi.

Article 3.- Aux termes de la présente loi et de ses textes d'application, il faut entendre par :

(1) eaux de surface : les eaux de ruissellement, les cours d'eau et les eaux stagnantes ;

(2) eaux souterraines : les eaux d'infiltration et les nappes ;

(3) eaux de source : les eaux proposées dans le commerce pour qu'il soit fait état de leurs qualités thérapeutiques ;

(4) eaux minérales : les eaux souterraines contenant des substances minérales dissoutes ayant une action thérapeutique.

Article 4.- (1) Sont interdits les déversements, écoulements, jets, infiltrations, enfouissements, épandages, dépôts, directs ou indirects, dans les eaux de toute matière solide, liquide ou gazeuse et, en particulier, les déchets industriels, agricoles et atomiques susceptibles :

- d'altérer la qualité des eaux de surface ou souterraines ou des eaux de la mer, dans les limites territoriales ;
- de porter atteinte à la santé publique ainsi qu'à la faune et la flore aquatiques ou sous-marines ;
- de mettre en cause le développement économique et touristique des régions.

(2) Toutefois, le Ministre chargé de l'eau, peut, après enquête et avis des autres Administrations concernées, autoriser et réglementer les déversements visés ci-dessus,

dans le cas où ceux-ci garantissent l'innocuité et l'absence de nuisances, compte tenu des caractéristiques de l'effluent et du milieu récepteur.

(3) L'autorisation accordée peut être modifiée ou retirée soit à la demande du titulaire ou des tiers intéressés, soit à l'initiative de l'Administration, soit de plein droit, dans le cas prévu par l'acte d'autorisation.

Article 5.- (1) Un décret d'application de la présente loi fixe, sur rapport conjoint des Administrations compétentes, la liste des substances nocives ou dangereuses dont le rejet, le déversement, le dépôt, l'immersion ou l'introduction de manière directe ou indirecte dans les eaux sont, soit interdits, soit soumis à autorisation préalable desdites Administrations.

(2) Les déversements d'eaux résiduaires dans le réseau d'assainissement public ne doit nuire ni à la conservation des ouvrages ni à la gestion des eaux. (3) Les installations de déversement établies antérieurement à la date de promulgation de la présente loi doivent se conformer à la réglementation, dans un délai fixé par un décret d'application de ladite loi.

(4) Les installations établies postérieurement à la date de promulgation de la présente loi doivent, dès leur mise en fonctionnement, être conformes aux normes de rejet fixées par la réglementation en vigueur.

Article 6.- (1) Toute personne physique ou morale, propriétaire d'installations susceptibles d'entraîner la pollution des eaux, doit prendre toutes les mesures nécessaires pour limiter ou en supprimer les effets.

(2) Toute personne qui produit ou détient des déchets doit en assurer elle-même l'élimination ou le recyclage, ou les faire éliminer ou les faire recycler dans des installations agréées par l'Administration chargée des établissements classés, après avis obligatoire de l'Administration chargée de l'environnement.

Elle est, en outre, sous réserve des règles liées à la confidentialité, tenue d'informer le public sur les effets de la production, la détention, l'élimination ou le recyclage des déchets sur l'eau, l'environnement et la santé publique, ainsi que sur les mesures destinées à en prévenir ou à en compenser les effets préjudiciables.

(3) Sont, en outre, interdits, le nettoyage et l'entretien des véhicules à moteur, des machines à combustion interne et d'autres engins similaires à proximité des eaux.

Article 7.- (1) En vue de protéger la qualité de l'eau destinée à l'alimentation, il est institué un périmètre de protection autour des points de captage, de traitement et de stockage des eaux.

(2) Les terrains compris dans les périmètres de protection sont déclarés d'utilité publique.

Article 8.- (1) Une taxe d'assainissement est perçue par l'Etat sur les personnes physiques ou morales propriétaires d'installations raccordées aux réseaux d'égouts publics ou privés de collecte et de traitement des eaux usées.

(2) Le taux et les modalités de recouvrement de la taxe prévue à l'alinéa (1) sont fixés par la loi de finances.

Article 12.- Le contrôle de la qualité des eaux de consommation est assuré, à tout moment, par les personnels des Administrations chargées respectivement de l'eau et de la santé publique, assermentés et commissionnés à cet effet.

Chapitre II : De l'exploitation des eaux de source et des eaux minérales

Article 13.- L'exploitation des eaux de source et des eaux minérales est régie par une loi particulière.

Titre IV : De la responsabilité et des sanctions

Chapitre I : De la responsabilité

Article 14.- Sans préjudice des peines applicables sur le plan de la responsabilité pénale et nonobstant les vérifications effectuées par les Administrations chargées du contrôle, est responsable civilement, sans qu'il soit besoin de prouver une faute, toute personne qui a causé un dommage corporel ou matériel résultant de la mauvaise qualité des eaux d'alimentation qu'elle distribue.

Chapitre II : Des sanctions pénales

Article 15.- (1) Est punie d'un emprisonnement de deux (2) ans à cinq (5) ans et d'une amende de cinq millions (5.000.000) à dix millions (10.000.000) de FCFA ou de l'une de ces deux peines seulement, toute personne qui :

- réalise un prélèvement des eaux de surface ou des eaux souterraines en violation des dispositions de la présente loi et/ou de ses textes d'application ;

- réalise un prélèvement des eaux de surface ou des eaux souterraines non conforme aux critères, normes et mesures énoncés par l'étude d'impact ;

- empêche l'accomplissement des contrôles, surveillance et analyses prévus par la présente loi et/ou par ses textes d'application ;

- fait fonctionner une installation de captage, de traitement et de stockage des eaux en violation des dispositions de la présente loi et/ou de ses textes d'application ;

- offre de l'eau de boisson au public sans se conformer aux normes de qualité en vigueur ;

- viole un périmètre de protection autour des points de captage, de traitement et de stockage des eaux.

(2) En cas de récidive, le coupable encourt le double du maximum des peines prévues à l'alinéa (1) ci-dessus.

Article 16.- (1) Est punie d'un emprisonnement de cinq (5) ans à quinze (15) ans et d'une amende de dix millions (10.000.000) à vingt millions (20.000.000) de FCFA, toute personne qui pollue et altère la qualité des eaux.

(2) En cas de récidive, le coupable encourt le double du maximum des peines prévues à l'alinéa (1) ci-dessus.

Article 17.- Les sanctions prévues par la présente loi sont complétées par celles contenues dans le Code Pénal ainsi que dans la législation relative à la protection de l'environnement.

Article 18.- Les dispositions des articles 54 et 90 du Code Pénal relatives au sursis et aux circonstances atténuantes ne sont pas applicables aux sanctions prévues par la présente loi.

Chapitre III : De la constatation des infractions

Article 19.- (1) Sans préjudice des prérogatives reconnues au ministère public, aux officiers de police judiciaire à compétence générale, les agents assermentés de l'Administration chargée de l'eau ou des autres Administrations concernées, notamment de la santé et de l'environnement, sont chargés de la recherche, de la constatation et des poursuites en répression des infractions aux dispositions de la présente loi et de ses textes d'application.

(2) Les agents mentionnés à l'alinéa (1) ci-dessus prêtent serment devant le tribunal compétent, à la requête de l'Administration intéressée, suivant des modalités fixées par un décret d'application de la présente loi.

(3) Dans l'exercice de leurs fonctions, les agents assermentés sont tenus de se munir de leur carte professionnelle.

Article 20.- (1) Toute infraction constatée fait l'objet d'un procès-verbal régulier.

(2) La recherche et la constatation des infractions sont effectuées par deux (2) agents qui cosignent le procès-verbal. Ce procès-verbal fait foi jusqu'à l'inscription en faux.

Article 21.- (1) Tout procès-verbal de constatation d'infraction doit être transmis immédiatement à l'Administration chargée de l'eau qui fait notifier au contrevenant. Celui-ci dispose d'un délai de vingt (20) jours à compter de cette notification pour contester le procès-verbal. Passé ce délai, toute contestation devient irrecevable.

(2) En cas de contestation dans les délais prévus à l'alinéa (1) du présent article, la réclamation est examinée par l'Administration chargée de l'eau.

Si la contestation est fondée, le procès-verbal est classé sans suite.

Dans le cas contraire, et à défaut de transaction ou d'arbitrage définitifs, l'Administration chargée de l'eau procède à des poursuites judiciaires conformément à la législation en vigueur.

Chapitre IV : De la transaction et de l'arbitrage

Article 22.- (1) L'Administration chargée de l'eau a pleins pouvoirs pour transiger. Elle doit, pour ce faire, être dûment saisie par l'auteur de l'infraction.

(2) Le montant de la transaction est fixé en concertation avec l'Administration chargée des finances. Ce montant ne peut être inférieur au minimum de l'amende pénale correspondante.

(3) La procédure de transaction doit être antérieure à toute procédure judiciaire éventuelle, sous peine de nullité.

(4) Le produit de la transaction est intégralement versé au Fonds prévu par la présente loi.

Article 23.- Les parties à un différend relatif à la gestion de l'eau peuvent le régler d'un commun accord par voie d'arbitrage.

Article 24.- (1) Les autorités traditionnelles ont compétence pour régler des litiges liés à l'utilisation des ressources en eau sur la base des us et coutumes locaux, sans préjudice du droit des parties au litige d'en saisir les tribunaux compétents.

(2) Il est dressé procès-verbal de règlement du litige ; une copie de ce procès-verbal est dûment signée par l'autorité administrative du ressort territorial de la communauté villageoise où a lieu le litige.

Titre V : Des dispositions diverses et finales

Article 25.- (1) En vue de garantir le financement des projets de développement durable en matière d'eau et d'assainissement, la loi de finances fixe annuellement les ressources particulières devant alimenter un compte d'affectation spéciale créé à cet effet par décret présidentiel, conformément aux dispositions des articles 39 et 41 de l'ordonnance n°62/OF/4 du 7 février 1962 relative au régime financier de l'Etat.

Ce décret détermine notamment les modalités de gestion du compte susvisé.

(2) Le compte d'affectation spéciale prévu à l'alinéa (1) ci-dessus peut également recevoir, le cas échéant :

- des contributions des donateurs internationaux ;
- toutes autres contributions volontaires ;
- des dons et legs.

(3) Les ressources particulières prévues aux alinéas (1) et (2) ci-dessus ne peuvent être affectées à d'autres fins.

Article 26.- (1) Sans préjudice des dispositions de la législation relative à la gestion de l'environnement, il est institué, par la présente loi, un Comité National de l'Eau.

(2) Les attributions, l'organisation et le fonctionnement du Comité National de l'Eau sont fixés par un décret d'application de la présente loi.

Article 27.- Les spécifications relatives à la construction, à l'exploitation et à l'entretien des réseaux et installations publics ou privés d'alimentation en eau et d'assainissement sont fixées par un décret d'application de la présente loi.

Article 28.- L'utilisation de l'eau comme moyen de transport est régie par le cadre de la marine marchande.

Article 29.- Des décrets d'application de la présente loi en précisent, en tant que de besoin, les modalités.

Article 30.- Sont abrogées toutes les dispositions antérieures de la loi n° 84/013 du 05 décembre 1984 portant régime de l'eau.

Article 31.- La présent loi sera enregistrée, publiée suivant la procédure d'urgence, puis insérée au Journal Officiel en français et en anglais./-

Annexe n°6 :

Loi n° 99 /013 du 22 déc. 1999 portant code pétrolier

LOI N° 99 /013 DU 22 DEC. 1999
PORTANT CODE PETROLIER

Titre 1 : I Dispositions générales

Article 1er.- La présente loi porte code pétrolier. À ce titre, elle :

- vise à promouvoir les opérations pétrolières sur l'ensemble du territoire Camerounais ;

- fixe les modalités de prospection, de Recherche, d'exploitation et de transport des Hydrocarbures ;

- détermine le régime juridique, fiscal et douanier et de change des Opérations Pétrolières, sous réserve des dispositions de l'article 118 ci-dessus ;

- fixe les droits et obligations liés aux Opérations Pétrolières.

Article 2.- Pour l'application de la présente loi et des textes réglementaires qui en découlent, les définitions ci-après sont admises :

a) « **Autorisation** (s) » : une ou l'ensemble des autorisations accordées en vertu du présent Code ;

b) « **Autorisation d'exploitation** » : Autorisation d'exploitation d'Hydrocarbures ;

c) « **Autorisation de Prospection** » : Autorisation de prospection d'Hydrocarbures ;

d) « **Autorisation Provisoire d'Exploiter** » : Autorisation de prospection d'Hydrocarbures ;

e) « **Autorisation de Recherche** » : Autorisation de recherche d'Hydrocarbures ;

f) « **Autorisation de Transport Intérieur** » : Autorisation de transport d'Hydrocarbures par canalisations ;

g) « **Contrat de concession** » : Contrat Pétrolier attaché à un permis de Recherche d'Hydrocarbures et, s'il y a lieu, à une ou plusieurs concessions d'Exploitation ;

h) « **Contrat de Partage de Production** » : Contrat Pétrolier par lequel le Titulaire reçoit une rémunération en nature en disposant d'une part de la production ;

i) « **Contrat Pétrolier** » : Contrat de Concession ou Contrat de Partage de Production conclu après la date de promulgation du présent Code entre l'Etat et le Titulaire pour effectuer, à titre exclusif, la recherche et l'Exploitation des Hydrocarbures à l'intérieur d'un périmètre défini ;

j) « **Exploitation** » : opérations destinées à extraire les Hydrocarbures à des fins commerciales, notamment les opérations de développement et de production ainsi que les activités connexes telles que l'abandon des puits et des gisements d'Hydrocarbures ;

k) « **Hydrocarbures** » : hydrocarbures liquides ou gazeux existant à l'état naturel, autrement dénommés pétrole brut ou gaz naturel selon le cas, ainsi que tous les produits et substances connexes extraits en association avec lesdits Hydrocarbures ;

l) « **Opérateur** » : Société Pétrolière Titulaire ou co-Titulaire à laquelle est confiée la charge de la conduite de l'exécution des Opérations Pétrolières, conformément aux stipulations du Contrat Pétrolier. L'opérateur est tenu de justifier d'une expérience satisfaisante en tant qu'opérateur, notamment dans des zones et conditions similaires au périmètre demandé et en matière de protection de l'environnement ;

m) « **Opérations Pétrolières** » : activités de Prospection, de Recherche, d'Exploitation, de Transport, de stockage et de traitement d'Hydrocarbures, à l'exclusion des activités de raffinage, de stockage et de distribution des produits pétroliers ;

n) « **Prospection** » : activités préliminaires de Prospection et de détection d'indices d'Hydrocarbures, notamment par l'utilisation de méthodes géologiques, géophysiques ou géochimiques, à l'exclusion des forages dépassant une profondeur de trois cents (300) mètres ;

o) « **Recherche** » ou « **Exploration** : activités de prospection détaillée dont les forages d'exploration destinés à découvrir des gisements d'Hydrocarbures commercialement exploitables, ainsi que les activités d'évaluation, de délimitation d'une découverte d'Hydrocarbures présumée commerciale et l'abandon des puits d'Exploration ;

p) « **Société Pétrolière** » : société commerciale ou établissement public à caractère industriel et commercial justifiant des capacités techniques et financières pour mener à bien des Opérations Pétrolières, tout en assurant la protection de l'environnement. Elle peut être, soit de droit camerounais, soit de droit étranger ; dans ce cas, elle doit justifier d'un établissement stable en République du Cameroun inscrit au registre du commerce et du crédit mobilier pendant la durée du Contrat Pétrolier et se conformer à la réglementation en vigueur au Cameroun ;

q) « **Territoire Camerounais** » : partie terrestre et maritime où s'exerce la souveraineté de la République du Cameroun dont la Zone Economique Exclusive (ZEE) du Cameroun ;

r) « **Titre Minier d'Hydrocarbures** » : permis de Recherche ou concession d'Exploitation d'Hydrocarbures rattachés à un Contrat de Concession ;

s) « **Titulaire** » : Société Pétrolière ou consortium de sociétés commerciales dont au moins une des composantes est une société pétrolière, liée à l'Etat par un Contrat Pétrolier. Le terme « **Titulaire** » comprend également les co-Titulaires ;

t) « **Transport** » : activités de Transport par canalisation des Hydrocarbures extraits jusqu'aux points de chargement, de raffinage ou de grosse consommation sur le Territoire Camerounais à l'exclusion de celles régies par la loi n °96/ 14 du 5 août 1996 portant régime du transport par pipeline des hydrocarbures en provenance des pays tiers hormis les réseaux de collecte et de desserte sur gisements ;

u) « **Zones d'Opérations Pétrolières Particulières** » : parties du domaine minier national sur lesquelles les opérations de Recherche ou d'Exploitation des Hydrocarbures, des techniques de récupération assistée utilisées, de la profondeur d'eau pour les zones marines profondes situées dans la zone économique exclusive de la République du Cameroun, de la nature du terrain, de l'éloignement des moyens de transport ou de la fragilité de l'environnement.

Article 3 – (1) Les gisements ou accumulations naturelles d'Hydrocarbures que recèle le sous-sol du Territoire Camerounais, découverts ou non, sont et demeurent la propriété exclusive de l'Etat.

(2) Aux fins des Opérations Pétrolières, l'État exerce sur l'ensemble du Territoire Camerounais, des droits souverains.

Article 4.– (1) Une personne physique ou morale, y compris les propriétaires du sol, ne peut entreprendre des Opérations Pétrolières que si elle a été préalablement autorisée à le faire par l'Etat.

(2) Toute personne désirant entreprendre des Opérations Pétrolières peut occuper des terrains nécessaires à la réalisation desdites opérations et y effectuer des travaux, tant à l'intérieur qu'à l'extérieur du périmètre couvert par son Autorisation ou Contrat Pétrolier. Ces terrains ne peuvent lui être attribués qu'en jouissance, conformément aux dispositions du présent Code, des textes pris pour son application, ainsi que de la législation foncière et domaniale en vigueur.

(3) Dès l'octroi de l'Autorisation ou la conclusion du Contrat Pétrolier, le Titulaire saisit l'autorité administrative compétente d'un dossier de demande d'enquête foncière devant lui permettre d'accéder aux dits terrains, dans les conditions fixées au chapitre I du titre IV du présent Code.

Article 5. – (1) L'Etat se réserve le droit d'entreprendre des Opérations Pétrolières, soit directement, soit par l'intermédiaire d'établissements ou organismes publics dûment mandatés à cet effet.

(2) l'Etat peut également autoriser des sociétés commerciales à réaliser des Opérations Pétrolières en exécution d'un Contrat Pétrolier conclu avec elles, conformément aux dispositions du présent Code.

Article 6.- (1) l'Etat directement, ou par l'intermédiaire d'un établissement ou organisme public dûment mandaté à cet effet, se réserve le droit de prendre ou de faire prendre une participation sous quelque forme juridique que ce soit, dans tout ou partie des Opérations Pétrolières objet d'un Contrat Pétrolier, selon les conditions et modalités prévues par ledit Contrat.

(2) Dans le cas visé à l'alinéa (1) ci-dessus, l'Etat, l'établissement ou l'organisme public dûment mandaté à cet effet a les mêmes droits et obligations que le Titulaire, à hauteur de sa participation dans les Opérations Pétrolières, tel qu'aménagé par le Contrat.

Article 7.- (1) Un Contrat Pétrolier ne peut être conclu qu'avec une Société Pétrolière ou, conjointement, avec plusieurs sociétés commerciales dont l'une au moins est une Société Pétrolière. Les Autorisations en dérivant et les titres Miniers d'Hydrocarbures ne sont attribués qu'aux dites sociétés. Une même Société Pétrolière peut être Titulaire de plusieurs Contrats Pétroliers.

(2) Plusieurs sociétés commerciales dont l'une au moins est une Société Pétrolière peuvent s'associer en vue de la conclusion et de l'exécution d'un Contrat Pétrolier. Une Société Pétrolière peut également s'associer à une société non pétrolière dans les conditions fixées par le Contrat Pétrolier, à condition que la société non pétrolière détienne un intérêt minoritaire dans le consortium Titulaire du Contrat Pétrolier, et ne soit pas Opérateur.

(3) Les protocoles, contrats ou conventions relatifs à toute association y compris à la désignation de la Société Pétrolière agissant en qualité d'Opérateur sont fournis à l'Etat pour information.

(4) Les activités relatives aux Opérations Pétrolières sont considérées comme des actes de commerce.

Article 8.- (1) Sous réserve des droits acquis, l'Etat peut, après concertation avec les institutions et organismes publics concernés, décider des zones ouvertes aux Opérations Pétrolières sur lesquelles peuvent être conclus des Contrats Pétroliers ou, le cas échéant, octroyer des autorisations ou des Titres Miniers d'Hydrocarbures.

Ces zones peuvent être découpées en blocs selon des modalités fixées par le décret d'application du présent Code.

(2) Pour des raisons d'intérêt général, certaines régions peuvent être classées zones fermées aux Opérations Pétrolières par voie réglementaire.

Article 9.- (1) L'Etat traite à son absolue discrétion, les offres de Contrats Pétroliers et les demandes d'Autorisations.

Le rejet absolu ou conditionnel ne donne au requérant aucun droit de recours ni aucune indemnité de quelque nature que ce soit.

(2) Sous réserve des droits acquis, aucun droit de priorité ne peut être invoqué en cas de demandes ou d'offres concurrentes.

(3) Les informations qui doivent figurer dans les offres de Contrats Pétroliers et les demandes d'Autorisations, ainsi que les critères d'attribution retenus, les modalités de renouvellement, de cession ou de transmission, sont définis par voie réglementaire.

Article 10.- (1) La validité d'une Autorisation ou d'un Contrat Pétrolier sur un périmètre donné n'empêche pas l'octroi à une autre personne, sur tout ou partie de ce périmètre, de Titres miniers pour la Recherche et l'Exploitation de substances minérales autres que les hydrocarbures, conformément aux dispositions législatives et réglementaires en vigueur.

Réciproquement, la validité des Titres miniers pour la Recherche et l'Exploitation des substances minérales autres que les Hydrocarbures, ne fait pas obstacle à la conclusion d'un Contrat Pétrolier ou d'une Autorisation sur tout ou partie du périmètre concerné.

(2) Au cas où des droits afférents à des substances minérales différentes se superposent sur une même surface, l'activité du Titulaire des droits les plus récents sera conduite de manière à ne pas entraver l'activité du Titulaire des droits les plus anciens.

Titre II : Des contrats pétroliers

Chapitre I : Des dispositions communes aux contrats pétroliers

Article 11.- (1) Le Contrat Pétrolier est négocié et signé pour le compte de l'Etat, par le gouvernement ou par tout établissement ou organisme public mandaté à cet effet, et par le représentant légal du ou des requérants.

Il entre en vigueur dès sa signature par les parties. Toutefois, s'il s'agit d'un Contrat de Concession, le permis de Recherche correspondant est octroyé par décret. La date de prise d'effet du Contrat de Concession est réputée être celle de l'octroi du permis de Recherche.

(2) Le Contrat Pétrolier est régi et interprété conformément au droit camerounais.

ARTICLE12.- le Contrat Pétrolier fixe :

a) le périmètre de l'Autorisation de Recherche ;

b) le programme minimum des travaux de recherche et les engagements financiers correspondants que le Titulaire s'engage à réaliser pour la période initiale de validité de son Autorisation de Recherche et pour chaque période de renouvellement ;

c) la durée du Contrat et des différentes périodes de validité de l'Autorisation de Recherche, ainsi que les conditions de son renouvellement et de sa prorogation, y compris les clauses relatives à la réduction du périmètre contractuel ;

d) les obligations concernant une découverte à caractère commercial et le développement d'un gisement commercialement exploitable ;

e) les modalités d'octroi d'une Autorisation d'Exploitation, ses différentes périodes de validité, les conditions de son renouvellement et de sa prorogation ;

f) les droits et obligations des parties contractantes ;

g) les programmes de travaux et les budgets prévisionnels correspondants, ainsi que les méthodes de contrôle de leur exécution ;

h) les droits et obligations du Titulaire en matière de transport des Hydrocarbures extraits, sous réserve des dispositions réglementaires applicables ;

i) les règles de propriété de la production et de sa répartition entre les parties contractantes ;

j) le régime des biens meubles et immeubles nécessaires à la réalisation des Opérations Pétrolières, y compris les conditions de leur dévotion à l'Etat à la fin du Contrat ;

k) les dispositions relatives à la participation de l'Etat, d' un établissement ou organisme public dûment mandaté à cet effet, à tout ou partie des Opérations Pétrolières, ainsi que les règles de l'association entre l'Etat ou l'organisme public et ses co-Titulaires ;

l) les obligations relatives à la formation et à l'emploi de la main-d'œuvre camerounaise ;

m) les clauses financières ainsi que les règles comptables spécifiques aux Opérations Pétrolières ;

n) les obligations en matière de protection de l'environnement qui viennent compléter celles prévues par la législation et la réglementation en vigueur ;

o) les obligations en matière de travaux d'abandon des gisements et des puits à entreprendre avant l'expiration du Contrat Pétrolier ou de l'Autorisation ;

p) en cas de poursuite de l'exploitation par l'Etat, suite à la résiliation ou à l'expiration du Contrat Pétrolier, les principes :

- du transfert à l'Etat des droits et obligations y afférents notamment, la provision pour abandon des gisements et les contrats de prestation de services qui lient le Titulaire à ses employés et sous-contractants ;

- de l'apurement par le Titulaire du passif résiduel subsistant ;

q) les modalités de résiliation du Contrat Pétrolier ;

r) les clauses de stabilisation des conditions économiques et fiscales relatives à la rentabilité des investissements ;

s) les cas de force majeure ;

t) les modalités de règlement des différends, sous réserve des dispositions législatives et réglementaires en vigueur relatives à la résolution des différends de nature technique.

Chapitre II : Des types de contrats pétroliers

Article 13.- (1) Pour la Recherche et l'Exploitation d'Hydrocarbures, l'Etat peut conclure des contrats Pétroliers. Ces contrats peuvent être :

a) soit des Contrats de Concession attachés à l'octroi de Titres Miniers d'Hydrocarbures constitués par des permis de recherche et, le cas échéant, des concessions d'exploitation ;

b) soit des Contrats de Partage de Production.

(2) Lorsque les circonstances le justifient, l'objet d'un Contrat Pétrolier peut être limité à l'exploitation d'un ou de plusieurs gisements d'Hydrocarbures déjà découverts et délimités, sans être lié à l'octroi préalable d'une Autorisation de Recherche.

Section I : Du contrat de concession

Article 14.- (1) Le Contrat de Concession est conclu préalablement à l'octroi d'un permis de Recherche d'Hydrocarbures. Il fixe les droits et obligations de l'Etat et du Titulaire pendant la période de validité du permis de Recherche et, en cas de découverte d'un gisement d'hydrocarbures commercialement exploitable, pendant la période de validité de la ou des concession(s) d'Exploitation qui s'y rattache(nt).

(2) Le Titulaire du Contrat de Concession assume le financement des Opérations Pétrolières et dispose des Hydrocarbures extraits pendant la période de validité dudit Contrat, conformément aux stipulations du Contrat de Concession, sous réserve des droits de l'Etat de percevoir la redevance en nature.

Section II : Du contrat de partage de production

Article 15.- (1) Par le Contrat de Partage de Production, l'Etat directement ou par l'entremise d'un établissement public dûment mandaté à cet effet, contracte les services d'un Titulaire en vue d'effectuer pour son compte et de façon exclusive, à l'intérieur du périmètre défini, les activités de Recherche et, en cas de découverte d'un gisement d'Hydrocarbures commercialement exploitable, les activités d'Exploitation.

Le Titulaire assure le financement de ces Opérations Pétrolières.

(2) les Opérations Pétrolières d'un Contrat de Partage de Production font l'objet, selon leur nature, d'une autorisation exclusive de Recherche ou d'une autorisation exclusive d'Exploitation couvrant l'Exploitation d'un gisement d'Hydrocarbures commercialement exploitable.

Article 16.- (1) Dans le cadre d'un Contrat de Partage de Production, la production d'Hydrocarbures est partagée entre l'Etat et le Titulaire, conformément aux stipulations dudit Contrat. Le Titulaire reçoit alors une part de la production au titre du remboursement de ses coûts et de sa rémunération en nature, selon les modalités suivantes :

a) selon un rythme défini au Contrat Pétrolier, une part de la production totale d'Hydrocarbures est affectée au remboursement des coûts pétroliers effectivement supportés par le Titulaire au titre du Contrat pour la réalisation des opérations Pétrolières. Cette part, couramment appelée « cost oil » ou « production pour la récupération des coûts », ne peut être supérieure au pourcentage de la production fixé dans le Contrat de Partage de Production, qui définit les coûts pétroliers récupérables, leurs modalités particulières, d'amortissement, ainsi que les conditions de leur récupération par prélèvement sur la production ;

b) le solde de la production totale d'Hydrocarbures, après déduction de la part prélevée au titre du paragraphe ci-dessus, couramment appelé « profit oil » ou « production pour la rémunération », est partagé entre l'Etat et le titulaire, selon les modalités fixées dans le Contrat Pétrolier.

(2) Le Contrat de Partage de Production peut également prévoir une rémunération en espèces du Titulaire au lieu d'une rémunération par une partie de la production d'Hydrocarbures. Dans ce cas, le Contrat est considéré comme un contrat de services à risques.

Chapitre III : De la cession et de la renonciation d'un contrat pétrolier

Section I : De la cession

Article 17.- (1) Les droits et obligations au titre d'un Contrat Pétrolier, l'Autorisation de Recherche et, le cas échéant, les Autorisations Provisoires d'Exploiter, ainsi que les autorisations d'Exploitation dérivant du Contrat Pétrolier, sont cessibles et transmissibles, en totalité ou en partie, sous réserve de l'approbation préalable du

Ministre chargé des Hydrocarbures, dans les conditions prévues au Contrat et par la réglementation en vigueur.

Le Contrat peut, en outre, fixer les conditions particulières de cession ou de transfert à une société affiliée ou entre co-Titulaires, des droits et obligations résultant d'un Contrat Pétrolier.

(2) Le cessionnaire d'un droit ou d'une obligation doit satisfaire aux conditions prévues au présent Code et par les textes pris pour son application.

Article 18.- Le Titulaire du Contrat Pétrolier soumet à l'approbation du Ministre chargé des Hydrocarbures, tout projet de contrat ou d'accord par lequel il promet de confier, céder ou transmettre, ou par lequel il confie, cède ou transmet, en tout ou partie, les droits et obligations résultant du Contrat Pétrolier.

Tout contrat ou accord ainsi conclu ne peut être passé que sous condition suspensive de cette approbation.

Tout acte passé en violation des dispositions du présent article est nul et de nul effet et peut entraîner la déchéance du

Contrat Pétrolier, dans les conditions prévues à l'article 116 ci-dessous.

Article 19.- (1) Dans le cadre d'une opération ayant pour effet d'entraîner un changement du contrôle de la société Titulaire, cette dernière est tenue de solliciter l'approbation du Ministre chargé des hydrocarbures selon des modalités précises par décret. Le Ministre peut y faire opposition et exiger du Titulaire l'annulation de l'opération en question, dans les conditions prévues par le décret d'application du présent Code et dans le Contrat Pétrolier.

(2) Le refus d'annulation peut entraîner le retrait du Titre Minier ou la résiliation par l'Etat du Contrat Pétrolier dans les conditions prévues au Contrat Pétrolier.

Article 20.- Sans préjudice des dispositions de l'article 7 ci-dessus, lorsqu'un Contrat Pétrolier est conclu avec plusieurs co-Titulaires, le retrait d'un ou de plusieurs d'entre eux n'entraîne, ni l'annulation des Autorisations dérivant du Contrat, ni la résiliation du Contrat, si le ou les autres co-Titulaires reprennent à leur compte les engagements qui avaient été souscrits pour ledit Contrat. Ce retrait est réputé accepté par le Ministre chargé des Hydrocarbures.

Section II : De la renonciation

Article 21.- (1) Le Titulaire d'une Autorisation de Recherche peut renoncer en totalité ou en partie aux surfaces faisant l'objet de son Autorisation, à condition de notifier au ministre chargé des hydrocarbures un préavis de deux (2) mois. La renonciation ne prend effet qu'après approbation du Ministre chargé des hydrocarbures. Elle entraîne l'annulation de l'Autorisation sur l'étendue couverte par ladite renonciation.

(2) Sauf stipulations contraires du Contrat Pétrolier, une renonciation partielle ne réduit pas les obligations contractuelles du Titulaire.

(3) Une renonciation totale entraîne la caducité du Contrat Pétrolier. Elle n'est acceptée que si le Titulaire a rempli l'ensemble des obligations prescrites par le Contrat

Pétrolier et par la réglementation en vigueur, notamment en ce qui concerne la protection de l'environnement, l'abandon des gisements et des puits, et a versé, s'il y a lieu, l'indemnité due à l'Etat définie au Contrat Pétrolier.

Article 22.- (1) Le Titulaire d'une Autorisation d'Exploitation peut renoncer en totalité ou en partie aux surfaces faisant l'objet de son Autorisation, à condition de notifier au Ministre chargé des Hydrocarbures un préavis d'un (1) an et d'avoir rempli les obligations prescrites aussi bien par le Contrat Pétrolier que par la réglementation en vigueur, notamment en ce qui concerne la protection de l'environnement, l'abandon des gisements et des puits.

(2) La renonciation ne prend effet qu'après approbation du Ministre chargé des Hydrocarbures.

Titre III : Des autorisations

Chapitre I : De l'autorisation de prospection

Article 23.- (1) L'Autorisation de Prospection porte sur des surfaces non couvertes par un Contrat Pétrolier et peut être accordée à une personne physique ou morale par un arrêté du Ministre chargé des hydrocarbures, qui en énonce les conditions.

(2) L'Autorisation de Prospection confère à son titulaire, dans un périmètre défini, le droit non exclusif d'exécuter les travaux préliminaires de Prospection. Elle ne constitue pas un Titre Minier d'Hydrocarbures et n'est ni cessible, ni transmissible.

(3) L'Autorisation de Prospection ne confère à son Titulaire aucun droit à l'obtention d'un Titre Minier d'Hydrocarbures ou à la conclusion d'un Contrat Pétrolier.

(4) Nonobstant ce qui précède et si des circonstances exceptionnelles le justifient, notamment pour les Zones d'Opérations Pétrolières Particulières, l'Autorisation de Prospection peut prévoir, pendant sa durée de validité, en faveur de son Titulaire, soit un droit de préférence, à conditions équivalentes en cas de conclusion éventuelle d'un Contrat Pétrolier sur tout ou partie du même périmètre, soit une exclusivité de durée limitée pour conclure un Contrat sur tout ou partie du périmètre.

(5) L'Autorisation de Prospection est accordée sous réserve des droits des tiers.

(6) L'Etat peut, s'il y a lieu, accorder également des Autorisations de Prospection à des fins de collecte d'informations techniques.

Article 24.- Les conditions d'obtention et de renouvellement de l'Autorisation de Prospection sont fixées par voie réglementaire.

Article 25.- (1) Plusieurs Autorisations de Prospection peuvent être accordées concurremment sur une même zone.

(2) Sous réserve des dispositions de l'article 23 alinéa (4) ci-dessus, l'Etat peut, à tout moment, accorder un Titre Minier d'Hydrocarbures ou conclure un Contrat Pétrolier sur tout ou partie du périmètre objet d'une Autorisation de Prospection, laquelle devient caduque de plein droit pour la surface concernée, sans que ceci donne droit à une quelconque indemnité au Titulaire de l'Autorisation de Prospection.

Chapitre II : De l'autorisation de recherche et de l'autorisation provisoire d'exploiter

Section I : De l'autorisation de recherche

Article 26.- L'Autorisation de Recherche rattachée à un Contrat Pétrolier est, soit un Permis de Recherche d'Hydrocarbures s'il s'agit d'un Contrat de Concession, soit une Autorisation Exclusive de Recherche s'il s'agit d'un Contrat de Partage de Production.

Article 27. – L'Autorisation de Recherche confère à son titulaire le droit exclusif d'exécuter, à ses risques et dépens, dans les limites du périmètre qui en est l'objet et indéfiniment en profondeur, tous travaux de Prospection et de Recherche d'Hydrocarbures, sauf exclusion prévue par le Code Pétrolier.

Elle confère également à son Titulaire le droit de disposer de sa part d'Hydrocarbures qui pourraient être éventuellement extraits à l'occasion des travaux de Recherche et des essais de production, sous réserve d'une déclaration préalable au Ministre chargé des hydrocarbures.

Article 28.- (1) L'Autorisation de Recherche est accordée pour une durée initiale maximale de trois (3) ans. Toutefois, cette durée peut être portée à cinq (5) ans dans le cas d'une Zone d'Opérations Particulières.

Cette Autorisation est accordée par décret. Toutefois, en cas de Contrat de Partage de Production, la signature du Contrat vaut octroi de l'Autorisation de Recherche.

(2) L'Autorisation de Recherche est renouvelable deux (2) fois pour une durée de deux (2) ans. Le Titulaire peut déposer une demande de renouvellement de son Autorisation dans les formes requises et selon les modalités de renouvellement fixées par décret, à condition qu'il ait rempli ses obligations pour la période de validité en cours. Lesdits renouvellements sont accordés par voie réglementaire.

(3) Sous réserve des dispositions de l'alinéa (5) du présent article et de celles des articles 35 et 116 du présent Code, la durée de l'Autorisation de Recherche et des deux (2) renouvellements ne peut excéder sept (7) ans, ou neuf (9) ans en Zones d'Opérations Pétrolières Particulières.

(4) À la date de chaque renouvellement, la superficie de l'Autorisation de Recherche est réduite conformément aux stipulations du Contrat Pétrolier.

(5) La période de validité de l'Autorisation de Recherche peut, en cas de nécessité, être prorogée dans les conditions fixées au Contrat, pour permettre :

a) l'achèvement de forages de Recherche en cours ou l'évaluation et la délimitation d'une découverte d'Hydrocarbures, notamment en cas d'une découverte de gaz naturel non associé ou d'une découverte située en Zones d'Opérations Pétrolières Particulières ;

b) la recherche de débouchés commerciaux pour une découverte de gaz naturel non associé.

Article 29.- Le Titulaire d'une Autorisation de Recherche s'engage à réaliser pendant la période initiale et, le cas échéant, pendant chaque période de renouvellement, le programme minimum de travaux de Recherche et de dépenses prévu par l'Autorisation de Recherche et stipulé au Contrat Pétrolier.

Article 30.- Lorsque le Titulaire de l'Autorisation de Recherche ne remplit pas ses obligations de travaux et de dépenses prévues à l'article 29 ci-dessus dans les délais impartis et selon les stipulations du Contrat Pétrolier, l'Etat peut lui réclamer une indemnité d'un montant équivalent à la valeur monétaire des obligations non remplies, et dans les conditions fixées par le Contrat Pétrolier.

Article 31.- (1) Toute découverte d'Hydrocarbures est notifiée, aussitôt que possible, au Ministre chargé des Hydrocarbures par le Titulaire de l'Autorisation de Recherche.

(2) Lorsque la découverte d'Hydrocarbures permet de présumer de l'existence d'un gisement commercialement exploitable, le Titulaire de l'Autorisation de Recherche est tenu d'effectuer, avec diligence, les travaux nécessaires à l'évaluation du caractère commercial dudit gisement. Cette évaluation peut consister à délimiter le gisement en question et/ou à évaluer les structures et prospects avoisinants à l'intérieur du périmètre contractuel. À l'issue de ces travaux, le Titulaire établit le caractère commercial ou non de la découverte.

Article 32.- Le Titulaire de l'Autorisation de Recherche qui a fourni la preuve de l'existence d'un gisement d'Hydrocarbures commercialement exploitable sur le périmètre couvert par son Autorisation, a le droit de demander l'octroi d'une Autorisation d'Exploitation et est tenu d'entreprendre les activités d'Exploitation dans un délai maximum de trois (3) ans à compter de la date d'octroi de l'Autorisation d'Exploitation. Le non-respect de ce délai entraîne le retrait de l'Autorisation d'Exploitation sans que le Titulaire ne puisse prétendre à une quelconque indemnisation.

(2) L'octroi d'une Autorisation d'Exploitation entraîne l'annulation de l'Autorisation de Recherche à l'intérieur du périmètre d'Exploitation, mais la laisse subsister à l'extérieur de ce périmètre jusqu'à la date de son expiration, sans en modifier le programme minimum de travaux de Recherche souscrit par le Titulaire.

Article 33.- Lorsqu'une Autorisation de Recherche vient normalement à renouvellement ou à expiration définitive avant qu'il ne soit statué sur une demande de renouvellement, de prorogation ou d'Autorisation d'Exploitation introduite par son Titulaire, ce dernier reste seul autorisé à poursuivre les travaux de Recherche dans les limites du ou des périmètres sur lesquels porte sa demande.

Article 34.- Avant l'expiration totale ou partielle d'une Autorisation de Recherche, soit au terme de chaque période de validité, soit en cas de renonciation ou d'annulation, le Titulaire effectue, à sa charge, les opérations d'abandon des gisements et des puits ainsi que les opérations de protection de l'environnement prévues par la législation et la réglementation en vigueur et par le Contrat Pétrolier. Il fournit à l'Etat toutes les informations et données techniques en sa possession concernant la zone rendue.

Section II : De l'autorisation provisoire d'exploiter

Article 35. – (1) Pendant la période de validité d'une Autorisation de Recherche, le Titulaire peut demander l'octroi d'une Autorisation Provisoire d'Exploiter accordée par voie réglementaire. Cependant, l'octroi d'une Autorisation Provisoire d'Exploiter laisse subsister l'Autorisation de Recherche, mais n'a pas effet de proroger la période de validité de celle-ci.

(2) L'Autorisation Provisoire d'Exploiter confère à son Titulaire le droit d'exploiter, à titre provisoire, les puits productifs pendant une période maximale de deux (2) ans pendant laquelle il est tenu de poursuivre l'évaluation et la délimitation du gisement concerné, conformément aux dispositions de l'article 28 ci-dessus et aux stipulations du Contrat Pétrolier.

(3) L'Autorisation Provisoire d'Exploiter peut être retirée dans les mêmes formes, en cas d'inobservation des dispositions des articles 29 et 30 ci-dessus. Elle devient caduque en cas d'expiration de l'Autorisation de Recherche sur la zone concernée, à moins qu'une demande d'Autorisation d'Exploitation ne soit déposée dans les délais.

(4) Les procédures d'instruction et les modalités de dépôt de la demande Provisoire d'Exploiter, de son extension à de nouveaux puits et de son retrait sont fixées par le décret d'application du présent Code.

Chapitre III : De l'autorisation d'exploitation

Article 36.- L'Autorisation d'Exploitation rattachée à un Contrat Pétrolier peut-être, soit une concession d'Exploitation lorsqu'il s'agit d'un Contrat de Concession, soit une autorisation exclusive d'Exploitation lorsqu'il s'agit d'un Contrat de Partage de Production.

Article 37.- (1) L'Autorisation d'Exploitation recouvre la superficie d'un gisement d'Hydrocarbures commercialement exploitable. Elle confère à son Titulaire le droit exclusif d'effectuer, à ses risques et dépens, dans les limites du périmètre qui en est l'objet et indéfiniment en profondeur, toutes les Opérations Pétrolières et de disposer de tout ou partie de la production des Hydrocarbures, conformément aux stipulations du Contrat Pétrolier.

(2) L'octroi d'une Autorisation d'Exploitation ne confère en aucun cas la propriété des gisements ; elle crée un droit de durée limitée qui n'est pas susceptible d'hypothèque et qui est distinct de la propriété de surface, cessible et transmissible dans les conditions prévues à l'article 17 ci-dessus.

Article 38.- (1) La durée initiale de l'Autorisation d'Exploitation ne peut dépasser vingt-cinq (25) ans pour les Hydrocarbures liquides et trente-cinq (35) ans pour les Hydrocarbures gazeux.

(2) L'Autorisation d'Exploitation ne peut être renouvelée qu'une fois, à la demande du Titulaire, pour une durée supplémentaire maximale de dix (10) ans, dans les formes prévues à l'article 41 ci-dessous et conformément aux dispositions législatives et réglementaires en vigueur. Pour ce faire, le Titulaire doit avoir rempli ses obligations et démontré la possibilité du maintien d'une production commerciale d'Hydrocarbures au-delà de la période de validité en cours. Les conditions dudit renouvellement peuvent faire l'objet d'une renégociation des termes du Contrat Pétrolier.

Article 39.- Seul le Titulaire d'une Autorisation de Recherche en cours de validité peut obtenir une Autorisation d'Exploitation à l'intérieur du périmètre de l'Autorisation de Recherche.

Article 40.- Le Titulaire d'une Autorisation de Recherche qui fournit la preuve de l'existence d'un gisement d'Hydrocarbures commercialement exploitable à l'intérieur de son périmètre contractuel, a le droit de procéder à l'exploitation dudit gisement selon les modalités définies par le présent Code et son décret d'application.

Article 41.- L'Autorisation d'Exploitation est octroyée par un décret qui en précise la durée et la délimitation du périmètre d'Exploitation.

Article 42.- L'étendue du périmètre d'Exploitation est limitée par la surface déterminée suivant les verticales s'appuyant sur le périmètre défini en surface, sauf stipulations contraires du Contrat Pétrolier. Le périmètre d'Exploitation est délimité de manière à inclure la superficie du gisement sur laquelle le Titulaire a des droits.

Article 43.- Sauf cas de force majeure, lorsque le gisement objet de l'Autorisation d'Exploitation ne fait pas l'objet de travaux d'Exploitation menés avec diligence, ou si l'Exploitation est suspendue pendant plus de six (6) mois, le retrait de l'Autorisation d'Exploitation peut être prononcé par voie réglementaire, après une mise en demeure de trois(3) mois.

Article 44.- (1) Avant l'expiration de l'Autorisation d'Exploitation, soit à son terme normal, soit en cas de renonciation ou de retrait, le Titulaire entreprend, à sa charge, les opérations d'abandon de l'Exploitation du gisement prévues par la législation et la réglementation en vigueur ainsi que par le Contrat Pétrolier, sauf décision contraire du Ministre chargé des hydrocarbures.

(2) Nonobstant les dispositions du paragraphe précédent et sans préjudice des dispositions de l'article12p) du présent Code, au cas où l'Etat désirerait poursuivre les opérations d'Exploitation, les installations, matériels et terrains qui sont nécessaires à la poursuite de l'Exploitation sont, à la demande du Ministre chargé des hydrocarbures, transférés à l'Etat, sans indemnisation du Titulaire.

(3) L'incorporation au domaine privé de l'Etat des parcelles du domaine national concernées par ce transfert est faite par voie réglementaire. Le transfert des baux existants sur le domaine privé des particuliers jugés nécessaires à la poursuite de l'Exploitation par l'Etat est autorisé par décret.

Chapitre IV : De l'autorisation de transport intérieur

Article 45.- (1) Il est accordé au Titulaire, sur demande et par décret, pendant la durée de validité de son Contrat Pétrolier, une Autorisation de Transport Intérieur dans les conditions fixées au présent chapitre.

(2) L'Autorisation du transport Intérieur confère au Titulaire, le droit de transporter dans ses propres installations, ou de faire transporter dans les installations des tiers à l'intérieur du Territoire Camerounais, tout en conservant la propriété, les produits résultant de ses activités d'Exploitation ou sa part desdits produits, vers les points de collecte, de traitement, de stockage, de chargement ou de grosse consommation.

Article 46.- (1) L'Autorisation de Transport Intérieur comporte l'approbation du projet de construction des canalisations et installations qui est joint à la demande et dont le contenu est précisé par décret d'application du présent Code.

(2) L'occupation des terrains et la déclaration d'utilité publique nécessaires aux canalisations et installations sont effectuées dans les conditions fixées au titre IV du présent Code.

Article 47.- (1) Les droits de Transport visés à l'article 45 ci-dessus ainsi que l'Autorisation de Transport Intérieur, peuvent être transférés à des tiers, individuellement ou conjointement, par tout Titulaire, dans les conditions fixées par la réglementation en vigueur et dans le Contrat Pétrolier, sous réserve d'une autorisation préalable du Ministre chargé des hydrocarbures.

(2)Les bénéficiaires des transferts susmentionnés doivent satisfaire aux conditions fixées par le présent Code et par les textes pris pour son application, pour la construction et l'exploitation des canalisations et des installations concernées, ainsi qu'aux conditions particulières fixées par le Contrat Pétrolier.

Article 48.- (1) Plusieurs titulaires peuvent s'associer pour assurer le Transport des produits extraits de leurs Exploitations.

Ils peuvent également s'associer avec des tiers qualifiés et l'Etat, soit directement, soit par l'intermédiaire d'un établissement ou organisme public dûment mandaté à cet effet, pour la réalisation et l'exploitation des canalisations et installations.

(2) Les protocoles, accords ou contrats passés entre les intéressés sont soumis à l'approbation préalable du Ministre chargé des hydrocarbures.

Article 49.- (1) Le tracé et les caractéristiques des canalisations doivent être établis de manière à assurer la collecte, le Transport et l'évacuation des produits extraits des gisements d'Hydrocarbures, dans les meilleures conditions techniques, économiques et environnementales.

(2) Lorsque plusieurs découvertes d'Hydrocarbures sont faites dans une même région géographique, les Titulaires ou les bénéficiaires des transferts visés à l'article 47 ci-dessus peuvent s'associer en vue de la construction ou de l'utilisation commune des canalisations et installations pour l'évacuation de la totalité ou d'une partie de la production extraite de ces découvertes.

Article 50.- Sauf cas de force majeure, l'Autorisation de Transport Intérieur devient caduque lorsque le Titulaire ou le bénéficiaire des transferts visés à l'article 47 ci-dessus n'a pas commencé ou fait commencer les travaux prévus, un (1) an après l'approbation du projet.

Article 51.-(1) Le Titulaire d'une Autorisation de Transport Intérieur donne la priorité au transport des Hydrocarbures qui sont les produits de l'Exploitation pour laquelle ladite Autorisation a été accordée.

(2) Toutefois et sans préjudice du traitement préférentiel des Hydrocarbures visés à l'alinéa (1) ci-dessus, le Titulaire peut être tenu, dans la limite et pour la durée de sa capacité excédentaire, par voie réglementaire, d'affecter les capacités de Transport non utilisées au passage des produits provenant d'autres Exploitations que celle pour laquelle l'Autorisation a été accordée.

Dès lors que le Titulaire est tenu d'affecter une capacité de transport à une autre Exploitation, celle-ci se voit imposer en contrepartie l'obligation de l'utiliser et d'en payer l'usage.

(3) Dans des conditions comparables de qualité, de régularité et de débit, les produits visés à l'alinéa (2) ci-dessus ne peuvent faire l'objet d'aucune discrimination dans les tarifs de Transport.

(4) Toutes contestations relatives à l'application des dispositions du paragraphe précédent sont, à défaut d'accord, soumises à résolution d'un expert international, conformément aux dispositions du décret d'application du présent Code pour la résolution des différends de nature technique.

(5) Les conditions et modalités d'établissement des tarifs de Transport sont fixées dans les textes pris pour l'application du présent Code et dans les Contrats Pétroliers.

Article 52.- Les dispositions du présent chapitre ne s'appliquent pas aux canalisations et installations établies à l'intérieur du périmètre d'une Autorisation d'Exploitation pour les besoins dudit périmètre.

Titre IV : Des relations avec les propriétaires du sol

Chapitre I : De l'occupation des terrains destinés aux opérations pétrolières

Article 53.- Aux fins d'attribution en jouissance des terrains visés à l'article 4 du présent Code, le Titulaire d'une Autorisation ou d'un Contrat Pétrolier soumet aux autorités administratives compétentes, un dossier d'enquête foncière dont le contenu est précisé par décret.

Cette enquête foncière a pour objet :

a) d'identifier les statuts des parcelles couvertes par l'Autorisation ou le Contrat Pétrolier ;

b) de recenser les Titulaires de droits et les propriétaires de biens sur les parcelles concernées ;

c) d'informer les personnes visées au paragraphe b) ci-dessus des modalités d'indemnisation pour la perte de leurs droits ;

d) de sensibiliser les populations aux Opérations Pétrolières.

Article 54.- (1) Au vu des résultats de l'enquête foncière, le Titulaire d'une Autorisation ou d'un Contrat Pétrolier soumet aux autorités compétentes, les demandes d'autorisation d'occupation qui sont requises, conformément aux dispositions de la législation foncière et domaniale en vigueur, ainsi que du décret d'application du présent Code.

(2) Les autorisations d'occupation sont accordées si elles sont nécessaires au demandeur pour la bonne conduite de ses Opérations et si ce dernier a rempli les obligations qui lui incombent en vertu des dispositions législatives et réglementaires en vigueur. Dans les autres cas, les autorisations d'occupation peuvent lui être refusées.

(3) Les autorisations d'occupation sont accordées par décret lorsqu'elles portent sur des parcelles du domaine national, du domaine privé de l'Etat ou du domaine public, suivant les modalités prévues par la législation foncière et domaniale en vigueur.

(4) Lorsque l'occupation concerne le domaine privé des particuliers, personnes physiques ou morales, le Ministre chargé des hydrocarbures peut saisir le Ministre chargé des domaines d'une demande d'expropriation aux fins d'acquisition du terrain concerné par l'Etat et de sa mise à disposition du Titulaire suivant les modalités prévues par la législation foncière et domaniale en vigueur.

Article 55.- (1) Le Ministre chargé des hydrocarbures peut saisir le Ministre chargé des domaines à l'effet d'obtenir, selon la nature juridique des terrains concernés, le classement au domaine public, l'incorporation au domaine privé de l'Etat ou l'expropriation pour cause d'utilité publique des parcelles destinées, selon le cas :

a) soit à constituer l'emprise foncière nécessaire pour les besoins de construction, d'expropriation et d'entretien du système de Transport des Hydrocarbures ;

b) soit à constituer les terrains d'assiette des périmètres de protection préalablement définis par le Ministre chargé des hydrocarbures et à l'intérieur desquels les Opérations Pétrolières peuvent être soumises à certaines conditions ou interdites, sans que le titulaire d'une Autorisation ou d'un Contrat Pétrolier ne puisse demander indemnisation. La constitution des périmètres de protection vise à protéger les édifices et agglomérations, sources, voies de communication, ouvrages d'art et travaux d'utilité publique, ainsi que tous autres points où ces périmètres seraient jugés nécessaires dans l'intérêt général.

2) Les coûts de libération et de mise à disposition des terrains visés à l'article 54 ci-dessus et à l'alinéa (1) du présent article, sont à la charge du Titulaire, qui en requiert l'usage.

Article 56.- Le décret prévu à l'article 54 alinéa (3) ci-dessus peut autoriser le Titulaire d'une Autorisation ou d'un Contrat Pétrolier : à couper, à l'intérieur de l'emprise foncière, moyennant paiement des droits, taxes et redevances prévus par la législation en vigueur, les bois nécessaires à ses Opérations Pétrolières, à utiliser les chutes d'eau et sources non exploitées ni réservées et à les aménager pour les besoins desdites Opérations, sous réserve des dispositions législatives et réglementaires applicables ;

- à exécuter, tant à l'intérieur qu'à l'extérieur du périmètre couvert par son Autorisation ou par le Contrat Pétrolier, les travaux nécessaires à ses Opérations Pétrolières ainsi que ceux qui s'y rattachent mentionnés à l'article 57 ci-dessous.

Article 57.- Outre les travaux constituant les Opérations Pétrolières proprement dites, les activités et travaux suivants y sont assimilés :

- l'établissement et l'exploitation des centrales, postes et lignes électriques ;
- les systèmes de télécommunications ;
- les ouvrages de secours ;

- le stockage et la mise en dépôt des matériaux, équipements, produits et déchets, ainsi que les installations destinées au ballastage et à l'élimination de la pollution ;

- les constructions destinées au logement, aux loisirs, à l'hygiène, aux soins et à l'instruction du personnel ;

- l'établissement ou l'amélioration de toutes les voies de communication et notamment les routes, ponts, chemins de fer, rigoles, canaux, ports fluviaux ou maritimes, terrains d'atterrissage ;

- l'établissement de bornes repères et de bornes de délimitation de l'emprise foncière.

Article 58. – Les projets d'installation visés aux articles 56 et 57 ci-dessus peuvent, s'il y a lieu, être déclarés d'utilité publique dans les conditions prévues par les textes applicables en la matière, sans que le titulaire d'une Autorisation ou d'un Contrat Pétrolier soit dispensé des obligations particulières ou complémentaires qui pourraient lui être imposées.

L'Article 59.- Le Titulaire d'une Autorisation ou d'un Contrat Pétrolier supporte les frais, indemnités et, d'une manière générale, toutes les charges résultant de l'application des articles 53 à 58 ci-dessus.

Article 60.- (1) Les installations de télécommunications, les lignes électriques, les adductions d'eau et les infrastructures médicales, scolaires, sportives et récréatives créées par le Titulaire d'une Autorisation ou d'un Contrat Pétrolier peuvent, s'il n'en résulte aucun obstacle pour l'installation et moyennant juste indemnisation, être utilisées pour les besoins des établissements voisins qui en font la demande. Elles peuvent être ouvertes à l'usage du public.

Les conditions générales d'utilisation et le montant de l'indemnisation sont déterminés par le Ministre chargé des hydrocarbures avec l'accord du Titulaire.

Le coût d'usage tient notamment compte du coût des capitaux investis par le Titulaire, qu'il s'agisse de fonds propres ou de fonds d'emprunt.

(2) Dès lors que le Titulaire ouvre à des tiers l'usage des installations visées au présent article, ceux-ci se voient imposer en contrepartie l'obligation d'en payer l'usage.

Article 61.- Le Titulaire d'une Autorisation ou d'un Contrat Pétrolier est tenu de réparer tous dommages que ses Opérations Pétrolières pourraient occasionner à l'emprise foncière ; il est redevable, dans ce cas, d'une indemnité correspondant au préjudice causé, laquelle est fixée d'accord parties ou, à défaut d'accord, par les tribunaux compétents.

La demande d'indemnité doit être présentée au plus tard un (1) an à compter de la date de cessation des faits constitutifs du dommage.

Article 62.- (1) Sans préjudice des sanctions applicables en matière pénale, est civilement responsable, sans qu'il soit besoin d'établir une faute, le Titulaire d'une Autorisation ou d'un Contrat Pétrolier qui a, de son fait ou de celui de ses sous-traitants, causé un dommage corporel, matériel ou environnemental se rattachant directement ou indirectement à l'exercice des Opérations Pétrolières, aux activités connexes ou aux installations situées à l'intérieur ou à l'extérieur du périmètre contractuel. A défaut de réparation, l'indemnité doit correspondre au montant du dommage causé.

(2) Lorsqu'il n'est pas Titulaire, l'Etat ne peut encourir aucune responsabilité, directe ou indirecte, à l'égard des tiers pour les dommages résultant de la réalisation des Opérations Pétrolières effectuées par le Titulaire.

(3) Le Contrat Pétrolier prévoit les conditions et modalités des garanties et assurances que le titulaire a l'obligation de souscrire au bénéfice de l'Etat, des tiers, du public et de l'environnement, afin d'assurer l'application des dispositions du présent article.

Chapitre II : De l'occupation des terrains destines au transport des hydrocarbures

Article 63.- (1) Au vu des résultats de l'enquête foncière visée à l'article 53 ci-dessus, l'Etat peut décider de prélever des parcelles à destiner à l'emprise foncière pour les besoins de construction, d'exploitation et d'entretien du système de transport des hydrocarbures.

À ces fins et conformément aux dispositions de la législation foncière et domaniale en vigueur, l'Etat peut, selon les statuts respectifs des parcelles du terrain concernées, procéder soit à l'incorporation de ces parcelles dans son domaine privé, soit à leur classement au domaine public, soit à leur expropriation pour cause d'utilité publique.

(2) Le Titulaire de l'Autorisation de Transport Intérieur est notifié des actes pris à cet effet par l'Etat et tient compte des emprises ainsi réservées dans la conduite de ses Opérations Pétrolières.

Article 64.- (1) Le décret accordant l'emprise foncière affecte provisoirement celle-ci à la construction, à l'exploitation et à l'entretien du système de Transport des Hydrocarbures et confère au Titulaire de l'Autorisation de Transport Intérieur les droits fonciers visés à l'article 65 ci-dessous. Ce décret précise les délais dans lesquels le titulaire de l'Autorisation de Transport Intérieur est tenu de communiquer au Ministre chargé des hydrocarbures les coordonnées des terrains constituant l'emprise du système de Transport des Hydrocarbures.

(2) Pour la constitution de l'emprise du système de Transport des Hydrocarbures, le décret visé à l'alinéa (1) ci-dessus peut être modifié pour maintenir l'affectation de ces terrains à l'exploitation et à l'entretien du système de Transport des Hydrocarbures, conformément à la législation foncière et domaniale en vigueur.

Ce décret restreint les droits du Titulaire de Transport Intérieur sur la partie de l'emprise foncière qui n'est pas incluse dans l'emprise du système de Transport des Hydrocarbures et la grève de servitudes d'utilisation au profit des travaux d'entretien entraînant une excavation.

(3) Les terrains constituant l'emprise foncière sont et demeurent la propriété privée de l'État. Ils ne peuvent en aucun cas être aliénés pendant la durée du Contrat Pétrolier, ni devenir la propriété du Titulaire de l'Autorisation de Transport Intérieur.

Toutefois, lorsque les canalisations et installations visées à l'article 46 ci-dessus font obstacle à l'utilisation normale des terrains et que le propriétaire en fait la demande, l'Etat procède, aux frais du Titulaire, à l'expropriation des terrains concernés et à leur attribution par bail au dit Titulaire, conformément à la législation domaniale et foncière en vigueur.

(4) À l'issue des travaux de construction du système de Transport des Hydrocarbures, les terrains situés à l'intérieur de l'emprise foncière peuvent être affectés à d'autres usages, sous réserve des périmètres de protection visés à l'article 55 alinéa (1) b) ci-dessus, à condition toutefois que cette utilisation n'entrave ni ne constitue un obstacle au bon fonctionnement et à l'entretien du système de Transport des Hydrocarbures.

Article 65.- (1) Le décret visé à l'alinéa (2) de l'article 64 ci-dessus confère au titulaire de l'Autorisation de Transport Intérieur :

a) Le droit d'occuper des sols ;

b) le droit de jouissance des sols conformément à l'objet et à la destination de l'Autorisation de Transport Intérieur ;

c) le droit de libre accès aux installations du système de Transport des Hydrocarbures ;

d) le droit d'utilisation desdites installations.

(2) Les canalisations et installations annexes du système de Transport des Hydrocarbures sont et demeurent la propriété du Titulaire de l'Autorisation Intérieur.

Article 66.- (1) Les frais et indemnités d'établissement des servitudes, d'incorporation, d'affectation et de libération des terrains destinés à la construction, à l'exploitation et à l'entretien du système de transport des Hydrocarbures, sont déterminés selon la procédure en vigueur en matière d'expropriation pour cause d'utilité publique.

(2) L'indemnité due en raison de l'utilisation des servitudes mentionnées au paragraphe précédent correspond à la destruction des mises en valeur réalisées par des tiers, conformément aux dispositions de l'article 67 ci dessous.

Article 67.- Les propriétaires des terrains privés ou leurs ayants droit, les usagers du domaine public, les concessionnaires de services publics ou les occupants du domaine national, ne sont pas autorisés à entreprendre des actes ou travaux susceptibles de nuire aux travaux de construction, d'exploitation et d'entretien du système de Transport des Hydrocarbures réalisés conformément aux dispositions du présent Code.

Article 68.- (1) Le Titulaire de l'Autorisation de Transport Intérieur peut, lorsque sa demande est jugée fondée, être autorisé, moyennant juste et préalable rémunération, à occuper temporairement les terrains privés nécessaires à la construction, l'exploitation ou l'entretien du système de transport des Hydrocarbures à l'extérieur de l'emprise foncière.

(2) L'autorisation d'occupation temporaire constate le bien-fondé de la demande, désigne les terrains nécessaires et en autorise l'occupation temporaire, conformément à la législation domaniale et foncière en vigueur.

Article 69.- (1) Le Titulaire de l'Autorisation de Transport Intérieur peut, contre juste et préalable indemnisation du propriétaire des terrains situés à l'extérieur de l'emprise foncière, pour les besoins de la construction, de l'exploitation, de l'entretien du système de Transport des Hydrocarbures et des industries qui s'y rattachent, disposer des substances non concessibles dont les travaux nécessitent l'abattage.

(2) Le propriétaire des terrains privés conserve, sans indemnité, la disposition des substances non concessibles qui ne sont pas utilisées par le Titulaire de l'Autorisation de transport Intérieur.

Article 70.- Lorsque le système de Transport des Hydrocarbures fait définitivement obstacle à l'utilisation des terrains situés à l'extérieur de l'emprise foncière, le propriétaire des terrains privés peut exiger une expropriation.

Article 71.- (1) Le Titulaire de l'Autorisation de Transport Intérieur peut, conformément à la législation foncière et domaniale en vigueur, à l'extérieur de l'emprise foncière, occuper temporairement le domaine national, le domaine public ou le domaine privé de l'Etat ou des collectivités territoriales décentralisées.

Cette occupation est autorisée par le Ministre chargé des domaines, après avis conforme des collectivités territoriales décentralisées ou des services publics affectataires, pour ce qui est de leurs domaines privés respectifs ou des portions du domaine public dont ils ont respectivement la charge.

(2) L'autorisation d'occupation ne confère cependant pas au Titulaire de l'Autorisation de Transport Intérieur la propriété des sols des terrains concernés.

Article 72.- Dans le cas de l'utilisation du domaine public et sauf cas prévus par la loi, aucun recours ne peut être exercé contre l'Etat, les services publics ou les collectivités territoriales décentralisées par le Titulaire de l'Autorisation de Transport Intérieur :

- Soit à raison des dommages que l'utilisation du domaine public pourrait occasionner à ses installations ;

- Soit à raison des travaux exécutés sur le domaine public dans l'intérêt national ou de la sécurité publique.

Article 73.- Le Titulaire de Transport Intérieur reste soumis :

- en ce qui concerne les terrains et ouvrages nécessaires à la construction, à l'exploitation et à l'entretien du système de Transport des Hydrocarbures, aux dispositions de la législation foncière et domaniale en vigueur ;

- en ce qui concerne les carrières nécessaires à la construction, à l'exploitation et à l'entretien du système de transport des Hydrocarbures, aux dispositions de la législation minière en vigueur.

Titre V : Des droits et obligations lies aux opérations pétrolières

Chapitre I : De la conduite des opérations pétrolières

Article 74.- Le Titulaire doit conduire les Opérations Pétrolières dont il a la charge avec diligence et suivant les règles de l'art en usage dans l'industrie pétrolière internationale.

Article 75.- (1) Le Titulaire peut, sous sa responsabilité, sous-traiter à des entreprises qualifiées les Opérations Pétrolières dont il a la charge.

(2) Pour les besoins et dans la limite des Opérations Pétrolières qui leur sont confiées, les sous-traitants du Titulaire se conforment aux dispositions législatives et réglementaires en vigueur.

(3) Les contrats de sous-traitance dont la valeur dépasse le montant plancher fixé au Contrat Pétrolier sont communiqués au Ministre chargé des hydrocarbures ou à tout établissement ou organisme public dûment mandaté à cet effet.

Article 76.- Le Titulaire ainsi que ses sous-traitants accordent la préférence aux entreprises camerounaises pour les contrats de construction, de fourniture et de prestations de services, à conditions équivalentes de qualité, prix, quantités, délais de livraison, conditions de paiement et service après-vente.

Article 77.- Le Titulaire ainsi que ses sous-traitants doivent employer par priorité du personnel de nationalité camerounaise qualifié pour les besoins de leurs Opérations Pétrolières.

À cette fin, dès le début des Opérations Pétrolières, le Titulaire établit et finance un programme de formation de personnel camerounais, de toutes qualifications, dans les conditions fixées par le Contrat Pétrolier.

Article 78.- (1) Le Titulaire et ses sous-traitants appliquent les normes d'hygiène et de sécurité au cours des Opérations Pétrolières, conformément aux dispositions législatives et réglementaires en vigueur, ainsi qu'à la pratique en vigueur dans l'industrie pétrolière internationale.

Il porte à la connaissance des autorités administratives compétentes, dans les plus brefs délais, tout accident grave survenu pendant le déroulement des Opérations Pétrolières.

(2) Le Titulaire se soumet aux mesures qui peuvent lui être édictées par le Ministre chargé des hydrocarbures, y compris l'installation, à ses frais, d'équipements en vue de prévenir ou de faire disparaître les causes de danger que ses Opérations pétrolières feraient courir à la sécurité publique, civile, à son personnel, à l'hygiène, à l'environnement ou à la conservation des sites et réserves classés, des sources ainsi que des voies publiques, tel que le prévoit la législation et la réglementation en vigueur.

(3) Toutefois, le Titulaire est consulté pour les modalités d'exécution de ces travaux afin de préserver les intérêts des différentes parties.

Article 79.- (1) En cas de production commerciale d'Hydrocarbures et si le Ministre chargé des hydrocarbures en fait la demande, le Titulaire affecte par priorité à la satisfaction des besoins du marché intérieur camerounais, une part de la production lui revenant.

Les conditions et modalités de cette obligation sont précisées par décret.

(2) Lorsque les besoins du marché intérieur camerounais sont satisfaits, le Titulaire dispose librement de la part de la production d'Hydrocarbures qui lui revient.

(3) La conclusion d'un Contrat Pétrolier ne confère en aucun cas le droit au raffinage ou à la transformation des Hydrocarbures et/ou à la vente des produits qui en découlent, sauf autorisation expresse accordée par l'État.

Article 80.- Au cas où un gisement d'Hydrocarbures s'étend sur plusieurs périmètres contractuels, soit qu'ils aient été attribués à des Titulaires distincts, soit qu'ils procèdent de Contrats Pétroliers distincts comprenant des stipulations différentes en matière de droit aux Hydrocarbures, les Titulaires peuvent être tenus, s'il y a lieu, de conclure un accord dit « d'unitisation » afin d'exploiter ce gisement dans les meilleures conditions techniques et économiques possibles.

Cet accord, ainsi que le plan d'Exploitation commune, doivent être approuvés par le Ministre chargé des hydrocarbures, et le cas échéant, par tout établissement ou organisme public dûment mandaté à cet effet.

Article 81.- Si la nature et la durée de ses travaux l'exigent, le Titulaire d'une Autorisation de Prospection bénéficie des mêmes droits et assume les mêmes obligations que le Titulaire du Contrat Pétrolier pour des travaux similaires, tels qu'ils sont prévus au présent titre, ainsi qu'aux titres VI et VII ci-après.

Chapitre II : De la protection de l'environnement

Article 82.- Le Titulaire doit réaliser les Opérations Pétrolières de telle manière que soit assurée, en toutes circonstances, la conservation des ressources naturelles, notamment celle des gisements d'Hydrocarbures et que soient dûment protégées les caractéristiques essentielles de l'environnement. À ce titre, il doit prendre toutes mesures destinées à préserver la sécurité des personnes et des biens et à protéger l'environnement, les milieux et écosystèmes naturels.

Article 83.- (1) Le Titulaire dont les Opérations Pétrolières sont susceptibles de porter atteinte à l'environnement, en raison de leur dimension, de leur nature ou de leur incidence sur le milieu naturel, est tenu de réaliser, à ses frais, une étude d'impact environnemental.

Cette étude permet d'évaluer les incidences directes ou indirectes des Opérations Pétrolières sur l'équilibre écologique du périmètre contractuel et de toute autre zone avoisinante, ainsi que sur le cadre et la qualité de vie des populations et des incidences sur l'environnement en général.

(2) L'étude d'impact fait partie des dossiers soumis à enquête publique, lorsqu'une telle procédure est prévue.

(3) Les modalités d'application des dispositions du présent article, notamment la liste des Opérations Pétrolières dont la réalisation est soumise à une étude d'impact, le contenu de celle-ci, ainsi que les conditions dans lesquelles elle est rendue publique, font l'objet d'un décret.

Chapitre III : De la surveillance technique et du contrôle financier

Article 84.- Les Opérations Pétrolières sont soumises aux conditions de surveillance, de contrôle et de sécurité prévues au présent Code et dans les textes pris pour son application.

Article 85.- (1) Le Ministre chargé des hydrocarbures veille à l'application des dispositions du présent Code et des textes pris pour son application, ainsi qu'à l'exécution de leurs obligations par les Titulaires de Contrats Pétroliers. Il prend toutes mesures réglementaires nécessaires et assure, en collaboration avec tout établissement ou organisme public dûment mandaté à cet effet, la surveillance administrative et technique, le suivi économique et comptable, ainsi que le contrôle financier des Opérations Pétrolières.

(2) Les modalités d'exercice de la surveillance administrative et technique, ainsi que du suivi économique et comptable, sont précisées par décret pris en application du présent Code.

Article 86.- Il est interdit à tout fonctionnaire, agent de l'Administration ou employé d'un organisme public et parapublic d'avoir, dans les Sociétés Pétrolières ou Opérations Pétrolières soumises à son contrôle direct ou en relation avec lui, par lui-même ou par personne interposée, ou sous quelque dénomination que ce soit, des intérêts de nature à compromettre ou à restreindre son indépendance.

Chapitre IV : Des règles de contrôle et des déclarations

Article 87.- Le Titulaire est tenu de fournir au Ministre chargé des hydrocarbures ou à tout organisme public mandaté à cet effet, les documents, informations, échantillons et rapports périodiques provenant ou résultant des Opérations Pétrolières, conformément aux dispositions du décret d'application du présent Code.

Article 88.- Tout travail entrepris en violation, dûment constatée, des dispositions du titre V et des textes pris pour l'application du présent Code, et susceptible de causer un préjudice aux intérêts de l'Etat, doit être suspendu sur décision du Ministre chargé des hydrocarbures. Le travail est repris dès que les causes ayant entraîné la suspension sont levées.

Titre VI : Des dispositions fiscales, douanières et du régime de change

Chapitre I : Des dispositions fiscales

Article 89.- Les Titulaires de Contrats Pétroliers ainsi que les entreprises qui leur sont associées dans le cadre des protocoles ou accords visés aux articles 7 et 17 ci-dessus, sont assujettis, en raison de leurs activités de Recherche et d'Exploitation sur le Territoire Camerounais, au paiement des impôts, taxes et redevances prévus au présent chapitre, notamment ceux prévus au Code Général des Impôts, sous réserve des dispositions dudit chapitre applicables aux Opérations Pétrolières.

Article 90.- Les demandes d'attribution, de renouvellement, de cession, de transmission ou de renonciation de Contrats Pétroliers et des Autorisations en dérivant, sont soumises au paiement de droits fixes dont les montants et modalités de règlement sont précisés dans la loi de finances annuelle de la République du Cameroun applicable à la date d'entrée en vigueur du Contrat Pétrolier. Il en est de même des demandes d'attribution ou de renouvellement des Autorisations de Prospection.

Article 91.- Les Titulaires de Contrats Pétroliers et d'Autorisations en dérivant sont soumis à une redevance superficiaire annuelle de la République du Cameroun applicable à la date d'entrée en vigueur du Contrat Pétrolier.

Article 92.- (1) Les Titulaires de Contrats de Concession visés à l'article 14 du présent Code, s'acquittent mensuellement d'une redevance proportionnelle à la production. Le taux de cette redevance, ainsi que ses règles d'assiette et de recouvrement, qui peuvent être différents pour les hydrocarbures liquides et pour les Hydrocarbures gazeux, sont précisés dans le Contrat de Concession.

(2) La redevance est réglée en nature ou en espèces, conformément aux modalités fixées dans le Contrat Pétrolier.

Article 93.- (1) Les Titulaires de Contrats Pétroliers ou entreprises visées à l'article 89 sont assujettis, dans les conditions fixées au présent chapitre, à l'impôt sur les sociétés à raison des bénéfices nets qu'ils retirent de l'ensemble de leurs activités de Recherche et d'Exploitation sur le Territoire Camerounais, qu'ils s'y livrent seuls ou en association avec d'autres entreprises.

(2) Chaque Titulaire de Contrat Pétrolier ou entreprise, quelle que soit sa nationalité, tient, par année fiscale, une comptabilité séparée de ses Opérations Pétrolières. Cette comptabilité permet d'établir un compte de production et de résultats, ainsi qu'un bilan faisant ressortir aussi bien les résultats desdites opérations que les éléments d'actif et de passif qui y sont affectés ou s'y rattachent directement.

Les revenus provenant du transport sont imposés séparément conformément aux dispositions de l'article103 ci-dessous.

(3) Le résultat net impossible visé au premier paragraphe est constitué par la différence entre les valeurs de l'actif net à la clôture et à l'ouverture de l'exercice, diminué des suppléments d'apports et augmenté des prélèvements effectués au cours de cet exercice par l'entreprise ou ses associés. L'actif net s'entend de l'excédent des valeurs d'actif sur le total formé au passif par les créances des tiers, les amortissements et les provisions autorisés ou justifiés.

(4) Le montant non apuré du déficit que le Titulaire ou l'entreprise justifie avoir subi au titre des Opérations Pétrolières, est admis en déduction du bénéfice imposable, conformément aux dispositions relatives au délai de report prévu au Code Général des Impôts.

Toutefois, le Contrat Pétrolier peut prévoir un délai de report plus étendu pour tenir compte des circonstances particulières susceptibles d'affecter les coûts d'Exploitation.

Article 94.- Doivent être portés au crédit du compte de production et de résultats visé à l'article 93 ci-dessus.

- la valeur de la production commercialisée par le Titulaire, qui doit être conforme au prix courant du marché international établi suivant les stipulations des Contrats Pétroliers applicables ;

- la valeur de la quote-part de la production versée en nature à l'Etat au titre de la redevance proportionnelle à la production en ce qui concerne les Contrats de Concessions, le cas échéant, en application des dispositions de l'article 92 ci-dessus ;

- les revenus provenant du stockage, du traitement et du Transport des Hydrocarbures, ainsi que de la vente de substances connexes, s'il y a lieu ;

- les plus - values provenant de la cession ou du transfert d'éléments quelconques de l'actif ;

- tous autres revenus ou produits se rapportant aux Opérations pétrolières ou connexes à celles-ci.

Article 95.- Le bénéfice net est établi après déduction de toutes les charges supportées pour les besoins des Opérations Pétrolières. Celles-ci comprennent notamment :

a) les frais généraux de toute nature, les dépenses de personnel et les charges y afférentes, les loyers des immeubles, les coûts des fournitures, les coûts des prestations de services fournies aux Titulaires.

Toutefois, pour ces dépenses :

- les coûts du personnel, des fournitures et des prestations de services fournis par des sociétés affiliées aux Titulaires ne doivent pas excéder ceux qui seraient normalement facturés dans des conditions de pleine concurrence entre un acheteur et un vendeur indépendants pour des fournitures ou prestations de services similaires. Seul est déductible, le montant justifiable des rémunérations versées au personnel employé à l'étranger par le Titulaire ou l'une quelconque de ses sociétés affiliées, dans la mesure où ce personnel est affecté aux Opérations Pétrolières conduites par le Titulaire sur le Territoire Camerounais ;

- est également déductible, la fraction raisonnable des dépenses administratives du siège social du Titulaire à l'étranger pouvant être imputée aux Opérations Pétrolières sur le Territoire Camerounais, conformément au Contrat Pétrolier ;

b) les amortissements portés en comptabilité par le Titulaire, dans la limite des taux définis au Contrat Pétrolier, y compris les amortissements qui auraient été différés au cours d'exercices antérieurs déficitaires. L'amortissement commence à la date d'utilisation des biens et se poursuit jusqu'à ce que ces biens soient amortis ;

c) les intérêts des capitaux mis par des tiers à la disposition du Titulaire pour les besoins des Opérations Pétrolières de développement de gisements et de Transport des Hydrocarbures, dans la mesure où ils n'excèdent pas les taux normaux en usage sur les marchés financiers internationaux pour des prêts de nature similaire.

Sont également concernés, les intérêts servis aux associés ou à des sociétés affiliées à raison des sommes qu'ils mettent à la disposition du Titulaire en sus de leur part de capital, à condition que ces sommes soient affectées à la couverture d'une quote-part raisonnable des investissements de développement de gisements d'Hydrocarbures et de Transport de leur production sur le Territoire Camerounais, et que les taux d'intérêt n'excèdent pas ceux mentionnés au paragraphe précédent.

En outre, lorsque les emprunts auprès des tiers sont effectués à l'étranger, ils doivent être préalablement déclarés au Ministre chargé des finances ;

d) les pertes de matériels ou de biens résultant de destructions ou d'avaries, les biens auxquels il est renoncé ou qui sont mis au rebut en cours d'année, les créances irrécouvrables et les indemnités versées aux tiers à titre de dommages ;

e) le montant total de la redevance sur la production acquittée à l'Etat en espèces ou en nature, le cas échéant, en ce qui concerne les Contrats de Concession, en application des dispositions de l'article 92 ci-dessus ;

f) les provisions justifiables constituées pour faire face à des pertes ou charges et que des événements en cours rendent probables, en particulier la provision pour l'abandon des gisements, constituée conformément à la réglementation en vigueur et au Contrat Pétrolier ;

g) sous réserve de stipulations contractuelles contraires, toutes autres pertes ou charges directement liées aux Opérations Pétrolières, à l'exception du montant de l'impôt sur les sociétés visé à l'article 93 ci-dessus.

Article 96.- (1) Le taux de l'impôt sur les sociétés applicable aux revenus tirés des Opérations de Recherche et d'Exploitation est fixé par le Contrat Pétrolier. Ce taux doit être compris entre le taux de droit commun prévu au Code Général des Impôts et cinquante pour cent (50%).

2) Les règles d'assiettes et de recouvrement de l'impôt sur les sociétés sont celles que prévoit, en matière d'impôts sur les sociétés, la législation fiscale en vigueur en République du Cameroun, sous réserve des dispositions contraires du présent Code et du Code Général des Impôts.

(3) Le Titulaire d'un Contrat Pétrolier qui effectue des Opérations Pétrolières sur le Territoire Camerounais est autorisé à tenir sa comptabilité en dollars américains et libeller son capital social en cette monnaie.

Les modalités de cette tenue sont précisées au Contrat Pétrolier.

(4) Le Contrat Pétrolier peut prévoir les règles comptables spécifiques aux Opérations Pétrolières, en particulier de recouvrement de l'impôt sur les sociétés.

Article 97.- Le Contrat Pétrolier peut prévoir une prime dénommée « bonus de signature » que son Titulaire s'oblige à verser à l'Etat pour la conclusion de son Contrat Pétrolier, ainsi qu'une prime dénommée « bonus de production » que le Titulaire a l'obligation de verser à l'Etat en fonction des quantités d'Hydrocarbures produites.

Article 98.- Le Titulaire du Contrat de Concession visé à l'article 14 ci-dessus peut être assujetti à un prélèvement pétrolier additionnel calculé sur les bénéfices tirés des Opérations Pétrolières, dont les modalités sont fixées, le cas échéant, dans le Contrat.

Article 99.- (1) A l'exception de l'impôt sur les sociétés visé à l'article 93 ci-dessus et, le cas échéant, de la redevance à la production, du prélèvement pétrolier additionnel et des autres taxes mentionnées aux articles 90, 91, 92, 97 et 98 ci-dessus, le Titulaire du Contrat Pétrolier est exonéré :

- de tout impôt ou taxe après impôt sur les bénéfices et les dividendes versés aux actionnaires du Titulaire ;

- de tout impôt direct frappant les résultats de ses Opérations Pétrolières au profit de l'Etat, des collectivités territoriales décentralisées et de toute personne morale de droit public à raison de ses activités visées à l'article 93 ci-dessus ;

- de tous droits et taxes à l'exportation à raison de ses activités visées à l'article 93 ci-dessus.

(2) Les fournitures de biens et prestations de services de toutes espèces, y compris les études, qui se rapportent directement à l'exécution des Opérations Pétrolières, sont exonérées de taxes sur le chiffre d'affaires, sur la valeur ajoutée et de toutes taxes assimilées.

(3) Une liste des fournitures de biens et prestations de services pouvant bénéficier de ces exonérations est établie par le Ministre chargé des Finances, après avis du Ministre chargé des Hydrocarbures. Cette liste fait l'objet d'une révision périodique pour tenir compte de l'évolution de la technologie, et ce en accord avec les institutions et organismes publics compétents.

(4) Pour la conduite des Opérations Pétrolières de Recherche et de Développement, les Titulaires et leurs sous-traitants sont exonérés du paiement de la taxe spéciale sur les revenus instituée par la loi n°79/01 du 29 juin 1979 portant loi de finances de la République Unie du Cameroun pour l'exercice 1979/1980 et ses modificatifs subséquents.

Cette exonération porte sur l'assistance, la location d'équipement, du matériel et sur toutes prestations de services rendues à un Titulaire par ses sous-traitants au titre des Opérations Pétrolières, à condition que ces derniers :

ne disposent pas d'un établissement stable au Cameroun ;

- fournissent à prix coûtant, pour le compte des Titulaires, des prestations de services ou biens au titre des Opérations Pétrolières.

(5) Pour toute Autorisation d'Exploitation, les Titulaires perdent l'exonération susvisée à compter de la fin de la phase de développement.

(6) Le Titulaire est redevable, dans les conditions de droit commun, des droits d'enregistrement, de timbre, de péage, de publicité foncière et de la taxe sur les véhicules à moteur, à l'exception des droits d'enregistrement relatifs aux prêts, cautionnements et contrats liés directement aux Opérations Pétrolières.

Article 100.- Le Titulaire demeure soumis à toutes les obligations d'assiette et de paiement relatives aux impôts et taxes prélevés à la source pour le compte du Trésor Public, notamment en matière d'impôts sur les salaires, les bénéfices, les revenus, et d'impôts fonciers, à l'exception de tous impôt et taxe sur les intérêts payés à des prêteurs non-résidents pour les fonds concernant les investissements de développement.

Article 101.- Le Titulaire dépose auprès du Ministre chargé des Finances tous les documents et déclarations prévus par la réglementation de droit commun, même si ceux-ci sont afférents à des opérations exonérées de tous droits ou taxes en application du présent Code.

Article 102.- Le Titulaire demeure assujetti aux taxes ou redevances perçues en contrepartie de services rendus, et d'une manière générale, à tous prélèvements autres que ceux à caractère fiscal.

Article 103.- Le régime fiscal applicable aux activités de Transport des Hydrocarbures fait l'objet d'un texte particulier.

Chapitre II : Des dispositions douanières

Article 104.- Sous réserve des dispositions particulières des articles 105 à 109 ci-dessous applicables aux Opérations Pétrolières, les Titulaires et leurs sous-traitants sont soumis aux dispositions du Code des Douanes.

ARTICLE105.- (1) Les Titulaires et leurs sous-traitants peuvent importer en République du Cameroun, sous réserve des dispositions de l'article 76 ci-dessus, les matériaux, machines et équipements nécessaires à la réalisation des Opérations pétrolières.

(2) Sont admis en franchise de tous droits et taxes d'entrée, y compris tout impôt sur le chiffre d'affaires et la redevance informatique, les produits et matériels destinés :

a) aux Opérations Pétrolières de Prospection et de Recherche mentionnés en annexe de l'acte 2/92-UDEAC-556-CD-SE1 du 30 Avril 1992 et ses textes modificatifs subséquents notamment, l'Acte 2/98-UDEAC –1508-CD-61 du 21 juillet 1998.

b) aux Opérations Pétrolières qui interviennent dans des Zones d'Opérations Pétrolières Particulières, notamment pour l'exploitation du gaz naturel.

Article 106.- (1) Les produits et matériels directement liés aux Opérations Pétrolières autres que celles visées à l'article 105 ci-dessus, bénéficient d'un taux préférentiel des droits et taxes égal à 5% pendant les cinq premières années qui suivent l'octroi d'une Autorisation d'Exploitation ou le renouvellement de celle-ci.

Ce régime préférentiel qui s'étend aux parties et pièces détachées destinées aux machines et équipements nécessaires aux Opérations Pétrolières, s'applique également pendant les deux années que dure l'Autorisation Provisoire d'Exploiter.

Au-delà de la période de cinq (5) ans visée au premier paragraphe du présent alinéa, les importations des produits et matériels relatives aux Opérations Pétrolières sont soumises au régime de droit commun.

Pour l'application de cette disposition, une liste de matériels, de matériaux machines et équipements pouvant bénéficier du régime préférentiel est établie par le Ministre chargé des finances, après avis du ministre chargé des hydrocarbures ; cette liste fait l'objet d'une révision périodique pour tenir compte de l'évolution technique.

(2) Les autres catégories de produits et matériels importés qui ne sont pas directement liés aux Opérations Pétrolières supportent les droits et taxes de douanes inscrits au tarif extérieur commun.

Article 107.- Les importations et les exportations sont assujetties à toutes les formalités requises par l'Administration des Douanes. Toutefois, le Ministre chargé des finances peut, en tant que de besoin et après consultation des intéressés, prendre certaines mesures particulières tendant à accélérer les procédures de leur dédouanement.

Article 108.- (1) Les Titulaires des Contrats Pétroliers sont soumis au paiement de la redevance informatique lors de leurs importations, au taux de zéro virgule cinq pour cent (0,5 %), sous réserve, le cas échéant, des exceptions prévues au présent chapitre.

(2) Les sous-traitants bénéficient des avantages énumérés au présent article, sous réserve du visa de leurs importations par le Titulaire.

Article 109.- Les Titulaires peuvent exporter en exonération de tous droits et taxes de sortie, la fraction des Hydrocarbures leur revenant au titre de leurs Contrats Pétroliers.

Chapitre III : Du régime de change

Article 110.- (1) Les Titulaires de Contrats Pétroliers sont soumis au régime de change de la République du Cameroun, sous réserve des dispositions du présent chapitre applicables aux Opérations Pétrolières.

(2) Pendant la durée de la validité de leurs Contrats Pétroliers et sous réserve du respect des obligations qui leur incombent, notamment en matière de régime de change et de législation fiscale, les Titulaires bénéficient des conditions suivantes :

- le droit d'ouvrir en République du Cameroun et à l'étranger des comptes en monnaie locale et en devises et d'y effectuer des opérations ;

- le droit d'encaisser et de conserver librement à l'étranger les fonds acquis ou empruntés à l'étranger, y compris les recettes provenant des ventes de leur quote-part de production, et d'en disposer librement, dans la limite des montants excédant leurs obligations fiscales et leurs besoins locaux pour les Opérations Pétrolières sur le Territoire Camerounais ;

- le droit de transférer et de conserver librement à l'étranger les recettes des ventes des Hydrocarbures, les dividendes et produits de toute nature des capitaux investis, ainsi que les produits de la liquidation ou de la réalisation de leurs avoirs ;

- le droit de payer directement à l'étranger les fournisseurs non-résidents de biens et de services nécessaires à la conduite des Opérations Pétrolières.

(3) Sont garantis au personnel expatrié employé par le Titulaire résidant en République du Cameroun, la libre conversion et le libre transfert dans leur pays d'origine de tout ou partie des sommes qui leur sont dues, sous réserve d'avoir acquitté les impôts et cotisations divers qui leur sont applicables, conformément à la réglementation en vigueur.

(4) Le Contrat Pétrolier peut stipuler que les sous-traitants de nationalité étrangère du Titulaire et leurs employés expatriés sont bénéficiaires des mêmes garanties.

(5) Le Titulaire est tenu de transmettre périodiquement au gouvernement toutes les informations relatives aux mouvements de fonds opérés entre la République du Cameroun et l'étranger, aux encaissements et décaissements effectués à partir des comptes ouverts à l'étranger et liées aux Opérations Pétrolières que le Gouvernement estime nécessaires pour tenir à jour les comptes de la nation en matière de balance commerciale et de balance des paiements.

Article 111.- Le Ministre chargé des Hydrocarbures ou tout autre organisme public dûment mandaté à cet effet dispose d'un droit d'audit sur la comptabilité du Titulaire, dans les conditions et selon les modalités fixées à Contrat Pétrolier.

Article 112.- Les modalités d'application du présent Titre sont fixées, en tant que de besoin, par décret.

Titre VII : De la sensibilisation, du régime des différends et du retrait des autorisations

Article 113.- Les Titulaires de Contrats Pétroliers et d'Autorisations sont soumis aux lois et règlements de la République du Cameroun.

Article 114.- Le Contrat Pétrolier peut prévoir des régimes particuliers en matière de force majeure et de stabilité des conditions économiques et fiscales, notamment en cas d'aggravation des conditions de son exécution résultant de l'intervention en République du Cameroun, d'une législation ou d'une réglementation postérieure à sa date d'entrée en vigueur.

Article 115.- (1) Toutes les violations aux dispositions du présent Code et textes pris pour son application relèvent des tribunaux camerounais.

(2) Toutefois, sous réserve des dispositions réglementaires en vigueur relatives à la résolution des différends de nature technique, le Contrat Pétrolier peut comporter une clause prévoyant une procédure de conciliation et d'arbitrage en vue du règlement de tout différend relatif à l'interprétation ou à l'application dudit Contrat, qui pourrait survenir entre l'Etat et le Titulaire.

Article 116.- (1) Au cas où le Titulaire d'une Autorisation ou d'un Contrat Pétrolier commet des violations graves des dispositions du présent Code ou des textes pris pour application, de l'Autorisation ou du Contrat Pétrolier, ou s'il se trouve en situation de faillite, de règlement judiciaire ou de liquidation de biens, le Ministre chargé des hydrocarbures adresse au dit Titulaire une mise en demeure de remédier, dans les délais prescrits, aux manquements constatés.

(2) Si à l'expiration du délai imparti la mise en demeure n'est pas suivie d'effet, le Ministre chargé des hydrocarbures prononce par arrêt, le retrait de l'Autorisation et /ou la déchéance du Contrat Pétrolier concerné.

Article 117.- Le retrait de l'Autorisation ou la déchéance du Contrat Pétrolier ne décharge pas son Titulaire des obligations tant contractuelles qu'à l'égard des tiers qui lui restent à accomplir au titre des Opérations Pétrolières en vertu de son Autorisation ou de son Contrat Pétrolier.

Titre VIII : Des dispositions diverses transitoires et finales

Article 118.- (1) La présente loi est applicable aux Contrats Pétroliers qui seront signés à compter de la date promulgation.

(2) Les conventions d'établissement et contrats d'association conclus entre l'Etat et les sociétés pétrolières avant la date de promulgation du présent code ainsi que les Titres Miniers et les autorisations y afférents, restent valables pour la durée pour laquelle ils ont été conclus ou délivrés. Les Titulaires conservent la faculté d'octroi et de renouvellement d'autorisations de recherche ou d'exploitation au titre desdits contrats.

(3) Les Titulaires de conventions d'établissement et de contrats d'association en vigueur à la date de promulgation du présent Code, restent soumis aux stipulations

contenues dans lesdits conventions et contrats, tels qu'ils peuvent être modifiés ultérieurement par les parties pendant toute la durée de validité desdits conventions et contrats.

(4) Tout Titulaire visé à l'alinéa précédent désirant se prévaloir d'une clause de sa convention d'établissement pour demander l'application d'une disposition particulière du présent Code en vue d'améliorer l'équilibre économique des accords qui le lient à l'Etat, est tenu d'accepter la renégociation desdits accords dans le cadre du présent Code et des textes réglementaires pris pour son application.

Article 119.- Tout établissement ou organisme public dûment mandaté pour effectuer des Opérations Pétrolières pour le compte de l'Etat ou pour son propre compte bénéficie, ainsi que ses sous-traitants, des mêmes droits et obligations que le Titulaire et ses sous-traitants, notamment en ce qui concerne les dispositions fiscales, douanières et de régime de change prévues dans le présent Code et dans les textes pris pour son application.

Article 120.- (1) Pour celles de ses dispositions relatives à l'assiette, au taux et au mode de recouvrement des droits fixes et des redevances superficiaires concernant uniquement les Hydrocarbures au sens du présent Code, les dispositions dans la loi n° 78-24 du 29 décembre 1978 y relatives demeurent applicables jusqu'à l'insertion desdites dispositions dans la loi de finances tel que prévu aux articles 90 et 91 ci-dessus.

(2) Pour les autorisations accordées entre la date de promulgation du présent Code et celle de la promulgation de la loi de finances visée aux articles 90 et 91 ci-dessus, ainsi que pour les Contrats Pétroliers signés entre ces deux dates, l'assiette, le taux et le mode de recouvrement des droits fixes et des redevances superficiaires sont ceux prévus par la loi n° 78-24 du 29 décembre 1978 fixant l'assiette, le taux et le mode de recouvrement des droits fixes, redevances et taxes minières.

(3) Pour l'application des dispositions de l'alinéa (2) précédent, l'assiette, le taux et le mode de recouvrement des droits fixes et des redevances superficiaires sont :

pour l'autorisation exclusive de recherche, ceux fixés pour le permis de recherche ;

- pour l'autorisation exclusive d'exploitation, ceux fixés pour la concession.

Article 121.- Les dispositions de l'ordonnance n° 90-007 du 8 novembre 1990 portant Code des Investissements du Cameroun ou de tout texte ultérieur s'y substituant, ne s'appliquent pas aux Titulaires des Contrats Pétroliers et aux Opérations Pétrolières réalisées en exécution du présent Code.

Article 122.- Sont abrogées, toutes les dispositions antérieures contraires et notamment :

- La loi n° 64-LF-3 du 06 avril 1964 portant régime des substances minérales telle que complétée par la loi n° 78/14 du 29 décembre 1978 et de son décret d'application n° 64-DF-163 du 26 mai 1964, uniquement en ce qui concerne les Hydrocarbures au sens du présent Code ;

- La loi n° 64 LF-4 du 06 avril 1964 fixant l'assiette, les taux et mode de recouvrement des droits fixes, redevances et taxes minières telle que complétée et amendée par la loi n° 68-LF-13 du 18 novembre 1968, uniquement en ce qui concerne les Hydrocarbures au sens du présent Code ;

- La loi n° 82-20 du 26 novembre 1982 fixant les obligations particulières aux sociétés pétrolières, telle que complétée et amendée par la loi n° 89-15 du 28 juillet 1989 ;

- La loi n° 89/006 du 28 juillet 1989 autorisant le Président de la République à modifier par ordonnance, certaines dispositions législatives applicables aux activités d'exploration et de production des sociétés pétrolières, ainsi que certaines dispositions des conventions d'établissement conclues entre la République du Cameroun et certaines sociétés pétrolières ;

- La loi n° 90/018 du 10 août 1990 autorisant le Gouvernement à conclure des Conventions d'Etablissement avec les Sociétés Pétrolières bénéficiaires de titres miniers d'exploration sur les bassins sédimentaires autres que le Rio del Rey ;

- La loi n° 91/108 du 12 décembre 1991 relative aux mesures particulières d'incitation en vue de la promotion des activités de recherche et de production des hydrocarbures dans le bassin de Douala ;

- La loi n° 95/13 du 08 août 1995 fixant les mesures particulières pour la promotion des activités de production des hydrocarbures liquides des champs marginaux dans le domaine minier national ;

- La loi n° 98/003 du 14 avril 1998 relative aux mesures fiscales particulières en matière de recherche des hydrocarbures sur le domaine minier national.

Article 123.- Les conditions d'exercice des activités de raffinage, de stockage et de distribution des produits pétroliers sont fixées par voie réglementaire.

Article 124.- Les modalités d'application du présent Code sont fixées par voie réglementaire.

Article 125.- La présente loi sera enregistrée, publiée suivant la procédure d'urgence, puis insérée au Journal Officiel en Français et en anglais

Annexe n°7 :

Loi n°2011/ 025 du 14 décembre 2011
portant valorisation des gaz associés

REPUBLIQUE DU CAMEROUN **PAIX-TRAVAIL-PATRIE**

LOI N°2011/ 025 DU 14 DECEMBRE 2011

PORTANT VALORISATION DES GAZ ASSOCIES

L'Assemblée Nationale a délibéré et adopté, le Président de la République promulgue la loi dont la teneur suit :

Chapitre 1 : Dispositions générales

Article 1er - La présente loi porte valorisation des gaz associés.

Article 2 - La valorisation des gaz associés vise à :

- Promouvoir la récupération des gaz actuellement rejetés ou torchés, pour leur commercialisation ;
- Créer un environnement contractuel et fiscal susceptible d'inciter tout titulaire de contrat pétrolier à valoriser les gaz associés ;
- Contribuer à la réduction des gaz à effet de serre et à la protection de l'environnement.

Article 3 - Au sens de la présente loi et de ses textes d'application, les définitions ci-après sont admises :

- **Autorité compétente** : toute autorité administrative appelée à intervenir dans l'attribution d'un acte administratif dans son domaine de compétence pour l'application de la présente loi et ses textes d'application ;
- **Autorisation d'exploitation** : acte administratif par lequel il est accordé à une société pétrolière ou à un groupe de sociétés pétrolières le droit de produire ou de valoriser les hydrocarbures ;
- **Autorisation de torchage** : acte administratif par lequel il est exceptionnellement permis à l'opération de brûler du gaz associé ;
- **Contrat pétrolier** : contrat de partage de production ou contrat de concession tel que défini par le code pétrolier ;
- **Crédit carbone** : crédit d'émission ou de réduction d'une tonne équivalente de dioxyde de carbone, transférable à titre onéreux ;
- **Ecosystème** : complexe dynamique formé de communauté de plantes, d'animaux, de micro-organismes et de leur environnement vivant qui, par leur interaction, forment une unité fonctionnelle ;
- **Gaz associés** : gaz présents en solution dans le pétrole brut et séparés de celui-ci lors de l'extraction ;

- **Gaz à effet de serre** : composants gazeux naturels ou du fait de l'activité humaine contenus dans l'atmosphère, qui absorbent le rayonnement infrarouge émis par la surface terrestre ;

- **Hydrocarbures** : composants liquides ou gazeux existant à l'état naturel selon le cas, ainsi que tous les produits et substances connexes extraits en association avec lesdits composants ;

- **Installation** : toute disposition ou toute unité fixe ou mobile qui participe à la production des gaz associés ;

- **Norme de torchage** : ensemble de règles auxquelles l'opérateur doit se conformer lors d'un torchage utile ou en cas d'autorisation exceptionnelle de torchage ;

- **Opérateur** : société pétrolière titulaire ou co-titulaire à laquelle est confiée la charge de la conduite des opérations pétrolières conformément aux stipulations du contrat pétrolier ;

- **Rejet** : dissémination dans l'atmosphère du gaz échappé lors des opérations d'exploitation d'hydrocarbure ;

- **Secteur pétrolier amont** : secteur qui comprend les activités d'exploration, d'exploitation des hydrocarbures liquides et gazeux existants à l'état naturel ;

- **Secteur pétrolier aval** : secteur qui comprend les activités de transformation, de transport, de distribution, de stockage, d'importation, d'exportation et de vente des hydrocarbures liquides et gazeux ;

- **Site d'exploitation** : emplacement où l'opérateur effectue des activités d'exploitation d'hydrocarbures ;

- **Surveillance administrative** : contrôle de l'Administration sur les activités de l'opérateur ;

- **Tiers** : personne physique ou morale non partie au contrat pétrolier, mais ayant conclu avec l'opérateur une convention aux fins d'exploitation des gaz associés en lieu et place de l'opérateur ;

- **Torchage** : opération qui consiste à brûler le gaz issu de la production pétrolière.

Chapitre II : Du régime juridique des activités liées aux gaz associes

Section 1 : De l'exploitation des gaz associes

Article 4 - (1) Les gaz associés comprennent :

o Les gaz utilisés pour les besoins des opérations pétrolières sur site, rejetés dans la nature ou brûlés à la torche lors de l'extraction du pétrole brut ;

o Les gaz transférés d'opérateur à opérateur pour les besoins de l'exploitation pétrolière.

(2) L'exploitation des gaz associés visés dans la présente loi est une activité connexe à la production du pétrole brut.

Article 5 - (1) L'exploitation des gaz associés est soumise au régime de l'autorisation tel que défini dans le code pétrolier.

(2) L'autorisation d'exploitation confère à son titulaire le droit exclusif d'effectuer à ses risques et périls, dans la limite du périmètre du contrat pétrolier auquel elle se rattache, toutes opérations visant à la valorisation des gaz associés.

Article 6 -(1) Les gaz associés sont la propriété exclusive de l'Etat du Cameroun.

(2) Ils peuvent être exploités par :

- Les sociétés titulaires de conventions d'établissement, de contrats d'association ou contrats pétroliers dont les activités portent sur l'exploitation des hydrocarbures ;

- Un tiers ayant conclu une convention à cet effet avec le titulaire d'un contrat pétrolier après approbation préalable du Ministère chargé du secteur pétrolier amont ;

- L'État du Cameroun ou tout établissement public dûment mandaté.

(3) La convention entre le titulaire du contrat pétrolier et le tiers doit préciser les modalités de transfert de gaz, la répartition des obligations légales et contractuelles liées aux opérations d'installation et de remise en état des sites, la répartition des coûts d'arrêt de production lors de l'installation des risques et des responsabilités en cas de défaut technique ou d'accident, ainsi que les modalités de règlement des différends.

(4) lorsqu'un établissement public est mandaté par l'État, l'autorisation lui est accordée sans contrepartie.

Article 7 - (1) Le titulaire d'un contrat pétrolier doit notifier au Ministre chargé du secteur pétrolier amont, dans les conditions prescrites par le Code pétrolier, toute découverte d'hydrocarbures liquides commercialement exploitables, ainsi que le projet de valorisation des gaz associés y afférents ;

(2) Après approbation du plan de développement de découverte d'hydrocarbures liquides et du projet de valorisation par le Ministère chargé du secteur pétrolier amont, l'opérateur est autorisé à entreprendre l'exploitation des gaz associés dans les conditions prescrites par le Code pétrolier ;

(3) Le titulaire du contrat pétrolier ne peut s'exonérer de l'obligation de mise en valeur des gaz associés que lorsqu'il a apporté la preuve technique, acceptée par le Ministre chargé du secteur pétrolier amont, que lesdits gaz ne sont pas économiquement exploitables.

Section II : Du torchage des gaz associes

Article 8 - (1) Des autorisations de torchage peuvent être accordées exceptionnellement par le Ministre chargé du secteur pétrolier amont à la demande de l'opérateur, sous réserve des dispositions liées à la sécurité des installations et lorsque les facteurs techniques ou économiques le justifient, pour une durée qui ne peut excéder 60 jours renouvelable ;

(2) L'autorisation de torchage doit prendre en compte les conditions et les caractéristiques des réservoirs de gaz dans le sous-sol et les modalités de leur

exploitation ; (3) Les modalités d'application des dispositions relatives au torchage des gaz associés sont fixées par voie réglementaire.

Article 9 – (1) Les quantités des gaz associés torchés doivent faire l'objet d'un rapport de l'expiration de la période d'autorisation ;

Ledit rapport est adressé par l'opérateur au Ministre chargé du secteur pétrolier amont pour le contrôle de conformité à la norme de torchage ;

(2) La norme de torchage est fixée par voie réglementaire.

Article 10 – Tout opérateur exerçant dans le secteur pétrolier amont est tenu de se conformer à la norme de torchage et de rejet des gaz associés.

Chapitre III : De la protection de l'environnement et des mesures de sécurité

Article 11 - (1) L'opérateur doit réaliser ses activités, tout en préservant la sécurité des personnes et des biens ainsi que l'environnement et les écosystèmes.

(2) Il est tenu d'appliquer les normes d'hygiène, de sécurité et de protection de l'environnement, conformément aux dispositions légales et réglementaires en vigueur, aux pratiques et usages dans l'industrie pétrolière, ainsi qu'aux traités internationaux signés et ratifiés par le Cameroun en matière d'émission des gaz à effet de serre.

Article 12 – (1) L'opérateur est tenu de mettre en conformité les installations nécessaires pour l'exploitation des gaz associés, pendant la période transitoire mentionnée à l'article 25 ci-dessous.

(2) les modalités de mise en conformité sont fixées par voie réglementaire.

Article 13 – L'opérateur peut solliciter le bénéfice du mécanisme de développement propre ou tout autre mécanisme similaire permettant d'obtenir des crédits carbone auprès du Ministre chargé des questions environnementales.

Chapitre IV : De la surveillance administrative et technique

Article 14 – La surveillance administrative et technique des activités liées aux gaz associés est assurée par le Ministre chargé du secteur pétrolier amont, en collaboration avec toutes les autres Administrations compétentes.

Article 15 – (1) La surveillance administrative et technique porte notamment sur :

- le contrôle de conformité à la norme de torchage ;
- la vérification des volumes de gaz torchés ;
- le maintien en bon état d'utilisation des équipements et installations ;
- la sécurité des personnes et des biens ;
- la protection de l'environnement.

(2) Les modalités d'application des dispositions de l'alinéa 1 ci-dessus sont fixées par voie réglementaire.

Chapitre V : Des dispositions comptables, fiscales, douanières et du régime de change

Section 1 : De la comptabilité

Article 16 – La comptabilité de l'exploitation des gaz associés est régie.

Article 17 - (1) L'opérateur tient une comptabilité séparée entre ses activités d'exploitation d'hydrocarbures liquides et celles d'exploitation des gaz associés. (2) Sans préjudice des dispositions fiscales en vigueur, les comptes certifiés sont déposés auprès de l'autorité compétente dans les trois (3) mois au plus tard après la clôture de l'exercice fiscal, sous peine de sanctions prévues à l'article 22 ci-dessous.

Section 2 : De la comptabilité

Article 18 – L'opérateur est assujetti au régime fiscal prévu par le code pétrolier.

Article 19 – Nonobstant les dispositions de l'article 18 ci-dessus, les opérations d'exploitation de gaz associé bénéficient des mesures fiscales suivantes :

- exonération du paiement de l'impôt sur les sociétés pendant les cinq (5) premières années d'exploitation. A l'expiration de ladite période, l'opérateur des gaz associés est assujetti au paiement de l'impôt sur les sociétés au taux réduit le trente – cinq pour cent (35 %) ;

- exonération des droits d'enregistrement des baux d'immeubles, à usage exclusivement professionnel faisant partie intégrante du programme d'investissement ;

- exonération des droits de mutation sur l'acquisition des immeubles, terrains et bâtiments indispensables à la réalisation du programme d'investissement ; ¬ exonération de la redevance proportionnelle à la production prévue par le Code pétrolier ;

- bénéficie, pendant les dix (10) premières années d'exploitation des gaz associés, de la déduction des amortissements normalement comptabilisés pendant les trois (3) premiers exercices sur le revenu imposable des cinq (5) exercices suivants.

Article 20 – L'opérateur est soumis aux régimes douaniers et de change prévus par le Code pétrolier.

Chapitre VI : Des infractions et des sanctions

Section 1 : Des infractions

Article 21 – Sont considérés comme infractions au sens de la présente loi :

- le torchage sans autorisation ;

- le torchage non conforme aux dispositions de la présente loi ;

- le non-respect de la norme de torchage ;

- le non-respect des règles techniques, de sécurité et d'hygiène relative aux opérations de torchage ;

- le non-respect des règles portant sur l'environnement ; le défaut d'entretien des installations ;

- le non-respect des normes comptables prévues par la présente loi ;

- la dissimulation des informations et communications dont le Ministre chargé du secteur pétrolier amont a la charge du suivi ;

- l'entrave au contrôle des agents assermentés.

Section II : Des sanctions

Article 22 – (1) En cas d'infraction, le Ministre chargé du secteur pétrolier amont prononce à l'encontre de l'opérateur, l'une des sanctions suivantes :

- l'amende ;
- la suspension de l'autorisation de torchage ;
- le retrait de l'autorisation de torchage.

(2) Les sanctions visées à l'alinéa 1 ci-dessus ne prennent effet qu'après une mise en demeure de l'opérateur restée sans suite dans un délai de trente (30) jours.

Article 23 – Le montant des amendes est fixé comme suit :

- torchage sans autorisation : deux cent cinquante millions (250 000 000) F CFA ;
- violation de la norme de torchage : cent millions (100 000 000) FCFA ;
- non-respect des règles techniques, de sécurité, d'hygiène relatives aux opérations de torchage : cinquante millions (50 000 000) F CFA ;
- non-respect de règles portant sur l'environnement : vingt millions (20 000 000) F CFA ;
- défaut d'entretien des installations : cinquante millions (50 000 000) F CFA ;
- non-respect des normes comptables prévues par la présente loi : cinquante millions (50 000 000) F CFA ;
- dissimulation des informations et communications : cinquante millions (50 000 000) FCFA ;
- entrave au contrôle des agents assermentés et habilités : cent millions (100 000 000) F CFA ;
- défaut de paiement des amendes : majoration de dix pour cent (10 %) par mois.

Article 24 – (1) Les sanctions visées à l'article 22 ci-dessus sont prononcées par le Ministre chargé du secteur pétrolier amont ou tout établissement public mandaté à cet effet, sans préjudice des autres sanctions prévues par les lois et règlements en vigueur.

(2) Les modalités d'application des dispositions de l'alinéa 1 ci-dessus sont fixées par voie réglementaire.

Chapitre VII : Dispositions transitoire et finale

Article 25 – La période transitoire de mise en conformité des installations pour l'exploitation des gaz associés est fixée à trois (3) ans, à compter de la promulgation de la présente loi.

Article 26 – La présente loi sera enregistrée, publiée suivant la procédure d'urgence, puis insérée au Journal Officiel en français et en anglais.

Yaoundé, le 14 décembre 2011

Le président de la République

Annexe n°8 :

Décret n° 2002/648/PM du 26 mars 2002 fixant les modalités d'application de la loi n° 001 du 16 avril 2001 Portant code Minier

REPUBLIQUE DU CAMEROUN **PAIX-TRAVAIL-PATRIE**

Décret n° 2002/648/PM du 26 mars 2002 fixant les modalités d'application de la loi n°001 du 16 avril 2001 Portant code Minier

LE PREMIER MINISTRE

Vu la constitution ;

Vu la loi n° 92/12 du 05 Août 1996 portant loi-cadre relative à la gestion de l'environnement ;

Vu la loi n° 98/015 du 14 Juillet 1998 relative aux établissements classés dangereux, insalubres ou incommodes ;

Vu le décret n° 001 du 16 Avril 2001 portant code minier ;

Vu l'ordonnance n° 74/2 du 06 Juillet 1974 fixant le régime domanial ;

Vu le décret n° 92/089 du 04 Mai 1992 précisant les attributions du Premier Ministre, modifié et complété par le décret n° 95/145 du 04 Août 1995 ;

Vu le décret n° 96/227 du 1er Octobre 1996 portant organisation du ministère des Mines, de l'Eau et de l'Énergie ;

Vu le décret n° 97/205 du 07 Décembre 1997 portant organisation du Gouvernement, modifié et complété par le décret n° 98/067 du 28 Avril 1998 ;

Vu le décret n° 97/206 du 07 Décembre 1997 portant nomination d'un Premier Ministre,

DECRETE :

Titre I : Dispositions générales

Article 1er.- Le présent décret fixe les modalités d'application de la loi n° 001 du 16 Avril 2001 portant code minier.

Article 2. Au sein du présent décret, les définitions suivantes sont admises.

« **Adresse** » : ensemble de coordonnées, domicile, boîte postale, téléphone, fax, e-mail, appartement, du titulaire et permettant à l'Administration de le joindre directement à tout moment ;

« **Commissionnaire** » **:** personne physique ou morale de droit camerounais qui achète des prospecteurs, ou des titulaires d'autorisation d'exploitation artisanale, des substances minérales provenant du sous-sol du Cameroun et qui en assure directement la vente ;

« **Eau de source** » : eau peu ou pas minéralisée, gazeuse ou non, sans qu'il soit fait état de ses qualités thérapeutiques ;

« **Eau minérale** » : eau d'origine naturelle contenant en solution, soit des sels minéraux, soit des gaz ou les deux à la fois, et ayant des propriétés thérapeutiques ;

« **Eau thermominérale** » : eau minérale à température élevée au point de résurgence ;

« **Loi** » : loi portant code minier ;

« **Prospecteur artisanal** » : personne physique de nationalité camerounaise disposant d'une carte individuelle de prospecteur délivrée dans les conditions définies par le présent décret ;

« **Représentation** » : ensemble de coordonnées permettant à l'administration de joindre le titulaire par l'intermédiaire d'un tiers ;

« **Site d'extraction** » : point où sont extraites et éventuellement traitées les substances minérales.

Titre II : Des dispositions communes aux titres miniers, autorisations et permis

Chapitre I : De la notification des documents

Article 3.- (1) Tout demandeur d'un titre minier, d'une autorisation ou d'un permis, est tenu d'avoir une adresse ou une représentation à communiquer au ministre chargé des mines.

(2) La notification des cartes administratives, instructions et documents est faite exclusivement à cette adresse ou à cette représentation.

(3) Un mandataire qui introduit une demande au nom d'un requérant, d'un titulaire d'un titre minier, d'un permis ou d'une autorisation, doit justifier de son identité, de sa qualité, de son adresse et de son pouvoir.

Chapitre II : Des demandes

Article 5.- (1) Toute demande d'attribution d'un titre minier, d'une autorisation, d'un permis ou d'approbation d'une transaction est adressée au ministre chargé des mines en triple exemplaire dont l'original timbré au tarif en vigueur. À cette demande sont joints les documents suivants :

- S'il s'agit d'une personne physique :

1. Son adresse et sa nationalité ;

2. La preuve de son identité.

- S'il s'agit d'une personne morale :

1. Les statuts de la personne morale, le dernier rapport annuel, ou à défaut, état bancaire des biens financiers ;

2. La liste des membres du conseil d'administration, la liste des personnes habilitées à signer au nom de la société, leur nationalité et leurs adresses respectives.

(2) Lorsque les renseignements concernant l'attribution d'un titre minier, d'une autorisation, d'un permis ou d'une transaction ont été fournis lors d'une précédente demande, aucun autre renseignement n'est requis pour le même titre, la même autorisation, le même permis en dehors de ceux qui ont été modifiés, auquel cas ils doivent être actualisés.

Article 6.- Tout titulaire d'un titre minier, d'une autorisation ou d'un permis doit informer dans un délai n'excédant pas trente (30) jours le ministre chargé des mines de toute modification se rapportant à ses statuts, à la structure du capital social ou aux personnes visées à **l'article 5 (1)** ci-dessous. En outre, il doit adresser annuellement au Ministre chargé des mines un rapport de ses activités ainsi que le bilan financier.

Article 7.- (1) Toute personne physique qui sollicite soit l'attribution d'un titre minier, d'une autorisation ou d'un permis en application des dispositions de la loi, soit l'approbation d'une transaction conformément aux dispositions de l'article 20 de la loi, doit fournir les renseignements sur son identité.

(2) Lorsque les renseignements visés dans l'alinéa (1) ci-dessus ont été fournis lors d'une précédente demande, ils ne sont plus exigés pour le même titre, la même autorisation, le même permis à moins que ces renseignements aient été modifiés auquel cas ils doivent être actualisés.

Article 8.- Toutes les demandes d'attribution ou de renouvellement de titre minier ou toute autre demande requise en vertu de la loi ou du présent décret doivent être rédigées conformément au formulaire fourni par l'administration des mines. L'original de la demande est timbré au tarif en vigueur.

Article 9.- (1) Toute transaction sur un droit relatif à un titre minier ne peut prendre effet qu'après approbation par le Ministre chargé des mines, et enregistrement de l'acte auprès du conservateur.

(2) La demande d'approbation de la transaction est rédigée conformément au formulaire fourni par l'administration des mines. Elle est déposée auprès du Ministre chargé des mines assortie d'un exposé des motifs explicitant clairement les motivations de la transaction, l'adresse et l'expérience minière du nouvel acquéreur, les bilans financiers des deux derniers exercices budgétaires.

(3) Le Ministre chargé des mines dispose de quarante-cinq (45) jours à compter de la date de dépôt pour notifier son approbation au requérant. Le silence de l'administration après ce délai vaut approbation.

Chapitre III : De la détermination du périmètre

Article 10 : Dans le cadre du présent décret, la surface terrestre est divisée en sections quadrillées :

a) par le méridien de Greenwich et par les méridiens qui sont à une distance de ce méridien (1) d'une minute, ou d'un multiple d'une (1) minute, de longitude ; et

b) par l'Equateur et par les parallèles qui sont à une distance de l'Equateur d'une (1) minute, ou d'un multiple d'une (1) minute, de latitude.

Article 11.- (1) Le bornage d'un périmètre se fait ainsi qu'il suit :

a) Une borne ayant un sommet carré mesurant au moins 10 centimètres de côté est placée à chaque coin du périmètre d'un permis ou d'une autorisation ;

b) Chaque borne porte une plaque ou une étiquette en métal, d'au moins 10 centimètres carrés indiquant le numéro de la borne, le nom du titulaire et le numéro du permis ou de l'autorisation selon le cas ;

c) Les bornes sont numérotées de telle sorte que la borne numéro 1 est située au coin extrême sud-ouest ; les autres seront numérotées dans le sens des aiguilles d'une montre à partir de la borne numéro 1.

(2) Lorsque le périmètre d'une autorisation d'exploitation artisanale est borné au-delà de 100 mètres, le délégué départemental des mines ramène la dimension au maximum autorisé.

(3) Lors de l'enregistrement d'un permis, le conservateur lui attribue un numéro comme prévu à l'article 13 du présent décret.

(4) Le titulaire d'un permis porte le numéro d'enregistrement sur la borne numéro 1 dans les trente (30) jours suivant l'enregistrement.

(5) Lorsque l'établissement d'une borne à un coin d'un permis est rendu impossible à cause des difficultés liées au terrain, à la présence d'eau ou alors constitue un risque d'endommagement à une terre cultivée ou d'atteinte au droit d'usage d'un terrain privé, le coin concerné peut être indiqué en plantant aussi près possible un poteau témoin le long du périmètre et en plaçant sur chaque poteau témoin une plaque en métal indiquant le numéro de la borne, le nom du titulaire et le numéro du permis, ainsi que la direction et la distance par rapport au coin.

(6) Une borne doit être faite en pierre ou en béton.

(7) Les bornes sont maintenues en parfait état, dégagées de la végétation. Elles doivent par ailleurs porter à tout moment la plaque ou l'étiquette en métal prévue au (b) de l'alinéa (1) ci-dessus.

Article 12.- (1) Tout demandeur d'un permis de recherche ou d'exploitation doit procéder au lever du périmètre sollicité.

(2) Le Ministre chargé des mines peut à tout moment, commettre une personne, en vertu de la loi, afin de lever le périmètre du permis de recherche ou d'exploitation selon les modalités fixées par le présent Article.

(3) Le lever du périmètre :

- est effectué par géomètre agréé ou sous la conduite d'un géomètre agréé ;
- est à la charge du demandeur ;
- inclut une annexe décrivant le périmètre sur fond topographique en latitude et en longitude, ainsi que la surface en km².

(4) Pour les autorisations d'exploitation artisanale, le bornage est réalisé selon les procédures de bornage coutumier.

(5) Lorsqu'un levé est déposé auprès du conservateur, ce dernier l'enregistre immédiatement et fait publier une copie de l'annexe du levé au journal officiel si la totalité du terrain est disponible.

(6) Si une seule partie du terrain est disponible, le conservateur prépare une annexe décrivant le périmètre disponible au permis en remplacement de celle soumise avec le levé et adresse une copie de l'annexe révisée au demandeur pour approbation. Il faut publier une copie de l'annexe révisée au journal officiel après approbation du demandeur.

(7) Lorsque le demandeur ne dépose pas de levé ou que le levé relève qu'aucun terrain n'est disponible, la demande est rejetée.

(8) Lorsqu'un litige porte sur l'emplacement du périmètre d'un titre minier, le conservateur organise le levé du périmètre litigieux, les frais étant supportés par la partie réclamant un emplacement du périmètre différent de celui du levé et sans préjudice des poursuites judiciaires.

(9) Si le conservateur considère que la partie réclamante ne peut pas honorer le paiement du levé prévu à l'alinéa **(8)** ci-dessus, il peut exiger que le réclamant dépose une garantie pour couvrir les frais au demandeur.

Chapitre IV : Du registre des titres miniers

Article 13.- (1) Tout acte relatif à un titre minier doit être consigné dans un registre dénommé "registre des titres miniers".

(2) Ce registre est coté et paraphé par le Directeur chargé des mines.

(3) Il mentionne toutes les demandes de titres miniers enregistrées, toutes les décisions subséquentes d'attribution, de renouvellement, de renonciation, de retrait et d'expiration et tous autres renseignements jugés nécessaires par le Conservateur.

(4) Les mentions du registre font foi jusqu'à preuve du contraire.

Article 14.- Le registre visé à l'article 13 ci-dessus est établi et conservé par le conservateur des titres miniers.

Article 15.- (1) Le Conservateur des titres miniers est un responsable de la Direction des Mines et de la Géologie.

(2) Les fonctions, devoirs et pouvoirs du Conservateur sont définis par le présent décret.

Article 16.- (1) Les documents adressés au Ministre chargé des mines sont déposés auprès du conservateur dans les formes définies par le présent décret. Ils sont accompagnés, le cas échéant, des récépissés attestant le versement des droits prévus.

(2) Lorsque le Conservateur constate qu'un document déposé pour enregistrement n'est pas régulier, il rejette sauf si l'erreur ou le défaut peut être corrigé dans l'immédiat. En cas de rejet, il enregistre l'heure et la date de dépôt ainsi que les motifs de rejet dans le registre avec l'indication « provisoire » à côté de l'entrée et adresse immédiatement une mise en demeure par écrit à l'initiateur du document l'invitant à le régulariser dans un délai de cinq (5) jours à compter de la date de rejet.

(3) Lorsque la régularisation est faite, le document est réputé enregistré à l'heure et à la date de dépôt initial et le mot « provisoire » est rayé du registre.

A défaut de régularisation dans les délais prescrits à l'alinéa (2) ci-dessus, le Conservateur doit porter en marge l'indication « Annulée ».

Article 17.- (1) Lorsque le Conservateur ou toute autre personne découvre qu'il y a eu dans le registre une omission lors d'une entrée, une entrée non justifiée, une erronée, une erreur ou un défaut dans une entrée, le Conservateur ou l'intéressé peut introduire une demande de rectification auprès du Directeur chargé des Mines et la Géologie.

(2) A la réception de la demande de rectification, le Directeur chargé des Mines et de la Géologie procède à des vérifications et ordonne, le cas échéant, au Conservateur la rectification demandée.

(3) La décision du Directeur est susceptible de recours auprès du Ministre chargé des mines.

Article 18.- (1) Lorsque le Conservateur est informé de la cession des droits sur un titre minier, il doit, moyennant la preuve du paiement des droits prévus par le présent décret, inscrire dans le registre le nom de l'acquéreur comme titulaire.

(2) Dès l'enregistrement, la cession emporte transmission des droits et obligations attachés au titre.

Chapitre V : De l'attribution et du renouvellement des titres miniers

Article 19.- (1) Le demandeur ou son représentant dûment mandaté dépose la demande d'attribution ou de renouvellement du titre minier auprès du Conservateur.

(2) La demande de renouvellement d'un titre minier doit être faite quatre-vingts (90) jours et un an avant sa date d'expiration respectivement pour un permis de recherche et un permis d'exploitation sous peine de perdre le droit au renouvellement.

(3) Le Conservateur doit, dans un délai de quinze (15) jours après l'enregistrement de la demande d'attribution ou de renouvellement du titre minier, maintenir une copie de la demande constamment affichée à la Direction chargée des mines pendant le traitement du dossier.

(4) Dès réception de la demande d'attribution ou de renouvellement d'un titre, le Directeur chargé des mines peut organiser, aux frais du demandeur, toute enquête nécessaire au traitement du dossier.

Article 20.- Lorsque deux ou plusieurs demandes sont introduites pour l'attribution d'un titre minier sur une partie d'un même terrain, le demandeur qui dépose le premier sa demande après du Conservateur aura droit à la priorité sur tout autre demandeur de voir sa demande traitée de répondue.

Article 21.- (1) Au dépôt de la demande d'attribution, ou de renouvellement d'un titre minier, le Conservateur doit, en présence du demandeur ou son représentant dûment mandaté, vérifier que :

a) le terrain objet de la demande est disponible pour l'attribution d'un titre minier ;

b) la demande est rédigée sur le modèle de fiche prévu à cet effet ;

c) la demande est déposée en triple exemplaire dont l'original est timbré au tarif en vigueur et signé par le demandeur ou son représentant dûment mandaté ;

d) les pièces requises aux termes du présent décret y sont annexées ;

e) les droits prévus et, le cas échéant, les pénalités de retard sont acquittés ;

f) la mise en place de la caution prévue aux termes du présent décret est effective.

(2) Lorsque, après un examen sommaire, le Conservateur constate que ces éléments ne sont pas réunis, il doit, sous réserve de l'article 16 ci-dessus, procéder de la manière suivante :

- enregistrer la demande avec mention « rejetée » ;

- restituer immédiatement tous les documents au demandeur ou à son représentant dûment mandaté ;

- délivrer une fiche de rejet dûment motivée.

(3) Lorsque, après un examen sommaire, le Conservateur constate que tous les éléments sont soumis, il doit :

a) immédiatement :

- enregistrer la demande ;

- porter le numéro d'enregistrement sur la fiche de la demande ;

- signer la fiche ;

- remettre un exemplaire de la demande au demandeur ou à son représentant dûment mandaté ;

b) dans les deux (2) jours, transmettre le dossier au responsable désigné pour son traitement.

Article 22.- (1) Les demandes d'attribution d'un permis de connaissance ou d'un titre minier sont traitées dans les délais suivants :

- la demande de permis de connaissance dans un délai de trente (30) jours à compter de la date d'enregistrement de la demande ;

- la demande de permis de recherche, dans un délai de quarante-cinq (45) jours à compter de la date d'enregistrement de la demande ;

- la demande de permis d'exploitation dans un délai de quatre-vingt-dix (90) jours à compter de la date d'enregistrement de la demande.

(2) Si la demande d'attribution d'un titre minier n'est pas traitée dans les délais fixés à l'alinéa (1) ci-dessus, le titre est réputé accordé, sauf si l'Administration des mines a avisé le demandeur par écrit motivé de la prorogation de la durée d'examen de la demande qui ne peut être supérieure à la durée initiale.

(3) Lorsqu'une demande de renouvellement d'un titre minier n'est pas traitée avant la date d'expiration, ce titre minier continue d'être en vigueur sur le terrain pour lequel le renouvellement est sollicité jusqu'à la notification du renouvellement du titre minier ou de son refus.

Article 23.-(1) Toute attribution d'un permis de recherche ou d'exploitation est assujettie à la mise en place d'une caution dont le montant est fixé pas le présent décret.

(2) Tout requérant d'un permis de recherche ou d'exploitation à qui une caution est demandée en vertu du présent décret doit, dans un délai de trente (30) jours suivant la décision d'attribution, déposer auprès du Conservateur un certificat de cautionnement garantissant l'exécution de ses obligations.

(3) Le cautionnement est effectué par garantie bancaire, par lettre de garantie d'une compagnie d'assurance, par dépôt d'espèce auprès d'un établissement bancaire local ou par toute autre forme reconnue par la législation camerounaise en la matière.

Article 24.- À la suite de l'autorisation ou du renouvellement de la durée de validité d'un titre minier ou d'un permis de connaissance, le Conservateur :

a) notifie par écrit la décision d'attribution ou de renouvellement au demandeur dans un délai de quinze (15) jours francs ;

b) tient l'acte d'attribution ou de renouvellement à la disposition du demandeur ;

c) fait publier l'acte d'attribution ou de renouvellement dans le Journal Officiel pour les permis de recherche et d'exploitation.

Article 25.- La durée de validité du titre minier court à compter de la date de notification de la décision d'attribution.

Article 26.- (1) Dans l'intérêt de l'Etat, le Ministre chargé des mines peut exclure tout terrain ou toute (s) substance (s) minérale des recherches de l'exploitation industrielle ou artisanale.

(2) La décision d'exclusion est publiée au Journal Officiel. Elle détermine le terrain, la ou les substance (s) minérale (s) concernée (s) et le motif d'exclusion.

(3) L'exclusion ne peut porter sur un terrain objet d'un titre miner qu'après l'extinction de celui-ci.

(4) Le retrait de la décision d'exclusion se fait dans les mêmes formes que la décision d'exclusion.

(5) Les demandes de titre minier sur un terrain exclu, enregistrées avant la publication de la décision, sont conservées en instance. Elles sont traitées en priorité si la décision d'exclusion vient à prendre fin.

Chapitre VI : Des transactions sur les titres miniers

Article 27.- (1) Toute transaction sur un droit relatif à un titre minier ne peut prendre effet qu'après approbation par le Ministre chargé des mines.

(2) La demande d'application de la transaction est écrite. Elle est adressée au Ministre chargé des mines selon les modalités prévues à l'article 5 du présent décret. Elle est déposée auprès du Conservateur.

(3) La décision d'approbation est enregistrée par le Conservateur.

Article 28.-(1) Les titres miniers du même type peuvent être consolidés en un ou plusieurs titres miniers de ce type.

(2) La demande de consolidation, adressée au Ministre chargé des mines doit :

a) être présentée en triple exemplaire dont l'original est timbré au tarif en vigueur sur un formulaire fourni par l'Administration chargée des mines. À ce formulaire sont joints un plan indiquant les coins des limites consolidés en latitude et en longitude et un plan sommaire montrant les limites du périmètre consolidé et tous autres repères naturels qui permettent de localiser le périmètre consolidé ;

b) être accompagné du programme de travail ou, le cas échéant, des propositions portant sur le titre minier consolidé.

Article 29.- La durée de validité d'un titre minier consolidé, soit :

a. la durée non expirée, si les durées des titres existants au moment de l'attribution du titre consolidé sont les mêmes ;

b. la plus courte des durées non expirées si les durées non expirées au moment de l'attribution du titre consolidé ne sont pas les mêmes.

Article 30.- La superficie du titre minier consolidé ne doit pas excéder la superficie maximale prévue dans la loi pour le type de titre minier considéré.

Article 31.- (1) Les dispositions de la loi applicables aux titres miniers du type détenus avant leur consolidation s'appliquent également aux titres miniers consolidés de même type.

(2) Tout droit sur les titres miniers entrant dans la consolidation est transféré sur le titre minier consolidé ;

(3) Si un titre minier existant est consolidé, son titulaire demeure tenu des obligations antérieures à la consolidation, notamment et le cas échéant, celles :

a) de type tous les loyers, droits, redevances, pénalités ou autres sommes d'argent exigibles ;

b) de supporter toute obligation requise pour tout acte accompli ou faute commise.

Chapitre VII : De l'extinction des titres miniers

Article 32.- (1) Le titulaire d'un titre minier qui désire y renoncer en tout ou partie informe le Ministre chargé des mines à travers le Conservateur par note motivée avec accusé de réception le cas échéant, assortie des documents permettant d'établir que le titulaire a rempli les obligations liées au titre minier et a réhabilité le site.

(2) Si la renonciation ne porte que sur une partie du titre minier, la note est accompagnée :

a) dans le cas d'un permis de recherche, d'un plan décrivant le contour du périmètre conservé ;

b) dans le cas de tout autre titre minier, d'un relevé de terrain conservé, effectué suivant les modalités prévues par le présent décret.

Article 33.- Le Conservateur doit, dans un délai de quinze (15) jours suivant le dépôt du dossier de renonciation, s'assurer de sa régularité. Ensuite, il doit :

- inscrire la renonciation dans le registre des titres ;

- certifier l'enregistrement de la renonciation sur l'accusé de réception ;

- en cas de renonciation partielle, inscrire la renonciation sur le registre ;

- faire publier l'avis de renonciation dans le Journal Officiel ;

- afficher une copie de cet avis pendant une période de trente (30) jours au Ministre chargé des mines ;

- faire parvenir une copie de l'avis enregistrée au titulaire.

Article 34.- (1) En cas de renonciation totale, le Conservateur délivre une mainlevée de caution, le cas échéant, à l'ancien titulaire du titre minier, déduction faite des sommes dues, s'il y a lieu notamment :

- tous droits, redevances, indemnités, pénalités, loyers ou toutes sommes d'agent exigibles à la date de la renonciation ;

- toute dépense engagée par l'Administration chargée des mines en lieu et place du titulaire en exécution de ses obligations.

(2) La renonciation totale ou partielle entraîne la perte totale ou partielle des droits conférés par le titre minier à compter de la date d'enregistrement. Cependant, le titulaire du titre minier objet de la renonciation demeure tenu de tout engagement en résultant.

Article 35.- (1) Tout titre minier peut être retiré par l'autorité qui l'a délivré en cas de violation d'une disposition de la loi ou en cas de manquement par le titulaire à ses obligations.

(2) Avant toute décision de retrait, l'Administration chargée des mines met en demeure le titulaire de remédier au manquement signalé dans un délai de soixante (60) jours francs compté à partir de la date de notification de la mise en demeure.

(3) Si le titre minier objet d'une convention minière est retiré définitivement, la convention y afférente devient caduque.

Article 36.-(1) Tout retrait d'un titre minier doit :

- être inscrit dans le registre par le Conservateur ;

- être publié au Journal Officiel par le Conservateur ;

- être affiché au tableau prévu à cet effet au Ministre chargé des mines pendant trente (30) jours francs ;

- être notifié à l'ancien titulaire.

(2) Le cas échéant, le Conservateur délivre une mainlevée de caution, à l'ancien titulaire du titre minier, déduction faite des sommes dues s'il y a lieu, notamment :

a) tous droits, redevances, indemnités, pénalités, loyers, ou toutes sommes d'argent exigibles à la date de l'expiration ;

b) toute dépense engagée par l'Administration chargée des mines en lieu et place du titulaire en exécution de ses obligations.

(3) L'expiration de la demande validée entraîne la perte des droits conférés par le titre minier à compter de la date d'expiration. Cependant, le titulaire minier caduc demeure tenu de tout engagement en résultant.

Titre III : Des dispositions spécifiques à certains titres miniers, cartes individuelles de prospecteur et autorisations

Chapitre I : Des opérations minières artisanales

Section I : De la carte individuelle de prospecteur

Article 37.-(1) La demande d'octroi d'une carte individuelle de prospecteur est adressée au Délégué départemental des mines territorialement compétent en trois exemplaires dont l'original est timbré au tarif en vigueur. Elle est formulée sur une fiche dont le modèle est fourni par l'Administration chargée des mines.

(2) Lors du dépôt de la demande d'octroi de la carte individuelle de prospecteur, le demandeur doit présenter une copie certifiée conforme de sa carte nationale d'identité ou tout autre document prouvant son identité et sa nationalité camerounaise.

(3) En outre, la demande de la carte individuelle de prospecteur est accompagnée :

- du nom du département dans lequel le demandeur compte travailler ;
- de l'indication du minerai ou des minerais à prospecter ;
- du récépissé du versement du doit prévu par le présent décret ;
- de deux (2) photos 4 x 4 ;
- d'un certificat d'élection de domicile.

(4) Les documents à joindre à la demande de renouvellement sont uniquement ceux qui auront été modifiés depuis la demande initiale ainsi que le récépissé attestant du versement du droit requis et un compte rendu des activités pendant la phase antérieure.

Article 38.- (1) La carte individuelle de prospecteur est délivrée par le Délégué départemental des mines territorialement compétent et valable pour une période de douze (12) mois renouvelable. Son titulaire ne peut accorder, ni céder ni transférer un droit à cette carte et nul ne peut y être associé comme copropriétaire.

(2) La détention d'une carte individuelle de prospecteur ne confère pas à son titulaire un droit exclusif sur le département considéré.

Article 39.- (1) Le titulaire de la carte individuelle de prospecteur jouit d'une libre disposition des échantillons issus de son activité. Il peut effectuer des transactions auprès des personnes physiques ou morales agréées sans toutefois que son activité ne dégénère en exploitation artisanale.

(2) Le titulaire d'une carte individuelle de prospection ne peut prospecter sur un terrain situé dans le périmètre d'un permis de recherche, d'exploitation ou d'une autorisation d'exploitation artisanale en cours de validité.

Section II : De l'autorisation d'exploitation artisanale

Article 40.- La demande d'octroi d'une autorisation d'exploitation artisanale est formulée sur une fiche dont le modèle est fourni par l'Administration chargée des mines. Elle est déposée en triple exemplaire dont un original timbré au tarif en vigueur auprès du Délégué départemental territorialement compétent qui transmet sous huitaine le dossier complet au Délégué provincial des mines de son ressort.

À cette demande sont joints :

a. une preuve de la nationalité camerounaise établie suivant les normes réglementaires ;

b. un levé topographique montrant clairement les limites du périmètre considéré, indiqué conformément aux dispositions du présent décret ;

c. l'indication du minerai ou des minerais à exploiter, la description des méthodes d'excavation, de la technologie et éventuellement de la mécanisation utilisées ;

d. une indication des ressources financières disponibles pour entreprendre l'exploitation ;

e. le récépissé du versement du droit prévu par le présent décret ;

f. un engagement écrit à respecter les dispositions du cahier des charges définissant les actions préventives à mener pour assurer la protection de l'environnement et les mesures de sécurité et d'hygiène prévues par le présent décret.

Article 41.- (1) L'autorisation d'exploitation artisanale est délivrée par le Délégué provincial des mines territorialement compétent après vérification des coordonnées du périmètre concerné auprès du Conservateur. Le Délégué provincial chargé des mines dispose de quinze (15) jours à compter de la date de réception du dossier pour réagir. Passé ce délai, l'autorisation d'exploitation artisanale est réputée acquise et le demandeur peut démarrer ses travaux.

(2) L'autorisation d'exploitation artisanale est valable pour une période de deux (2) ans à partir de la date d'enregistrement de ladite autorisation dans le registre des titres miniers. Elle est renouvelable. Ce renouvellement est conditionné par la production d'un rapport annuel d'activité et par le respect scrupuleux des dispositions du cahier des charges prévu au f) de l'article 40 ci-dessus.

Article 42.- (1) Le site d'exploitation artisanale doit avoir la forme d'un quadrilatère dont chaque côté n'excède pas cent (100) mètres de longueur.

(2) La profondeur maximum de l'exploitation est de trente (30) mètres. Elle doit se conformer à la conduite raisonnable des exploitations minières de ce type et est soumise à l'application des règles de sécurité appropriée aux terrains concernés.

Article 43.- (1) Le titulaire de l'autorisation d'exploitation artisanale est responsable des dommages et troubles au droit d'usage et de jouissance de propriété qu'il occasionne à l'intérieur du périmètre délimitant ladite autorisation.

(2) Le titulaire d'une autorisation d'exploitation artisanale soumet au Délégué provincial des mines concerné, un rapport annuel décrivant ses activités, notamment la production en tonnes, en kilogrammes ou en carats des minerais, une indication sur la valeur marchande et le nombre de personnes employées.

Article 44.- (1) Lorsqu'une autorisation d'exploitation artisanale empiète en tout ou partie sur l'étendue d'une autre autorisation d'exploitation artisanale, le périmètre existant antérieurement prévaut.

(2) Si le désaccord persiste, le Délégué provincial des mines ordonne une étude conformément aux dispositions de l'article 12 (8) et (9) ci-dessus.

(3) Lorsqu'un permis de recherche ou un permis d'exploitation est attribué à l'intérieur d'un périmètre renfermant une autorisation d'exploitation artisanale, la zone de l'autorisation d'exploitation artisanale ne fait pas partie du permis octroyé. Les titulaires de tels permis doivent respecter le périmètre ainsi que les droits du titulaire de l'autorisation d'exploitation artisanale.

Section III : De la commercialisation des substances minérales issue de l'exploitation artisanale

Article 45.- (1) La commercialisation des substances minérales issues de l'exploitation artisanale est ouverte à toute personne physique ou morale de droit camerounais. Cette activité est subordonnée à l'obtention d'une autorisation délivrée par le Ministre chargé des mines. Pour ce faire, le titulaire ouvre un bureau de commercialisation et s'établit en commissionnaire.

(2) La demande d'autorisation d'ouverture du bureau visé à l'alinéa (1) ci-dessus est formulée en triple exemplaire sur une fiche dont le modèle fourni par l'Administration chargée des mines. Elle précise les nom, prénom, domicile du postulant et la nature des substances concernées. A cette demande sont joints :

- s'il s'agit d'une personne physique :

- une copie de la carte nationale d'identité du postulant ;
- un extrait du casier judiciaire datant de moins de trois (3) mois ;
- une photo d'identité 4 x 4 ;
- la nature des substances concernées ;
- un rapport de visite des installations établi par un agent de l'Administration chargée des mines commissionné à cet effet ;
- un titre de patente ;
- une attestation de versement des droits fixes d'un montant de cinquante mille (50.000) francs auprès de l'Agent intermédiaire des recettes du Ministère chargé des mines.

- s'il s'agit d'une personne morale :

- une copie de la carte nationale d'identité du gérant ;
- un extrait du casier judiciaire datant de moins de trois (3) mois du gérant ;
- une photo d'identité du gérant, la nature des substances concernées ;

- les statuts et tous actes établissant son existence légale ;

- un rapport de visite des installations établi par un agent de l'Administration chargée des mines commissionné à cet effet ;

- un titre de patente ;

- une attestation de versement des droits fixes d'un montant de cinquante mille (50.000) francs auprès de l'Agent intermédiaire des recettes du Ministère chargé des mines.

Article 46.- (1) Le dossier de demande d'autorisation est déposé contre récépissé à la Délégation départementale chargée des mines territorialement compétente. Le Délégué départemental assure que la demande est régulière en la forme et la transmet à son Délégué provincial. A compter de la date de dépôt, le dossier doit être transmis au Ministre chargé des mines dans un délai de quinze (15) jours.

(2) Le Ministre chargé des mines dispose d'un délai de trente (30) jours à compter de la date de réception du dossier pour se prononcer. Passé un délai de soixante (60) jours francs à compter de la date de dépôt du dossier auprès du délégué départemental, le silence de l'Administration des mines vaut acceptation de la demande et le postulant est en droit de commencer ses activités.

Article 47.- (1) L'autorisation d'ouverture d'un bureau de commercialisation des substances minérales est accordée par arrêté du Ministre chargé des mines. Sa durée de validité est fixée à quatre (4) ans renouvelable à compter de la date de notification de l'autorisation.

(2) L'acte d'autorisation précise :

- les conditions de conduite de la commercialisation ;

- les modalités de commercialisation des substances minérales.

Article 48.- Il est ouvert à la Direction chargée des mines, un rapport sur lequel seront répertoriées les références des autorisations d'ouverture de bureaux de commercialisation des substances minérales d'identité des titulaires et leurs circonscriptions administratives.

Article 49.- (1) La demande de renouvellement d'une autorisation d'ouverture d'un bureau de commercialisation des substances minérales doit parvenir au Ministère chargé des mines, trois (3) mois avant son expiration, suivant la procédure observée pour sa délivrance.

(2) Elle est présentée en triple exemplaire dont l'original est timbré au tarif en vigueur et comprend outre :

- un rapport d'activité de la période précédente faisant ressortir les statistiques de commercialisation ;

- toute pièce justifiant de l'acquisition des impôts et taxes en vigueur pour la période précédente.

(3) Le Ministre chargé des mines peut ordonner toute enquête nécessaire. Les frais inhérents à une telle enquête sont à la charge du Commissionnaire.

Article 50.- Le Commissionnaire est tenu de produire un rapport d'activité par trimestre au Délégué départemental chargé des mines territorialement compétent avec copie au Ministre chargé des mines.

Article 51.- (1) Toute substance minérale extraite du sous-sol camerounais et destinée à l'exportation doit être soumise à une expertise du laboratoire du Ministère chargé des mines ou de tout autre laboratoire agréé par le Ministre chargé des mines.

(2) Il est délivré, à l'issue de chaque expertise, un certificat d'authenticité précisant la nature de la substance ainsi que son poids de délivrance. Ce certificat est subordonné au paiement par le demandeur des frais d'expertise, suivant des modalités fixées par arrêté du Ministre chargé des mines

(3) Lorsqu'il s'agit de l'or, toutes les transactions en vue de l'exportation, à l'exclusion de celle effectuée sur le site d'exploitation artisanale, se font à partir de l'or fusionné. Ces opérations de fusion se déroulent au laboratoire visé à l'alinéa (1) ci-dessus, dans l'une de ses structures annexes ou dans toute autre unité agréée par le Ministre chargé des mines. Les frais afférents sont à la charge du détenteur de la substance.

(4) Les frais d'expertise et de fusion prévus aux alinéas (2) et (3) ci-dessus sont préalables auprès de l'Agent intermédiaire des recettes du Ministre chargé des mines ou auprès du laboratoire agréé selon le cas.

Article 52.- Les Commissionnaires doivent tenir des registres de transaction. Ces registres sont cotés et paraphés par le Directeur chargé des mines. Ils sont présentés, à leur demande, aux agents des mines préposés pour le contrôle des substances minérales.

Article 53.- (1) La Direction chargée des mines peut acheter les substances minérales auprès des personnes physiques ou morales agréées par le Ministre chargé des mines.

(2) Il est ouvert dans cette Direction un registre coté et paraphé par le Ministre chargé des mines pour les opérations de stockage des substances minérales acquises.

(3) Les substances acquises conformément aux dispositions de l'alinéa (1) ci-dessus sont la propriété de l'Etat. Elles peuvent être vendues suivant des modalités fixées par arrêté conjoint des Ministres chargés des finances et des mines.

Article 54.- (1) Toute personne physique ou morale peut être agréée à ouvrir une unité de fusion des métaux et/ou de taille de pierres précieuses fines ou ornementales.

(2) L'agrément est accordé par arrêté du Ministre chargé des mines pour une période de quatre (4) ans renouvelable sur présentation d'un dossier comportant les pièces suivantes :

- une demande en trois (3) exemplaires dont l'original est timbré au tarif en vigueur ;

- une copie de la carte nationale d'identité du postulant ou du gérant dans le cas d'une personne morale ;

- un extrait du casier judiciaire datant de moins de trois (3) mois pour les personnes physiques ou un exemplaire des statuts pour les personnes morales ;

- un timbre fiscal de cent mille (100.000) francs à apposer sur l'autorisation ;

- un certificat d'élection de domicile ;

- un rapport de visite de l'unité effectuée par un agent de l'Administration chargée des mines, commissionné à cet effet.

Article 55.- Le titulaire de l'agrément prévu à l'article 54 ci-dessus reverse pour le compte de l'Etat un droit de fusion et/ou de taille auprès de l'Agent intermédiaire des recettes du Ministère chargé des mines, suivant un état de liquidation établi par le Directeur chargé des mines conformément à la réglementation en vigueur.

Article 56.- Sans préjudice des sanctions civiles et/ou pénales prévues par la législation en vigueur, le Ministre chargé des mines peut procéder, suite à une mise en demeure restée sans effet :

a) à la suspension de l'autorisation ou de l'agrément pour une durée n'excédant pas six (6) mois en cas :

- de non-paiement de droits et taxes ;

- d'inactivité constatée pendant une période de six (6) mois non justifiée par un mémoire en réponse dans les trente (30) jours qui suivent la mise en demeure ;

- de déclaration inexacte, tardive ou absente ;

- de recel de substances minérales ;

- de fraude en matière de commerce de substances minérales.

b) au retrait de l'autorisation ou de l'agrément en cas de récidive à l'une des infractions citées au (a) ci-dessus.

Chapitre II : Des opérations minières industrielles

Section I : Du permis de reconnaissance

Article 57.- (1) La demande d'attribution ou de renouvellement d'un permis de reconnaissance est adressée au Ministre chargé des mines en triple exemplaire dont le formulaire est fourni par l'Administration chargée des mines. L'original est timbré au tarif en vigueur. Elle est déposée auprès du Conservateur contre récépissé.

(2) En plus des renseignements requis à l'article 5 du présent décret, la demande de permis de reconnaissance est accompagnée :

- d'une carte à l'échelle de 1/200.000e précisant les limites de la zone sollicitée ;

- d'un mémoire sur l'objet de la reconnaissance envisagée ;

- d'un programme des travaux et le nom du responsable de ces travaux ;

- du récépissé attestant du versement du droit prévu ;

- d'une indication sur la disponibilité des ressources financières requises pour entreprendre les travaux.

(3) Le renouvellement du permis de reconnaissance nécessite uniquement la production des documents modifiés après la demande initiale et le récépissé de versement de droits requis ainsi que le rapport des travaux de la période qui s'achève.

Article 58.- Pendant la première période de validité ou lors des périodes de validité issues des renouvellements postérieurs, le titulaire du permis de reconnaissance remet tous les six (6) mois au Ministre chargé des mines, un rapport détaillant les travaux réalisés, les dépenses supportées et toutes les données concernant les ressources géologiques et minières mises en évidence. Il remet en outre un rapport final soixante (60) jours au plus après l'expiration du permis.

Article 59.- (1) Toute réalisation des travaux de reconnaissance sur le terrain conformément aux dispositions de l'article 12 de la loi fait l'objet d'une demande d'autorisation auprès du Ministre chargé des mines. Cette demande indique notamment les références scientifiques de l'organisme, la nature des travaux et l'identité du responsable des travaux sur le terrain.

(2) Cette autorisation donne obligation au titulaire de transmettre au Ministre chargé des mines une copie de toute publication, carte ou résultat issus de ses travaux.

Section II : Du permis de recherche

Article 60.- (1) La demande d'un permis de recherche est adressée au Ministre chargé des mines suivant le modèle de fiche fourni par l'Administration chargée des mines. Elle est déposée auprès du Conservateur contre récépissé en triple exemplaire dont l'original est timbré au tarif en vigueur. En plus des renseignements prévus à l'alinéa 5 ci-dessus, il est précisé :

a. la délimitation et la superficie de la zone sollicitée ;

b. les circonscriptions administratives concernées.

(2) La demande d'un permis de recherche est accompagnée des pièces suivantes :

a. un extrait de la carte topographique à l'échelle du 1/200.000e de la région du permis sollicité précisant les sommets et les limites du périmètre demandé et les points géographiques décrivant le périmètre selon la méthode établie dans le présent décret ;

b. le programme et l'échelonnement des travaux que le demandeur se propose d'exécuter pendant la période de validité du permis ;

c. le récépissé attestant le versement des droits requis ;

d. une indication concrète de la disponibilité des ressources financières nécessaire pour réaliser les travaux ;

e. un engagement écrit d'exécuter les travaux prévus dans le programme.

(3) Le renouvellement d'un permis de recherche requiert uniquement les documents modifiés après la demande initiale. Elle comprend en outre le rapport des travaux antérieurs et le récépissé de versement des droits prévus ainsi que la carte précisant la zone objet de la renonciation en vertu de l'article 39 de la loi.

Article 61.- Le titulaire d'un permis de recherche est tenu d'exécuter l'ensemble des travaux prévus au programme soumis et approuvé ou des travaux prévus dans un programme modifié et approuvé par le Ministre chargé des mines, sauf dérogation éventuellement accordée lors des évaluations annuelles.

Article 62.- (1) Les dépenses minima devant être effectuées chaque année sont celles qui sont indiquées dans le programme des travaux approuvé pour cette année. Elles ne devront, en aucun cas, être inférieures à l'équivalent de cent mille (100.000) francs CFA par km^2 et par an.

(2) Pour les travaux prévus à l'alinéa (1), les dépenses acceptables sont celles qui sont directement liées à l'acquisition et à l'interprétation des données de recherche de la zone du permis de recherche, incluant celles liées aux travaux de laboratoire et aux études de faisabilité.

(3) Sans préjudice des dispositions de l'alinéa (2) ci-dessus, les dépenses non acceptables pour les besoins de cet Article sont :

- l'achat d'un titre minier ;
- l'achat de terrain ou bâtiments.

Article 63.- (1) Le titulaire d'un permis de recherche a l'obligation de rendre compte au Ministre des mines de l'évolution de ses activités.

À ce titre, il lui fait parvenir aux périodes et échéances suivantes, les rapports ci-dessous énumérés :

- pour compter de la date de notification de l'attribution du permis, ou en cas de retrait de renonciation et de renouvellement, un rapport semestriel résumant tous les travaux entrepris pour ou en relation avec le permis de recherche et ce, depuis le précédent rapport ;

- pour les mêmes échéances, un rapport résumant toutes les dépenses acceptables supportées aux termes de l'alinéa (2) de l'article 62 ci-dessus pour ou en relation avec le permis de recherche depuis la remise du précédent rapport ;

- au terme de chaque année comptée à partir de la date de notification de l'attribution du permis, un rapport donnant tous les détails de l'ensemble des travaux entrepris pour ou en relation avec le permis de recherche afin d'apprécier les objectifs, les procédures adoptées et les conclusions qui s'y rattachent. Ce rapport renferme notamment les données géologiques et minières ;

- dans le cas de la renonciation de tout ou partie d'un permis de recherche ou s'il s'agit de l'expiration, un rapport résumant tout le travail entrepris pour ou en relation avec tout ou partie du permis de recherche correspondant depuis la date d'attribution. Le rapport comprend également les éléments mentionnés au (c) de l'alinéa (1) du présent article concernant la période écoulée depuis la remise du précédent rapport.

Article 64.- (1) Toute demande de changement d'un programme préalable approuvé doit être fondée sur au moins l'un des éléments suivants :

a) des cas de force majeure qui empêchent le titulaire de mener à bien le programme approuvé

b) le titulaire souhaite conduire les recherches d'une manière différente de celle initialement proposée ;

(2) Toute demande de changement d'un programme préalablement approuvé doit être accompagnée du programme révisé.

(3) Le Ministre chargé des mines peut :

- demander au requérant de fournir des renseignements supplémentaires ou d'amender le programme visé ;

- approuver le changement demandé, lequel se substitue au programme précédemment approuvé ;

- refuser le changement.

(4) Tout refus doit être motivé.

Section III : Du permis d'exploitation

Article 65.- (1) Toute demande de permis d'exploitation doit être formulée sur un modèle de fiche fourni par l'Administration chargée des mines. Cette fiche, en triple exemplaire dont un original timbré au tarif en vigueur, fait ressortir notamment une description des sommets du périmètre d'exploitation en latitude et en longitude, un plan sommaire matérialisant les limites du périmètre et tous les autres repères naturels permettant de le localiser.

(2) La demande d'attribution d'un permis d'exploitation est adressée et dressée auprès du Ministre chargé des mines avant la date d'expiration du permis de recherche dont il est issu.

Elle indique :

- la référence du permis de recherche dont dérive le permis d'exploitation sollicité ;

- les coordonnées géographiques des sommets du périmètre délimitant la superficie requise ;

- le période pour laquelle le permis d'exploitation est demandé. Elle est accompagnée :

• d'un extrait de la carte de la région à l'échelle du 1/50.000e indiquant le périmètre du permis demandé ;

• d'un plan de détail à l'échelle convenable où les coordonnées des sommets du périmètre sollicité sont rattachées à des points remarquables, invariables au sol et bien définis ou encore d'un plan préparé selon la réglementation en vigueur ;

• des statuts de la société d'exploitation ;

• d'une étude de faisabilité, comprenant notamment :

a) l'évaluation chiffrée de l'importance et de la qualité des réserves exploitables du minerai ;

b) la détermination du procédé de traitement métallurgique du minerai ;

c) une planification de l'exploitation minière appuyée par un profil de production ;

d) la présentation d'un programme de construction de la mine, détaillant les travaux, les équipements, installations et fournitures requis pour la mise en production commerciale d'un gîte ou d'un gisement potentiel ainsi que les coûts estimatifs s'y rapportant, accompagné des dépenses à effectuer annuellement ;

e) la déclaration décrivant les conditions d'infrastructures attendues ;

f) une notice d'impact socio-économique du projet, particulièrement sur les populations locales ;

g) une étude d'impact du projet sur l'environnement (terre, eau, faune, flore, établissement, humains) avec des recommandations appropriées ;

h) l'établissement d'un plan relatif à la commercialisation des produits, comprenant les points de vente envisageable, les plants, les conditions de vente et les prix ;

i) des projections financières claires et complètes pour la période d'exploitation ;

j) les conclusions et les recommandations quant à la faisabilité économique et le calendrier arrêté pour la mise en vente de la production commerciale en tenant compte des points a, c, et i ci-dessus ;

k) les propositions du demandeur sur le recrutement et la formation des Camerounais ;

l) un projet de convention minière ;

m) toutes autres informations que la partie faisant ladite étude de faisabilité estimerait nécessaire pour amener toutes institutions financières ou bancaires à l'exploitation du gisement notamment :

(3) Toute demande de permis d'exploitation présentée par une personne non titulaire d'un titre minier doit, en plus des éléments spécifiés dans l'alinéa (2) ci-dessus, comprendre les éléments justifiant ses raisons et ses aptitudes techniques et financières à entreprendre les opérations d'exploitation.

Article 66.- Au cas où une demande est formulée pour le renouvellement d'un permis d'exploitation, le demandeur est tenu de fournir tout nouveau renseignement se rattachant aux conditions prévues à l'article 65 ci-dessus.

Article 67.- Toute demande de renouvellement d'un permis d'exploitation est adressée au Ministre chargé des mines au plus tard deux (2) ans avant l'échéance définitive dudit permis. Passé ce délai, l'exploitation est réputée s'arrêter à cette échéance et les opérations de remise en état du site doivent commencer.

Article 68.- (1) La demande formulée en vue de la modification des propositions préalablement approuvées par le Ministre chargé des mines spécifie la ou les raisons motivant le titulaire à modifier lesdites propositions. Cette demande, adressée au Ministre chargé des mines est accompagnée d'un programme de travaux révisé.

(2) La modification sollicitée peut inclure une extension de la validité du permis à d'autres substances que celles précisées dans la demande de permis formulée selon les dispositions de l'article 65 ci-dessus. Dans ce cas, la demande doit être accompagnée des éléments de l'étude de faisabilité tels que spécifiés à l'article 65 du présent décret.

(3) Le Ministre chargé des mines peut, après examen de la demande, soit :

a. demander au postulant de fournir des renseignements supplémentaires ou d'amender le programme révisé ;

b. approuver le changement demandé, lequel se substitue au programme précédemment approuvé ;

c. refuser le changement par une notification motivée.

Article 69.- Conformément aux dispositions de l'article 11 de la loi, le Ministre chargé des mines assume la responsabilité de la participation de l'État dans un permis d'exploitation.

Titre IV : Des dispositions applicables aux sites géothermiques, aux eaux de source, aux eaux minérales et thermo minérales

Chapitre I : Des généralités

Article 70.- Les gîtes géothermiques, les eaux de source, les eaux minérales et thermominérales font partie du domaine public de l'Etat. En ce qui concerne les eaux de source, les eaux minérales et thermominérales, elles doivent obligatoirement provenir d'un captage direct effectué, soit sur une source naturelle, soit sur un ouvrage artificiel sous forme de puits ou de forage.

Article 71.- (1) Les activités de reconnaissance et de recherche des gîtes géothermiques, des eaux de source, des eaux minérales et thermominérales sont ouvertes à toute personne physique ou morale conformément aux dispositions du chapitre deuxième du titre III du présent décret.

(2) Les activités d'exploitation des gîtes géothermiques, des eaux de source, des eaux minérales et thermominérales sont ouvertes à toute personne physique ou morale de droit camerounais, titulaire d'un permis d'exploitation délivré dans les conditions prévues par le présent décret.

(3) Les activités d'embouteillage des eaux de source, des eaux minérales et thermominérales sont ouvertes à toute personne physique ou morale de droit camerounais titulaire d'une autorisation d'embouteillage délivrée conformément aux dispositions du présent décret.

Chapitre II : Des permis d'exploitation des gites géothermiques, des eaux de source, des eaux minérales et thermominérales

Section I : Des dispositions communes

Article 72.- Les permis d'exploitation des gîtes géothermiques, des eaux de source, des eaux minérales et thermominérales sont de droit lorsque les travaux de recherche ont démontré l'existence d'une nappe exploitable à l'intérieur du périmètre sollicité. Le captage projeté par l'exploitant doit offrir les garanties d'hygiène nécessaires. Un périmètre de protection est par ailleurs défini autour du point de captage.

Article 73.- (1) Les périmètres de protection du captage et de la nappe sont délimités dans chaque cas par étude conjointe des Administrations chargées des mines et de l'hygiène publique ou des personnes physiques ou morales agréées à cet effet par le Ministre chargé des mines.

(2) Le titulaire dispose des droits exclusifs sur le terrain objet du permis d'exploitation. Il doit s'assurer, de concert avec les riverains, du respect et de la protection du périmètre de la nappe.

(3) L'aménagement du périmètre de captage selon les directives des Administrations chargées des mines et de l'hygiène publique incombe à l'exploitant.

Article 74.- Toute modification projetée au captage, à l'aménagement d'une source ou aux installations d'exploitation doit, préalablement à son exécution, être portée à la connaissance du Ministre chargé des mines pour approbation.

Article 75.- (1) Les demandes de permis sont adressées au Ministre chargé des mines. Le Directeur chargé des mines s'assure qu'elles sont régulières en la forme, les fait modifier ou compléter, en tant que de besoin, et ordonne toute enquête nécessaire.

(2) Le permis est accordé par arrêté du Ministre chargé des mines, notifié au demandeur et publié au Journal Officiel en français et en anglais.

(3) Le rejet motivé de la demande d'un permis d'exploitation des gîtes géothermiques, des eaux de source, des eaux minérales et thermominérales est notifié au demandeur.

Section II : Du permis d'exploitation des gites geothermiques, des eaux de source, des eaux minérales et thermominerales

Article 76.- Le permis d'exploitation d'une eau de source, d'une eau minérale, thermominérale ou d'une gîte géothermique est délivré par arrêté du Ministre chargé des mines.

Article 77.- Le permis d'exploitation des gîtes géothermiques définit, par un périmètre et deux profondeurs à savoir le toit et le mur, le volume qui pourra être exploité. Il peut également limiter le débit calorifique qui sera prélevé et préciser les conditions d'exploitabilité du gîte.

Article 78.- Tout postulant à un permis d'exploitation d'une eau de source, d'une eau minérale, thermominérale ou d'un gîte géothermique doit adresser au Ministre chargé des mines une demande en triple exemplaire, dont l'original est timbré au tarif en vigueur, faisant connaître :

- les noms et prénoms du demandeur ;
- la circonscription administrative concernée ;
- éventuellement l'expérience en la matière.

À cette demande sont jointes les pièces ci-après :

- un extrait de la carte au 1/50.000e précisant l'emplacement de la source ou du gîte ;

- un état descriptif des travaux déjà exécutés ou à réaliser et un programme des travaux de captage et d'aménagement projetés ;

- des actes établissant les capacités du demandeur à assurer la protection sanitaire de la source ;

- pour les eaux, une note précisant les caractéristiques physico-chimiques et bactériologiques ainsi qu'un engagement à ne faire subir à ces eaux aucune opération susceptible d'altérer les caractéristiques portées sur l'acte d'autorisation ;

- Le logo à faire figurer sur les bouteilles.

Article 79.- Si le requérant souhaite faire subir à une eau de source ou à une eau minérale quelque traitement que ce soit, le dossier de demande prévu dans les formes indiquées à l'article 78 ci-dessus comprendra en outre une note précisant :

- le (s) traitement (s) que le demandeur désire faire subir à l'eau et éventuellement au gaz avant la livraison au public ;

- les caractéristiques physiques, chimiques et bactériologiques de l'eau résultant de ce (s) traitement (s).

Article 80.- Au cas où un postulant envisage un mélange d'eaux minérales ou de source et éventuellement de gaz provenant de plusieurs sources de qualités différentes ou analogues, la demande comporte en outre les pièces ci-après :

- la liste des sources dont l'eau ou le gaz entre dans le mélange ;

- les copies des actes autorisant la livraison ou l'administration des eaux de ces sources au public ;

- l'extrait de la carte au 1/50.000e sur laquelle figure avec précision l'emplacement de chacune des sources ;

- la description des travaux déjà exécutés et des travaux de captage et d'aménagement projetés pour l'exploitation tant de la source que du mélange de gaz ;

- une note indiquant :

• les conditions dans lesquelles le mélange sera réalisé ;

• les traitements que le demandeur désire faire subir soit à l'eau soit au gaz de chaque source avant de la faire entrer dans le mélange, soit au mélange lui-même ;

• les caractéristiques physiques et chimiques qui résulteront de ces traitements pour ledit mélange.

- Cette note proposera les mentions à faire figurer sur les étiquettes si les eaux doivent être mises en bouteille ;

- l'engagement de ne faire subir à l'eau de chaque source et au mélange, aucun autre traitement que ceux qui seront permis par l'acte d'autorisation ;

- le cas échéant, la copie de tout acte établissant les possibilités dont dispose le demandeur pour assurer la protection sanitaire des sources et des installations prévues.

Article 81.- (1) Le dossier de demande de permis d'exploitation d'une eau de source, d'une eau minérale, thermominérale ou d'un gîte géothermique est déposé complet auprès du Délégué départemental des mines territorialement compétent qui s'assure que la demande est régulière en la forme et la transmet à son Délégué provincial. Ce dossier doit être transmis au Ministre chargé des mines dans un délai de quinze (15) jours.

(2) Passé le délai de soixante (60) jours, le silence de l'Administration chargée des Mines vaut approbation. Le permis est réputé acquis et le requérant peut démarrer ses activités.

Chapitre III : De l'embouteillage

Section I : De l'autorisation d'embouteillage

Article 82.- La mise en bouteille d'une eau de source ou d'une eau minérale destinée au public est soumise à l'obtention préalable d'une autorisation délivrée par le Ministre chargé des mines.

Seules peuvent être embouteillées comme eau de source ou eau minérale, les eaux dont l'exploitation est faite dans les conditions fixées à l'article 73 ci-dessus.

Article 83.- Avant et après la délivrance de l'autorisation d'embouteillage, il est procédé par les Administrations chargées des mines et de l'hygiène publique au contrôle des installations ainsi qu'à l'analyse complète de l'eau à embouteiller et de l'eau mise en bouteille dans les installations. Le cas échéant, il peut être prescrit une analyse bactériologique de l'eau de rinçage à effectuer par un laboratoire agréé par le Ministère de l'hygiène publique.

Article 84.- Les frais inhérents aux contrôles et aux analyses prévus à l'article 83 ci-dessus sont à la charge de l'exploitant.

Article 85.- La demande d'autorisation d'embouteillage d'eau de source ou d'eau minérale doit être adressée au Ministre chargé des mines en trois (3) exemplaires dont l'original est timbré au tarif en vigueur. Elle est instruite conformément aux dispositions de l'article 81 ci-dessus et y sont jointes les pièces ci-après :

- une copie du permis d'exploitation ;
- un extrait de la carte au 1/50.000e indiquant la zone du permis d'exploitation et matérialisant le point de captage ;
- un plan de situation à l'échelle 1/1000e précisant l'emplacement de tous les bâtiments et installations annexes de l'exploitation, les points de contrôle des eaux minérales et de rinçage, les réseaux d'eau et de gaz ;
- un plan de masse détaillé au 1/200e des différentes sections ;
- une note explicative sur les procédés d'embouteillage, les moyens de transport utilisés ainsi que la production annuelle maximale prévue pour chaque catégorie d'eau à embouteiller ;
- toute précision sur les moyens d'auto-surveillance prévus.

Section II : Des règles de construction et d'exploitation des unités d'embouteillage

Article 86.- Les entreprises d'embouteillage doivent remplir les conditions suivantes :

a) l'unité d'embouteillage doit être construite en matériaux définitifs, les sols revêtus d'un matériau imperméable et agencé de manière à permettre un écoulement facile et rapide des eaux. Elle doit être isolée aussi bien des locaux destinés à la réception et/ou à la fabrication des bouteilles qu'à ceux destinés au stockage et à l'expédition ;

b) les réservoirs et conduites destinés à l'eau à embouteiller doivent être construits en matériaux stables et ne réagissant pas au contact de cette eau. Ces matériaux doivent en outre respecter les normes alimentaires ;

c) les bouteilles servant à l'embouteillage doivent être en matériaux autorisés par le Ministre chargé des mines ;

d) les opérations de lavage, de remplissage et de bouchage doivent s'effectuer sans intervention manuelle ;

e) avant le remplissage, les récipients doivent être lavés et désinfectés même si leur fabrication garantit leur propreté et leur stérilité. Ensuite, ils doivent être rincés avec l'eau à embouteiller ;

f) les produits utilisés pour le lavage et la désinfection ainsi que les modes de stérilisation des récipients doivent être autorisés par le Ministre chargé des mines après avis du Ministre chargé de l'hygiène publique. Les bouteilles doivent être mirées avant et après remplissage. L'obturation des bouteilles doit présenter toute garantie d'étanchéité et de salubrité ;

g) le cas échéant, les appareils destinés au dégazage et/ou à la réincorporation des gaz doivent assurer la conservation du gaz sans altération, ni addition de gaz étranger aux sources autorisées.

Article 87.- (1) Un règlement intérieur approuvé par les Administrations chargées des mines et de l'hygiène publique précise les conditions d'hygiène et de salubrité à observer dans les locaux de l'exploitation ainsi que les équipements mis à cet effet à la disposition du personnel.

(2) Ce règlement intérieur doit être affiché de manière apparente dans toutes les sections de l'unité d'embouteillage.

Titre V : Des dispositions applicables aux substances de carrières

Chapitre I : De l'autorisation et du permis d'exploitation des substances de carrières

Article 88.- Pour l'application du présent décret est considérée comme :

- carrière temporaire, toute exploitation des substances de carrière dont la durée n'excède pas deux (2) ans ;

- carrière permanente, toute exploitation des substances de carrières dont la durée s'étend sur au moins deux (2) ans ;

- carrière à usage domestique, toute exploitation des substances de carrières par le propriétaire du sol à des fins exclusivement personnelles et non commerciales ;

- carrière artisanale, toute exploitation des substances de carrières par des méthodes et procédés manuels et peu mécanisés et ne faisant pas appel à l'usage des explosifs.

Article 89.- (1) La recherche des gîtes des substances de carrières est soumise à l'obtention d'un permis de reconnaissance délivré par le Ministre chargé des mines.

(2) L'accès à une ancienne carrière pour étude et/ou évaluation des réserves fait l'objet d'une déclaration.

(3) Le récépissé de déclaration est délivré par le Délégué provincial chargé des mines territorialement compétent. Ce dernier dispose d'un délai de quinze (15) jours à compter de la date de dépôt de la demande auprès du Délégué départemental chargé des mines territorialement compétent pour délivrer le récépissé qui vaut droit d'accès à l'ancienne carrière. Passé ce délai, le silence de l'Administration vaut acceptation et le récépissé est réputé acquis.

(4) Toute décision de refus d'octroi de récépissé doit être motivée et notifiée au demandeur.

Article 90.- (1) L'exploitation de toute substance de carrière temporaire est subordonnée à l'obtention d'une autorisation délivrée par décision du Ministre chargé des mines.

(2) L'exploitation de toute carrière permanente est subordonnée à l'obtention d'un permis d'exploitation délivré par arrêté du Ministre chargé des mines.

Article 91.- (1) La demande d'une autorisation ou d'un permis d'exploitation des substances de carrières est formulée sur une fiche dont le modèle est fourni par l'Administration chargée des mines.

La demande est déposée en triple exemplaire dont l'original est timbré au tarif en vigueur auprès du Délégué départemental chargé des mines territorialement compétent.

Cette demande fait connaître :

- les références du permis de reconnaissance ou du récépissé de déclaration ;

- l'identité du demandeur : nom, prénom, domicile et nationalité du postulant, et s'il s'agit d'une société, ses statuts ;

- la zone d'extraction sollicitée ainsi que l'emplacement précis des installations annexes par rapport aux habitations, bâtiments, voies de communication, sources, ouvrages d'eau, ouvrages d'art ou points remarquables les plus proches ;

- la superficie d'occupation des terrains nécessaires aux prélèvements et aux activités annexes ;

- la nature et la quantité des matériaux dont l'extraction est demandée ;

- la durée de l'exploitation prévue.

(2) Elle est accompagnée :

a) d'une carte en trois (3) exemplaires à l'échelle de 1/50 000e situant les limites de la zone d'exploitation ;

b) d'un plan en trois (3) exemplaires à l'échelle de 1/500e précisant les périmètres nécessaires aux prélèvements et aux activités annexes ;

c) d'une étude d'impact et d'un plan de protection et de gestion de l'environnement réalisés conformément aux dispositions du présent décret ;

d) du titre de propriété ou d'un contrat de bail couvrant la durée de l'autorisation ou du permis et établis conformément à la législation en vigueur ;

e) des récépissés de versement des droits exigés ;

f) d'un cahier des charges signé par le requérant, les Délégués provinciaux chargés des mines et des domaines ;

g) d'un carnet de lettres de voiture conformément au modèle fourni par l'Administration compétente ;

h) En outre sera exigée, pour le permis d'exploitation, une étude technico-économique indiquant les caractéristiques géotechniques du gisement, le mode et le rythme d'exploitation envisagée ainsi que les comptes d'exploitation prévisionnels ou la valeur marchande du matériau extrait.

(3) À la réception du dossier, le Délégué départemental chargé des mines contrôle sa régularité notamment l'effectivité du titre de propriété ou de tout autre document en tenant lieu. Il le transmet ensuite au Délégué provincial chargé des mines territorialement compétent qui fait procéder aux requêtes et visites nécessaires. Le Délégué provincial chargé des mines dispose de trente (30) jours pour traiter et acheminer le dossier auprès du Ministre. Le Ministre chargé des mines dispose de quinze (15) jours pour se prononcer.

(4) Le silence gardé par l'Administration au-delà de soixante (60) jours à compter de la date de dépôt du dossier, vaut autorisation ou permis.

Article 92.- (1) Le bénéficiaire d'une autorisation ou d'un permis d'exploitation de carrière est tenu de respecter :

- les clauses du cahier des charges prévu à l'article 91 ci-dessus ; - le taux et le mode de paiement des rentes et redevances proportionnelles ;

- l'obligation de remettre trimestriellement les rapports d'avancement des travaux au Directeur chargé des mines ;

- l'obligation de se conformer à la réglementation en vigueur en matière de sécurité et d'hygiène pour les travaux envisagés ou, le cas échéant, d'élaborer un règlement y relatif conformément aux normes internationalement reconnues ;

- l'obligation de commencer l'exploitation dans un délai de douze (12) mois à partir de la date de signature de l'acte d'attribution.

(2) La décharge de l'acte d'attribution vaut notification.

(3) Passé un délai de quinze (15) jours, le Conservateur procède à la notification de l'acte d'attribution.

Article 93.- La demande de renouvellement d'un permis d'exploitation des substances de carrières doit parvenir au Ministre chargé des mines trois (3) mois au plus tard avant son expiration. Cette demande présentée en triple exemplaire dont l'original est timbré conformément au tarif en vigueur comporte :

- la justification du paiement des droits et taxes pour la période écoulée ;

- un rapport de visite du site de la carrière établi par le responsable technique provincial chargé des mines et le Délégué départemental territorialement compétents ;

- trois (3) plans actualisés de la carrière à l'échelle de 1/500e ;

- la quittance attestant le règlement intégral des droits requis pour la période de renouvellement ;

- un rapport d'exploitation indiquant le cubage, la nature et la qualité des matériaux extraits, les méthodes d'exploitation et de réhabilitation, la quantité d'explosifs utilisés au cours de la période écoulée, les accidents de travail enregistrés, les installations nouvelles réalisées, le nombre d'ouvriers et de cadres permanents employés, les projets à réaliser au cours de la nouvelle période d'exploitation et toutes observations techniques nécessaires.

Article 94.- A la fermeture d'une carrière, les produits restant en stock sur le carreau de la carrière appartiennent au propriétaire du terrain sous réserve du paiement de la taxe à l'extraction.

Si le propriétaire du terrain est l'Etat, il est exempté du paiement de la taxe à l'extraction et les produits concernés sont gérés par le Ministre chargé des mines.

Chapitre II : Des dispositions applicables aux carrières artisanales et aux carrières à usage domestique

Article 95.- (1) L'exploitation artisanale des substances de carrières est libre sous réserve des dispositions suivantes :

- le Délégué départemental des mines, après consultation des autorités administratives et domaniales compétentes, définit en collaboration avec l'autorité communale, des zones propices aux travaux d'exploitation artisanale ainsi que les règles de protection de l'environnement. Il procède à leur affichage et en informe la hiérarchie ;

- les autorités communales définissent localement le taux et le mode de recouvrement de la taxe communale auprès des artisans conformément à la réglementation en vigueur ;

- en vue de l'inscription de son nom dans un registre ad hoc à la Délégation départementale chargée des mines, toute personne installée dans les zones désignées doit fournir une copie de sa carte nationale d'identité.

(2) Les frais relatifs à la définition des zones d'exploitations artisanales par le Délégué départemental chargé des mines ainsi que tous les autres frais inhérents au suivi et au contrôle de cette activité sont à la charge de l'autorité communale.

Article 96.- Lorsque le Délégué départemental chargé des mines constate qu'une zone d'exploitation artisanale ou à usage domestique présente un danger, il peut procéder à la fermeture de la zone.

Article 97.- (1) L'exploitation des carrières à usage domestique est soumise à déclaration auprès du Délégué départemental chargé des mines territorialement compétent. La déclaration indique le lieu d'extraction, les quantités à prélever et leur utilisation. Elle est accompagnée d'une copie de la carte nationale d'identité du demandeur.

(2) A compter de la date de dépôt, le Délégué départemental dispose de quinze (15) jours pour délivrer le récépissé qui autorise l'exploitation et en informe le Ministre chargé des mines.

Titre VI : De l'exportation, de l'importation et du transit des substances minérales

Chapitre I : Des généralités

Article 98.- Sans préjudice de l'application de la législation et de la réglementation spécifiques en matière d'importation, d'exportation et de transit, et sous réserve des avantages accordés par le code minier et les textes pris pour son application, l'importation, l'exportation et le transit des substances minérales à l'état brut ou ayant subi un traitement préalable sont soumis à autorisation du Ministre chargé des mines.

Article 99.- Aucune opération d'importation, d'exportation ou de transit des substances minérales ne peut se faire en violation des dispositions des conventions internationales dûment ratifiées par le Cameroun.

Article 100.- Les produits finis issus des transformations physico-chimiques des substances minérales, les métaux précieux ouvrés, les pierres précieuses taillées ou définitivement montées sur bijoux ou objets d'art ainsi que les matériaux ayant subi une transformation en objets d'art ou d'ornement, sont régis par des textes particuliers.

Article 101.- L'exportation, l'importation et le transit des substances minérales issues de l'exploitation artisanale ou de carrières sont soumis à une taxe conformément à la réglementation en vigueur.

Chapitre II : Des autorisations d'exportation, d'importation et de transit

Article 102.- (1) La délivrance de l'autorisation d'exportation se fait dans un délai maximum de quinze (15) jours sous réserve de la production des pièces ci-après :

- une copie du titre minier, de l'autorisation d'ouverture d'un bureau de commercialisation des substances minérales ou éventuellement, de l'acte du Ministre chargé des mines constatant le droit de détention des substances minérales concernées ;

- un certificat d'authenticité délivré par le laboratoire du Ministère chargé des mines ou tout autre laboratoire agréé par le Ministre chargé des mines ;

- le poids et la teneur de la ou des substances minérales concernées ;

- l'adresse du pays de destination ;

- une quittance de versement des droits requis ;

- une copie d'un extrait du registre de production ou de commercialisation relatif aux lots concernés.

(2) La demande de l'autorisation est déposée auprès du Ministre chargé des mines.

Article 103.- L'autorisation est établie en trois (3) exemplaires destinés respectivement au requérant, à la douane et aux archives.

Article 104.- L'Etat peut, en tant que de besoin, limiter ou interdire l'exportation d'une ou de plusieurs substances minérales issues de son sol ou de son sous-sol, tout en veillant à la sauvegarde des intérêts des opérateurs miniers.

Article 105.- La délivrance de l'autorisation du Ministre chargé des mines, relative à l'exportation, est subordonnée à la production des pièces ci-après :

- le certificat d'origine ;

- le certificat d'authenticité ;

- la preuve de propriété ou toute pièce officielle justifiant la possession ou la détention de la substance minérale concernée.

Article 106.- L'autorisation du Ministre chargé des mines relative aux opérations de transit des ressources minérales est subordonnée à la production des pièces ci-après, en plus des pièces visées à l'article 105 ci-dessus :

- un contrat entre l'expéditeur et le destinataire tous établis hors du Cameroun ;

- une quittance de versement des droits de transit.

Article 107.- En cas d'exportation, d'importation ou de transit, le Ministre chargé des mines se réserve le droit de requérir une expertise des produits concernés.

Article 108.- (1) L'exportation, l'importation et le transit des échantillons des substances minérales destinées à des fins non commerciales sont soumis à une autorisation exclusive du Ministre chargé des mines.

- (2) La demande y afférente doit être accompagnée des pièces justificatives.

Titre VII : Des mesures de sécurité et d'hygiène

Article 109.- Des mesures de sécurité doivent être prises dans toute exploitation, notamment en ce qui concerne : les procédés d'abattage de la masse exploitée ; le décapage des terres de recouvrement dans les carrières à ciel ouvert ;

- la consolidation des puits, des galeries ou d'autres ouvrages souterrains ou excavations à ciel ouvert ;

- la disposition et les dimensions des piliers dans les exploitations souterraines ;

- l'emploi des explosifs.

Article 110.- (1) Les dispositions du Code du travail en ce qui concerne les mesures générales d'hygiène et de sécurité dans les établissements de toute nature sont applicables aux activités minières, aux carrières et à leurs installations annexes.

(2) Les réglementations particulières relatives aux substances explosives, aux appareils à pression de gaz et à pression de vapeur d'eau, aux établissements classés dangereux, insalubres et incommodes, aux établissements dont le personnel est exposé à la silicose, sont applicables aux activités minières, aux carrières et à leurs installations annexes.

Article 111.- Lorsque pour une cause quelconque, la sécurité des personnes et des biens peut être compromise, l'exploitant doit en informer le Délégué départemental territorialement compétent qui informe sa hiérarchie en vue de prendre des mesures propres à faire cesser le danger. Ces mesures sont notifiées à l'exploitant. En cas de refus de sa part de se conformer aux mesures prescrites dans les délais impartis, il y est pourvu d'office à ses frais par les soins de l'Administration.

Article 112.- L'exploitation de toute substance minérale peut être interdite par le Ministre chargé des mines dans les zones interdites et/ou reconnues dangereuses.

Article 113.- (1) A la fin de l'exploitation ou de chaque tranche dans le cas d'une exploitation par tranche, le titulaire d'une autorisation ou d'un permis d'exploitation des carrières doit exécuter les travaux assurant la protection des intérêts telle que prescrite dans le cahier des charges notamment la remise en état des sites et des lieux affectés par les travaux et par les installations de toute nature réalisées en vue de l'exploitation.

(2) A défaut d'exécution des travaux visés à l'alinéa 1 ci-dessus, les opérations prescrites sont effectuées d'office aux frais du titulaire de l'autorisation ou du permis par les soins de l'Administration.

Article 114.- (1) Le Ministre chargé des mines peut ordonner la fermeture d'une exploitation dont l'état de délabrement menace la sécurité des hommes qui y travaillent ainsi que celle des tiers, de leurs biens et de l'environnement.

(2) La décision de fermeture en précise les conditions de réouverture.

Article 115.- Sous réserve de la législation sociale relative aux déclarations d'accidents du travail, les accidents survenus au cours d'une reconnaissance, d'une recherche ou d'une exploitation doivent faire l'objet d'un rapport écrit, adressé au Ministre chargé des mines, à l'inspection du travail territorialement compétente et aux autorités administratives locales.

Article 116.- (1) En cas d'accident mortel, l'exploitant doit :

- prendre toute mesure conservatoire pour assurer la sécurité des employés sur le site ;

- saisir immédiatement l'autorité administrative la plus proche du lieu de l'accident ainsi que le Délégué départemental chargé des mines territorialement compétent. Ce dernier prescrit des mesures adéquates pour faire cesser le danger et informe la hiérarchie par écrit dans les vingt-quatre (24) heures. (2) Lorsque l'exploitant ne peut saisir en temps utile les autorités visées à l'alinéa (1) ci-dessus, il agit sous sa responsabilité.

Article 117.- (1) Après un accident grave, l'exploitant doit arrêter les travaux et laisser les lieux en l'état lorsque la reprise des travaux peut compromettre la sécurité des personnes, des biens, la protection de l'environnement et des installations minières ou de la carrière.

(2) Dans ce cas, les travaux ne peuvent reprendre et l'état des lieux modifié qu'après enquête et sur autorisation du Ministre chargé des mines.

Titre VIII : De la protection de l'environnement

Chapitre I : Des dispositions générales

Article 118.-Toute activité d'exploitation minière et des carrières doit se conformer à la réglementation en vigueur relative à la protection et à la gestion de l'environnement.

Article 119.-Les détenteurs des titres miniers, des autorisations et des permis d'exploitation des carrières sont tenus de prendre des mesures nécessaires pour protéger l'environnement, en utilisant les meilleures techniques et méthodes connues. Entre autres, les titulaires des titres miniers doivent :

- gérer l'utilisation du sol, de l'eau et de l'air ainsi que de l'énergie ;
- prévenir ou minimiser tout déversement dans la nature ;
- veiller à la protection de la faune et de la flore ;
- promouvoir ou maintenir la bonne santé générale des populations ;
- diminuer les déchets et les poussières autant que possible ;
- disposer des déchets non recyclables d'une façon adéquate pour l'environnement et après information et agrément des Administrations chargées des mines et de l'environnement ;
- remettre les sols et zones perturbées en conditions stables de sécurité, de fertilité et d'aspect visuel adéquats et acceptables par les Administrations chargées des mines et de l'environnement.

Article 120.-(1) Conformément aux dispositions de l'article 91 ci-dessus, tout postulant à l'obtention d'une autorisation ou d'un permis d'exploitation minière ou des carrières est soumis à la présentation d'une étude d'impact environnemental accompagnée d'un plan de gestion de l'environnement.

(2) Pendant la période d'exploitation, le plan de gestion devra décrire la gestion des impacts dus aux aspects sols et géotechniques, hydrogéologiques et eaux de surface, qualité de l'air et impacts météorologiques, utilisation des terres et infrastructures, effets socio- économiques, santé de la communauté et bruit, écologie, patrimoine culturel et paysage.

(3) Ce plan devra également décrire le programme de réhabilitation du site au fur et à mesure de l'exploitation. Les coûts prévisionnels des opérations de gestion de l'environnement, y compris du programme de réhabilitation du site, devront être calculés et communiqués.

Article 121.-Lorsque la vie de la carrière tire à sa fin, l'exploitant établit un plan de fermeture et le transmet au Ministre chargé des mines.

Article 122.-Pour garantir la réhabilitation et la fermeture du site, chaque exploitant de carrière temporaire ou permanente est tenu d'alimenter un compte ouvert dans une banque locale à son nom. Les modalités de fonctionnement de ce compte seront définies dans le cahier des charges.

Article 123.-Les opérations minières artisanales doivent se conformer aux dispositions de l'article 119 ci-dessus, mais sont exclues des prescriptions des chapitres deuxième, troisième, et quatrième du présent titre. Toutefois, un cahier des charges définissant les actions préventives à mener pour assurer la protection de l'environnement devra être mis en place dans chaque zone couverte par une ou plusieurs autorisations d'exploitation minière artisanale. Ce cahier des charges devra être rédigé conjointement par l'Administration chargée des mines et l'Administration chargée de l'environnement.

Chapitre II : De l'étude d'impact environnemental

Article 124.- (1) Tout demandeur de permis d'exploitation minière ou des carrières est tenu de présenter une étude d'impact environnemental comme prévu par la loi et les articles 65 et 91 du présent décret. Cette étude sera réalisée en conformité avec la loi n° 96/12 du 5 août 1996 portant loi-cadre relative à la gestion de l'environnement et ses décrets d'application, ainsi que toute autre norme agréée d'accord parties.

(2) Les formes et le contenu de cette étude sont fixés conjointement par le Ministère chargé des mines et le Ministère chargé de l'environnement.

Article 125.- L'étude d'impact environnemental doit inclure le descriptif et l'inventaire de l'écosystème, de la faune et de la flore, de la qualité de l'air, des eaux souterraines et de surface, des sols et de la topographie avant les opérations minières et d'exploitation des carrières. Elle doit en outre détailler les aspects qui seront affectés qualitativement et quantitativement par l'activité minière. L'étude d'impact comportera de manière non limitative les éléments suivants :

- un descriptif du projet minier avec en bonne place son objet principal ;
- une description complète de l'environnement et des aspects socio- économiques, tels qu'ils se présentent avant le développement du projet minier, en définissant les aspects les plus susceptibles de subir des perturbations par le projet ;
- une analyse des interactions évidentes et probables entre le projet et l'environnement ;
- une analyse de l'impact environnemental probable suite à l'exécution du projet et en particulier l'impact sur la faune, la flore, les eaux, la qualité de l'air et les transformations de la morphologie du terrain et du tracé des cours d'eau ;
- les mesures envisagées pour la protection de l'environnement, la limitation ou l'élimination des pollutions et l'efficacité envisagée de ces mesures ;
- une présentation des impacts négatifs et positifs sur l'environnement et l'aspect socio-économique, y compris les opportunités d'amélioration environnementale ;
- un programme de sensibilisation et d'information des populations concernées.

Chapitre III : Du plan de gestion de l'environnement minier

Article 126.- Un plan de gestion de l'environnement sera rédigé afin de définir comment seront gérés les impacts identifiés dans l'étude préparée conformément au chapitre deuxième ci-dessus. Ce plan sera soumis pour approbation à l'Administration chargée de l'environnement, en concertation avec l'Administration chargée des mines. Une fois approuvé, ce plan deviendra un critère d'attribution du permis d'exploitation. Les activités de gestion de l'environnement décrites dans ce plan devront en général suivre les principes de la meilleure technologie prouvée et disponible et n'entraînant pas de coût excessif.

Article 127.- Pour la période de développement et de construction de la mine ou de la carrière, une description de la gestion de chaque impact défini est fournie. Cette description inclut la gestion des impacts pendant la période d'établissement du site minier ou de carrière.

Article 128.- Pendant la phase de l'exploitation, le plan de gestion décrit la gestion des impacts dus entre autres, aux aspects suivants :

Poste **Aspects à considérer**

Sols et Géotechnique

- Perturbation des sols qui pourrait favoriser l'érosion ou affecter les aspects socio-économiques ;
- risque de contamination du sol ;
- remédier à la contamination résultant d'activités antérieures ;
- risques d'instabilité des talus ;
- risques environnementaux résultant d'évènements sismiques ;
- dégagements gazeux émanant de la combustion ou du traitement et de la fonte des minerais, et des véhicules.

Utilisation des terres et infrastructures

- déplacement des utilisateurs du sol ;
- blocage ou détournement des infrastructures existantes ;
- intensification du trafic routier avec des risques plus élevés des impacts induits tels que bruits, poussières ou accidents.

Effets socio-économiques

- Impacts sociaux éventuellement négatifs du flux des travailleurs dans la région ;
- impacts sociaux éventuellement positifs tels que les emplois, les opportunités de formation et la mise à disposition des moyens de communication et des infrastructures.

Santé de la Communauté et Bruit

- Risques à la santé de la communauté causés par les impacts sur la qualité de l'air ou de l'eau ;

- impacts potentiels du bruit pendant les périodes de construction et d'exploitation.

Ecologie/Patrimoine

Culturel/paysage

- Impacts sur des zones de valeur écologique ou sur des espèces protégées ;
- perturbation de sites de valeur historique ou culturelle ;
- effets sur le caractère du paysage, y compris la perte de traits notables.

(2) Le plan de gestion décrit ainsi le programme de réhabilitation du site au fur et à mesure que l'exploitation évolue. Les coûts prévisionnels des opérations de gestion de l'environnement et du programme de réhabilitation du site devront être calculés et communiqués.

Article 129.- (1) Au moment où le titulaire du permis ou d'une autorisation d'exploitation estime que la vie de la mine tire à sa fin, un plan de gestion de la fermeture du site sera établi. Le plan de gestion établi devra prévoir les coûts et activités liés à la fermeture du site. Ce plan devra identifier :

- les objectifs de la fermeture ;
- la réhabilitation des zones d'infrastructure ;
- les méthodes de fermeture des aires des déchets ;
- le plan de fermeture des ouvrages souterrains et des excavations dangereuses.

(2) Ce plan devra inclure un programme d'entretien des zones fermées jusqu'au moment où un certificat de fermeture est délivré.

Chapitre IV : Du compte de réhabilitation de l'environnement

Article 130.- (1) Il sera ouvert un compte de réhabilitation de l'environnement qui sera domicilié dans un compte séquestre dans une banque agréée par l'autorité monétaire. Ce compte est ouvert pour chaque exploitation minière au nom du titulaire du permis d'exploitation, qui est tenu de l'approvisionner. Il tient lieu de garantie pour la réhabilitation et la fermeture du site, mais en cas d'insuffisance des fonds pour la réhabilitation finale, les travaux complémentaires sont à la charge de l'exploitant.

(2) Les modalités fonctionnement du compte seront détaillées dans la convention minière.

Article 131.- (1) Le compte est alimenté en fonction de la durée de vie de l'exploitation, à hauteur d'un montant calculé sur le budget prévisionnel de réhabilitation tel que prévu par l'étude de gestion de l'environnement, divisé par la durée de vie prévue de l'exploitation exprimée en années.

(2) Le budget prévisionnel de la réhabilitation pourra être réévalué avec une fréquence qui ne doit pas excéder cinq (5) ans. Cette réévaluation peut aboutir à une réduction des fonds en cas de réhabilitation définitive intervenue sur une partie du gisement, après acceptation de ces travaux de réhabilitation par les Administrations chargées des mines et de l'environnement.

(3) Si le niveau de connaissance ne permet pas une évaluation nette des coûts de réhabilitation, la somme à payer annuellement, dont le montant sera compris entre 0,3% et 1 % du chiffre d'affaires brut, sera déterminée dans la convention minière à la lumière des données fournies par l'étude de faisabilité économique. Si l'évaluation financière de la réhabilitation vient à être définie de façon précise, les paiements effectués viennent en déduction du total du budget de réhabilitation et le solde est payé en annuités sur la durée de vie restant à couvrir.

Article 132.-Les règles de gestion du compte de réhabilitation devront être établies dans la convention minière ou dans le cahier des charges, notamment en ce qui concerne la libération des fonds avant le terme du permis d'exploitation ou de l'autorisation concernés, la disposition des fonds et la propriété du compte en cas de liquidation de la société exploitante.

Article 133.- À l'expiration du permis d'exploitation ou de l'autorisation, dans quelque circonstance que ce soit, et après la réhabilitation totale réceptionnée par les Administrations chargées des mines et de l'environnement, qui donnera lieu à la délivrance d'un certificat de fermeture délivré par le Ministre chargé des mines, l'exploitant pourra retirer le reliquat éventuel du fonds de réhabilitation attaché à son permis, sans autre formalité.

Titre IX : Des dispositions financières

Chapitre I : Des dispositions générales

Article 134.- (1) En application des dispositions de l'article 19 du code minier, toute attribution de permis de recherche est subordonnée à la mise en place par le titulaire d'une caution dont le montant est équivalent à trois (3) mois de dépenses telles qu'approuvées dans le cadre du programme minimum des travaux.

(2) Dans le cas d'un permis d'exploitation, cette caution est fixée dans la convention minière et sa valeur ne saurait dépasser un montant égal à deux et demi pour cent (2.5%) de l'investissement total requis avant la première production commerciale. Cette caution pourra toutefois être diminuée d'un montant égal à la somme déposée dans un compte de remise en état des sites tel que visé à l'article 131 ci-dessus.

(3) Cette caution, dont la forme est définie à l'article 23 ci- dessus doit permettre de couvrir les paiements dus en vertu du code minier.

Article 135.-Les droits fixes, les redevances superficiaires, les taxes à l'extraction des carrières et la taxe ad valorem sont fixés et recouvrés comme indiqué au présent titre. Ces droits, redevances et taxes ne dispensent pas les titulaires de titres miniers, d'autorisations et permis d'exploitation d'être soumis aux impôts taxes et droits divers frappant toute activité industrielle ou commerciale.

Article 136.- Les droits, redevances, taxes à l'extraction et taxe ad valorem sont recouvrés par le Trésor Public sur état de liquidation dressé sur la base des déclarations de l'exploitant. Ils sont payables en un seul versement contre remise d'une quittance délivrée par le Trésor Public.

Article 137.- (1) Les recettes recouvrées aux titres de la taxe ad valorem et de la taxe à l'extraction pour toute activité d'exploitation des substances minérales sont réparties et affectées ainsi qu'il suit :

a) 25% au titre de droit à compensation des populations affectées par cette activité et dont la répartition est la suivante :

- 10% au bénéfice des populations riveraines ;
- 15% au bénéfice de la commune territorialement compétente ;

b) 25% au titre d'appui aux suivi et contrôle technique des activités concernées par les ingénieurs et agents commissionnés de la Direction chargée des mines ;

c) 50% au profit du Trésor Public. (2) Les modalités d'affectation des quotes-parts des populations riveraines et de la commune seront définies par arrêté conjoint du Ministre chargé des mines et du Ministre chargé de l'économie et des finances. Une décision du Ministre chargé des mines fixe les modalités d'affectation de la quote-part relative aux suivi et contrôle technique.

Chapitre II : Des droits fixes et redevances superficialités

Article 138.- Conformément aux dispositions de la loi n° 001 du 16 avril 2001 portant code minier, toute demande relative à l'attribution, au renouvellement ou au transfert d'une autorisation, d'un permis, d'un titre minier ou de carrière relatif à la recherche ou à l'exploitation des substances minières ou de carrières est soumise au paiement d'un droit fixe dont les taux sont fixés comme suit :

Autorisation d'exploitation des carrières.

- Octroi : 1.000.000 francs CFA

Permis d'Exploitation des carrières

- Attribution : 1.000.000 francs CFA
  Renouvellement . 1.500.000 francs CFA
- Transfert : 2.500.000 francs CFA

Carte individuelle de prospecteur

- Octroi : 5.000 francs CFA
- Renouvellement : 10.000 francs CFA

Autorisation d'exploitation artisanale

- Octroi : 30.000 francs CFA
- Renouvellement : 50.000 francs CFA
- Transfert : 100.000 francs CFA

Autorisation d'ouverture d'un bureau de commercialisation des substances minérales

- Octroi : 200.000 francs CFA
- Renouvellement : 200.000 francs CFA

Permis de Reconnaissance

- Attribution : 500.000 francs CFA
- Renouvellement : 1.000.000 francs CFA

Permis de Recherche

- Attribution : 2.000 francs CFA / km^2
- Renouvellement : 3.000 francs CFA 1 km^2
- Transfert : 5.000.000 francs CFA

Permis d'Exploitation

- Institution : 5.000.000 francs CFA
- Renouvellement : 10.000.000 francs CFA
- Transfert : 25.000.000 francs CFA

Autorisation d'exportation et de transit : 50.000 francs CFA

En ce qui concerne les gîtes géothermiques, les eaux de source, les eaux minérales et thermominérales, les montants des droits fixes sont les suivants :

a) Reconnaissance

- Institution : 200.000 FCFA
- Renouvellement 200.000 FCFA

b) Recherche

- Institution : 500.000 FCFA
- Renouvellement. 500.000 FCFA
- Transfert : 1.000.000 FCFA

c) Exploitation

- Institution : 1.000.000 FCFA
- Renouvellement : 1.500.000 FCF A
- Transfert : 3.000.000 FCFA

Article 139.- Les titulaires des autorisations d'exploitation artisanale et des carrières, des permis de reconnaissance et d'exploitation des carrières, des permis de reconnaissance, de recherche et d'exploitation sont soumis au paiement d'une redevance superficiaire annuelle qui tient lieu de taxe domaniale et dont les taux sont les suivants :

• Autorisation d'exploitation artisanale : 5 francs CFA 1 m2/ an

• Autorisation et Permis d'Exploitation des carrières : 10 francs CFA/m2/an

Exploitation des gîtes géothermiques, eaux de source.

• eaux minérales et thermominérales : 10 francs CFA/m2/an

• Permis d'exploitation : 50000 francs CFA/km2/an

Permis de Recherche

- 1 ère période de validité : 1.000 francs CFA / km^2/ an
- 2ème période de validité : 1.500 francs CFA / km^2/an
- 3ème période de validité : 2.000 francs CFA / km^2/ an
- 4ème période de validité : 2.500 francs CFA / km^2j an
- 5ème période de validité : 3.000 francs CFA / km^2/an

En ce qui concerne les gîtes géothermiques, les eaux de source, les eaux minérales et thermominérales, les montants des redevances superficiaires sont les suivants :

- permis de recherche : 500 francs/km2/an
- permis d'exploitation : 10 francs /m2/an

Article 140.- (1) Les titulaires des autorisations d'exploitation artisanale et de carrière, des permis de reconnaissance et d'exploitation des carrières, des permis de reconnaissance, de recherche et d'exploitation doivent s'acquitter des redevances superficiaires auprès du Trésor Public dans un délai de soixante (50) jours francs à compter de la date de réception de l'état de liquidation établi par les services compétents.

(2) En cas de non-paiement dans les délais prescrits, la redevance est majorée de dix pour cent (10%) par jour. Passé un délai de soixante (50) jours et après une mise en demeure restée sans effet, il peut être procédé au retrait des titres miniers sans préjudice des poursuites judiciaires qui pourraient être engagées pour la récupération des redevances impayées.

Chapitre III : Des redevances proportionnelles

Article 141.-(1) Les redevances proportionnelles comprennent la taxe à l'extraction des substances de carrières et la taxe ad valorem sur les substances minières.

(2) Elles sont payables mensuellement par les titulaires d'autorisations ou de permis d'exploitation des carrières ou à l'occasion des expéditions des lots par les titulaires de titres miniers sur état de liquidation dressé par les services compétents.

Article 142.-La taxe à l'extraction des substances de carrières est fonction du volume des matériaux extraits et est fixée ainsi qu'il suit :

- Matériaux meubles (argiles, galets, latérites, pouzzolanes, sables, etc.) :150 francs / m3 ;
- Matériaux durs : pierres : 300 francs / m3.

Article 143.-Avant le dixième (10ème) jour de chaque mois, le titulaire d'une autorisation ou d'un permis d'exploitation des carrières est tenu d'adresser au Délégué départemental des mines territorialement compétent une déclaration des volumes des matériaux extraits le mois précédent. Ces déclarations doivent être conformes aux données d'exploitation contenues dans les registres de production tenus au niveau du site.

Article 144.-(1) les substances minières extraites du sol ou du sous-sol national à l'occasion des travaux d'exploitation ou de recherche sont soumises à une taxe proportionnelle à la valeur des produits extraits, dite taxe ad valorem. Les substances soumises à la taxe ad valorem sont les produits extraits à l'état marchand ayant subi ou non des traitements n'entraînant aucune modification essentielle de leur composition chimique.

(2) La taxe ad valorem est calculée sur la base de la valeur taxable des produits sur le carreau de la mine, prêts à l'expédition, à partir des renseignements, contrats et pièces justificatives que chaque redevable se doit de fournir à l'Administration compétente pour les besoins de sa détermination.

La taxe ad valorem est fixée ainsi qu'il suit :

- Pierres précieuses : (diamant, émeraude, rubis, saphir) : 8%
- Métaux précieux : (or, platine, etc.) : 3%
- Métaux de base et autres substances minérales : 2,5%
- Gîtes géothermiques, eaux de source, eaux minérales et thermominérales : 2%

Article 145.- (1) Avant la sortie du stock et pour chaque expédition de lots de produits marchands, l'exploitant de substances minérales adresse une déclaration aux services compétents chargés des mines.

(2) Dès réception de la déclaration, les services compétents procèdent à la liquidation de la taxe ad valorem par l'établissement d'un état des sommes dues sur une base de quatre-vingt-dix pour cent (90%) de la déclaration quand les teneurs ne sont pas connues définitivement et de cent pour cent (100%) si les teneurs sont connues. Le titulaire dispose de trente (30) jours à compter de la date de notification pour s'acquitter de cette taxe qui est recouvrée suivant les mêmes modalités que celles prévues pour le recouvrement des droits fixes et redevances superficiaires.

(3) Après accord entre l'exploitant et l'acheteur sur les teneurs des produits marchands, ce dernier adresse un relevé de factures définitives aux autorités compétentes pour liquidation des dix pour cent (10%) qui pourraient être dus. Les exploitants sont tenus d'adresser aux autorités compétentes toutes justifications qui pourraient leur être demandées.

Article 146.- (1) En cas de non-paiement dans les délais prévus, la taxe ad valorem est majorée de dix pour cent (10%). Passé un délai de soixante (60) jours après une mise en demeure restée sans effet, il peut être procédé au retrait du titre minier sans préjudice des poursuites judiciaires qui pourraient être engagées pour la récupération des taxes impayées.

(2) Dans le cas où aucune déclaration n'aura été fournie ou si les justifications demandées ne sont pas fournies dans un délai de trente (30) jours, les services compétents pourront procéder à une taxation d'office ou à une rectification d'office. Dans ce cas, l'exploitant est pénalisé d'une majoration de vingt-cinq pour cent (25%).
(3) Toute déclaration inexacte, dans le cas de mauvaise foi reconnue entraînera l'application d'une majoration de droits égale au quadruple des droits compromis sans préjudice des poursuites judiciaires.

Article 147.- Les agents commissionnés de la Direction chargée des mines, les officiers de police judiciaire, les agents des douanes et tout agent de l'Administration désignés à cet effet pourront opérer aux fins d'analyse et de contrôle, tout prélèvement d'échantillons de produits extraits soit sur le carreau de la mine, soit à l'occasion d'un chargement ou d'un déchargement en cours de transport.

Titre X : De la surveillance et du contrôle exerces par l'administration

Chapitre I : Des généralités

Article 148.- (1) Les ingénieurs et agents habilités de la Direction chargée des mines assurent la surveillance administrative et le contrôle technique des travaux de reconnaissance, de recherche et d'exploitation des substances minérales et de carrières, des gîtes géothermiques, des eaux de source, des eaux minérales et thermominérales.

(2) La surveillance administrative et le contrôle technique ont pour objet de veiller à la conservation de tous gisements, à la sécurité des biens et des personnes, à la conservation des édifices, des habitations et des voies de communication, à la protection et à l'utilisation rationnelle des sources d'eau, des nappes phréatiques et de l'environnement. A cet effet, il est reconnu aux ingénieurs et agents habilités de la Direction chargée des mines le droit :

- d'accéder et d'inspecter, les sites, bâtiments, installations, structures, véhicules, matériels, machines et autres équipements utilisés aux fins des activités minières ;

- de se faire remettre tout échantillon de minerai, d'eau ou autres substances aux fins d'analyse ;

- de consulter, et d'exiger des copies ou extraits de documents, rapports et autres données relatives aux activités minières ;

- de procéder à tout examen et enquête nécessaire pour s'assurer du respect des dispositions de la loi, de ses décrets d'application et de la convention minière.

Article 149.- Dans l'exercice de leurs attributions énumérées à l'article 148 ci-dessus, les ingénieurs et agents habilités doivent se conformer aux règles et procédures en vigueur durant leur séjour sur les sites des travaux sans que cette obligation puisse constituer une entrave à leur mission.

Chapitre II : Des mines, des carrières, des gites géothermiques, des eaux de source, des eaux minérales et thermominérales

Article 150.- (1) Tout titulaire doit tenir à jour pour chaque permis de recherche et/ou permis d'exploitation :

- un plan des travaux à l'échelle appropriée et, s'il y a lieu, un plan de surface superposable au plan des travaux ;

- un registre d'avancement des travaux où seront mentionnés mensuellement tous les faits importants ;

- un registre de contrôle journalier du personnel employé ; - un registre d'extraction, de stockage, de vente et d'expédition.

(2) Pour les titulaires d'autorisations et permis d'exploitation des carrières, seuls les trois (3) premiers documents prévus à l'alinéa (1) ci-dessus sont exigés.

(3) Les modèles des registres prévus aux trois (3) derniers documents prévus à l'alinéa (1) ci-dessus sont fournis par l'Administration chargée des mines.

Article 151.-(1) Tout titulaire d'un permis d'exploitation ou d'une autorisation d'exploitation de substances minières est tenu d'adresser le trente et un (31) mars de chaque année au plus tard au Ministre chargé des mines un état statistique établi pour chaque permis et autorisation et comprenant :

a) le numéro du permis ou de l'autorisation d'exploitation ;

b) la date d'institution ou de renouvellement ;

c) un résumé analytique du registre d'avancement des travaux effectués au cours de l'année précédente ;

d) un rapport géologique et minier synthétique illustré par un plan approprié ;

e) le nombre de journées de travail du personnel ;

f) le poids, la nature et la teneur des minerais bruts extraits ;

g) le poids, la nature et la teneur des minerais marchands obtenus ;

h) le poids, la nature et la teneur des différents lots de minerais exportés avec indication des lieux et dates d'expédition et de livraison ;

i) l'état des stocks des produits bruts et des produits marchands au 31 décembre ;

j) l'état nominatif des accidents ayant entraîné une incapacité de travail de plus de quatre jours ;

k) le volume, s'il s'agit de gîte géothermique, d'eau de source, d'eau minérale ou thermominérale en ce qui concerne les données requises aux points (f). (g) et (h) ci-dessus.

(2) Pour les permis de recherche, les renseignements prévus aux points (f), (g), (h) et (i) de l'alinéa (1) ci-dessus doivent être fournis.

Article 152.-Le titulaire met à jour et conserve toutes les données relatives au périmètre contractuel. Ces données sont conservées au Cameroun et contiennent toutes informations relatives :

- aux travaux réalisés ;
- aux zones sur lesquelles des travaux géologiques, géophysiques et géochimiques sont réalisés ;
- aux cartes et plans exacts, aux archives géophysiques, aux échantillons géologiques représentatifs, aux résultats de tests et de leurs interprétations ;
- aux autres informations requises en vertu des dispositions de la convention minière.

Article 153.- (1) Le Ministre chargé des mines préserve la confidentialité de tous documents, rapports, relevés, données, échantillons et autres informations soumis par le titulaire en vertu des dispositions du code minier, de ses textes d'application et de la convention minière. Ces informations ne peuvent être divulguées à un tiers par l'Administration avant le rendu du périmètre sur lequel elles portent ou, en l'absence de rendu, avant la fin des activités minières.

(2) Si les documents, rapports, relevés, données, échantillons et autres informations visés à l'alinéa (1) ci-dessus sont couverts par une obligation de confidentialité figurant dans la convention minière. L'Etat est tenu de se conformer à cette obligation.

Article 154.-Sous réserve des dispositions contraires de la convention minière, le titulaire ne divulgue pas les rapports, relevés, données, échantillons et autres informations visés à l'article 153 ci-dessus à des tiers sans accord préalable écrit du Ministre chargé des mines.

Article 155.- Nonobstant les dispositions des articles ci-dessus :

- les cartes géologiques et leurs interprétations peuvent être utilisées par l'Etat à tout moment en vue de la mise à jour de la carte géologique nationale ;
- les informations statistiques annuelles peuvent être publiées par l'Etat, à condition de ne pas divulguer les données issues des activités minières d'un titulaire ;
- l'Etat peut utiliser les documents visés à l'article 153 ci-dessus aux fins d'usage exclusivement interne dès leur obtention sans aucune restriction.

Article 156.- Le caractère confidentiel des documents, rapports, relevés, données, échantillons et autres informations visés à l'article 153 ci-dessus prévaut pendant un délai :

- d'un (1) an après l'expiration du permis de reconnaissance ou du permis de recherche concerné ;
- coextensif avec la durée de la convention minière concernée sauf accord mutuel entre le Ministre chargé des mines et le titulaire. Passé ce délai, les documents, rapports, relevés, données, échantillons et autres informations visés à l'article 153 ci-dessus sont réputés faire partie du domaine public.

Article 157.-Les agents chargés du contrôle technique visitent les carrières au cours de leurs missions et vérifient la tenue des registres et des lettres de voiture. Ils dressent des procès-verbaux de ces visites et donnent, le cas échéant, des instructions écrites aux exploitants pour la conduite des travaux au point de vue de l'hygiène, de la sécurité ou de la salubrité.

Article 158.-L'agent chargé du suivi et du contrôle qui reconnaît une cause de péril imminent en visitant une exploitation minière ou de carrière, doit faire d'urgence, sous sa responsabilité, des réquisitions aux responsables techniques de l'exploitation considérée pour qu'il y soit pourvu selon les dispositions qu'il juge convenables. Dans ce cas, il rend compte de son action dans les quarante-huit (48) heures qui suivent au Préfet territorialement compétent et au Ministre chargé des mines.

Article 159.-Tout exploitant de substances de carrières est tenu d'envoyer au Ministre chargé des mines, avant le 31 mars de chaque année, les renseignements suivants :

- les noms et raison sociale de l'exploitant ;
- les plans actualisés montrant l'avancement de l'exploitation ;
- les références de l'autorisation ou du permis d'exploitation ;
- la nature et la quantité des matériaux extraits. Cette quantité doit être conforme aux statistiques annuelles des registres de production et des lettres de voiture ;
- le personnel employé par catégorie ;
- la date du début et, éventuellement, de la fin des travaux d'extraction.

Article 160.- (1) Le contrôle de la qualité de l'eau est assuré en cours d'exploitation une fois par trimestre sous l'autorité du Ministre chargé des mines, à travers le laboratoire du Ministère chargé des mines ou tout autre laboratoire agréé à cet effet par le Ministre chargé des mines.

(2) Toutefois, dans le cadre de l'autosurveillance, l'exploitant est tenu de faire parvenir mensuellement à la Direction chargée des mines les résultats d'analyses physico-chimiques et bactériologiques des eaux. (3) En cas de besoin, le service chargé du contrôle peut prescrire à l'exploitant des analyses supplémentaires.

Titre XI : Des sanctions

Article 161.- Sur rapport circonstancié du Délégué départemental chargé des mines territorialement compétent adressé à son Délégué provincial, l'autorisation d'exploiter peut être retirée par l'autorité qui l'a délivrée pour un des motifs suivants :

- lorsque l'une des conditions prévues par le présent décret n'est plus remplie et que l'exploitant ne respecte pas dans le mois qui suit les prescriptions données par le Délégué provincial chargé des mines ;
- lorsqu'il y a cessation d'exploitation pour une durée de plus de douze (12) mois ou lorsqu'il n'y a pas eu démarrage des activités dans un délai de douze (12) mois à compter de la date de notification de l'acte d'attribution et après une mise en demeure restée sans suite, sauf cas de force majeure appréciée par l'Administration chargée des mines ;
- en cas de violation des usages professionnels constatée par les agents chargés du suivi et du contrôle technique.

Article 162.-Toute infraction au présent décret est sanctionnée conformément aux dispositions de la loi.

Titre XII : Des dispositions diverses, transitoires et finales

Article 163.- (1) Les permis d'exploitation ou les concessions minières et les autorisations d'exploitation des carrières délivrée antérieurement à l'entrée en vigueur du présent décret restent valables jusqu'à l'expiration du délai de validité.

(2) Les titulaires des titres miniers autres que ceux visés à l'alinéa (1) ci-dessus attribués avant l'entrée en vigueur du présent décret sont tenus de s'y conformer dans un délai de deux (2) ans à compter de la date de promulgation de la loi. Passé ce délai, les titres non mis en conformité sont retirés de plein droit.

Article 164.- Les demandes d'autorisations d'exploitation des carrières en cours sont instruites jusqu'à leur terme conformément aux dispositions antérieures et doivent aboutir dans un délai de trois (3) mois après l'entrée en vigueur du présent décret. Passé ce délai, elles seront instruites suivant les dispositions du présent décret.

Article 165.- Les modalités d'application des dispositions du présent décret seront, en tant que de besoin, fixées par arrêté du Ministre chargé des mines.

Article 166.- Sont abrogées toutes les dispositions antérieures contraires, notamment celles des décrets n° 64/DF/163 du 26 mai 1964 fixant les conditions d'application de la loi n° 64/LF/3 du 6 avril 1964 susvisée, n° 74/372 du 19 avril 1974 fixant les conditions d'application de la loi n° 73/16 du 7 décembre 1973 portant régime des eaux de source et des eaux minérales, n° 74/411 du 24 avril 1974 réglementant l'exploitation artisanale de l'or, n° 90/1477 du 9 novembre 1990 portant réglementation de l'exploitation des carrières, n° 90/1478 du 9 novembre 1990 modifiant et complétant certaines dispositions du décret n° 81/277 du 17 juillet 1981 fixant les modalités d'acquittement de la taxe à l'extraction des produits de carrières et n° 96/337/PM du 30 mai 1996 réglementant l'exploitation artisanale et semi-industrielle, la collecte et la commercialisation des substances précieuses.

Article 167.- Les Ministres chargés des mines, de l'économie et des finances de l'environnement et des forêts, de l'urbanisme et de l'habitat sont chargés, chacun en ce qui le concerne, de l'exécution du présent décret qui sera enregistré, publié suivant la procédure d'urgence puis inséré au Journal Officiel en français et en anglais.-

Yaoundé, le 26 mars 2002

Le Premier Ministre,

Chef du Gouvernement,

Peter MAFANY MUSONGE

10) Les matières, les outils, matériels et [illegible] nécessaires à [illegible] [illegible] [illegible] dans le cadre [illegible] [illegible] [illegible] [illegible] [illegible] [illegible] [illegible] [illegible]

[illegible] [illegible] [illegible] [illegible] des dispositions du présent code [illegible] [illegible] [illegible] [illegible] [illegible] [illegible] [illegible] [illegible] [illegible] [illegible] [illegible] [illegible] [illegible] [illegible] [illegible] du présent code [illegible] [illegible] [illegible] [illegible] [illegible] dispositions du présent code.

Article [illegible] [illegible] [illegible] [illegible] des dispositions [illegible] en [illegible] [illegible] [illegible] [illegible] [illegible] [illegible].

[illegible] [illegible] [illegible] [illegible] dispositions antérieures contraires [illegible] du 7 novembre 1990 portant réglementation [illegible] [illegible] [illegible] [illegible] novembre 1990 modifiant et complétant [illegible] [illegible] [illegible] [illegible] [illegible] [illegible] [illegible] [illegible] [illegible] [illegible] [illegible] [illegible] [illegible] [illegible] [illegible] de carrières [illegible] [illegible] [illegible] [illegible] l'exploitation artisanale et semi-industrielle [illegible] [illegible] [illegible] [illegible] [illegible] précieuses.

Article 187. - Les Ministres chargés des Mines, de l'Économie et des Finances, de [illegible] [illegible] [illegible] [illegible] [illegible] sont chargés, chacun en ce qui le concerne, de l'exécution de la présente loi qui sera exécutée comme loi de l'État [illegible] [illegible] publiée au Journal Officiel [illegible] [illegible] [illegible].

Fait à [illegible] le 26 [illegible] 20[illegible]

[illegible] [illegible]

[illegible] [illegible]

[illegible] [illegible]

Annexe n°9 :

Décret n°2011/2584/PM du 23 août 2011
fixant les modalités de protection des sols et du sous-sol.

REPUBLIQUE DU CAMEROUN PAIX-TRAVAIL-PATRIE

DECRET N°2011/2584/PM DU 23 AOUT 2011 fixant les modalités de protection des sols et du sous-sol.

LE PREMIER MINISTRE, CHEF DU GOUVERNEMENT,

Vu la Constitution ;

Vu la loi n° 89/27 du 29 décembre 1989 portant sur les déchets toxiques et dangereux ;

Vu la loi n° 96/12 du 5 août 1996 portant loi-cadre relative à la gestion de l'environnement ;

Vu la loi n° 2003/003 du 21 avril 2003 portant protection phytosanitaire ;

Vu la loi n° 2003/006 du 21 avril 2003 portant régime de sécurité en matière de biotechnologie moderne au Cameroun ;

Vu la loi n° 2003/007 du 10 juillet 2003 régissant les activités du sous-secteur engrais au Cameroun ;

Vu le décret n° 92/089 du 4 mai 1992 précisant les attributions du Premier Ministre, modifié et complété par le décret n° 95/145 bis du 4 août 1995 ;

Vu le décret n° 2004/320 du 8 décembre 2004 portant organisation du Gouvernement, modifié et complété par le décret n°2007/268 du 07 septembre 2007 ;

Vu le décret n° 2009/222 du 30 juin 2009 portant nomination d'un Premier ministre, Chef de gouvernement ;

Vu le décret n° 577/PM du 23 février 2005 fixant les conditions de réalisation des études d'impacts,

Décrète :

Chapitre I : Des dispositions générales

Article 1er.- Le présent décret fixe les modalités de protection des sols et du sous-sol.

Article 2.- Pour l'application du présent décret, les définitions suivantes sont admises :

Distribuer : approvisionner le commerce, transporter, entreposer ou vendre des pesticides ou des engrais ou des produits chimiques quels qu'ils soient ;

Effet néfaste sur l'environnement : tout effet qui est nocif ou qui rend l'environnement dangereux pour la vie humaine, animale ou végétale ;

Engrais : toute substance ou matière contenant un ou plusieurs éléments nutritifs des plantes reconnus et utilisés comme tels dans le but de favoriser la croissance et la production des plantes ;

Engrais en vrac : engrais distribué sans emballage ou sous une forme non conditionnée ;

Engrais composé : engrais contenant au moins deux éléments nutritifs dans sa composition chimique ;

Engrais préparé sur mesure : engrais mélangé, préparé d'après des spécifications individuelles fournies par le consommateur ;

Etiquette : indication de tout ce qui se trouve sur la forme écrite, imprimée ou graphique sur remballage immédiat ou lors d'un message spécifique à un engrais ;

Exploitant : personne physique ou morale occupée à des activités commerciales et/ou industrielles qui peuvent aboutir à la dégradation des sols ;

Fabriquer : préparer, composer, créer les ingrédients actifs, ajouter des substances, mélanger, formuler, emballer ou réemballer, étiqueter ou traiter de quelque façon que ce soit l'ingrédient actif dans le but de le vendre ;

Organisme nuisible : toute espèce, souche ou biotype de végétal ou d'animal, ainsi que d'agent pathogène, nuisible aux végétaux et produits végétaux ;

Pesticide : toute substance ou association de substances destinées à repousser, détruire ou combattre les ravageurs, les vecteurs de maladies et d'espèces indésirables de plantes ou d'animaux causant des dommages ou se montrant autrement nuisibles durant la production, la transformation, le stockage, le transport ou la commercialisation des produits alimentaires, agricoles, du bois et des produits forestiers non ligneux ;

Plan d'eau : toute partie du territoire occupée ou pouvant être occupée comprenant la mer, un fleuve, une rivière, un ruisseau, un lac, un marécage ou un marigot ;

Produit chimique : produit obtenu par procédé ou combinaison chimique ;

Produit frelaté : produit qui contient une quelconque substance délétère ou nocive en quantité suffisamment importante pour le rendre nuisible à la vie des plantes, aux animaux, aux humains, à la vie aquatique, au sol ou à l'eau quand il est utilisé en accord avec le mode d'emploi sur l'étiquette ;

Publicité : offre de vente et d'utilisation de pesticides par la presse écrite ou électronique, des panneaux d'affichage, des présentations, des cadeaux, des démonstrations ou le bouche d'oreille ;

Paillage : technique d'agriculture qui consiste à couvrir les jeunes plantes de paille ou de fumier, pour empêcher l'évapotranspiration et autres parasites ;

Terre arable : partie superficielle du sol propice à la pratique de l'agriculture ;

Zone d'érosion : partie de terre où, du fait de la nature des sols ou des conditions de leur occupation, de l'absence de couvert végétal ou de haie, de leur déclivité, les pratiques agricoles et les autres activités humaines favorisent la dégradation des sols.

Chapitre 11 : Des conditions particulières de protection des sols et du sous-sol

Section 1 : De la protection contre l'érosion et la désertification

Article 3.- Toute activité relative à l'exploitation des sols s'effectue de manière à éviter ou à réduire l'érosion du sol et la désertification.

Article 4.- (1) Est interdite, l'exploitation des zones à haut risque d'érosion.

(2) Un arrêté du Préfet pris sur proposition des services techniques territorialement compétents, délimite les zones à haut risque d'érosion et en détermine les modalités de sécurisation,

Section II : De la protection contre la perte des terres arables

Article 5.- Est interdite toute activité qui dégrade ou modifie la qualité et/ou la structure des terres arables ou contribue à la perte de ces terres.

Section III : De la lutte contre la pollution du sol et de ses ressources par les produits chimiques, les pesticides et les engrais

Article 6.- Est tenue de se conformer aux normes nationales et internationales, toute personne physique ou morale qui utilise les engrais, les pesticides ou produits chimiques.

Article 7.- L'utilisation intensive des engrais dans une exploitation agricole est subordonnée à une évaluation préalable de l'état physique et chimique du sol.

Article 8.- Outre les conditions prévues par la réglementation en vigueur au Cameroun, la distribution des engrais, pesticides ou produits chimiques, est subordonnée à l'apposition d'une étiquette comportant les indications ci-après :

- le poids net du contenu de remballage ;
- la marque ou le nom du produit ;
- le nom et l'adresse du fabricant ou du distributeur agréé ;
- les spécifications relatives â la qualité et à la garantie ;
- les indications concernant le degré de toxicité du produit ;
- les risques sur la santé publique et l'environnement ;
- le principe actif du produit ;
- la notice d'utilisation du produit.

Article 9.- Toute personne physique ou morale, privée ou publique qui possède une exploitation agricole et pratique une utilisation intensive des engrais et/ou pesticides ou des appareils de conditionnement du sol, est tenue de mener de façon régulière une évaluation de leurs impacts sur l'environnement, conformément â la réglementation en vigueur.

Article 10.- Toute personne physique ou morale désireuse de fabriquer ou de conditionner les engrais et/ou les pesticides sur le territoire national, est tenue de réaliser une étude d'impact environnemental, conformément à la réglementation en vigueur.

Chapitre III : De la liste des engrais pesticides et autres substances chimiques soumis à autorisation

Article 11.- (1) La liste des engrais, pesticides et autres substances chimiques soumis aux dispositions du présent décret est celle dont l'utilisation est autorisée par la réglementation en vigueur.

(2) Sont interdits, tous autres produits chimiques ne figurant pas sur la liste homologuée, sauf pour des besoins de recherche.

Article 12.- (1) Les insecticides, les rongicides, les fongicides, les herbicides et le bromide de méthyle du Code douanier N° 2093 30 ; 2903 3000 ; 3808 10 ; 3808 20 ; 3808 30 ; 3808 40 ; 3808 90 qui contiennent les substances appauvrissant la couche d'ozone, telles que réglementées par le Protocole de Montréal, sont conjointement contrôlés par les Ministères chargés de l'environnement et de l'agriculture.

(2) Le contrôle prévu à l'alinéa 1 ci-dessus concerne les engrais et/ou les pesticides non conformes aux dispositions des Protocoles de Montréal et de Carthagène, des Conventions de Bâle, Bamako, Rotterdam. Stockholm et de Rio sur la biodiversité. Il a pour but :

-. d'éviter l'importation, la production et/ou l'utilisation sur le territoire national, des engrais et/ou des pesticides non conformes aux dispositions réglementaires ;

- de veiller à la prévention de l'importation, de la production, de la distribution et/ou de l'utilisation sur le territoire national des engrais contenant des substances nocives ou des propriétés nuisibles, même utilisées à des doses prescrites et pouvant porter atteinte au développement des plantes, à la santé humaine et animale et à l'environnement

Chapitre IV : Des quantités autorisées et des modalités d'utilisation des engrais pesticides et autres substances chimiques

Article 13 - Les quantités autorisées et les modalités d'utilisation des engrais, des pesticides et autres substances chimiques, sont celles fixées par la réglementation en vigueur.

Chapitre V : Dispositions diverses et finales

Article 14.- (1) Toute violation des dispositions du présent décret est passible des sanctions prévues par la loi n° 96/12 du 5 août 1996 portant loi-cadre relative à la gestion de l'environnement, la loi n° 2003/007 du 10 juillet 2003 régissant les activités du sous-secteur engrais au Cameroun et la loi n° 2003/003 du 21 avril 2003 portant protection phytosanitaire.

(2) Toutefois, la transaction et l'arbitrage prévus dans la loi-cadre susvisée, peuvent être appliqués en tant que de besoin.

Article 15.- Sont abrogées toutes dispositions antérieures contraires au présent décret.

Article 16.- Les Ministres chargés de l'environnement, de l'agriculture, des domaines, des mines et du développement technologique et des forêts, sont chargés, chacun en ce qui le concerne, de l'exécution du présent décret qui sera enregistré, publié suivant la procédure d'urgence, puis inséré au Journal Officiel en français et en anglais./-

Yaoundé, le 23 août 2011

Le premier ministre,

Chef du gouvernement,

Philemon Yang

Annexe n°10 :

Décret n° 2011/ 3666 / PM/ DU 02 / nov. 2011 Portant création, organisation et fonctionnement du système de certification du processus de Kimberley en République du Cameroun.

REPUBLIQUE DU CAMEROUN

PAIX- TRAVAIL - PATRIE

DECRET N° 2011/ 3666 / PM/ du 02 / nov. 2011

Portant création, organisation et fonctionnement du système de certification du processus de Kimberley en République du Cameroun.

LE PREMIER MINISTRE, CHEF DU GOUVERNEMENT,

Vu la Constitution ;

Vu le Code des Douanes de la Communauté Economique et Monétaire de l'Afrique Centrale ;

Vu la loi n° 2001/001 du 16 avril 2001 portant code minier modifiée et complétée par la loi n°2010/011 du 29 juillet 2010 ;

Vu le décret n° 92/089 du 04 mai 1992 précisant les attributions du Premier Ministre, modifié et complété par le décret n°95/145 bis du 04 août 1995 ;

Vu le décret n°2004/320 du 08 décembre 2004 portant organisation du Gouvernement, modifié et complété par le décret n° 2007/268 du 07 septembre 2007 ;

Vu le décret n°2005/260 du 15 juillet 2005 portant organisation du Ministère de l'Industrie, des Mines et du Développement Technologique ;

Vu le décret n°2009/222 du 30 juin 2009 portant nomination d'un Premier Ministre, Chef du Gouvernement ;

Vu le Système de Certification du Processus de Kimberley adopté à la Conférence ministérielle d'INTERLAKEN (SUISSE) le 05 novembre 2002,

DECRETE :

Chapitre I : Des dispositions générales

Article **1er**.- (1) Le présent décret porte création, organisation et fonctionnement du Système International de Certification des Diamants bruts en République du Cameroun, ci-après désigné « Le Processus de Kimberley ».

(2) Le Processus de Kimberley assure la Certification des lots de diamants bruts produits sur le territoire camerounais et destinés à l'exportation et la vérification de la conformité des diamants importés au Processus.

Article 2.- Aux termes du présent décret, les termes et expressions suivants signifient :

a. « AUTORITE COMPETENTE », l'autorité désignée par l'Etat du Cameroun pour délivrer, valider ou contrôler les certificats ;

b. « CERTIFICAT DU PROCESSUS DE KIMBERLEY », le document infalsifiable délivré et validé par une autorité compétente d'un pays participant, attestation qu'un chargement de diamants bruts satisfait aux exigences du système de certification du Processus de Kimberley ;

c. « CHARGEMENT », l'importation ou l'exportation physique d'un ou de plusieurs lots ;

d. « DIAMANT », minéral naturel en forme isométrique, composé essentiellement de carbone cristallisé pur, dont la dureté à l'échelle de Mohs (rayures) est de 10 et qui possède une gravité spécifique d'environ 3,52 et un indice de réfraction de 2,42 ;

e. « DIAMANT BRUT », un diamant non travaillé ou simplement scié, clivé ou débruté qui est régi par le système harmonisé de désignation et de codification des marchandises : 7102.10, 7102.21 et 7102.31 (ci- après dénommé code SH ») ;

f. « DIAMANTS DE LA GUERRE », des diamants bruts utilisés par les mouvements rebelles ou leurs alliés pour financer des conflits visant à déstabiliser des Gouvernements légitimes tels que décrits dans les résolutions pertinentes du Conseil de Sécurité des Nations Unies dans la mesure où elles restent en vigueur, ou dans d'autres résolutions similaires qui pourraient être adoptées à l'avenir par le Conseil de Sécurité et tels que compris et reconnus dans la résolution 55/56 de l'Assemblée Générale des Nations Unies ou autres résolutions similaires qui peuvent être adoptées à l'avenir par l'Assemblée Générale ;

g. « EXPORTATION », l'acte d'enlever ou de retirer un bien matériel de toute partie du territoire national du Cameroun ;

h. « IMPORTATION », l'acte d'introduire un bien matériel dans toute partie du territoire national du Cameroun ;

i. « LOT », l'ensemble d'un ou de plusieurs diamants emballés, mélangés ensemble et qui forme un tout ;

j. « PARTICIPANT », un Etat ou une Organisation Régionale d'Intégration Economique auquel s'applique le système de délivrance de certificats de Kimberley ;

k. « PAYS D'ORIGINE », le pays où un chargement de diamants bruts a été extrait ;

l. « PAYS DE PROVENANCE », le dernier pays participant d'où un chargement de diamants bruts a été exporté d'après les documents d'importation ;

m. « PROCESSUS DE KIMBERLEY », l'entente au sein de laquelle les participants ont élaboré un système de certificat international pour les diamants bruts ;

n. « SECRETARIAT PERMANENT », structure désignée pour assister la République du Cameroun pour la mise en œuvre et le suivi du Processus de Kimberley,

o. « TRANSIT », passage physique sur le territoire camerounais, avec ou sans transbordement, entreposage ou changement de mode de transport, lorsqu'un tel passage ne représente qu'un segment d'un voyage ayant commencé et se terminant à l'extérieur des frontières de la République du Cameroun.

Chapitre II : De la composante nationale du processus de Kimberley

Article 3.- La composante nationale du Processus de Kimberley comprend deux (02) organes :

- le Secrétariat National Permanent ;
- le Bureau d'Evaluation et d'Expertise des Diamants.

Section I : Du secrétariat national permanent

Article 4.- (1) Le Secrétariat National Permanent est la structure nationale qui représente le Processus de Kimberley.

(2) Il est placé sous l'autorité du Ministre en charge des mines.

Article 5.- Le Secrétariat National Permanent est dirigé par un Secrétaire National Permanent, éventuellement assisté d'un Adjoint, tous nommés par arrêté du Premier Ministre sur proposition du Ministre chargé des Mines.

Article 6.- Le Secrétariat National Permanent est notamment chargé :

- de la coordination des activités des services et organes impliqués dans la mise en œuvre du Processus de Kimberley ;

- du suivi de la traçabilité de la production nationale de diamants destinés à l'exportation et des échanges de diamants.

Article 7.- (1) Le Secrétaire National Permanent délivre des certificats attestant la conformité des diamants à exporter au Processus.

(2) Il rédige un rapport mensuel sur tous les Certificats du Processus de Kimberley aux fins de vérification. Ce rapport comporte, pour chaque Certificat, les informations suivantes :

- un numéro unique ;
- les noms des autorités l'ayant signé ,
- la date de délivrance et la période de validité ;
- le pays de destination ;
- le pays de provenance ;
- le pays d'origine ;
- le poids en carat ;
- la valeur en dollars US.

(3) Il fournit aux autorités de contrôle et de suivi du Processus de Kimberley des statistiques périodiques conformément aux exigences dudit système :

- trimestriellement pour les statistiques d'importation et d'exportation ;
- semestriellement pour les statistiques de production.

Article 8.- Le Secrétariat National Permanent tient à jour une base de données sur tous les mouvements de diamants à l'exportation et à l'importation.

Article 9.- (1) Le Secrétariat National Permanent reste le détenteur des certificats du Processus de Kimberley enregistrés à l'importation et est responsable de la confirmation de réception aux autorités d'exportation compétentes.

(2) Ces informations et certificats devront être conservés pendant au moins cinq (05) ans à compter de la date de la transaction.

Article **10.-** Le Secrétaire National Permanent s'appuie sur les services et organes de l'Etat suivants pour exercer ses activités :

- La Direction des Mines et de la Géologie ;
- le Bureau d'Evaluation et d'Expertise des Diamants (BEED) ;
- la Direction Générale des Impôts ;
- la Direction Générale des Douanes ;
- les unités de maintien de l'ordre.

Section II : Du bureau d'évaluation et d'expertise des diamants

Article 11.- (1) Le Bureau d'Evaluation et d'Expertise des Diamants assure, sous la coordination du Secrétariat National Permanent, l'évaluation des diamants bruts.

(2) Le Bureau d'Evaluation et d'Expertise des Diamants est chargé de l'évaluation des lots de diamants bruts destinés à l'exportation. Il statue à partir de l'évaluation proposée par l'exportateur. C'est sur la base de cette évaluation que sont délivrés les Certificats du Processus de Kimberley par le Secrétaire National Permanent.

Article 12.- Le Bureau d'Evaluation et d'Expertise des Diamants comprend trois experts évaluateurs jouissant d'une formation avérée en gemmologie, désignés par décision du Ministre chargé des mines.

Chapitre III : Du fonctionnement du système de certification

Section I : Des principes et des exigences du processus de Kimberley

Article 13.- (1) L'importation et l'exportation de diamants bruts ne sont autorisées qu'avec les pays participants au Processus de Kimberley.

(2) A titre exceptionnel, l'importation en provenance d'un pays non participant ou l'exportation vers un pays non participant requiert l'autorisation du Président du Processus de Kimberley.

Article 14.- L'exportation de diamants bruts est soumise aux recommandations du Système de Certification du Processus de Kimberley et doit en conséquence satisfaire aux exigences suivantes :

- l'exportateur, lors du passage devant le BEED, doit fournir les éléments suivants :

- Description macroscopique, minéralogique des lots de diamants accompagnée de photographies des lots ;

- Diagramme de fréquence des qualités ;

- Diagramme de fréquence des granulométries ;

- Evaluation de la valeur des lots par taille et catégorie.

• les diamants bruts doivent être obligatoirement accompagnés du Certificat de Kimberley de l'Etat du Cameroun délivré, signé et validé par l'autorité compétente visée à l'article 7 du présent décret et accompagnés des éléments descriptifs de caractérisation macroscopique, ci-dessus cités, constituant le « footprint » ;

• les diamants destinés à l'exportation doivent être placés sous forme de lots dans un conteneur inviolable portant le sceau de l'autorité compétente.

Article 15.- L'importation de diamants bruts est soumise aux recommandations du Processus de Kimberley et doit en conséquence satisfaire aux exigences suivantes :

• les diamants bruts doivent être obligatoirement accompagnés d'un Certificat de Kimberley du pays de provenance ;

• les diamants bruts importés sous forme de lots doivent être logés dans leurs conteneurs d'origine non violés.

Article 16.- Les dispositions des articles 13 et 14 ci-dessus ne s'appliquent pas aux diamants bruts qui entrent en République du Cameroun uniquement à des fins de transit vers un pays participant, autre que le Cameroun, à condition que le conteneur d'origine dans lequel les diamants bruts sont transportés, accompagnés de son Certificat de Kimberley, n'ait en aucun cas été violé à l'entrée ou à la sortie du territoire camerounais.

Section II : De la certification du processus de Kimberley

Article 17.- (1) L'organe compétent pour le contrôle et la validation des Certificats du Processus de Kimberley en République du Cameroun est le Secrétariat National Permanent du Processus de Kimberley.

(2) Cette validation se fait par l'apposition d'une signature et d'un sceau dont le modèle est notifié aux participants et à la Présidence du Processus de Kimberley.

Article 18.- (1) Le Certificat du Processus de Kimberley est signé conjointement par le Secrétaire National Permanent du Processus de Kimberley et le Ministre chargé des Mines.

(2) Les spécimens des signatures des personnes accréditées sont notifiés à tous les participants du Processus de Kimberley.

Section III : De la traçabilité et des contrôles internes de la filière diamant

Article 19.- Selon la nature de l'activité menée, les éléments de traçabilité mis en œuvre sont notamment :

- la carte d'artisan ;

- le registre de production ;

- le registre des échantillons ;

- la carte de collecteur ;

- l'autorisation du bureau de commercialisation

- l'autorisation d'exportation ;

- le registre de transaction ;

- le carnet de reçus.

Article 20,- (1) Le Secrétariat National Permanent est chargé entre autres de la mise à jour des données de traçabilité susmentionnées, en plus des obligations spécifiques au Processus de Kimberley.

(2) Les éléments suivants sont transmis mensuellement au Secrétariat National Permanent par la Direction des Mines et de la Géologie du Ministère chargé des mines :

- les permis d'exploitation pour diamant ;

- les permis d'exploitation de la petite mine pour le diamant ;

- les autorisations d'exploitations artisanales pour le diamant, spécifiquement ou à travers les substances connexes ;

- les cartes d'artisans diamineurs ;

- les autorisations de commercialisation des substances issues de l'exploitation artisanale ;

- les cartes de collecteurs.

Article 21.- (1) Tout détenteur d'une autorisation de commercialisation de diamants bruts a l'obligation de tenir à jour un carnet de reçus, précisant le nom de l'intéressé, les références de sa carte d'artisan ou de collecteur, la date de la transaction, le poids en carat des diamants et la valeur payée.

(2) Un exemplaire du reçu doit être remis au vendeur.

Article 22.- Le Secrétariat National Permanent, en collaboration avec la Délégation Générale à la Sûreté Nationale, tient à jour une base de données, sur toutes les transactions illicites, avec l'identification des fraudeurs, la nature de la fraude et les amendes correspondantes, sans préjudice des dispositions de droit commun du Code Minier.

Article 23.- (1) Les Unités de Gendarmerie sont impliquées dans la sécurisation et le transfert des lots de diamants des locaux du Secrétariat National Permanent jusqu'à la sortie du territoire.

(2) Pour l'obligation de visite douanière, un agent de la Direction Générale des Douanes assiste à l'emballage des colis de diamants.

Section IV : Du financement des activités du processus

Article 24,- Sans préjudice des taxes dues à l'exportation, la délivrance du Certificat du Processus de Kimberley en République du Cameroun donne lieu à perception des frais dont le taux est fixé par décision du Ministre chargé des mines.

Article 25.- (1) Les frais issus des opérations de certification sont domiciliés dans un compte ouvert à cet effet dans une institution bancaire agréée. L'ordonnateur de ce compte est le Secrétaire National Permanent.

(2) Le fonctionnement et la rémunération des opérateurs du système de certification sont financés, d'une part par le budget de l'Etat, et d'autre part par les frais issus des opérations de certification mentionnées à l'article 25 ci-dessus.

(3) La rémunération des opérateurs est fixée par décision du Ministre chargé des mines sur proposition du Secrétaire National Permanent.

Chapitre IV : Du contentieux du processus

Article 26.- (1) Les matières précieuses, objet de fraude, sont saisies, placées sous scellés au Secrétariat National Permanent.

(2) Elles font l'objet d'un procès- verbal dont copie est adressée au Ministre en charge des mines, au Délégué Général à la Sûreté Nationale, au Secrétaire d'État à la Défense chargé de la Gendarmerie.

(3) Les auteurs des fraudes peuvent faire l'objet de poursuites pénales à la diligence du Secrétaire National Permanent conformément aux dispositions de l'article 28 ci-dessous.

Article 27.- Le Secrétariat National Permanent est chargé d'évaluer les matières saisies à travers le Bureau d'Evaluation et d'Expertise des Diamants, d'en assurer la conservation et la vente aux enchères par des commissaires-priseurs, aux comptoirs d'achat agréés.

Article 28.- Les procédures judiciaires contre les auteurs de fraude sont transmises au Procureur de la République territorialement compétent par le Secrétaire National Permanent.

Article 29,- (1) Les actes de rébellion, voies de fait, injures, outrages et menaces contre les agents chargés des contrôles et des forces de maintien de l'ordre lors des contrôles et des saisies sont constatés au moyen de rapports adressés au Secrétariat National Permanent.

(2) Les rapports de constat visés à l'alinéa (1) ci-dessus sont transmis, à la diligence du Secrétaire National Permanent, au Procureur de la République territorialement compétent qui peut décider, en fonction de la gravité des actes, d'engager les poursuites.

Article 30.- (1) Les juridictions de répression camerounaises sont compétentes pour la poursuite et le jugement des infractions commises dans le cadre du présent décret.

(2) Les actions et poursuites sont initiées à la requête du Secrétariat National Permanent qui peut toujours se constituer partie civile.

(3) Le Secrétaire National Permanent représente l'Etat devant les juridictions compétentes et défend ses intérêts.

Chapitre V : Dispositions diverses et finales

Article 31.- Les Ministres en charge des mines et des finances, le Secrétaire d'État à la Défense chargé de la Gendarmerie et le Délégué Général à la Sûreté Nationale sont chargés, chacun en ce qui le concerne, de l'application du présent décret.

Article 32.- Le présent décret sera enregistré, publié suivant la procédure d'urgence, puis inséré au Journal Officiel en français et en anglais.

Yaoundé, le 02 novembre 2011

Le premier ministre

Chef du gouvernement

Philemon YANG

Annexe n°11 :

Arrêté n°005550/ MINMIDT/CAB/CJ du 1 2 NOV 2012 portant interdiction des activités clandestines d'orpaillage dans les parcs fauniques et aires protégées du territoire national

REPUBLIQUE DU CAMEROUN **Paix - Travail - Patrie** **MINISTERE DES MINES, DE L'INDUSTRIE ET DU DEVELOPPEMENT TECHNOLOGIQUE**	**REPUBLIC OF CAMEROON** **Peace - Work - Fatherland** **MINISTRY OF MINES, INDUSTRY AND TECHNOLOGICAL DEVELOPMENT**

Arrêté n°005550/ MINMIDT/CAB/CJ du 1 2 nov. 2012

portant interdiction des activités clandestines d'orpaillage dans les parcs fauniques et aires protégées du territoire national

Vu la Constitution ;

Vu l'ordonnance n° 74/2 du 6 juillet 1974 fixant le régime domanial ; Vu la loi n° 94/01 du 20 janvier 1994 portant loi régime de la faune, des forêts et de la pêche ;

Vu la loi n° 96/12 du 5 août 1996 portant loi-cadre relative à la gestion de l'environnement ;

Vu la loi n° 001 du 16 avril 2001 portant code minier modifiée et complétée par la loi n° 2010/011 du 29 juillet 2010 ; Vu le décret n°2002/648/PM du 26 mars 2002 fixant les modalités d'application de la loi n° 001 du 16 avril 2001 susvisée ;

Vu le décret n° 92/089 du 4 mai 1992 précisant les attributions du Premier Ministre, modifié et complété par le décret n°95/145 bis du 04 août 1995 ;

Vu le décret n°2011/408 du 09 décembre 2011 portant organisation du Gouvernement ;

Vu le décret n° 2011/409 du 09 décembre 2011 portant nomination d'un Premier Ministre ;

Vu le décret n° 2011/410 du 09 décembre 2011 portant formation du Gouvernement ;

Vu le décret n° 2012/432 du 1er octobre 2012 portant organisation du Ministère des Mines, de l'Industrie et du Développement Technologique,

ARRETE :

Article 1er.- A compter de la date de signature du présent arrêté les activités clandestines d'orpaillage sont interdites dans les parcs fauniques et aires protégées, sur toute l'étendue du territoire national.

Article 2 - Au sens du présent arrêté, l'orpaillage s'entend comme la recherche et l'exploitation artisanales de l'or et substances connexes dans les cours d'eau et anciens cours d'eau.

Article 3 - Toute activité d'orpaillage dans les parcs fauniques et aires protégées est soumise à autorisation préalable des administrations en charge des mines, des forêts, de la faune, de l'environnement, et de la protection de la nature.

Article 4.- (1) Toute personne physique ou morale agissant en violation des dispositions du présent arrêté sera punie conformément aux dispositions pertinentes du Code minier ou de toute autre législation pénale.

(2) Les infractions au présent arrêté sont constatées par les Délégués Régionaux ou Départementaux territorialement compétents de l'Administration chargée des Mines.

(3) Les Autorités visées à l'alinéa 2 ci-dessus sont compétentes pour ordonner l'arrêt des travaux et effectuer les saisies et confiscations des produits et matériels de production. Ils peuvent le cas échéant, recourir à la force publique avec le concours des chefs d'unités administratives.

(4) Les saisies des substances minérales, des équipements et tous autres matériels faisant partie de toute exploitation illicite, font l'objet de ventes aux enchères publiques et les recettes qui en découlent sont reversées au Trésor Public dans le compte dédié au programme de sécurisation des recettes minières.

Article 5.- Les actions visées à l'article 4 ci-dessus font l'objet d'un procès-verbal circonstancié et adressé sous huitaine au Ministre chargé des Mines.

Article 6.- La mise en œuvre des opérations de saisies, de perquisition et d'organisation des ventes aux enchères relève de la compétence des Gouverneurs des Régions concernées.

Article 7.- Le présent arrêté sera enregistré, publié suivant la procédure d'urgence, puis inséré au Journal Officiel en français et en anglais.

Yaoundé, le

Le ministre des mines, de l'industrie et du développement technologique

Ampliations :

- SG/PR
- SG/PM
- MINATD
- MINFI
- MINFOF
- MINEPDED
- SED
- DGRE
- Tous les Gouverneurs
- Tous les DR/DD/MINMIDT
- Chrono/archives

TABLE DES MATIERES

Questions juridiques aux éditions L'Harmattan

Dernières parutions

DIVORCE (LE) DU CHEF D'ENTREPRISE
Artiste, libéral, artisan, commerçant, actionnaire – Se marier, payer, divorcer
Rond Patrice
Patrice Rond, expert financier auprès des tribunaux, donne dans cet ouvrage les clés incontournables qui permettent à un entrepreneur, quel qu'il soit, d'anticiper sur ses droits et ses risques en cas de divorce. Prendre les bonnes décisions de protection de son patrimoine en choisissant les bons contrats de mariage, savoir changer de régime matrimonial quand il s'avère inadapté est tout à fait possible et souhaitable.
(16.50 euros, 158 p.)
ISBN : 978-2-343-05282-3, ISBN EBOOK : 978-2-336-36540-4

L'EXPERTISE NON JUDICIAIRE À L'AUNE DES DROITS FONDAMENTAUX
Goujon-Bethan Thibault
L'expertise déjudiciarisée est en plein essor, d'une part parce que l'avis d'experts se révèle indispensable dans un nombre croissant de matières juridiques irriguées par la technique (construction, dommage corporel), et d'autre part, car la recherche d'une efficacité économique conduit à minimiser le recours au juge. Cet ouvrage est conçu comme un mode d'emploi pour aider à la décision.
(Coll. Droit privé et sciences criminelles, 21.00 euros, 196 p.)
ISBN : 978-2-343-05335-6, ISBN EBOOK : 978-2-336-36778-1

TRANSPARENCE (LA) FINANCIÈRE DES ÉLUS POLITIQUES FRANÇAIS
Les conséquences des mesures législatives de 2013
Cael Céline - Préface de Sébastien Jakubowski ; postface de Pierre Yves Néron
Cet ouvrage veut étudier les apports des lois et dispositifs mis en œuvre pour lutter contre la corruption depuis l'affaire Cahuzac, avec notamment la mise en place d'une haute Autorité pour la Transparence de la Vie Publique, le durcissement des conditions d'éligibilité, l'encadrement du *lobbying*, la naissance d'un procureur financier,... L'auteur analyse les conséquences de ces mesures et rend compte à l'aide d'entretiens d'élus politiques, des résistances de ces derniers à une publicité financière envers les citoyens.
(Coll. Logiques sociales, 21.00 euros, 214 p.)
ISBN : 978-2-343-05013-3, ISBN EBOOK : 978-2-336-36817-7

QUI A PEUR DE LA NOUVELLE PEINE SANS PRISON ?
Ajouter du «lien» et non du «rang» pour réussir la contrainte pénale et en finir avec la récidive
Delamotte Danielle
La contrainte pénale, nouvelle peine sans prison, fait peur. Car, ce qu'on retient d'elle, c'est qu'elle évite la prison. Le sujet est pourtant plus complexe et plus nuancé. Les psychologues et les criminologues s'accordent à dire que la délinquance est la maladie du lien. Pour soigner cette maladie, il faut s'intéresser à la personne et la placer au centre de la réflexion pour envisager la «contrainte pénale» sous un autre angle.
(11.50 euros, 86 p.)
ISBN : 978-2-343-04717-1, ISBN EBOOK : 978-2-336-36487-2

JUSTICE (LA) PÉNALE INTERNATIONALE EN AFRIQUE
Aspects juridiques, défis et perspectives
Diakité Kémoko - Préface du professeur Alioune Sall
Cet ouvrage met en exergue le contexte de création ainsi que les aspects juridiques et judiciaires des juridictions pénales internationales en Afrique, notamment le TPIR (Tribunal Pénal International pour le Rwanda), la CPI (Cour Pénale Internationale)... Il montre également les défis et les perspectives de la Justice pénale internationale en Afrique.
(23.00 euros, 234 p.)
ISBN : 978-2-343-05050-8, ISBN EBOOK : 978-2-336-36705-7

GOUVERNANCE, ENJEUX ET MONDIALISATION
Recherche sur les politiques environnementales de zonage maritime
Le challenge maritime de la France de Méditerranée et d'Outre-mer
Sous la direction de François Féral et Bernard Salvat
Dans le Pacifique et l'Océan Indien, la France ne participe pas très activement au mouvement de création d'aires marines protégées géantes alors que les possibilités y sont grandes. En métropole et Outre-mer, la mise en place des parcs naturels marins apparaît laborieuse. Le programme Gouvernance des Grandes Aires Marines Protégées a donné l'occasion à deux équipes de se pencher sur ce phénomène institutionnel majeur dans la conduite globale des politiques de protection des mers et des océans.
(23.00 euros, 218 p.)
ISBN : 978-2-343-04160-5, ISBN EBOOK : 978-2-336-36489-6

COLLECTIVITÉS TERRITORIALES ET ORGANISATIONS RÉGIONALES
De l'indifférence à l'interaction
Sous la direction de Danielle Perrot
Cet ouvrage traite des modes d'insertion des collectivités territoriales dans des organisations internationales conçues par leurs États de rattachement dans diverses régions du monde. Ces collectivités, ou «entités infra-étatiques» selon le droit international, sont souvent oubliées lors des débuts de ces constructions régionales. Elles tentent d'obtenir d'être représentées, et leur participation peut générer une interaction moins inégalitaire.
(Coll. Grale, 47.00 euros, 488 p.)
ISBN : 978-2-343-05111-6, ISBN EBOOK : 978-2-336-36639-5

ÉTHIQUE (L') DE L'AVOCAT PÉNALISTE
Rude-Antoine Edwige - Préface de Jean Danet
L'avocat est représenté, dans la fiction, sous les traits d'un être ambigu, sans cesse sur le fil... ce livre tente d'en approcher la réalité, qui est tout autre. Quelles relations d'ordre éthique l'avocat entretient-il avec lui-même mais aussi avec l'autre : son client, qu'il soit prévenu ou accusé, les jurés, les magistrats ? Peut-on parler du rapport de l'avocat à la vérité ? Comment peut-il construire des lignes de défense tout en restant partenaire de justice ?
(Coll. Éthique en contextes, 21.00 euros, 208 p.)
ISBN : 978-2-343-05222-9, ISBN EBOOK : 978-2-336-36460-5

NAISSANCE DE L'OBSERVATOIRE DE LA RÉCIDIVE ET DE LA DÉSISTANCE
Un long processus inachevé
Tournier Pierre V.
L'analyse de la récidive aurait logiquement dû relever de la compétence de l'Observatoire national de la délinquance et des réponses pénales placé sous l'autorité du Premier ministre. Mais sous l'impulsion de Christiane Taubira le choix s'est porté sur la création d'un observatoire *ad hoc* de plus, dépendant du ministère de la Justice : l'Observatoire de la récidive et de la désistance (août 2014). Ne s'est-on pas ainsi privé des outils d'une évaluation indépendante de la loi du 15 août 2014 sur la contrainte pénale et la libération sous contrainte ?
(Coll. Criminologie, 19.00 euros, 184 p.)
ISBN : 978-2-343-05118-5, ISBN EBOOK : 978-2-336-36387-5

ÉLÉMENTS DE PRÉVENTION DU CRIME
Lemaître André
Cet ouvrage montre la diversité des modèles de prévention de la délinquance, leur spécificité mais aussi leur nécessaire complémentarité. Il insiste également sur l'obligation de veiller aux aspects éthiques des politiques de prévention mises en place. En effet, l'utopie d'une société débarrassée de toute forme de criminalité contient la disparition de toute liberté.
(Coll. Sciences criminelles, série Controverses, 15.50 euros, 160 p.)
ISBN : 978-2-343-04666-2, ISBN EBOOK : 978-2-336-36324-0

SEXUALITÉ (LA) À L'ÉPREUVE DU COUPLE
Les révélations d'une avocate
Dalbin Agnès
Dans la majorité des divorces, les difficultés d'ordre sexuel sont souvent pointées du doigt comme une cause majeure de la rupture. S'appuyant sur les confidences recueillies lors de ses entretiens avec les couples qui divorcent, l'avocate Agnès Dalbin tente d'apporter son éclairage personnel sur cette problématique. Ce livre évolue comme une véritable histoire humaine, du mariage au divorce, en passant par la parentalité et l'après-divorce.
(Coll. La justice au quotidien, 13.50 euros, 118 p.)
ISBN : 978-2-343-04938-0, ISBN EBOOK : 978-2-336-36399-8

DROIT (LE) DU HANDICAP ET LA GESTION DU PATRIMOINE CULTUREL
Vers un modèle européen ?
B. Degros Eric
La rencontre entre le droit du handicap et le droit du patrimoine peut conduire à une confrontation d'intérêts contradictoires, nécessitant de trouver un équilibre entre le principe de l'accessibilité et le respect de l'authenticité, en faveur d'une conservation durable du patrimoine culturel. Il apparaît essentiel de trouver un équilibre entre «le droit des gens» et celui «des pierres».
(40.00 euros, 424 p.)
ISBN : 978-2-343-04418-7, ISBN EBOOK : 978-2-336-36269-4

DROIT BANCAIRE ISLAMIQUE
Notions, mécanismes et protections pénales
Jafari Amin
Conçu comme un manuel de droit, l'ouvrage étudie trois thèmes principaux : la notion de finance islamique et son fonctionnement, les instruments bancaires islamiques et enfin la protection du système bancaire dans l'ensemble de ses instruments et fonctionnements. La 3e partie propose un regard classique de droit pénal des affaires en matière de droit bancaire de finance islamique. Les branches chiite et sunnite de la finance islamique ont été distinguées dès le départ, permettant ainsi une comparaison tout au long du livre.
(Coll. Sciences criminelles, 33.00 euros, 326 p.)
ISBN : 978-2-343-04637-2, ISBN EBOOK : 978-2-336-36380-6

DROIT (LE) INTERNATIONAL. ASPECTS POLITIQUES (Volume 1)
Sous la direction de Jacques Bouineau – Textes réunis par Burt Kasparian
Ces contributions invitent à réfléchir sur la recomposition contemporaine de l'espace méditerranéen et sur le droit international qui s'y applique, à partir d'exemples tirés des plus grandes civilisations méditerranéennes aux époques antique et médiévale. Elles invitent le lecteur à s'interroger sur les piliers de la Méditerranée dans le jeu des relations entre les hommes et les institutions, et à découvrir l'essence des réponses juridiques et politiques.
(Coll. Méditerranées, 16.50 euros, 158 p.)
ISBN : 978-2-343-04661-7, ISBN EBOOK : 978-2-336-36366-0

DROIT (LE) INTERNATIONAL. ASPECTS POLITIQUES (Volume 2)
Sous la direction de Jacques Bouineau – Textes réunis par Burt Kasparian
Ce volume offre une réflexion sur la recomposition de l'espace méditerranéen contemporain à partir de l'histoire ou de l'actualité. L'histoire est traitée de la période qui s'étend de la Renaissance

à la fin du XIXe siècle. En ce qui concerne l'actualité, le jeu des emprunts et des modèles juridiques transparaît aussi bien dans la fiscalité internationale actuelle que dans les transpositions constitutionnelles du droit français en Égypte ou dans l'observation du fonctionnement de l'Europe.
(Coll. Méditerranées, 19.00 euros, 184 p.)
ISBN : 978-2-336-30904-0, ISBN EBOOK : 978-2-336-36367-7

SECRETS (LES) DU DROIT
Secret, droit et cinéma
Sous la direction de Stéphane Boiron, Nathalie Goedert et Ninon Maillard
Notre société du visible, pour savoir, exige de tout voir et tout montrer, sans délai, au risque de confondre espaces privés et espaces publics. Parce qu'on l'accusait de dissimuler les abus, de servir l'arbitraire, de diviser les hommes entre initiés et profanes, le secret a été condamné comme contraire au pacte démocratique. Pourtant, c'est aussi au nom de la liberté que, face à une transparence érigée en dogme, certains osent faire l'éloge du secret. C'est pourquoi, il appartient au droit d'orchestrer l'équilibre et de distinguer le bon du mauvais secret.
(Coll. Presses Universitaires de Sceaux, 24.00 euros, 248 p.)
ISBN : 978-2-343-04670-9, ISBN EBOOK : 978-2-336-36326-4

TABLES (LES) DE LA LOI : DE L'ARGILE AU NUMÉRIQUE
La diffusion de la règle de droit à travers les âges
Evrard Sébastien
On parle aujourd'hui de «culture digitale» ou culture numérique et de diminution du papier. Est-ce un bien ou un mal ? Comment les textes, la jurisprudence et toutes les normes juridiques sont-ils diffusés aujourd'hui ? Enfin, quelles sont les spécificités de l'édition dite juridique par rapport à l'édition générale ? Répondre à ces questions nécessite d'envisager l'histoire de la connaissance puis de la diffusion de la règle de droit, ce qui fait l'objet de ce livre.
(Coll. Logiques Juridiques, 13.00 euros, 122 p.)
ISBN : 978-2-343-04478-1, ISBN EBOOK : 978-2-336-36201-4

ARTICULATION (L') DES VOIES DE DROIT DANS LE CONTENTIEUX DE LA COMMANDE PUBLIQUE À L'INITIATIVE DES TIERS AU CONTRAT
Tallet-Preud'homme Laura - Préface de Paul Cassia
Parallèlement à la formation progressive d'un «droit de la commande publique», le contentieux à l'initiative des tiers au contrat a muté, à tel point que le changement de paradigme opéré tend à faire émerger un «contentieux de la commande publique». Diverses voies de droit ont été instituées, engendrant «l'embarras du choix» voire «l'embarras tout court» du tiers concurrent évincé. La complexité de ce contentieux est telle qu'il faut détruire pour reconstruire ce paysage contentieux.
(Coll. Logiques Juridiques, 49.50 euros, 536 p.)
ISBN : 978-2-343-04827-7, ISBN EBOOK : 978-2-336-36265-6

APPRÉHENSION (L') DES PRATIQUES RESTRICTIVES PAR LES AUTORITÉS FRANÇAISES ET EUROPÉENNES DE LA CONCURRENCE
Analyse des pratiques contractuelles abusives entre professionnels à l'épreuve du droit des pratiques anticoncurrentielles
Mallen Guillaume - Préface de Linda Arcelin-Lécuyer
Définies au sens de l'étude comme des comportements contractuels unilatéraux et abusifs dans les rapports commerciaux entre professionnels, les « pratiques restrictives » peuvent être réprimées au titre du droit des pratiques anticoncurrentielles (abus de domination et entente). L'ouvrage permet d'exposer l'office des autorités de concurrence lorsqu'elles sont confrontées à ces pratiques contractuelles abusives et d'envisager des solutions concrètes en vue de perfectionner le droit positif actuel.
(Coll. Logiques Juridiques, 65.00 euros, 874 p.)
ISBN : 978-2-343-04739-3, ISBN EBOOK : 978-2-336-36189-5

L'HARMATTAN ITALIA
Via Degli Artisti 15; 10124 Torino

L'HARMATTAN HONGRIE
Könyvesbolt ; Kossuth L. u. 14-16
1053 Budapest

L'HARMATTAN KINSHASA
185, avenue Nyangwe
Commune de Lingwala
Kinshasa, R.D. Congo
(00243) 998697603 ou (00243) 999229662

L'HARMATTAN CONGO
67, av. E. P. Lumumba
Bât. – Congo Pharmacie (Bib. Nat.)
BP2874 Brazzaville
harmattan.congo@yahoo.fr

L'HARMATTAN GUINÉE
Almamya Rue KA 028, en face
du restaurant Le Cèdre
OKB agency BP 3470 Conakry
(00224) 657 20 85 08 / 664 28 91 96
harmattanguinee@yahoo.fr

L'HARMATTAN MALI
Rue 73, Porte 536, Niamakoro,
Cité Unicef, Bamako
Tél. 00 (223) 20205724 / +(223) 76378082
poudiougopaul@yahoo.fr
pp.harmattan@gmail.com

L'HARMATTAN CAMEROUN
BP 11486
Face à la SNI, immeuble Don Bosco
Yaoundé
(00237) 99 76 61 66
harmattancam@yahoo.fr

L'HARMATTAN CÔTE D'IVOIRE
Résidence Karl / cité des arts
Abidjan-Cocody 03 BP 1588 Abidjan 03
(00225) 05 77 87 31
etien_nda@yahoo.fr

L'HARMATTAN BURKINA
Penou Achille Some
Ouagadougou
(+226) 70 26 88 27

L'HARMATTAN SÉNÉGAL
10 VDN en face Mermoz, après le pont de Fann
BP 45034 Dakar Fann
33 825 98 58 / 33 860 9858
senharmattan@gmail.com / senlibraire@gmail.com
www.harmattansenegal.com

L'HARMATTAN BÉNIN
ISOR-BENIN
01 BP 359 COTONOU-RP
Quartier Gbèdjromèdé,
Rue Agbélenco, Lot 1247 I
Tél : 00 229 21 32 53 79
christian_dablaka123@yahoo.fr

639811 - Février 2016
Achevé d'imprimer par

1livre.com
du rêve à la réalité !

www.ingramcontent.com/pod-product-compliance
Lightning Source LLC
LaVergne TN
LVHW021149061026
849535LV00002B/400
* 9 7 8 2 3 4 3 0 7 3 6 8 2 *